O Sortilégio da Cor

Dados Internacionais de Catalogação na Publicação (CIP)
(Câmara Brasileira do Livro, SP, Brasil)

Nascimento, Elisa Larkin
O sortilégio da cor: identidade, raça e gênero no Brasil / Elisa Larkin Nascimento. - São Paulo : Selo Negro, 2003

Bibliografia
ISBN 978-85-87478-23-8

1. Atitudes étnicas - Brasil 2. Identidade étnica - Brasil 3. Identidade de gênero - Brasil 4. Negros - Brasil 5. Racismo - Brasil 6. Relações étnicas - Brasil I. Título.

03-1336   CDD-305.896081

Índice para catálogo sistemático:

1. Brasil: Negros : Relações raciais : Sociologia 305.896081

Compre em lugar de fotocopiar.
Cada real que você dá por um livro recompensa seus autores
e os convida a produzir mais sobre o tema;
incentiva seus editores a encomendar, traduzir e publicar
outras obras sobre o assunto;
e paga aos livreiros por estocar e levar até você livros
para a sua informação e o seu entretenimento.
Cada real que você dá pela fotocópia não autorizada de um livro
financia o crime
e ajuda a matar a produção intelectual de seu país.

O Sortilégio da Cor
Identidade, Raça e Gênero no Brasil

Elisa Larkin Nascimento

O SORTILÉGIO DA COR
Identidade, Raça e Gênero no Brasil
Copyright © 2003 by Elisa Larkin Nascimento
Direitos reservados por Summus Editorial.

Capa: **Camila Mesquita**
Editoração e fotolitos: **All Print**

1ª reimpressão

Selo Negro Edições
Departamento editorial:
Rua Itapicuru, 613 – 7º andar
05006-000 – São Paulo – SP
Fone: (11) 3872-3322
Fax: (11) 3872-7476
http://www.selonegro.com.br
e-mail: selonegro@selonegro.com.br

Atendimento ao consumidor:
Summus Editorial
Fone: (11) 3865-9890

Vendas por atacado:
Fone: (11) 3873-8638
Fax: (11) 3873-7085
e-mail: vendas@summus.com.br

Impresso no Brasil

Agradecimentos

Agradeço, em primeiro lugar, à minha orientadora no programa de doutorado do Instituto de Psicologia da USP, prof^a dra. Ronilda Ribeiro, o incentivo, o apoio e o rico intercâmbio de idéias.

Ao prof. dr. José Flávio Pessoa de Barros, fundador do Proafro/Uerj, agradeço pela postura firme de compreensão e solidariedade.

Pela valiosa contribuição de apoio moral e ajuda concreta sou grata a Anani Dzidzienyo, Angela Gilliam, Carlos Moore, Edith Piza, Miriam Expedita Caetano e Vilma do Couto e Silva.

A Cláudia Moraes Rego, um agradecimento especial pela riqueza de sua interlocução.

Agradeço, também de modo especial, a Carlos Alberto Medeiros a revisão de parte do texto, e a Vanda Maria de Souza Ferreira, Dulce Vasconcellos, Dandara, Conceição Evaristo, Jurema Agostinho Nunes, Néia Daniel de Alcântara, Carmen Luz, Cida Bento, Maria Lúcia da Silva e Marilza de Souza Martins pelas entrevistas que me concederam.

O incentivo de colegas e amigos que manifestaram confiança no meu trabalho foi um dos pilares que me sustentaram. Entre eles estão Telma Rosina Simone da Gama, Helena Theodoro, Maria de Lourdes Siqueira, Vera Malagute, Helena Bocayuva, Kabengele Munanga, Muniz Sodré, Hilton Cobra e Clóvis Brigagão.

Pela competência e pelo espírito de colaboração, sou grata a Helena Rodrigues e Souza e Rosinê Cruz.

A Sebastião Lúcio da Silva, agradeço a ajuda, o bom humor e a infalível presteza.

Com Abdias, costuramos sonhos e amarguras, felicidades e frustrações, que de forma direta ou indireta desembocam, entre outras coisas, neste trabalho.

Osiris, com sua firmeza e alegria, me sustenta em tudo.

Sumário

Lista de tabelas 9

Lista de abreviaturas e siglas 10

Apresentação 13

Introdução 17

1   Identidade e dominação 29

2   Talhando a crítica multicultural e policêntrica 81

3   O Brasil e a confecção do "branco virtual" 113

4   Construindo e desconstruindo o "crioulo doido" 157

5   Desvelando outra história: o protagonismo afro-brasileiro
    (São Paulo e Rio de Janeiro, 1914-1960) 221

6   Teatro Experimental do Negro: tramas, textos e atores 281

Considerações finais 381

Referências bibliográficas 397

Lista de tabelas

1. Evolução da concentração de renda no Brasil, 1960-2000 (porcentagem) 115

2. Renda média por gênero e raça em múltiplos do salário mínimo mensal 117

3. Renda média por gênero e raça (R$) 118

4. Renda familiar *per capita* por cor (Brasil, 1988) 118

5. Incidência relativa (%) de carência (renda familiar *per capita* até ¼ s. m.) pela cor e pelo gênero do chefe de família (Brasil, 1988) 119

6. Taxas de desemprego por raça e gênero (Brasil, 1996) 120

Lista de abreviaturas e siglas

Abrapso - Associação Brasileira de Psicologia Social.
AFL-CIO - American Federation of Labor and Congress of Industrial Organizations.
ANB - Associação do Negro Brasileiro.
Anpocs - Associação Nacional de Pesquisas nas Ciências Sociais.
Caas - Center of African-American Studies.
Ceap - Centro de Articulação das Populações Marginalizadas.
Cedeplar - Centro de Desenvolvimento e Planejamento Regional, UFMG.
Ceert - Centro de Estudos das Relações do Trabalho e Desigualdades.
CEN - Comissão Executiva Nacional, Marcha Zumbi dos Palmares contra o Racismo, a favor da Cidadania e da Vida.
Cepal - Comissão Econômica e Política sobre a América Latina e o Caribe.
CHRI - Comparative Human Relations Initiative, Southern Education Foundation.
CNDH - Comissão Nacional de Direitos Humanos.
CUT - Central Única dos Trabalhadores.
Dieese - Departamento Intersindical de Estatísticas e Estudos Socioeconômicos.
Eduerj - Editora da Universidade do Estado do Rio de Janeiro.
Edusp - Editora da Universidade de São Paulo.
Eppg - Escola de Políticas Públicas e Governo, UFRJ.
Fase - Fundação de Órgãos para Assistência Social e Educacional.

FFCL - Faculdade de Filosofia, Ciências e Letras (antiga denominação), USP.

FFLCH - Faculdade de Filosofia, Letras e Ciências Humanas (denominação atual), USP.

Festac'77 - 2º Festival Mundial de Artes e Culturas Negras e Africanas, Lagos, Nigéria, 1977.

Gtedeo - Grupo de Trabalho para a Eliminação da Discriminação no Emprego e na Ocupação, Ministério do Trabalho.

GTI - Grupo de Trabalho Interministerial para Valorização da População Negra.

IBGE - Instituto Brasileiro de Geografia e Estatística.

ILO - International Labor Organization.

Inspir - Instituto Sindical Interamericano pela Igualdade Racial, Centro de Solidariedade AFL-CIO.

Ipea - Instituto de Pesquisa Econômica Aplicada.

Ipeafro - Instituto de Pesquisas e Estudos Afro-Brasileiros.

Iphan - Instituto do Patrimônio Histórico e Artístico Nacional.

IPM - Inquérito Policial-Militar.

Ipusp - Instituto de Psicologia, USP.

Iseb - Instituto Superior de Estudos Brasileiros.

ITM - Instituto del Tercer Mundo, Montevidéu, Uruguai.

Iuperj - Instituto Universitário de Pesquisas do Estado do Rio de Janeiro.

Mabec - Movimento Afro-Brasileiro de Educação e Cultura.

MinC - Ministério da Cultura.

MIT - Massachusetts Institute of Technology.

MNDH - Movimento Nacional de Direitos Humanos.

MNU - Movimento Negro Unificado.

MTB - Ministério do Trabalho.

NEN - Núcleo de Estudos do Negro.

OAB - Ordem dos Advogados do Brasil.

OIT - Organização Internacional do Trabalho.

ONU - Organização das Nações Unidas.

PC - Partido Comunista.

PCN - Parâmetros Curriculares Nacionais.

Pnad - Pesquisa Nacional por Amostragem de Domicílios.
PNDH - Programa Nacional de Direitos Humanos.
Pnud - Programa das Nações Unidas para o Desenvolvimento.
PPCIS-Uerj - Programa de Pós-Graduação em Ciências Sociais, Universidade do Estado do Rio de Janeiro.
PR - Presidência da República.
PTB - Partido Trabalhista Brasileiro.
SBPC - Sociedade Brasileira para o Progresso da Ciência.
Seafro - Secretaria Extraordinária de Defesa e Promoção das Populações Afro-Brasileiras, Governo do Estado do Rio de Janeiro.
Secneb - Sociedade de Estudos da Cultura Negra do Estado da Bahia e do Brasil.
SEF - Southern Education Foundation.
TEN - Teatro Experimental do Negro.
TVE - Televisão Educativa, Governo Federal.
Ucla - University of California at Los Angeles.
Uerj - Universidade do Estado do Rio de Janeiro.
UFBA - Universidade Federal da Bahia.
UFG - Universidade Federal de Goiás.
UFMG - Universidade Federal de Minas Gerais.
UFRJ - Universidade Federal do Rio de Janeiro.
UNB - Universidade de Brasília.
UNE - União Nacional dos Estudantes.
Unesco - Organização das Nações Unidas para Educação, Ciência e Cultura.
Unia - United Negro Improvement Association.
USP - Universidade de São Paulo.

Apresentação

O presente livro de Elisa Larkin Nascimento é um profundo mergulho nas questões passadas, presentes e futuras que atormentaram, atormentam e ainda atormentarão, não sabemos por quanto tempo, a vida dos brasileiros de ascendência africana. Essas questões se encontram reunidas, na reflexão da autora, em torno da problemática do processo de construção da identidade. Trata-se de uma identidade multifacetada que, do ponto de vista das populações tornadas subalternas, como é o caso de mulheres e homens negros, condiciona a conquista de sua plena cidadania, a legitimação do seu exercício da liberdade e dos direitos humanos genéricos e específicos.

Objeto de manipulação político-ideológica, a identidade no discurso da elite no poder e do intelectual ideológico a serviço da classe dominante constitui, pelo contrário, um instrumento de dominação política e de sujeição cultural. Por meio dela é negado o reconhecimento da especificidade e, conseqüentemente, ela se torna um obstáculo à implementação das políticas compensatórias em benefício dos que por vários séculos foram vítimas do racismo e da discriminação racial.

A identidade nacional no pensamento e na retórica dessa elite é forjada com base na unidade racial e cultural construída em torno dos conceitos de miscigenação e mestiçagem cultural, respectivamente traduzidos hoje na linguagem de raça brasileira "mestiça" e de cultura brasileira ou identidade brasileira "mestiça". Esse discurso veicula certamente a ideologia de embranquecimento e a aniquilação do processo de construção da identidade negra. Pois bem! O que seria a identidade nacional mestiça num país onde a brancura serve de referencial para tudo? A reflexão da professora Elisa Larkin Nascimento desemboca numa concepção muito interessante, a de "branco virtual", que traduz de forma nítida o distanciamento da negritude, concomitante com a aproximação à branquitude, ambos provocados pelo discurso dominante centrado no conceito de identidade nacional.

O livro debate e refuta as críticas injustas feitas aos movimentos sociais negros anti-racistas pela ótica da esquerda intelectual. O afrocentrismo, no entender de Molefi K. Asante, pensador afro-americano, serve como base de resistência ao etnocentrismo ocidental e à hegemonia da brancura, mas não se opõe ao dinamismo cultural e ao interculturalismo, conforme o acusam, sem fundamentar-se nos textos, os críticos apressados. Utilizando categorias de identidade propostas pelo sociólogo Manuel Castells, a autora identifica no afrocentrismo de Asante o ponto de partida para a construção de uma identidade de resistência negra que possa servir de plataforma mobilizadora para o estabelecimento de uma identidade política de projeto, visando a uma intensa transformação da sociedade. Ou, como disse o professor Milton Santos, para ser cidadão do mundo é preciso, em primeiro lugar, ser cidadão do lugar de onde falamos. De outro modo, o diálogo intercultural só é possível a começar da aceitação da identidade de origem e da comunidade histórico-cultural dos sujeitos.

Da mesma maneira que o afrocentrismo, os movimentos sociais negros brasileiros, como a Frente Negra, o Teatro Experimental do Negro (TEN), os movimentos negros contemporâneos e suas contribuições feministas na atual perspectiva das relações de gênero, passam também pelo crivo da análise crítica da autora. Ela procura devolver a esses movimentos sua verdadeira contribuição histórica na luta contra a opressão racial, independentemente da postura ideológica por eles tomada no desenrolar da história política do Brasil. Se, por conjuntura política, alguns defenderam a monarquia, isso não lhes retira o mérito de ter denunciado o racismo à brasileira, de ter desmascarado o mito de democracia racial e organizado um movimento político de luta para a integração e a participação efetiva do segmento negro da população. Mediante minuciosa pesquisa, a autora restaura a verdadeira contribuição do TEN no processo de construção da identidade negra e na luta contra o racismo. Critica as posições intelectuais equivocadas de esquerda que o classificam como um movimento "pequeno-burguês" e que de fato bloquearam por dezenas de anos o debate sobre políticas de ação afirmativa ao diluir a especificidade do negro numa questão social geral abstrata sem "raça", sexo, religião ou história, remando totalmente na contramaré do processo de construção de identidades específicas, que hoje é defendido por todos os movimentos sociais e constitui a pedra angular de qualquer sociedade democrática.

Nessa perspectiva, a posição de Elisa Larkin Nascimento aproxima-se das do filósofo canadense Charles Taylor e do psiquiatra e pensador atro-antilhano Franz Fanon, que defendem não somente a construção de novas imagens positivas daqueles vitimados pela dominação, mas também o reconhecimento público de sua identidade como condição preliminar à implantação de políticas de ação afirmativa.

Não são poupadas neste livro especulações e elucubrações de alguns ensaístas que tentam negar a semelhança e o parentesco cultural dos povos africanos subsaarianos e enxergam a África dita negra apenas como um mosaico de povos culturalmente diversos que só têm em comum a abundância de melanina e traços negróides.

15

Reafirmando a unidade contida na diversidade e vice-versa, a autora nos lembra renomados pensadores africanos, como os senegaleses Cheikh Anta Diop e Alioune Diop (fundador da revista *Présence Africaine*), que, ao lado de outros como os alemães Frobenius e Westermann e os franceses J. Jacques Maquet e Denise Paulme, cunharam o conceito de africanidade e defenderam a existência da civilização africana no singular. Também não escapam à sua crítica incisiva algumas reformulações de jovens intelectuais brasileiros que separam mecanicamente os conceitos de racialismo e de racismo, como se estes fizessem parte de ideologias distintas, e identificam no pensamento da Negritude uma espécie de racialismo. Num raciocínio denso, a professora Elisa Larkin Nascimento problematiza uma complexidade de conceitos em torno da temática da identidade negra, partindo em direção às perspectivas mais atuais da luta do negro em nossa sociedade. A leitura de sua obra é instigadora e abre novos horizontes nos debates intelectuais engajados nos dilemas e no futuro da população negra brasileira.

Kabengele Munanga
Professor titular do Departamento de Antropologia da Universidade de São Paulo, vice-diretor do Centro de Estudos Africanos e do Museu de Arte Contemporânea, ambos da Universidade de São Paulo.

Introdução

O exercício humano de apreender a nossa inserção no mundo implica o desafio de tentar compreendê-lo ao passo que o vivemos. Transformações e dinâmicas sociais deslocam idéias formadas; aspectos subjacentes emergem para modificar as concepções; fatos revelados ou desvelados interferem na noção consolidada. Assim, a realidade apreendida reconfigura-se a partir da intervenção de fatores que já existiam, porém passavam despercebidos ou estavam ocultos.

A constituição coletiva do saber não se isenta de tais considerações. Realidades amplamente conhecidas podem ser encobertas para mais tarde emergir com novas implicações, processo que adquire uma dimensão política quando introduzimos a possibilidade de manipular o saber para transformar a realidade. A dinâmica da busca, da constituição e da supressão de conhecimentos, o movimento de desvelar novas dimensões ou revelar as que foram ocultadas e a intervenção de quem se propõe operar transformações constituem o terreno ético em que se desenvolve o saber da coletividade humana. Como tudo o que é humano, essa dinâmica envolve uma dimensão de poder, gerando tensão entre os detentores do conhecimento e os que procuram dele se apoderar para nele intervir e transformá-lo.

A conquista do saber ocidental representou, em grande parte, a busca do poder de domínio sobre a natureza e sobre os demais seres humanos, estes vistos como parte da natureza a ser submetida ao controle do saber. A ciência ocidental constitui-se no contexto histórico em que se "descobrem" povos antes desconhecidos dos europeus e é colocada a serviço da dominação desses povos. A conquista e a ocupação de novas terras, por direito "natural" dos que se consideram "superiores", implicam o genocídio, a subjugação e a escravização dos "outros" para construir o mundo moderno. Nesse processo, confeccionam-se teorias científicas que justificam tais práticas e que desembocariam depois na racionalização de mais um genocídio, agora contra um povo ocidental minoritário e discriminado. Aí o Ocidente percebe a barbárie que representa essa justificação e a ciência dá meia-volta para negá-la. Entretanto, os efeitos e os contornos desses séculos de dominação não se apagam com um passe da retórica científica. Faz-se necessário que os povos, antes objeto de uma ciência voltada para o domínio sobre o natural, passem a desvelar a realidade por eles vivida e deles mantida oculta, intervindo assim na constituição do saber.

Mesmo no meio ocidental, a ciência constituída como instrumento de controle da natureza e dos demais povos revelou-se pobre no sentido de elucidar a questão existencial, ajudando a criar uma civilização voltada para um "progresso" definido em função da produção de bens materiais. Até mesmo as ciências concebidas para cuidar de questões ligadas à existência humana em sociedade, como a psicologia e a sociologia, desenvolveram-se dentro de uma ótica semelhante, deixando grandes lacunas no trato do dilema existencial.

À medida que a crítica à razão dominante vem realçando as limitações desse saber para lidar com aspectos vitais à condição humana, coloca-se em questão o próprio método científico como instrumento do conhecimento e surge o desafio de buscar novas formas de apreensão do real.

Ao inserir-se no processo de construção do conhecimento, o pesquisador não apenas caminha no sentido de se constituir como indivíduo na sua relação com o existir, como também contribui para o processo de configuração de seu meio cultural e social. Essa consideração aponta para aspectos éticos e políticos no procedimento de pesquisa, e para a necessidade de um posicionamento consciente do investigador perante tais questões.

Dessa forma, explicitar o fato de que a tão desejada isenção do observador neutro diante de fenômenos objetivos se recusa a materializar-se como realidade efetiva, até mesmo nas ciências exatas, implica reconhecer que o posicionamento do pesquisador, o seu olhar, influi sobre a apreensão da matéria focalizada. A pesquisa se forma a partir da experiência vivida. Portanto, fazem-se oportunas algumas palavras sobre a minha trajetória e os motivos que me levam a enveredar pelos caminhos traçados no presente trabalho.

Essa pesquisa emerge de uma experiência própria que se inclui na busca coletiva de caminhos a fim de contribuir para a articulação de políticas públicas capazes de atender às necessidades determinadas por uma realidade, antes oculta, que apenas recentemente vem sendo desvelada por aqueles que a sofreram e se dedicam a modificá-la: a operação do racismo brasileiro no sistema de ensino. Em 1981, quando ajudei a fundar o Instituto de Pesquisas e Estudos Afro-Brasileiros (Ipeafro), essa realidade era discutida no âmbito de um movimento social afro-brasileiro que iria crescer e fazer ecoar suas demandas no processo legislativo da Constituinte de 1988 e na articulação de políticas de ensino mais recentes. Àquela época, entretanto, estávamos ainda em fase de desvelamento de uma realidade mantida oculta por gerações que se dedicaram à construção de uma imagem rósea das relações étnicas e raciais no seio da sociedade brasileira. Sustento que a construção dessa imagem de "democracia racial" se deu por meio do que chamarei de

19

sortilégio da cor, característica que fundou e demarcou as relações raciais no Brasil.

A pesquisa tem raízes numa trajetória desenvolvida ao longo de 25 anos, em que me engajei no estudo e na vivência da problemática da construção de uma sociedade pluralista e democrática. Norte-americana, ainda adolescente morei no Brasil na qualidade de participante de um programa de intercâmbio estudantil, experiência que ativou em mim um forte interesse pelas questões da pluralidade cultural. Na universidade, nos EUA, tive um contato mais íntimo com as questões do colonialismo e do racismo ao participar de grupos de estudantes do então chamado Terceiro Mundo, bem como dos movimentos estudantis contra a guerra do Vietnã e o *apartheid* na África do Sul e de grupos feministas. Dediquei-me alguns anos ao trabalho de defesa jurídica e política de um conjunto de presos rebelados da penitenciária de Ática, estado de Nova York. Como ocorre em todas as prisões americanas, os presos eram na sua esmagadora maioria negros, com participação menor de hispânicos e índios, além de alguns poucos brancos. Essa composição da população presidiária, inversa à do país – onde negros, índios e hispânicos eram minorias demográficas –, funcionava como retrato vivo do seu racismo. Os presos rebeldes, quase todos negros, alguns índios e hispânicos e poucos brancos, foram acusados na Justiça do estado de Nova York das 42 mortes ocorridas durante a rebelião de 1971. Décadas depois de absolvidos, foram indenizados pela Justiça recentemente, pois os fatos mostraram que as mortes, tanto de reféns quanto de presos e guardas penitenciários, foram causadas pelas balas da Guarda Estadual na repressão ordenada pelo governador Nelson Rockefeller. O processo de escolha do júri, que de forma quase inevitável determinava que o réu negro seria julgado por um conjunto composto quase inteiramente de brancos imbuídos de preconceitos e estereótipos antinegros, era um dos alvos de nossa atuação na defesa desses homens.

Assim tive um contato concreto com o racismo como fator determinante no funcionamento do sistema judiciário e penitenciário. A experiência realçou, para mim, a íntima ligação desse fato com a operação do domínio colonial exemplificado no caso do Vietnã e com o sistema do *apartheid* sul-africano. Não se limitava o racismo ao legado da escravidão e do Jim Crow da minha terra, mas constituía um fenômeno de âmbito mundial.

Como estagiária em organismos de assistência jurídica à comunidade porto-riquenha de Buffalo, estado de Nova York, dei continuidade à minha convivência com os grupos discriminados. Em seu conjunto, essa trajetória me levou a questionar os padrões teóricos que norteavam grande parte da esquerda intelectual engajada nos movimentos feminista, anti-racista e anticolonialista. A preocupação quase obsessiva com o detalhado estudo de autores europeus contrastava com a vivência de questões concretas não apenas de gênero como de relacionamento com os povos não-europeus que essa esquerda dizia defender e as problemáticas específicas por eles vividas. De forma cada vez mais nítida, estas me pareciam, antes de reduzir-se a meras questões de classe, derivados do racismo e do legado colonialista. Os problemas de relacionamento permeavam a práxis política em que eu me envolvia; as posturas eurocentristas de autores clássicos do pensamento filosófico esquerdista já estavam sendo identificadas por alguns autores ousados (Moore, 1972).

Do Brasil, já havia levado a forte impressão de uma sociedade plural e marcada por desigualdades sociais, o que fizera afiar cedo o meu interesse pelos temas da justiça social. Uma década mais tarde, tendo acompanhado alguns momentos marcantes do movimento social afro-brasileiro, como a fundação do MNU e do Memorial Zumbi, radiquei-me no país, ajudando a fundar o Ipeafro e a organizar o 3º Congresso de Culturas Negras das Américas (São Paulo, 1982).

A questão racial, já antes uma preocupação eminente na minha agenda, tornou-se ainda mais mobilizadora a partir de seus contornos brasileiros. Por meio do Ipeafro engajei-me em atividades ligadas à área da educação que fazem parte da matéria do presente trabalho: de 1983 a 1995, realizamos o curso de extensão cultural universitária Conscientização da Cultura Afro-Brasileira, ministrado na PUC-SP em 1983 e 1984 e na Universidade do Estado do Rio de Janeiro de 1985 a 1995. O curso objetivava contribuir para a inserção nos currículos escolares dos assuntos relevantes à comunidade afrodescendente e para a preparação dos professores para lidar com eles e com as dinâmicas sociais de natureza racial no contexto da escola. Todas essas intervenções ligam-se ao tema da identidade, pois incidem sobre a dinâmica das relações sociais que a constituem e sobre a imagem do afrodescendente criada pela ideologia racista e refletida na instituição escolar e nos conteúdos do ensino.

À medida que o movimento social crescia, até mesmo em termos de peso político, essa proposta ganhava espaço e impunha-se na forma da inscrição do princípio da pluralidade cultural na Carta Magna do país e da aprovação de leis municipais e estaduais que exigiam a incorporação do ensino da história e da cultura afro-brasileiras aos currículos escolares. Entretanto, observava-se um vazio entre esse progressivo reconhecimento da necessidade de mudança por parte do legislador, que respondia à demanda do movimento social organizado, e a prática cotidiana no âmbito da escola. A constatação desse fato levava o Ipeafro a procurar ensejar oportunidades de reflexão sobre o assunto e espaços para a capacitação extra-oficial de professores. Ao surgir, ainda, um significativo movimento de base, os cursos pré-vestibulares para negros e carentes que conseguiam bolsas para subsidiar o seu ingresso no ensino superior, ficava cada vez mais nítida a necessidade de uma produção acadêmica capaz de oferecer fundamentos teóricos e materiais informativos adequados à construção de uma nova abordagem do ensino do ponto de vista da questão racial. Foi nesse espírito e contexto que embarquei no presente projeto de pesquisa.

Ao pensar o tema, motivou-me a observação de que é preciso superar dois tabus que sobre ele ainda prevalecem. No Brasil, a discussão do racismo leva de forma quase inexorável à alegação do perigo iminente de constituir-se um racismo às avessas. Esse tabu costuma travar a discussão antes que ela consiga realmente começar. É o contraponto de um fenômeno que caracteriza de forma singular o racismo brasileiro: o recalque e o silêncio. Na acepção popular, racista é quem fala do racismo ou enuncia a identidade do discriminado; a atitude não-racista é o silêncio. Contudo, verifica-se que tal noção representa não apenas um equívoco como um dos pilares que sustentam a dominação, pois o silêncio configura uma das formas mais eficazes de operação do próprio racismo no Brasil.

Complemento do silêncio, outra forma e sintoma do racismo está no processo de tornar invisível a presença do afrodescendente na qualidade de ator, criador e transformador da história e da cultura nacionais. Esse tema perpassa a pesquisa, pois manifesta-se em relação a quase todos os aspectos da vida brasileira, a começar pela educação. Se a figura do afrodescendente ficou alijada dos livros e dos currículos escolares, tal fato resulta desse processo de apagar a sua imagem como ator no palco do mundo e da sociedade brasileira, outro feito do *sortilégio da cor*. Ao desvelar, no contexto do presente trabalho, alguns aspectos dessa presença suprimidos da "história" oficial, pretendo contribuir para o conjunto dos esforços no sentido de superar essa invisibilidade construída do afrodescendente.

O segundo tabu é a resistência à idéia do racismo como experiência comum às populações de origem africana subjugadas em diferentes partes do mundo. Assim, o pressuposto é de que o negro no Brasil vive uma situação *sui generis*, determinada unicamente pelas circunstâncias singulares de sua sociedade, em nada semelhante às populações negras de outros países, sobretudo os EUA ou a África do Sul. Por muito tempo pesou sobre o movimento social dos afrodescendentes brasileiros – e ainda hoje pesa, talvez em menor grau

– a acusação de que estaria tentando "importar um problema que nunca existiu no Brasil". Numa dinâmica complementar, o discurso do movimento social freqüentemente gira mais em torno das questões específicas do cenário nacional que do panorama mundial de um fenômeno comum marcado por características próprias específicas a cada local.

A dominação racista tem escopo mundial, pois deriva-se da configuração histórica de imposição da hegemonia de um povo sobre outros. Sua essência está localizada nesse processo, com aspectos comuns aos diversos contextos locais, e o seu instrumento é a ideologia do supremacismo branco. A questão da identidade liga-se profundamente a essa essência da dominação racista, pois o padrão da brancura derivado da hegemonia do supremacismo branco exerce seu efeito sobre a identidade de todos os povos dominados. No Brasil, a identidade passa a ser reconstituída em grande parte por meio do *sortilégio da cor*, que a transforma numa busca permanente do simulacro da brancura.

Por essas razões, julguei oportuno procurar identificar matrizes teóricas capazes de lidar com questões de racismo e identidade em nível mundial e de lançar novas luzes sobre algo que se costuma considerar, de forma errônea, patrimônio único do Brasil. Se opera efeitos bastante peculiares à sociedade brasileira, *o sortilégio da cor* tem sua origem e constituição no mesmo fenômeno que acomete o mundo da praga do racismo: a hegemonia do supremacismo branco.

A essência da dominação racista tem um terreno amplo em comum com a de gênero, cuja origem reside no mesmo fenômeno histórico. Por isso, julgo inseparáveis esses dois campos de polarização social, ambos os focos de grande controvérsia, discussão e mudança no acontecer humano destes tempos.

Assim, este trabalho procura abordar os fundamentos e as manifestações da dominação racial e de gênero ao mesmo tempo em que focaliza as bases teóricas articuladas e a ação empreendida no exercício da resistência e da superação, que envolve a construção de novas identidades. Convido o leitor a acompanhar-me nesta aventura, cujo roteiro é o seguinte.

No primeiro capítulo, situamo-nos diante de conceitos como identidade, racismo e eurocentrismo, considerando significados explícitos e subjacentes às categorias de cor, raça e etnia, sexo e gênero, não apenas no seu aspecto teórico, como também na sua operação concreta nas relações sociais.

Identidade significa a dinâmica entre a constituição do indivíduo e seu meio social, matéria que já mereceu diversas abordagens na psicologia e nas ciências sociais. Hoje, esse tema adquire novos contornos no contexto da globalização, fato que não pode ser desvinculado, entretanto, de um contexto histórico maior. As questões de raça, racismo e eurocentrismo, interligadas com as de gênero e feminismo, solicitam uma tomada de posição ante controvérsias e incertezas. Procuramos novos enfoques, expurgando certos hábitos de pensamento ainda cultivados no discurso acadêmico que são, a nosso ver, resquícios de atitudes ultrapassadas.

O segundo capítulo aborda as matrizes teóricas que nos interessam e identifica algumas implicações que elas trazem para o nosso método. Sempre atentas à questão de gênero, lançamos um olhar sobre a evolução da teoria multiculturalista e certas apreciações elaboradas a seu respeito, a abordagem afrocentrada, a teoria crítica racial e os estudos da brancura. Finalizamos com um breve conhecimento da crítica afrocentrada ao feminismo, articulada com base nos aspectos lingüísticos e nas relações de gênero na sociedade iorubá.

No terceiro capítulo, situamos a questão racial, intrincada à de gênero, no contexto da singularidade do desenvolvimento da sociedade brasileira. Consideramos as atuais desigualdades raciais e de gênero, suas raízes históricas e o contexto ideológico no qual se desenvolveram. A singularidade se caracteriza, a meu ver, pela intervenção do *sortilégio da cor*, pela inter-relação entre raça e gênero e pela presença significativa do ideal do *branco virtual*.

No quarto capítulo, consideramos as formas que a psicologia vem desenvolvendo, no Brasil, de tratar a questão racial. Existe nessa ciência uma tradição de abordagem dessa temática, pouco mencionada na literatura recente. Colocamos esse trato psicológico da questão racial dentro do quadro da evolução do pensamento científico. Apenas nos últimos tempos, surge e vem se desenvolvendo na psicologia uma nova abordagem que denomino *escuta afro-brasileira*, voltada para a clínica e para a psicologia aplicada nas áreas do ensino e das relações de trabalho. Ao conhecermos seus contornos, a situamos no contexto mais amplo da evolução da disciplina.

Nos capítulos finais, abordamos aspectos da história dos movimentos sociais dos afrodescendentes no Brasil, no intuito de contribuir para compensar os efeitos da tendência de tornar invisível a sua atuação como sujeitos históricos ou de construir versões truncadas ou distorcidas em função de hábitos metodológicos inadequados ou de interpretações tendenciosas. Focalizamos, nos estados do Rio de Janeiro e de São Paulo entre 1914 e 1957, a imprensa afro-paulista, a Frente Negra Brasileira e o Teatro Experimental do Negro. Dedicamos a este último um capítulo, em virtude de sua diferenciação dos outros movimentos ao colocar em primeiro plano duas questões: a identidade afrodescendente com seus valores culturais próprios e a dimensão psicológica da dominação eurocentrista. A trajetória desse movimento também suscita temas importantes quanto às questões éticas e teóricas da relação entre pesquisa e movimento social, academia e militância.

Convém esclarecer algumas opções de terminologia. Utilizo a palavra "americano" na sua acepção mais ampla, continental, incluindo América do Sul, América Central, Caribe e América do Norte. Assim, "afro-americano" não se refere apenas aos negros dos EUA, mas de todas as Américas. Por isso, especifico os "afro-americanos dos EUA" ao referir-me a essa comunidade. Da mesma forma, emprego o termo "indígena" num sentido amplo, explicitando a referência específica aos indígenas americanos, africanos, australianos, e assim por diante. Adoto também uma prática do movimento social ao utilizar "afrodescendente" e sua contrapartida "afro-brasileiro" em vez de "negro", termo que se refere apenas à cor da pele, esvaziando-a das referências históricas e culturais da origem africana. "Afrodescendente" não só preserva a referência histórica e cultural como ainda indica os laços de identidade entre os descendentes de africanos em todo o mundo.

Uso a palavra "diáspora" no seu sentido de dispersão geográfica de um povo que, mesmo espalhado pelo mundo em novas condições sociais e históricas, mantém o elo com sua origem e sua identidade originária. No caso dos povos africanos, não se refere apenas ao processo escravista, mas também a momentos anteriores em que a dispersão se dava num contexto de soberania e liberdade.

Ideologia é concebida aqui como um sistema ordenado de idéias ou representações, normas e regras que operam socialmente e são percebidas, ou muitas vezes passam despercebidas, como se existissem em si e por si mesmas, separadas e independentes das condições materiais e históricas. A essência da ideologia é a sua função de ocultar o processo histórico de constituição dessas idéias, representações, normas e regras no contexto das relações de poder. A ideologia evita que os dominados percebam as artimanhas da dominação.

Voltando às considerações iniciais, convém situar minhas intenções como pesquisadora no quadro ético e político da constituição do saber. Consciente da impossibilidade de restringir-me ao papel de observadora neutra e isenta, considero que a utilização de um grupo humano ou de um indivíduo como objeto passivo de um olhar lançado de longe – preservando a proverbial "distância" científica – envolve um equívoco do ponto de vista ético. A "distância", além de inviável (pois qualquer relacionamento humano implica a presença da subjetividade) ergue o cientista à posição de dono do saber e reduz o sujeito estudado à condição de objeto analisável, fonte de dados a serem medidos ou quantificados. No caso deste estudo, trata-se de um sujeito coletivo que já foi submetido a processos de mensuração por uma ciência explicitamente racista e exploradora que inferia do seu índice cefálico supostas tendências patológicas, pronunciando-o um "degenerado inferior". Um triste episódio, talvez a mais gráfica ilustração do equívoco contido na pretensão à neutralidade objetiva.

Abordo o tema comprometida com a dinâmica do conhecimento em que o desvelamento do que se mantém oculto se dá, não pelo valor intrínseco ou pelo prazer do conhecimento, mas pela sua utilidade para a transformação de uma realidade opressiva. O propósito é o de contribuir, por mais modesta que seja essa contribuição, no sentido de subsidiar a elaboração de práticas concretas capazes de apoiar e estimular o desenvolvimento da auto-estima e a elaboração de identidades positivas por parte de indivíduos discriminados. Assim, a minha intenção é participar também na ampliação das possibilidades e dos espaços de exercício efetivo de cidadania.

1

Identidade e dominação

O mundo contemporâneo, caracterizado pela globalização econômico-financeira, ostenta a imposição mundial de uma cultura tecnológica de mercado acompanhada por desigualdades socioeconômicas cada vez mais acentuadas, em nível tanto internacional quanto local. Diante do poder dessa cultura unidimensional difundida por meio da tecnologia informatizada e dos veículos de comunicação de massa, a afirmação de identidades específicas vem demarcando espaços de resistência. Paralelamente, a identidade ganha mais e mais destaque como categoria de análise nas ciências sociais, caracterizando-se uma interface entre sociologia, psicologia e filosofia, com abordagens interdependentes da questão da identidade como constituição do sujeito como indivíduo inserto num contexto social.

O século XX caracteriza-se por dois fenômenos que operam transformações profundas na ordem sociopolítica mundial: os povos colonizados desafiam a hegemonia ocidental, conquistando a duras penas a sua independência política, e o feminismo desafia, no Ocidente, os padrões civilizatórios do patriarcalismo. Nos EUA, as lutas e conquistas sociopolíticas dos afro-americanos no período dos direitos civis e do "Black Power" inserem-se nesse contexto mundial ao lado da crescente mobilização em defesa do ambiente e dos direitos dos povos indígenas, ao passo que imigrantes hispânicos e caribenhos, muitos em situação ilegal, tentam conquistar seu espaço na terra da liberdade e do Estado de direito. A Europa testemunha o crescimento da população oriunda do chamado Terceiro Mundo que, radicando-se nas ex-metrópoles, procura exercer a "cidadania" herdada do sistema colonial.

Tais fenômenos chamam a atenção para a urgência das questões suscitadas pelo convívio de diversas comunidades dentro de sociedades capitalistas plurais e democráticas, pois a identidade própria constitui um referencial importante para essas comunidades. A desintegração do socialismo soviético e a pulverização dos Estados do Leste europeu despertam conflitos étnico-culturais e nacionalistas latentes, desencadeando um cenário fratricida de violência e guerra na Europa Oriental. Aciona-se a intervenção de organismos internacionais dominados por um Ocidente marcado pela hegemonia singular dos EUA e pelo processo de unificação da Europa Ocidental, enquanto ficam à margem de tal intervenção conflitos semelhantes vitimando povos africanos, como os de Angola, Ruanda e Sudão.

Todos esses fatos e tendências apontam para a importância das identidades na realidade humana – em seus aspectos social, econômico, cultural ou político, em nível mundial, regional ou local – no mundo de hoje.

Este capítulo inicia uma reflexão da identidade como relação do indivíduo com a sociedade; da identidade no contexto da globalização; e das questões de raça e gênero na dinâmica operativa da dominação em âmbito mundial. É fundamental considerar essas questões com referência aos movimentos sociais organizados cuja atuação dá início, impulso e direção a transformações que operam a constituição de novos contornos na ordem mundial.

Indivíduo e sociedade

A identidade pode ser vista como uma espécie de encruzilhada existencial entre indivíduo e sociedade em que ambos vão se constituindo mutuamente. Nesse processo, o indivíduo articula o conjunto de referenciais que orientam sua forma de agir e de mediar seu relacionamento com os outros, com o mundo e consigo mesmo. A pessoa realiza esse processo por meio de sua própria experiência de vida e das representações da experiência coletiva de sua comunidade e sociedade, apreendidas na sua interação com os outros. A identidade coletiva pode ser entendida como o conjunto de referenciais que regem os inter-relacionamentos dos integrantes de uma sociedade ou como o complexo de referenciais que diferenciam o grupo e seus componentes dos "outros", grupos e seus membros, que compõem o restante da sociedade.

Assim, a identidade envolve múltiplas dimensões, formas e níveis de operação. É uma categoria complexa, pois trata-se de um processo que ocorre tanto no *âmago do indivíduo* quanto no *núcleo central da sua cultura coletiva*, "um processo que estabelece, de fato, a identidade dessas duas identidades" (Erikson, E., 1972:21).

Muniz Sodré (1999:33-40) visita os principais autores que expõem a abordagem filosófica da identidade, partindo da origem etimológica do termo latino *idem*, "o mesmo", que evolui para *identitas* – aquilo que, ante as pressões de transformação interna e externa, permanece único, idêntico a si mesmo. Assim, identidade pessoal seria a continuidade das características do indivíduo através do tempo, enraizada na memória, no hábito (a representação da pessoa em momentos distintos de sua vida) e nas formas e tradições comunitárias (língua, fé, patrimônio cultural). Não se trata de um sistema fechado, observa Muniz, mas de algo como o leito do rio que se modifica de maneira lenta e imperceptível, sofrendo mudanças e variações em sua relação com a sociedade.

Ao interrogar a relação "do mesmo com ele mesmo", Heidegger parece introduzir na constituição da identidade um elemento de volição. A pessoa elabora sua relação com o ser e com o meio social, a tradição e a comunidade que a formam, "na escolha livre do comum-pertencer" (Sodré, 1999:39).

A estabilidade de representações faz-se possível pela mediação da linguagem e do meio cultural. Nessa acepção, a identidade reside na consciência. Mas o conceito freudiano do inconsciente vem abalar de modo profundo a caracterização da identidade como localizada na consciência, pois traz à tona outro cenário, desafiador da própria idéia unitarista do eu, do indivíduo autônomo regido pela consciência e identidade.

A psicanálise contemporânea rejeita a noção de estabilidade e conclui que o sujeito se constrói a partir de marcas diferenciais provindas dos outros. A unidade do si mesmo é sempre incompleta, portanto não há uma identidade contínua, mas um fluxo de *identificações*, uma dinâmica em que o indivíduo interioriza atitudes, comportamentos e costumes apreendidos no meio social.

A noção das *identificações* remete-nos à identidade como processo dinâmico de constituição, na vivência das inter-relações com a sociedade e com os outros, do conjunto de referenciais de que dispõe o indivíduo para mediar suas ações e orientar suas atitudes perante si mesmo, os outros e a sociedade.

No mundo contemporâneo da globalização tecnofinanceira, a matriz societária, antes geograficamente localizada, com tradições que sustentavam uma estabilidade da identidade coletiva e individual, se vê minada e subvertida pela fluidez dos movimentos migratórios, pela tendência ao desenraizamento dos indivíduos e à separação física das famílias, pela aceleração do tempo com o desenvolvimento dos transportes e das telecomunicações e pelo aumento da eficiência técnica da produtividade. Assim, a substituição da identidade, vista como estabilidade e permanência, pela idéia de um processo movediço de *identificações*, fruto dessa evolução teórica, cabe perfeitamente aos novos contornos do mundo globalizado.

Entretanto, a história não está completa, pois o retrato dessa evolução pós-moderna do conceito de identidade no âmbito abstrato da teoria e da reflexão filosófica deixa de levar em conta a dimensão da ação social, contexto em que foi forjada. A teoria reflete as realidades concretas e nelas se constitui; sem elas carece de sentido, malgrado a tendência comum entre os estudiosos de reificar a teoria, atribuindo-lhe uma espécie de autonomia fictícia.

Na evolução da questão da identidade, creio que a atuação dos movimentos anticolonialistas, feministas e de minorias ou maiorias oprimidas dentro de sociedades plurais tenha sido de fundamental importância, embora a sua influência deixe, em geral, de ser reconhecida pelos teóricos cuja tradicional formação acadêmica tende com freqüência a levá-los a contemplar o próprio umbigo.

A crítica ao patriarcalismo e ao etnocentrismo ocidentais, a partir da ação dos movimentos sociais, põe em cena, sob novas perspectivas, o tema da volição na construção da identidade. Esses movimentos suscitaram um amplo questionamento daquela identidade forjada nas condições socioculturais da classe média branca que constituía o padrão endossado e cultivado pela sociedade ocidental.

No bojo desse questionamento, ainda difuso e pouco sistematizado na década de 1960, Erik H. Erikson (1963, 1972) desenvolve sua reflexão sobre identidade, aproximando de forma inovadora a psicanálise do meio social.

O que distingue o seu procedimento de outras abordagens é a ênfase que Erikson dá à *crise*, afastando-se da idéia de sociedade ou cultura como algo estático, uma estrutura fixa em que o indivíduo se insere, a ela se adaptando. "Crise" significa um momento de transição marcado por conflitos e incertezas e por um senso de urgência da necessidade de sua resolução.

Nessa dinâmica de uma sociedade em fluxo reside um processo gerador de novos valores. Há uma íntima conexão desse fluxo histórico e cultural com o desenvolvimento da personalidade de indivíduos cuja ação, por sua vez, pode conduzir a novas mudanças culturais e sociais.

O caráter inovador das reflexões de Erikson parece estar no seu mergulho nas questões que lhe traziam os jovens de classe média com suas crises pessoais, bem como em três dimensões do cataclismo social mundial que despertava a sensibilidade daquela juventude na época e a levava a questionar os valores formadores do padrão convencional de identidade então vigente, o da classe média branca ocidental. Essas três dimensões são a crítica feminista da sociedade patriarcal, o processo de descolonização no Terceiro Mundo e a revolta de minorias oprimidas dentro de sociedades capitalistas, no caso a comunidade afrodescendente nos EUA. Embora freqüentemente expressas em formulações discursivas marxistas que focalizavam a luta de classes, tais questões recusavam-se a caber nos limites de tal esquema, mobilizando novas e polêmicas dimensões de ação e mudança social que envolviam a questão da identidade.

Erikson se aproxima da idéia das *identificações* quando afirma que a identidade nunca é uma coisa estabelecida ou realizada de forma estática ou imutável. Suas raízes estão plantadas no tecido social em transformação: o desenvolvimento pessoal não se separa da transformação comunitária, assim como a crise de identidade na vida individual e a crise contemporânea no desenvolvimento histórico se definem e influenciam mutuamente.

Essa abordagem realça a importância dos movimentos sociais e reconhece os seus protagonistas como atores no palco do desenvolvimento humano individual e coletivo. O autor refere-se, por exemplo, à afirmação de uma jovem afro-americana de que ela ri como a avó e faz questão de fazê-lo assim, não abrindo mão, em nome da integração à sociedade "branca" abrangente, do que considera o principal fator de sua identidade. Ela pergunta: "O que nós [os negros] somos obrigados a perder para nos integrar?". A indagação emerge de forma palpável das turbulências da década de 1960, quando a busca da afirmação da identidade levava ao lema "Black Power" em contraposição às metas integracionistas do movimento dos direitos civis da década anterior. No bojo da "crise" social entra em cena na teoria da identidade um papel ativo, de iniciativa de escolha, ecoando o elemento de volição citado por Heidegger.

Na psicologia brasileira, há uma convergência de pensamentos. Antônio Ciampa afirma que a dinâmica da identidade "é busca de significado, é invenção de sentido. É autoprodução do homem. É vida". Para ele, a identidade está no centro da dinâmica entre o meio social, a cultura e a subjetividade individual, um processo de *metamorfose* que "representa a pessoa e a engendra" (1987:241-3).

Ricardo Franklin Ferreira, partindo dessas considerações e da teoria construtivista, propõe a identidade como um sistema de constructos em fluxo contínuo, uma "dialética sem síntese" que ele chama de *dinâmica de identificação*. Mediante esse processo, situado na dinâmica do viver, "o indivíduo se referencia e constrói a si e a seu mundo, dando-lhe um *sentido de autoria*" (1999:38).

Essa noção de *sentido de autoria* parece mais expressiva que a do "papel ativo de iniciativa de escolha" proposta por Erikson. Também é formulada no âmbito da dinâmica acionada pelo movimento social. Ferreira estuda a construção da identidade de um afrodescendente brasileiro engajado no movimento social anti-racista de seu país, explicitando a inter-relação entre o desenvolvimento das identidades individuais dos atores sociais e o meio social, que vai sendo por eles transformado, "num processo contínuo e dinâmico de mútua construção". O *sentido de autoria* ganha dimensões maiores quando o consideramos como fenômeno de identidade coletiva no meio mais amplo da cultura ou civilização em nível nacional, regional ou mundial.

À medida que a questão da identidade adquire cada vez mais destaque, sendo alçada à condição de paradigma da psicologia social,[1] a abordagem forjada no contexto da América Latina parece caracterizar-se eminentemente pela ênfase nesse aspecto da ação social rumo à transformação, expressa também na proposta de um paradigma da *construção e transformação crítica*. Esse sentido crítico torna a identidade o "eixo central dos paradigmas"; implica um posicionamento crítico diante dos modelos de ser humano e de sociedade que a fundamentam, bem como dos modelos científicos que adota.[2]

Essa referência à postura crítica na elaboração da identidade como eixo central do paradigma nos devolve à noção da *crise*, que configura a crítica na sua realização social. Se a crítica move a articulação do paradigma, é a sua concretização na crise, operada pelos agentes e movimentos sociais, que dá impulso às transformações do meio cultural e societário. Assim, a postura crítica na construção da identidade ocupa seu lugar na teoria bem como na realidade social e na sua transformação.

Identidade no mundo globalizado

No início de 1971, a Universidade Yale, nos EUA, estava mergulhada num momento de crise marcado pela militância estudantil contra a Guerra do Vietnã, pelo clima de crítica ao envolvimento da instituição universitária com o complexo industrial-militar cujos interesses econômicos sustentavam esse conflito, pelo questionamento do apoio norte-americano ao sistema racista do *apartheid* na África do Sul e pelo julgamento em New Haven dos Panteras Negras Bobby Seale e Ericka Huggins. É verdade que esse clima geral imperava no meio universitário em toda a nação, no cerne da crise mundial simbolizada no marco do ano de 1968. Mas o julgamento dos Panteras, ao realizar-se no outro extremo do continente, trazia à tona a dimensão nacional alcançada por esse movimento originário de Oakland, uma comunidade afro-americana no estado da Califórnia. Também realçava o fenômeno da perseguição política aos movimentos sociais, sobretudo os das populações afrodescendente e indígena, num país que prezava sua imagem de democracia consolidada. Esse fenômeno simbolizava-se na pessoa de Huey P. Newton, então comandante dos Panteras, que havia sido preso sob a acusação de matar um policial e depois libertado. Outros exemplos desse fenômeno são Leonard Peltier, Martin Sostre, Marvin X., Angela Davis, Monica Al-Jamad, os índios presos em Wounded Knee e a rebelião dos presos da penitenciária de Ática em 1971.

A imagem armada de Huey P. Newton e dos Panteras Negras marcava com nitidez aquele momento de crise. Apontava a hipocrisia de uma democracia que implementava de forma altamente seletiva o direito constitucional de portar armas, cujo exercício por cidadãos negros é tão intolerável quanto é inquestionável o seu exercício por brancos, em muitos casos no intuito de perseguir e aterrorizar a comunidade afrodescendente. Simbolizava também o sentimento da necessidade de ultrapassar os limites dos ganhos da era dos direitos civis, afirmando a identidade própria do afrodescendente como um direito de cidadania e um desafio à sociedade que a reprimia.

Estando Newton em New Haven para acompanhar o julgamento de Seale e Huggins, foi promovido um encontro público dele com Erikson, em que ambos discutiram as suas perspectivas teóricas num diálogo tão rico quanto revelador (Erikson, K., 1973). O esperado confronto entre as gerações deu lugar a um intercâmbio de idéias em que Newton expôs a sua concepção do intercomunalismo e Erikson os seus conceitos de pseudo-espécie e identidade. Mais tarde, foi realizada uma série de reuniões no apartamento de Newton em Oakland. Hoje, uma leitura da transcrição desse diálogo impressiona pela atualidade das análises e das questões suscitadas.

Newton parece antever as análises do neoliberalismo e da globalização, vinte anos antes de esses termos passarem ao uso corrente, quando sustenta que as categorias do colonialismo e do neocolonialismo estão ultrapassadas. Para ele, a descolonização e, portanto, o nacionalismo pouco significam se a extração dos recursos naturais e a exploração da mão-de-obra ocorrem num território disperso pelo mundo, num processo de mercado integrado em que uma pequena elite domina todos os povos pela manipulação da tecnologia e pela revolução nos meios de comunicação. Nessa economia integrada, as populações de todas as culturas estão sitiadas pelas mesmas forças e todas têm acesso às mesmas tecnologias. O mundo ter-se-ia tornado, então, "uma coleção dispersa de comunidades", e a meta do futuro é estabelecer o intercomunalismo revolucionário, uma espécie de socialismo mundial em que o poder e as riquezas sejam distribuídos em nível intercomunal, ao mesmo tempo em que as comunidades alcancem o poder de decisão sobre as suas instituições e os seus destinos.

Erikson realça o papel da identidade como fator social definitivo na constituição desse mundo integrado, em que "a identidade tem a ver com tremendas lutas de poder", passando a constituir um "assunto de vida e morte". À medida que a elite tecnológica tenta impor sua identidade de "pseudo-espécie", a conscientização da identidade e a conseqüente ação de resistência comunitária de povos historicamente excluídos desse padrão que "preservaram certas qualidades que o sucesso [econômico] não conseguiu preservar" configurariam um fenômeno social de peso decisivo na formação desse mundo novo em transição.

Ao lutar com tais temas, essa dupla improvável realça como problema de vital importância a questão do equilíbrio entre libertação, reconstituição e afirmação das identidades específicas e a possível criação de outra, "humanista", ampla e abrangente, porém não exclusivista, no mundo tecnológico do futuro. Não entrando em cena àquela época a proposta ou a linguagem do multiculturalismo, ambos articulam seu discurso em torno de uma universalidade ideal, cuja verdadeira possibilidade de existir figura, em última instância, como simples esperança ou profissão de fé no ser humano.

Passados trinta anos, a análise sociológica contemporânea dos novos contornos do mundo globalizado vem confirmar essa ênfase sobre identidade e comunidade, pois nela a identidade efetivamente se torna categoria fundamental. Exemplo recente dessa tendência é a trilogia *A era da informação*, do sociólogo espanhol Manuel Castells, o segundo volume da qual se chama *O poder da identidade* (1999). Para esse autor, a modernidade tardia já cedeu lugar ao que ele denomina de *sociedade em rede*, formada na revolução tecnológica informacional e na reestruturação do capitalismo, processo em que são deslegitimadas as instituições da sociedade civil como o sindicalismo, a organização política partidária e os movimentos políticos articulados em torno do tradicional eixo ideológico esquerda-direita.

A sociedade em rede caracteriza-se pela globalização econômica, pela organização em redes, pela flexibilização e instabilidade de emprego, pela mídia onipresente. As bases materiais da vida – o tempo e o espaço – transformam-se em tempo intemporal e espaço de fluxos que expressam as atividades e as elites dominantes. Surge uma polarização entre o instrumentalismo universal e abstrato e as identidades historicamente enraizadas.

Trata-se de um mundo de fluxos globais de riqueza, poder e imagens em que "a busca pela identidade, coletiva ou individual, atribuída ou construída, torna-se a fonte básica de significado social" (Castells, 2000:23).

A primazia da questão da identidade fundamenta-se na função que desempenha para as populações excluídas, pois na maioria das vezes a razão dominante não reconhece a diferença ou não lhe atribui importância. Auto-suficiente, ela define o mundo em torno de si mesma, na expectativa de que todos se conformem à sua universalidade. Contra a contemporânea preocupação com as identidades e a diferença, o filósofo francês Alain Badiou, por exemplo, alega que o valor ético está na capacidade de conquista do verdadeiro, e não na aceitação da diferença, pois "uma verdade é o mesmo para todos".[3] Parece que um preceito dessa razão ocidental é o de não admitir a diferença.

Castells (1999:24-6) oferece uma tipologia de identidades. A primeira, a *identidade legitimadora*, é definida pelas instituições dominantes no intuito de "expandir e racionalizar sua dominação em relação aos atores sociais". Essa identidade dá origem a uma sociedade civil; a que prevalece baseia-se na razão ocidental.

A *identidade de resistência*, talvez o tipo mais importante de construção de identidade em nossa sociedade, é criada por atores pertencentes a grupos desvalorizados ou estigmatizados pela lógica da dominação. Construindo trincheiras de resistência a partir de valores distintos ou mesmo opostos aos que permeiam as instituições da sociedade, formam *comunas* ou *comunidades*.

Já a *identidade de projeto* entra em cena quando os atores sociais, ao criarem uma nova identidade capaz de reformular sua inserção na sociedade, procuram transformar toda a estrutura social. Tal identidade produz *sujeitos* que, além de apenas indivíduos, são atores sociais coletivos.

A constituição de identidades de projeto não se presta a análises abstratas ou generalizadas. As trajetórias dependem das circunstâncias histórico-culturais específicas e do contexto social.

A resistência comunal pode ser proativa e defensiva ou reativa. Os movimentos ambientalistas, feministas e de identidade sexual são proativos porque adotam formas afirmativas de atuação e identificação que implicam mudanças abrangentes que afetam a sociedade como um todo. O ambientalismo, com sua postura cosmológica holística, procura a reintegração do ser humano com a natureza mediante o planejamento de um futuro viável para o planeta e seus habitantes.

O feminismo é proativo porque, ao confrontar o patriarcalismo e a família patriarcal, as mulheres e os movimentos de identidade sexual, como sujeitos coletivos, operam mudanças em toda a estrutura de produção, reprodução, sexualidade e personalidade sobre a qual as sociedades se estabeleceram na história. A construção da identidade de projeto expande-se rumo à transformação da sociedade como prolongamento desse projeto de identidade.

Assim, uma dimensão política se expressa na autoconstrução da identidade quando os sujeitos se mobilizam para operar transformações sociais. "Reivindicar uma identidade é construir poder" (Castells, 1999:235).

Na nova ordem social, o poder de dominação está difundido nas redes globais de riqueza e de capital financeiro volátil, mas também nas informações e imagens que circulam e sofrem transmutações em um sistema de geografia desmaterializada. Os códigos da informação e as imagens de representação em torno dos quais as sociedades organizam suas instituições e as pessoas constroem suas vidas passam a ser objeto de "uma batalha ininterrupta pelos códigos culturais da sociedade" (1999:423-4).

É essa a batalha travada pelos movimentos sociais ao lutar contra as novas formas de dominação em três campos principais. Contra a lógica do espaço desmaterializado dos fluxos do poder, eles defendem seu espaço e seus locais. No caso do feminismo e dos movimentos de identidade sexual, trata-se de defender seus espaços mais imediatos, isto é, seus corpos. Configura-se uma batalha entre a concepção do corpo como identidade autônoma e objeto social. No caso da identidade afirmada pela adoção de estilos visuais ou de estéticas de apresentação pessoal como o uso de trancinhas, cabelo "afro" e outros, por exemplo, o corpo também passa a constituir um campo de afirmação de identidades de resistência.

Contra a tendência de dissolver-se a história no tempo intemporal e contra a exaltação do efêmero na cultura da virtualidade real, esses movimentos afirmam sua memória histórica e a permanência de seus valores. Ao passo que dominam e utilizam a informática como meio de comunicação, refutam a idolatria da tecnologia e elevam os seus valores de origem, de cultura ou de ética acima da lógica da rede. Recusando-se a ser dissolvidas, as identidades estabelecem uma relação específica entre natureza, história, geografia e cultura, e lutam pelos códigos culturais que constroem o comportamento e, em conseqüência, configuram novas instituições.

Os agentes dos movimentos passam a ser, em primeiro lugar, mobilizadores de símbolos. Atuando sobre a cultura virtual que delimita a comunicação, subvertem-na em nome de valores alternativos e introduzem-lhe códigos oriundos de projetos de identidade autônomos. O agente coletivo é o movimento social descentralizado e integrado em *rede de mudança social*. O papel do agente individual caracteriza-se menos como a liderança carismática ou o estrategista brilhante da sociedade civil, e mais como "personalidade simbólica" que empresta uma face ao movimento descentralizado. Esses agentes disputam poder ao produzir e distribuir códigos culturais.

Antecipando em muitos aspectos essa análise sociológica contemporânea, as idéias de Huey P. Newton sobre o intercomunalismo, ao enfatizar a descentralização das comunidades e a autonomia de formação de identidades coletivas específicas, parecem captar essa função central dos códigos culturais. Erikson, por sua vez, fala de "novas imagens comunais", noção que muito se aproxima da dos códigos culturais, e aponta o quanto o movimento dos Panteras Negras incorporava essa dimensão.[4] A imagem projetada pelos Panteras, e em particular a de Huey, retratava uma postura de desafio armado contido, disciplinado e de fundo pacifista. Huey segurava sua arma apontando o cano para cima, numa postura que ecoava o perfil, clássico no imaginário norte-americano, do voluntário revolucionário de 1776. Projetava-se a noção de alguém preparado e disposto a defender-se ou morrer por um ideal de justiça, não a de um agressor descontrolado e arbitrário. Nos confrontos reais, os Panteras ostentavam as armas numa atitude desafiadora, esperando que o primeiro tiro partisse da polícia. Essa atitude paralisava moralmente a autoridade repressora, acostumada a lidar com uma população negra aterrorizada e amedrontada. Simbolizava coragem e dignidade humana ao exercer o direito constitucional que a sociedade outorgava seletivamente aos brancos e negava aos negros por meio da intimidação e da violência racistas.

A arma era símbolo, não da violência, mas da resistência à injustiça, inserindo-se na tradição de resistência civil não-violenta. O valor simbólico do gesto afro-americano comparava-se à atitude dos indianos anticolonialistas, liderados por Gandhi, quando resolveram tirar sal do oceano Índico sem a permissão das autoridades britânicas e sem pagar-lhes impostos. O valor simbólico de afirmar a identidade autônoma da população dominada configurava uma política de identidade antes da sociedade em rede. Newton já atuava como personalidade simbólica, emprestando uma face à reivindicação coletiva na disputa de poder.

Retornei aqui ao diálogo entre Newton e Erikson não apenas no intuito de apontar a atualidade das idéias dos dois, mas também de sublinhar o *continuum* histórico das identidades de resistência. Creio que as identidades de projeto sejam as que representam uma continuidade de resistência com raízes de longa data, como no caso de grupos subjugados pelos sistemas de dominação colonialista e patriarcal. Afinal, os excluídos da globalização têm uma identidade: são os povos das sociedades colonizadas. A novidade é o seu deslocamento geográfico e a sua inserção nas nações ricas, ainda na condição de excluídos.

Como observa Castells, as identidades étnicas articulam-se ou confundem-se freqüentemente com identidades religiosas ou nacionais. Entretanto, não parece convincente o seu argumento de que "raça é um fator muito importante, mas dificilmente se pode dizer que seja ainda capaz de construir significados" (1999:79). Acredito que, ao contrário, a identidade racial seja proativa, em particular nas sociedades multiétnicas e pluriculturais formadas a partir do tráfico de africanos escravizados, e constitua uma base de identidades de projeto cuja articulação vem exercendo efeitos transformadores profundos e difusos, interagindo com os movimentos ecológicos e feministas nessa intervenção na realidade social. A relutância em reconhecer esse fenômeno reflete, a meu ver, o etnocentrismo europeu que ainda aflige o meio acadêmico, induzindo-o a reduzir a importância e a dimensão da questão racial como fator constitutivo da ordem social.

Raça e dominação: o "sortilégio da cor"

O conceito de "raça" e a sua utilidade como categoria de análise científica vêm sendo contestados com veemência desde o final da Segunda Guerra Mundial. O holocausto contra os judeus na Europa passava à história como a maior entre as tragédias humanas. Por ter incidido sobre uma população européia, esse terrível episódio provocou um repúdio generalizado que não mereceram os genocídios dos povos africanos e indígenas americanos durante o processo do escravismo mercantil e de ocupação do Novo Mundo, envolvendo um número muito maior de vítimas ao longo de vários séculos. Engendrou um consenso bastante amplo sobre a necessidade de eliminar as distinções raciais de todo pensamento e prática social e instituir nas ciências humanas uma espécie de daltonismo universalista. Qualquer referência a diferenças raciais seria um equívoco perigoso.

Ao mesmo tempo, o embasamento científico da categoria "raça" desmoronava à medida que as pesquisas concluíam por sua inutilidade como conceito biológico. A gama de variações genéticas comprovava-se maior dentro de qualquer uma das raças do que entre uma raça e outra, e o peso da opinião científica hoje conduz ao consenso de que todos os seres humanos evoluíram a partir de uma ancestralidade comum originada na África.[5]

As "raças" passaram a ser entendidas como pura ficção, resquício inútil de uma etapa triste e já vencida na evolução do pensamento humano – malgrado alguns retrocessos largamente rechaçados pela comunidade científica esclarecida. Léon Poliakov, no seu cuidadoso estudo do arianismo, comenta que "Tudo se passa como se por vergonha ou por medo de ser racista, o Ocidente jamais o tivesse sido, e delega-se a figuras menores (Gobineau, H. Chamberlain etc.) a função de bodes expiatórios" (1974:XVIII).

A simples relegação da categoria "raça" ao campo da ficção científica não conseguiu operar, entretanto, a eliminação de sua contínua presença e impacto *de facto*, com efeitos discriminatórios fortes e perversos sobre os povos que atinge. Constituindo ou não uma categoria válida do ponto de vista biológico, na função de categoria *socialmente construída* a "raça" persiste como dura e incontestável realidade em diversos contextos sociais.[6] Por mais que os intelectuais imbuídos de nobres intenções protestassem a favor da invalidade científica da divisão da espécie humana em "raças", não lograriam impedir que as desigualdades sociais comprovadas cientificamente continuassem a configurar-se de acordo com a diferenciação racial operativa em muitas sociedades. Nem conseguiriam fazer com que as práticas discriminatórias deixassem de incidir sobre indivíduos pertencentes a grupos classificados racialmente e considerados inferiores, por mais fictícia que fosse no sentido biológico ou genético tal inferioridade ou até mesmo a existência de referido grupo.

Essa realidade dos fatos sociais criados pela noção popularizada de raça torna necessária a sua nomeação nas análises científicas da sociedade. O que sobressai ao contemplarmos o conceito de raça como categoria socialmente construída é sua plasticidade, mutabilidade e diversidade de expressão e configuração entre um contexto social e outro, ao longo do tempo e diante das transformações sociopolíticas, culturais e econômicas ocorridas no decorrer da história (CHRI, 2000).

O caso do Brasil e de outros países da chamada América "Latina" ilustra esse fenômeno de forma exemplar. Em linhas gerais, a operação do racismo exibe semelhantes características nas nações e nas sociedades americanas de colonização ibérica. A nomeação da região como "Latina" reforça, por meio lingüístico de efeito psicológico profundo, a dominação exercida pelos europeus "latinos" sobre as populações afrodescendentes e indígenas. Em toda a região, uma ideologia de pretenso anti-racismo conseguiu encobrir a realidade da discriminação racial.

Por uma espécie de feitiço branco travestido de método científico, a hierarquia racial da escala gradativa de cor e prestígio, uma verdadeira pigmentocracia,[7] foi transformada numa estrutura tida como neutra no sentido racial. Segundo essa tese, a categoria "raça" não existiria como classificador social nas sociedades "latinas". Ao contrário do critério norte-americano de classificação racial pela origem (a chamada hipodescendência), o critério da cor, que classifica pela "marca" ou pelo fenótipo, seria de natureza puramente estética, divorciado da noção de origem racial ou étnica e, portanto, não-racista. Se a cor preta, com sua correspondente aparência, revela-se a menos prestigiada nessa escala hierárquica, tal fato nada teria a ver com a "raça" ou a origem africana anunciada pela cor. Se à cor dos mulatos ou mestiços atribui-se um *status* inferior à branca, trata-se de um critério estético ou de classe desprovido de qualquer implicação racial.

Assim, pretendeu-se apagar da história e da cultura da América "Latina" a existência e a operação do supremacismo branco, ideologia que justifica a dominação dos outros povos pela suposta superioridade dos povos brancos do Ocidente hegemônico.

Mediante essa magia acadêmico-científica, ficaria reduzida à condição de mera coincidência ou de resquício estrutural do sistema escravista a permanência dos grupos de cor escura na base da pirâmide social durante e após o processo de imigração. Enquanto os europeus e alguns asiáticos ascendiam com uma rapidez extraordinária na escala social, chegando ao ápice da pirâmide em questão de décadas, os afrodescendentes ficavam de maneira irremediável a ocupar os mais baixos degraus. Isso decorreria, entretanto, de uma "discriminação social", isto é, de classe, responsável por reproduzir a herança colonial ao fixar, de forma racialmente neutra, o ex-escravizado nos estratos inferiores da estrutura econômica, correspondentes à sua condição de classe na sociedade colonial.

A esse processo de desracialização ideológica, que comparece travestida de análise científica para esvaziar de conteúdo racial hierarquias baseadas no supremacismo branco, denomino *sortilégio da cor*. A sua eficácia ilustra o quanto a idéia de "raça" e a operação das categorias raciais podem diferir de uma sociedade para outra. Contudo, um elo une as diversas modalidades da categoria "raça", com suas diferentes formas de operação social: fundamentam-se no supremacismo branco e no etnocentrismo ocidental.

Como ideologia, a função do *sortilégio da cor* é ocultar esse fato exaltando o critério da cor e etnia, que teria prevalecido sobre o de raça e assim evitado os efeitos perniciosos do racismo. Durante décadas os intelectuais negros e aqueles ligados aos movimentos negros vêm contestando essa tese.[8] Há vinte anos, tive a oportunidade de observar que não há distinção real entre preconceito de marca e de origem porque "a marca é simplesmente o signo da origem; é através da marca que a origem é discriminada, sendo esta, e não o fenótipo em si, o alvo da discriminação".[9]

A noção de "raça", firmemente embutida na hierarquia social da cor, carece de realidade biológica, mas exerce uma função social de forte impacto concreto sobre a vida real. Trata-se do fenômeno de raça *socialmente construída*.

Assim, a pretensão de eliminar o termo "raça" do vocabulário científico e popular resume-se a um utópico e fantasioso engano, pois mesmo eliminado o vocábulo no imaginário social, as diferenças físicas visíveis continuariam a ser tipificadas e interpretadas pelo senso comum que constrói socialmente as "raças simbólicas". A supressão da palavra, ao contrário de apagar o racismo do "espaço mental" popular, tende a favorecer o prevalecimento e a normalização do "racismo simbólico". Aliás, foi esse o logro do *sortilégio da cor* no Brasil, onde a substituição da idéia explícita de "raça" pelo mote da "cor" permitiu à nação construir uma pretensa ideologia anti-racista, fundamentada em toda uma teoria academicamente formulada e socialmente consolidada no imaginário popular, capaz de encobrir a realidade de um sistema de dominação racial de extrema eficácia.

A intenção de eliminar das ciências sociais o termo "raça" e seus derivados impulsionou sua progressiva substituição pela categoria *etnia*, que introduz uma ênfase no aspecto cultural coerente com a constatação científica da não-existência de "raças" biológicas. Como veremos adiante, ocorreu no Brasil um fenômeno aparentemente único: a pretensa substituição do critério biológico pelo mote da etnia resultou no escamoteamento de um *subtexto de raça* que perpassa e permeia o discurso e as relações sociais, constituindo um firme alicerce da vigência, na prática, do velho critério da inferioridade racial.

O enfoque cultural da etnia nem sempre oferece uma saída "limpa" do terreno do racismo. Recentemente na Europa, por exemplo, a convivência com grandes levas de "imigrantes" árabes, caribenhos, africanos, indianos e seus descendentes vem provocando o tratamento racializado de suas culturas. Esse processo torna a própria cultura algo fixo, essencial e "natural", parecendo-se com a noção biológica de raça, a distinguir um grupo e justificar sua subordinação.[10]

Ademais, a noção de etnia não consegue substituir a de raça porque os grupos humanos designados pelo termo "raça" são mais inclusivos, remetendo em geral a uma origem geográfica de ascendência (África, Ásia, Europa, Américas) às vezes remota, evidenciada em aspectos da aparência física, e que implica uma comunalidade de trajetória histórica, matriz cultural e vida social.

A preocupação teórica de opor o enfoque cultural da etnia contra o racismo de critério biológico parece obscurecer o sentido social mais amplo, simples e corrente de raça como "um grupo de indivíduos interligados por uma origem comum"[11] ou "uma identidade social, caracterizada por parentesco metafórico ou fictício".[12] Essa noção de parentesco evoca a origem comum, a ancestralidade.

Essa identidade parece descrever coletividades como a afrobrasileira, que não constitui propriamente uma raça nem uma etnia, mas um grupo social definido com referência à identidade racial, ou seja, à origem geográfica ancestral que implica comunalidade de trajetória histórica e sociocultural.

Contudo, a análise acadêmica não esgota o assunto, pois o movimento social é o ator coletivo que critica, redefine e transforma os conceitos na sua acepção concreta. No intuito de sublinhar a comunalidade entre as populações de origem africana em todos os lugares onde se encontrem, o movimento negro no Brasil cunhou o termo "afrodescendente". Esse neologismo reflete a mesma idéia que inspirou a adoção do termo "afro-brasileiro", ou "afro-americano" nos EUA: a de que os povos antes rotulados de "negros", expressão originária do regime escravista e que faz referência apenas à cor da pele, seriam mais bem identificados por um nome que remetesse à origem africana e às dimensões cultural, histórica e social em comum entre os povos que partilham essa origem. Ao localizar sua identidade racial num contexto supranacional, o termo "afrodescendente" sublinha a comunalidade de experiência com grupos de origem africana em outros países. Sem basear-se em fundo biológico, esse critério abrange a dimensão cultural e histórica mais ampla dos africanos em todo o mundo.

O essencialismo da identificação biológica resulta da operação contrária, a de afastar o africano de seu referencial de história, cultura e espaço geográfico, transformando-o em "negro" por um critério epidérmico. Na língua inglesa a palavra *negro* ou *Negro* foi transposta do espanhol e do português e utilizada como referência à "raça" puramente em termos de essência biológica, pois em inglês a palavra não denota nem a cor. Para Molefi K. Asante, a atribuição desse termo *negro* [em inglês] ao africano significa "uma negação de sua história e de sua cultura" (1998:11).

No entanto, em espanhol e português a expressão "negro" localiza a essência biológica na própria cor epidérmica. A identidade dessa "raça" definida pela cor fica igualmente esvaziada dos fatores de história, cultura e experiência social em comum.

Já que a noção de raça como origem e ancestralidade incorpora as dimensões de história e cultura sem remeter ao essencialismo biológico, perde o sentido a proposta de sua substituição pelo eufemismo "etnia". Ademais, no processo de resistência à discriminação, constata-se a necessidade de reconhecer as realidades sociais criadas a partir dos critérios discriminatórios. Como lutar contra o racismo se negamos a existência das "raças" e, portanto, da discriminação racial? Se na ausência de "raças" a discriminação atinge apenas as etnias, teremos de organizar uma luta social contra o "etnicismo"? Como observa Nilma Bentes (1993), essa noção não tem ressonância no imaginário social e, portanto, carece de capacidade mobilizadora. Racismo, ao contrário, é ampla e imediatamente identificado como algo a ser repudiado; corresponde à identificação popular do fenômeno discriminatório.

Diante da atribuição aos movimentos negros de uma crença nas noções biológicas de raça, o veterano militante Abdias Nascimento afirmava há mais de trinta anos:

Se usamos as expressões *raça*, *racismo*, é, evidentemente, conforme o entendimento informal, popular, acientífico. Como sinônimo de etnia e nunca como purismo biológico. Convém acentuar, entretanto, que o tabu, em que se erigiu a palavra raça, jamais impediu e jamais impedirá que exerçamos os atos ditados pelo nosso sentimento de responsabilidade para com o futuro do negro no Brasil. E nem o temor ao apodo infamante de racista será bastante forte para abafar nossa rebeldia ante "essa triste perspectiva, o expediente de entregar à morte a solução de um problema", como dizia Joaquim Nabuco. (1968:20-1)

"Racialismo" e negritude

A afirmação de Abdias Nascimento remete-nos à tendência de apontar um "racismo às avessas" supostamente cultivado pelos movimentos sociais anti-racistas. O próprio fato de o grupo discriminado organizar-se em agremiações próprias dedicadas à causa anti-racista é visto, com freqüência, como ato racista. Clássica expressão desse raciocínio está na declaração do então deputado Afonso Arinos, quando afirmava que o seu projeto de lei, que definia a discriminação racial como contravenção penal, se opunha a esse tipo de organização porque "o empenho em instituir entidades dos homens de cor é o reverso da medalha, pois será, em última análise, manifestação de racismo negro".[13]

Mais sutil e sofisticado, além de simpático ao movimento social em questão, Jean Paul Sartre, no célebre ensaio "Orfeu negro",[14] propõe uma dialética em que o "racismo anti-racista" dos movimentos negros funcionaria como antítese à tese do racismo, criando uma consciência comum de luta, passo necessário para a construção da síntese final, uma sociedade sem racismo. O ensaio de Sartre apresentava uma edição de poesias da Négritude, movimento anticolonialista de intelectuais africanos e antilhanos de língua francesa liderado pelo então futuro governador de Martinique,

Aimé Césaire, pelo poeta Léon Damas e pelo futuro presidente de Senegal, Léopold Sédar Senghor. Esse movimento foi acusado de racismo às avessas por adversários do Ocidente assim como por africanos comprometidos com posições ideológicas de esquerda. Sartre, com sua tese do "racismo anti-racista", fez-lhe uma eloqüente e sólida defesa. Essa tese, entretanto, não deixa de coincidir com a idéia do racismo ao contrário.

Meio século depois, a questão continua atual. Até hoje, e sobretudo no bojo da reação conservadora às medidas implementadas nos EUA na era dos direitos civis e da ação afirmativa, é comum lançar contra os movimentos negros e as políticas antidiscriminatórias a acusação de racismo às avessas. Nesse contexto, a discussão se renova e ressurge o conceito de "racialismo", derivado de uma linha de pensamento sociológico inglês e retomado por Anthony Appiah (1992, 1997) e, no Brasil, por Antonio Sérgio Guimarães (1999).

De acordo com essa linha de raciocínio, o racismo se distingue do "racialismo", caracterizando-se o primeiro pelo conjunto de mecanismos discriminatórios institucionais que perpetuam as desigualdades raciais, enquanto "racialismo" seria a crença na existência de raças biológicas como subdivisões da espécie humana.[15] Assim, "anti-racialismo" não implicaria anti-racismo, pois podem se manter as estruturas discriminatórias sem endossar, ou até mesmo combatendo, a noção de "raças" biológicas. Seria este, aliás, o caso do Brasil.

Voltando aos poetas da Negritude, Guimarães corrige a expressão de Sartre e lhes atribui, mais precisamente, um "racialismo anti-racista". O fato de "assumir a idéia de raça" para lutar contra o racismo equivaleria, por assim dizer, a uma demonstração de sua crença em raças biologicamente definidas (1999:64).

A idéia de um "racialismo anti-racista" revela uma simetria da mesma natureza do "racismo anti-racista" e igualmente falsa, que resulta, acredito, de uma leitura mecanicista e abstrata demais do "racialismo" como uma crença na subdivisão da espécie humana em grupos raciais. Divorciar esse "racialismo" do supremacismo branco constitui um exercício acadêmico artificial, cujo efeito prático é racionalizar a caracterização dos movimentos negros: "A partir dos anos 70, o movimento negro [brasileiro] muda radicalmente o fundamento de sua política, adotando uma postura racialista", afirma o mesmo autor (Guimarães e Huntley, 2000:24).

A distinção entre racismo e "racialismo" não se sustenta, a meu ver, porque as teses racistas de cunho biológico são apenas a expressão de uma etapa do processo ideológico do supremacismo branco, que se desenvolve bem antes da formulação científica do critério biológico e mantém sua coerência por vários tempos de mutação. Essa leitura estreita do "racialismo" contribui para esvaziar o supremacismo branco de sua essência, que é o processo ideológico de desumanização e inferiorização do outro. As teorias científicas de cunho biológico apenas colaboram para esse processo, como também o fazem as versões que apagam os africanos da história humana como construtores de civilizações, tecnologia, filosofia, organização política e assim por diante. Tais teorias foram igualmente elevadas, para muito além de uma simples "crença", à condição de verdade incontestável, investida da máxima autoridade científica. As noções biológicas de raça caminham junto, mas não são necessárias, à construção do supremacismo branco. Este se sustenta por meio de uma trama mais ampla de representações que envolvem, sim, o legado das noções biológicas de raça. Esse legado mantém seu impacto, de forma inconsciente, mesmo após a desmoralização do racismo biológico como conceito científico.

Assim, não parece viável fazer equivaler a assunção de identidade da Negritude ao "racialismo" do supremacismo branco construído a serviço de sua opressão. Se os poetas da Negritude cantavam a alegria da "raça", elogiando-lhe a emotividade e sensibilidade criativa, era no sentido de enaltecer-lhe os valores positivos e assim resgatar a humanidade que lhe negava o racismo ao relegá-la a uma categoria animalesca subumana. Se a essência do racismo está nessa negação da humanidade do negro, o gesto de assumir e valorizar a identidade negra constitui diametralmente o seu oposto: a afirmação dessa humanidade. Os dois processos se revelam intrinsecamente distintos em caráter, conteúdo e grau.

Na época da Guerra Fria, os críticos africanos da Negritude, Stanislas Adotevi (1973) à frente, reagiam contra o que entendiam como seu implícito endosso às teses racistas de cunho biológico. Atribuir à "raça" africana maior emotividade e sensibilidade criativa, por exemplo, faria parte dos estereótipos divulgados pelo próprio supremacismo branco.

Essa crítica carecia de sutileza ao deixar de levar em conta o tom de fina ironia com que os proponentes da Negritude devolviam as teses racistas aos seus criadores, não apenas desmentidas implicitamente como transformadas em arma de contestação. Também constitutiva de tal crítica, no entanto, era a questão ideológica: os partidários da análise marxista, advogados da supremacia da luta de classes sobre a questão racial, negavam não apenas as teorias racistas de cunho biológico mas também a legitimidade da mobilização da identidade como fator de conscientização e de luta anticolonialista. Essa posição chegou ao extremo de levar o 6º Congresso Pan-Africano (Dar-es-Salaam, 1974) a esvaziar-se de conteúdo pan-africanista. Não apenas foi vetada a afirmação da identidade africanista, como também se negou foro às vozes oposicionistas que questionavam o posicionamento oficialmente adotado pelo Congresso. O pan-africanismo acabou revertendo-se no socialismo científico "racialmente neutro" da luta de classes, definido com referência a critérios históricos, econômicos e culturais do Ocidente.[16]

A negação extrema da questão da identidade teve vida curta. Com o tempo, desmantelava-se a hegemonia dos constructos ideológicos da Guerra Fria e cresciam novas tendências internacionais, como as do não-alinhamento e do diálogo sul-sul. Surgia o movimento de Consciência Negra liderado por Steve Biko na África do Sul, marcado pela mobilização contra a instituição da "educação bantu", sublinhando o imperativo urgente de enfrentar a dominação racial e o supremacismo branco.

Essa premente mobilização parecia uma resposta direta à célebre afirmação, feita no contexto da polêmica no mundo africano sobre a Négritude, do escritor nigeriano Wole Soyinka, mais tarde prêmio Nobel da literatura: "O tigre não proclama sua tigritude, só dá o bote". O fenômeno Steve Biko ressaltava o fato de, ao contrário dos povos africanos, o tigre não haver visto, durante séculos, sua tigritude sistematicamente reprimida, aniquilada e negada por meio da imposição de uma série de imposturas e mentiras como verdades históricas cientificamente comprovadas.

Ao longo da década de 1980, então, o mundo africano reconciliava-se com o legado da Négritude. Passou-se, como tendência geral, a reconhecer o papel histórico do movimento na mobilização anticolonialista e sua parceria com o pan-africanismo, revelada a independência deste em relação à teoria marxista do socialismo científico.[17] Essa reconciliação teve uma espécie de fórum simbólico em fevereiro de 1987, quando a 1ª Conferência Internacional das Comunidades Africanas nas Américas reuniu 2.500 representantes dos mais diversos países do mundo africano em homenagem ao exemplo histórico do movimento da Negritude. Do Brasil, estavam presentes o então deputado Abdias do Nascimento e a socióloga Lélia González (Moore, Sanders e Moore, 1995).

Focalizei aqui a trajetória do debate no mundo africano sobre o suposto endosso da Negritude a teses racistas para ilustrar que carece de referencial histórico a afirmação de um paralelo entre o "racialismo" da conscientização da identidade do negro e aquele do supremacismo branco, como se fossem dois constructos abstratos e neutros. Desvinculados de sua localização no contexto da estrutura e dinâmica de dominação, ambos os "racialismos" perdem seu sentido; só assim se prestam ao enquadramento no esquema da suposta simetria.

A fascinação por tal simetria resulta, a meu ver, de um procedimento comum às ciências ocidentais, classificadoras e generalizadoras, com seu gosto em criar definições universalistas, newtonianas, capazes de dar conta de todas as dimensões e manifestações do fenômeno em questão. Assim, a simetria entre os dois racismos surge da busca de uma definição genérica de racismo. Citando o discurso de Appiah sobre racismo "intrínseco" e "extrínseco", Guimarães conclui por uma dupla definição de racismo que considera o outro "tipo de pensamento racialista": o "racismo anti-racista" de Sartre, ou "racismo defensivo", que "os grupos dominados vêem-se forçados a desenvolver para enfrentar a discriminação a que estão submetidos" (1999:32). Tal conceito não parece coincidir com o "racismo intrínseco" de Appiah, que não o define como fenômeno reativo ou defensivo. Para este, os racistas intrínsecos

> fazem distinções de natureza moral entre indivíduos de raças diferentes porque acreditam que cada raça tem um *status* moral diferente [...] também um racista intrínseco pensa que o simples fato de ser da mesma raça constitui uma razão para preferir uma pessoa a outra. Para um racista intrínseco, nenhuma quantidade de evidência de que um membro de outra raça seja capaz de grandes realizações morais, intelectuais ou culturais, ou tenha características que, nos membros de sua própria raça, o faria admirável ou atrativo, oferece qualquer base para tratar essa pessoa como trataria pessoas de sua raça dotadas de atributos semelhantes. (1992:14)

Aqui, o filósofo parece engajar-se num exercício de generalização personalizada de idiossincrasias individuais observadas de forma aleatória, sem base perceptível em qualquer tipo de análise social.

De toda maneira, para Guimarães uma definição calcada no conceito duplo do racismo "extrínseco" e "intrínseco" de Appiah "permite considerar todas as possibilidades nas quais a idéia de 'raça' empresta um sentido subjetivamente visado à ação social, cobrindo, portanto, aquele campo que podemos definir, de modo estrito, como o campo das relações raciais" (1999:32-3).

O esforço de conceituar genericamente o racismo ou o "racialismo" desemboca no perigo do mesmo equívoco que o sociólogo com cuidado evitava ao mostrar que a idéia de "raça" é socialmente construída sob critérios que diferem de um contexto histórico e social para outro. Ora, por que a mesma consideração não se aplicaria aos contextos radicalmente distintos em que surgiram o racismo ou "racialismo" atribuído aos movimentos de conscientização anti-racista e aquele construído e imposto pelo supremacismo branco como sistema de dominação?

Estendendo sua noção de "racialismo" anti-racista aos movimentos negros da América Latina e do Brasil, Guimarães a defende dizendo que "só um discurso racialista de autodefesa pode recuperar o sentimento de dignidade, de orgulho e de autoconfiança, que foi corrompido por séculos de racismo universalista e ilustrado" (1999:58). Logo a seguir, porém, ele afirma que a identidade racial por eles assumida ampara-se nas "idéias gêmeas" de uma terra e uma cultura a serem recuperadas e redimidas – idéias que nada têm a ver com a de raça biológica como subdivisão da espécie humana. Ou seja, a caracterização desses movimentos como "racialistas" não parece sustentar-se de acordo com os termos de sua definição.

Se os movimentos negros assumem a "idéia de raça" para combater o racismo, parece tratar-se daquela raça socialmente construída cujo conceito o autor sustenta, e não da outra, biológica, de um racialismo taxonômico de essências. Portanto, a distinção entre "racialismo" e racismo me parece um equívoco para além de inócuo nesse contexto.

O que parece explicar melhor a insistência na falsa simetria é o hábito, nas análises sociológicas, de ver o racismo como mecanismo de discriminação, operando efeitos constatados estatisticamente como desigualdades sociais. Essa caracterização o reduz à condição de agente de diferenças societárias, ocultando sua essência como fundamento ideológico que garante a continuidade da dominação e que marca de maneira silenciosa, sutil e profunda o contexto societário em que as "relações raciais" se inserem.

Supremacismo branco e pan-africanismo

Além de operar desigualdades sociais, o racismo cumpre funções mais amplas de dominação como ideologia de hegemonia ocidental que transmite e reproduz o processo de desumanização dos povos dominados. Essa ideologia sofre mutações de acordo com as condições históricas, demonstrando-se flexível e extremamente sutil, atuando por meio de representações sociais em nível do subconsciente ou do imaginário social. Não precisa ser explicitada em linguagem direta, pois instala-se, mediante o processo de socialização, na representação do real internalizada pelos indivíduos. A hegemonia ocidental, invisível e emudecida, impera nos padrões de cultura e infiltra-se na constituição dos sujeitos. Talvez seja o mais poderoso fator a reforçar e perpetuar as próprias desigualdades quantificadas, objeto da análise sociológica. As dimensões simbólicas das representações que permeiam a educação e a cultura, e os efeitos psicológicos que estas operam sobre negros e brancos, revelam-se parte integrante dos mecanismos de discriminação nas relações sociais. São inseparáveis e constitutivos do racismo.

Essas representações são fruto de séculos de elaboração no ideário do eurocentrismo, que não corresponde propriamente a um etnocentrismo porque abstrai elementos de identificação comuns a diversos grupos étnicos de origem européia. A partir de suas próprias referências clássicas, a antiga Grécia e o Império Romano, articula uma visão universalista da "civilização humana", excluindo outras matrizes civilizatórias. O que marca o modelo ocidental-europeu é sua definição como parâmetro único forçosamente aplicável a toda a humanidade. Caracterizado por essa imposição sobre os povos dominados de um universalismo hegemônico que define o mundo do ponto de vista do dominador, o etnocentrismo ocidental foge radicalmente do conceito antropológico de etnocentrismo, que generaliza a tendência de cada grupo étnico a valorizar sua própria cultura e cultivar uma visão de mundo construída desde o seu ponto de vista, atribuindo-a a toda a humanidade. A expressão "supremacismo branco" parece-me mais adequada, pois a idéia do etnocentrismo como fenômeno humano universal, atributo tanto das tribos primitivas quanto dos europeus ocidentais, ergue mais uma falsa simetria em que o processo vivido pelos dominados é igualado àquele construído pelo dominante.

Fazer equivaler a hegemonia ocidental a mais um etnocentrismo torna invisível o aparato bélico e policial repressivo do sistema colonialista mobilizado contra os povos dominados, que garantiu essa imposição por séculos – e aí se incluem o domínio político, territorial e econômico, bem como o cultural e o psicológico, por meio de instrumentos e instituições como os sistemas de ensino e evangelização. Encobre também as formas de dominação pós-coloniais que, transmudadas, a estendem ao mundo globalizado contemporâneo. Nesse contexto, a mobilização das identidades como afirmação de resistência deve ser entendida como desdobramento do processo de resistência anticolonialista e avaliada como parte de um *continuum* histórico.

A análise sociológica tende a perder de vista essa continuidade do processo histórico mundial de resistência à hegemonia ocidental eurocentrista. Estudando um ou outro sistema social de maneira mais ou menos estática na sua busca de simetrias estruturais e de regras gerais, pode correr o risco de tropeçar em posições ideológicas. Creio que um exemplo disso esteja na falsa simetria entre o "racialismo" branco e o dos movimentos negros.

Um dos melhores exemplos do discurso centrado nessa alegada simetria nos chega da pena de Appiah, o filósofo africano advogado do "racismo intrínseco e extrínseco". O sucesso desse destacado intelectual no meio acadêmico pode ser atribuído em grande parte, a meu ver, a seu endosso a teorias derivadas do eurocentrismo e a seu franco posicionamento contra o pan-africanismo. Não quero dizer, com isso, que qualquer crítica ao pensamento pan-africanista seja por isso eurocentrista. Intelectuais como Kole Omotoso[19] criticam o pan-africanismo sem adotar tal postura.

Na sua obra principal, Appiah (1992, 1997) se lança à missão de demonstrar a essência racista ou "racialista" do pensamento pan-africano. Para isso, constrói um raciocínio primoroso no seu formalismo lógico, porém carregado de evidente intenção ideológica, sobre o discurso do referido movimento. Analisa esse discurso desde os seus pais fundadores, como Alexander Crummel, Edward H. Blyden e Martin R. Delany, até os seus maiores expoentes, o sociólogo afro-norte-americano W. E. B. Du Bois e o estadista Kwame Nkrumah, destacado líder da conquista da independência e primeiro presidente de Gana, país de origem do filósofo, cujo pai era rival político de Nkrumah.

Afirmando ao mesmo tempo a diversidade essencial entre as culturas da África tradicional e a pouca penetração da influência européia nelas, Appiah declara que a cultura dele, por exemplo, nada tem a ver com o restante da África. Diz sentir-se, inclusive, mais estrangeiro quando visita outras partes do continente, onde não se reconhece em nenhuma manifestação das culturas alheias, do que na Inglaterra, país de sua mãe, onde passou belas temporadas durante a infância e a adolescência.

Nesse particular, o autor corresponde plenamente às expectativas da tradicional perspectiva eurocentrista que postula uma absoluta estranheza entre as diversas "culturas étnicas" da África. Estas, além de possuir pouco em comum, careceriam de base lingüística para compreender-se mutuamente. Argumento ouvido com freqüência no Brasil, onde parece que se imagina uma ausência absoluta de contato entre os povos africanos no período pré-colonial, imagem que por certo não corresponde aos fatos históricos.[20]

Investido da autoridade que lhe confere sua condição de filho nobre de uma etnia importante (o pai era chefe tradicional), Appiah ajuda a desautorizar a linha de pesquisas que vêm documentando a existência de elementos comuns a conformar um substrato de unidade essencial, permitindo falar numa matriz civilizatória africana.[21]

Outro posicionamento que situa as raízes do pensamento de Appiah firmemente no campo do eurocentrismo se articula quando o filósofo declara a inutilidade do estudo do pensamento pré-socrático (1992:100-2). Dessa forma, ele endossa a tradicional noção, básica ao eurocentrismo, segundo a qual a filosofia *qua* filosofia, e por extensão o conhecimento humano e a própria civilização teriam brotado prontos do "milagre grego", como se não carecesse de qualquer embasamento em quatro milênios de desenvolvimento anterior protagonizado por povos africanos no Egito. A base do argumento de Appiah (1992:101-2) é a distinção entre a "verdadeira" filosofia, ou seja, a "disciplina formal" criada a partir de Sócrates, e a "filosofia popular", domínio do intelecto menos desenvolvido dos povos primitivos. Trata-se de um dos esteios da perspectiva eurocentrista.

Para os antigos como Heródoto, "Pai da História", não passava de um fato mais que evidente a continuidade entre as noções desenvolvidas no Egito e as estudadas por pensadores gregos que, como Pitágoras e Euclides, lá peregrinavam em busca de conhecimentos. O químico, arqueólogo, etnólogo e historiador Cheikh Anta Diop foi o pioneiro de uma linha de pesquisadores que documentam, em vários campos científicos, não apenas o processo de distorção histórica responsável pelo apagamento desse fato na versão eurocentrista da história, como também a continuidade do legado egípcio em muitas culturas africanas.[22] As conclusões desses autores tiveram confirmação e reforço no monumental trabalho de Bernal (1987), lingüista e filólogo que documenta em três volumes as raízes afro-asiáticas da civilização clássica greco-romana.

Ao conceder certo interesse histórico à tese de Bernal, Appiah (1992: 101, n. 24) aproveita para contrastá-la com a dos africanos "egipcianistas" da escola de Diop, alegando que, ao contrário destes, Bernal não se interessa pelas possíveis implicações contemporâneas de sua tese, apenas quer "corrigir o registro histórico". Ora, é exatamente esse o objetivo dos egipcianistas africanos. O que a postura eurocentrista de Appiah encobre e o impede de admitir é que essa correção do registro histórico, por si só e independentemente da opinião de Bernal, de Diop ou dele mesmo, está carregada de implicações contemporâneas não apenas para a construção da identidade dos descendentes de africanos como para a própria hegemonia do eurocentrismo. Talvez seja esse fato, escamoteado e não explicitado, o cerne do boicote dos intelectuais da tradição ocidental a esse grupo de africanistas.

O caminho de Appiah na desmoralização dos pensadores panafricanistas, Du Bois em particular, é forjado na crítica à noção de "raça" no respectivo discurso, projeto que o filósofo executa sem ensaiar uma tentativa de contextualização histórica da linguagem e das referências literárias usadas por autores que escrevem no século XIX e no início do XX (os textos de Du Bois abrangem um período que se estende desde a década de 1870 até a de 1950; os de Blyden, Delany e Crummel datam do século XIX).

Em trechos citados pelo filósofo, Du Bois afirma, explica e oferece argumentos em apoio à sua posição de que a unidade pan-africanista se baseia, não em noções biológicas de "raça", mas na experiência histórica, cultural e social comum aos povos africanos e na sua herança coletiva de valores civilizatórios. Aplicando-lhe o impiedoso bisturi de sua lógica cartesiana, Appiah disseca um por um os argumentos de Du Bois, reduzindo em cada caso a solidariedade entre povos africanos do continente e da diáspora a uma questão de "raça" biológica e, portanto, de "racialismo". Queira Du Bois ou não optar por uma conceituação mais ampla baseada em comunalidades culturais, sociais e históricas, Appiah recusa-se a admitir tal alternativa, demonstrando com argumentos formalmente impecáveis a sua suposta inconseqüência lógica. O filósofo, assim, endossa o clássico argumento eurocentrista de que esse e outros movimentos de conscientização da identidade africana reduzem-se de forma inapelável a um perigoso e desprezível racismo às avessas. Aqui a distinção entre racismo e "racialismo" pouco importa; o julgamento de valor valeria igualmente para os dois, e é esse o objetivo da exegese de Appiah.

O "triunfo lógico" de Appiah nesse seu sítio intelectual sobre o pan-africanismo ecoa o processo desencadeado pelo filósofo francês Alain Badiou ao criticar o recente interesse filosófico na questão das "diferenças culturais". Como vimos, a verdadeira questão para Badiou não é a diferença, mas a verdade. Se a diferença é dada, pois é o que há no mundo, a verdade é imanente. E "uma verdade é o mesmo para todos".[23]

Muniz Sodré observa o raciocínio lógico tecnicamente perfeito com que Badiou constrói seu argumento rumo à conclusão de que não interessam a diferença, nem as culturas ou identidades específicas, mesmo num mundo globalizado marcado pelo recrudescimento do racismo. A avaliação de Sodré cabe com igual justeza, entendo, ao argumento de Appiah sobre o pensamento pan-africanista:

O acerto lógico não o torna necessariamente verdadeiro, posto que seu fundamento é um ideal ou uma fantasia: a suposição de que o racionalismo lógico, ao invés de uma tecnologia cognitiva historicamente condicionada, seja uma invariância substancial e automática em todos os grupos humanos, portanto universalmente aplicável à diversidade das situações existenciais. O triunfo lógico da abstração filosófica garante aí o poder da identidade européia ou ocidental, assim como a hegemonia de um pensamento. (1999:16)

O diálogo entre Appiah e Du Bois reencena uma querela antiga e atual: os intelectuais identificados com movimentos sociais anti-racistas, rotineiramente rotulados de racistas negros, protestam o contrário e, nesse sentido, apresentam o seu pensamento, o qual é reinterpretado no intuito de revelar o seu "verdadeiro sentido" racista ou "racialista".

Nesse contexto, é notável a afirmação de Castells (1999) quando define a identidade de resistência afirmada pelos movimentos sociais: "É aquilo que dizem ser". Para Castells, basta aceitar o discurso dos protagonistas como expressão da natureza de seus objetivos e de suas posturas. Aplicar esse procedimento ao estudo dos movimentos sociais anti-racistas poderia ser um meio eficaz de contrapor o discurso ideológico que os caracteriza como racismo ou racialismo anti-racista. Infelizmente, não parece ser esse o procedimento de praxe ao avaliar a significação do movimento social negro.

Acostumado desde a década de 1950 às acusações de que a reivindicação da identidade negra se amparava em noções biológicas de raça, o militante e intelectual afro-brasileiro Abdias Nascimento realçou o imperativo da ênfase nas seguintes linhas, escritas há mais de vinte anos (1980:270, 272): "Aviso aos intrigantes, aos maliciosos, aos apressados em julgar: o vocábulo raça, no sentido aqui empregado, se define somente em termos de história e cultura, e não em pureza biológica". Duas páginas à frente: "Reitero aqui a advertência aos intrigantes, aos maliciosos, aos ignorantes, aos racistas: neste livro a palavra raça tem exclusiva acepção histórico-cultural. Raça biologicamente pura não existe e nunca existiu". Trata-se da mesma linha de pensamento de Du Bois. Os dois parecem ter pressentido, assim, a formulação do conceito de construção social de raça hoje em voga nas ciências sociais. Aliás, os movimentos negros no seu conjunto, assumindo uma "idéia de raça" não-biológica, formulam na sua ação transformadora o conceito de raça socialmente construída, e o fizeram bem antes que a sociologia chegasse a esse conceito teórico.

Gênero e raça: Diop, Du Bois e o feminismo

De certa forma, a noção de raça como categoria socialmente construída ecoa o conteúdo da crítica feminista ao patriarcalismo. A clássica afirmação de Simone de Beauvoir[24] no sentido de que não se nasce mulher, mas se vive um processo complexo e socialmente condicionado de *tornar-se mulher*, antecipa a tese da construção social da realidade ao trazer à luz, embora sem atribuir-lhe essa denominação, o caso específico da construção social da categoria mulher na sociedade patriarcal ocidental. O objetivo final do processo de "tornar-se mulher", para Beauvoir, é *assumir-se mulher* como "projeto" no sentido sartreano. Entretanto, para formular esse projeto de identidade é preciso forjar uma consciência crítica da identidade "mulher" construída socialmente no patriarcalismo. O "projeto" caracteriza-se de maneira forçosa pela desconstrução dessa identidade.

O cerne da tese de Beauvoir, desdobrada e rediscutida em diferentes expressões do feminismo, está na revelação e na crítica à ideologia do patriarcalismo segundo a qual as desigualdades sociais associadas à condição feminina são definidas como conseqüências da "natureza" da constituição orgânica, essencial, da mulher. Assim, a diferença biológica entre macho e fêmea, devido em particular às exigências da função materna, justificaria, tornando-as "naturais", não apenas a distinção por sexo na atribuição de papéis sociais, direitos e deveres legais, expectativas de sucesso e assim por diante, como também as desigualdades entre homens e mulheres nos âmbitos da educação, do trabalho, da renda e da remuneração. Os efeitos psicológicos da inferiorização da mulher no imaginário coletivo mediante esse processo de naturalização de sua condição social merecem a atenção de autoras como Belotti,[25] que demonstram de que forma as representações sociais do feminino, reprodutoras de preconceitos e estereótipos negativos internalizadas desde a primeira infância por uma educação infantil e escolar imbuída da ideologia do patriarcalismo, são capazes de tolher o desenvolvimento da personalidade, da auto-estima e da autonomia da mulher como indivíduo.

Evidencia-se nitidamente o paralelo entre esse processo e o da justificação das desigualdades raciais, tornando-as "naturais", acompanhada dos efeitos psicológicos das representações que embutem preconceitos e estereótipos, derivadas das teorias científicas da inferioridade congênita do africano ou do indígena e seus descendentes. O racismo se constitui e opera essencialmente da mesma forma que o sexismo, tanto no campo da discriminação, resultando em desigualdades sociais estatisticamente mensuráveis, quanto no âmbito mais amplo, efetuando de diversas maneiras, ora diretas, ora sutis, determinações e condicionamentos às possibilidades e às perspectivas de vida das pessoas e dos grupos humanos envolvidos. Assim, no Brasil um estudo de primeira referência sobre a questão racial na psicologia nos remete à expressão de Simone de Beauvoir: *tornar-se negro* é o processo enfocado pela psicanalista Neusa dos Santos Souza (1983). Mais tarde, a socióloga Matilde Ribeiro examina o processo de tornar-se negra.[26]

A análise sociológica postulava que a "redução do cultural ao biológico" como essência do racismo existiria sempre quando se explica uma posição de prestígio ou estigma social invocando uma característica natural. A crítica feminista apontava o processo de "naturalização" das desigualdades sociais de raça e de sexo como extensivo também às de classe. A hereditariedade "cientificamente comprovada" de atributos como a criminalidade, a loucura e a "fraqueza de espírito" que os levariam ao desemprego, à pobreza e ao alcoolismo podia condenar os pobres em geral a um estado nato de inferioridade. O postulado científico da hereditariedade dessas características desembocaria na teoria da eugenia. Assim, instituíam-se como políticas públicas diversas técnicas aplicadas à otimização do estoque genético da população, não apenas nos países fascistas europeus como também nos EUA, na América Latina e no Brasil.[27]

Entretanto, a dimensão partilhada pela condição racial e de gênero caracteriza-se por um processo que vai além de tornar "naturais" as desigualdades sociais. Identifica os grupos discriminados com a própria natureza, em oposição ao ser "humano", e representa como subumanas ou animalescas as pessoas cujos corpos trazem as marcas identificáveis. O "humanismo" do Ocidente baseia-se nesse processo de exclusão, conforme observa Muniz Sodré:

> A moderna cultura ocidental – em outras palavras, o triunfo da humanidade absoluta – dá-se a partir de um ordenamento espacial centrado na Europa. Desta maneira, o "ser humano universal", criado a partir de uma concepção cultural que refletia as realidades do universo burguês europeu, gerava necessariamente um "inumano universal", a outra face da moeda, capaz de abrigar todos os qualificativos referentes a um "não-homem": bárbaros, negros, selvagens. (1999:54)

O antropólogo Pandian concorda ao identificar a construção, no Século das Luzes, do Outro negro, como "um ser distinto, biológica e intelectualmente inferior ao branco ocidental [...] [que] veio a representar o cúmulo da diferença racial, o contraste supremo por meio do qual o homem ocidental podia se comparar e definir a si mesmo".[28]

É notável que nenhum dos dois autores leve adiante sua crítica ao etnocentrismo ocidental no sentido de apontar a identidade de gênero dessa humanidade absoluta. A filósofa Gabriella Bonacchi lembra que

> [...] a crítica feminista desmascarou o universalismo aparente, mostrando o caráter particular desse sujeito que se pretendia universal: o ponto de vista oculto por trás do ser abstrato da metafísica é, na realidade, o ponto de vista extremamente concreto do homem ocidental adulto, branco e proprietário. (Ávila, 2000:7)

Se o humanismo universalista contrapõe ao ser humano um "não-homem" bárbaro, negro ou indígena e selvagem, também lhe opõe a "não-homem" mulher. O feminino contrapõe-se ao masculino como a natureza ao espírito, a intuição à inteligência, a emoção ao raciocínio, a escuridão à luz, a submissão ao poder, a passividade à iniciativa. Essas oposições aplicam-se igualmente ao binário africano ou indígena *versus* branco na hierarquia racial civilizatória do universalismo ocidental. Todas têm raízes anteriores ao Século das Luzes. Se a mulher foi feita da costela do homem, assim não se constituindo como ser humano inteiro e autônomo, o negro sofre há milênios a bíblica maldição de Cam, e passou ainda a representar um estágio anterior na evolução da espécie, mais próximo ao macaco que ao homem.

Estabelecido o modelo do universal humano como masculino e branco, à medida que uma identidade se "desvia" desse padrão, distancia-se da condição humana. Desse modo, o racismo e o patriarcalismo se cruzam numa dinâmica de interação e dependência mútua na desumanização desses grupos subordinados. As formas patriarcal e racista de dominação são estreitamente interligadas. Sua especificidade não nega seu inter-relacionamento com a dominação econômica, sobretudo em sociedades coloniais com economias fundadas no regime escravista. Por isso mesmo, a crítica à dominação racial se entrelaça implicitamente com a crítica ao patriarcalismo.

Bem antes que a Europa pensasse na voga pós-estruturalista ou no pós-modernismo, o etnólogo, arqueólogo e químico senegalês Cheikh Anta Diop articulava uma das mais incisivas críticas ao modelo do universalismo patriarcal, antecipando também o movimento em direção à "descolonização da antropologia" (Harrison, 1997). Trata-se de seu clássico estudo sobre a unidade essencial das culturas pré-coloniais da África (Diop, 1978[1959]). Entre os principais elementos dessa unidade figura a organização social matrilinear.[29]

A ciência ocidental postulava uma evolução universal da organização familiar e social humana em que todos os grupos progrediriam a partir do estado caótico da "horda primitiva", tão cara a Sigmund Freud, passando por fases também primitivas de matriarcalismo e matrilinearidade, e seguindo até atingir o ápice do desenvolvimento social, estágio da luz: o patriarcalismo. Antecipando a técnica desconstrucionista do pós-modernismo e a crítica feminista à antropologia filosófica do marxismo,[30] Diop analisa em detalhes, nos alicerces e nas estruturas dessas teorias, seu viés eurocentrista bem como sua falta de sustentação empírica e seu embasamento na distorção e interpretação dos fatos observados e daqueles registrados historicamente. Revela o cientista africano que se trata de uma vertente do evolucionismo, teoria justificadora da subordinação das sociedades não-ocidentais pela européia com sua pretensão ao universalismo humanista. Entre seus arautos destacavam-se teóricos do marxismo como Friederich Engels, fato que contribui para demonstrar que os defensores da classe proletária européia assumiam as teses que justificavam a dominação não só dos povos colonizados e escravizados como também da mulher européia.[31]

A matrilinearidade, identificada pelo evolucionismo como "estágio primitivo" no desenvolvimento social humano, caracterizava algumas das sociedades mais altamente organizadas da história, como o Egito e o império de Gana. O protagonismo da mulher prevalecia na organização jurídica, econômica, social e política em muitas dessas sociedades. Refutando as teses evolucionistas da ciência ocidental, Diop sustenta que o desenvolvimento social, político e econômico não depende da subordinação da mulher. Ao contrário, indaga o africanista: qual a sociedade mais plenamente desenvolvida – a que nega à metade de sua população a plena condição humana, ou a que reconhece e estimula em todos a capacidade de realização e contribuição à vida coletiva?

A inter-relação entre racismo e patriarcalismo constitui o enfoque da análise e ação de outros pensadores pan-africanistas e da escola revisionista da história africana.[32] Sobressai o exemplo de W. E. B. Du Bois, sociólogo norte-americano e um dos maiores intelectuais do século XX. Em sua segunda década, Du Bois dedicava-se ativamente à causa do voto para a mulher, o que naquela sociedade segregada significava, na prática, o voto para a mulher branca. Entre 1911 e 1920, Du Bois escreveu mais de vinte artigos, organizou simpósios, participou em atos públicos e advogou, em geral, o sufrágio feminino.[33]

O movimento feminista era composto, na época, quase exclusivamente por mulheres brancas. Muitas delas assumiam claras posições racistas. Valiam-se até de argumentos calcados no supremacismo branco para propagar no Sul dos EUA a tese do sufrágio feminino branco, opondo-se ao voto para a população negra. Argumentava-se que o voto feminino branco iria reforçar a hegemonia racial nos estados que haviam lutado pela continuação do regime escravista. Ao viajarem ao Sul para advogar o sufrágio das mulheres brancas, feministas do Norte costumavam endossar as teses racistas advogadas por suas colegas sulistas ou silenciar-se sobre elas, até mesmo quando pessoalmente se consideravam antiescravistas e "anti-racistas". O intuito era o de avançar em direção à conquista do voto para a mulher branca.

Fiel a seus princípios democráticos e antidiscriminatórios, Du Bois entendia que o voto feminino representava um avanço importante para a construção de uma sociedade democrática e não-racista e um passo necessário em direção ao direito do voto para o negro. Manteve sua advocacia do sufrágio feminino. Articulava, para isso, um argumento de elevado teor ético em que restabelecia o elo filosófico entre a causa do voto feminino e a do negro, rompido pela atuação e pelo discurso das feministas racistas; convencia a comunidade negra a superar o ressentimento e apoiar a causa do voto para a mulher; e demonstrava que o voto feminino teria conseqüências positivas para a população negra. Nesse processo, é evidente, Du Bois entrava em confronto com afro-americanos compreensivelmente indignados diante das posições das feministas racistas e do descaso para com os interesses da comunidade negra demonstrado por aquelas que se diziam anti-racistas.

Cumpre destacar que é esse o intelectual negro implicitamente identificado por Anthony Appiah (1992) como "racista intrínseco", ao dedicar o nobre filósofo africano tanto empenho no sentido de demonstrar o fundamento "racialista" supostamente irrevogável de seu pensamento pan-africanista.

Sintetizei esses exemplos para ilustrar de que maneira o patriarcalismo se entrelaça com o racismo na qualidade de teorias e práticas de dominação, além de objetos de crítica e resistência à dominação. Para Diop e Du Bois a questão de gênero se colocava como parte integrante da crítica ao universalismo ocidental hegemônico e da luta anti-racista. Entretanto, a perspectiva crítica das mulheres negras seria articulada por elas mesmas, ao analisarem as ideologias de dominação e as formas de opressão sexista e racista em diferentes contextos, inclusive dentro dos movimentos sociais.[34]

O próprio movimento feminista nem sempre se caracterizou por uma consciência dos problemas específicos da mulher negra, conservando por muito tempo a face branca e de classe média da época de Du Bois. Todavia, com o processo de descolonização e independência dos países africanos, acompanhado da ascensão de intelectuais e de movimentos feministas em outras nações outrora colonizadas, mulheres do chamado Terceiro Mundo passaram a articular uma crítica ao discurso e à prática do feminismo, à medida que refletiam a perspectiva do universalismo ocidental.[35] Diante dessas demandas, a insistência de algumas feministas em "trabalhar para avançar a causa de todas as mulheres, sem divisões entre nós", ecoava o antigo discurso da supremacia da luta de classes que deslegitimava o próprio feminismo, alegando que poderia conduzir a uma divisão da classe operária. No entanto, ao articularem suas questões dentro do movimento negro, as afrodescendentes esbarravam na insistência de um discurso generalizado sobre "o negro" ou "os interesses da comunidade". Esse dilema foi sucintamente resumido no título do livro *Todas as mulheres são brancas, todos os negros são homens, mas algumas de nós somos corajosas*.[36]

Gilliam (2001) relata um sentimento amplo entre mulheres negras e do Terceiro Mundo quando diz que houve um tempo em que receava assumir-se como feminista em virtude da forte identificação desse movimento com o ocidentalismo eurocentrista. Assim articulado, o feminismo excluiria a maioria das mulheres do mundo, cuja experiência difere daquela vivida pela mulher branca nas sociedades ocidentais hegemônicas.

A crítica rejeitava, em outras palavras, a universalização da categoria "mulher" socialmente construída no contexto daquelas sociedades (Oyewumi, 1997). Ao desafiar essa classificação, questionava "precisamente o pressuposto de que haja uma experiência-de-ser-mulher generalizável, identificável e coletivamente consensual" (Benhabib e Cornell, 1987:20), insistindo em que "a especificidade da condição da mulher nas sociedades periféricas impõe a problematização dos modelos teóricos" do feminismo unitário que "reproduziam a obliteração da heterogeneidade no Terceiro Mundo".[37]

À medida que se demonstrava capaz de absorver essa crítica no processo de luta social mundializado, o feminismo foi sendo transformado e recuperado como perspectiva teórica. Assim, de forma figurativa, poder-se-ia dizer que bell hooks,[38] uma das mais destacadas pensadoras afro-norte-americanas da questão, retomou implícita e simbolicamente a postura de Du Bois ao realçar a necessidade, para os negros, de enfrentar a questão do patriarcado como fenômeno interligado com a dominação racial, "não apenas porque a dominação patriarcal conforma relações de poder nas esferas pessoal, interpessoal e mesmo íntimas, mas também porque o patriarcado repousa em bases ideológicas semelhantes às que permitem a existência do racismo" (Bairros, 1995: 462). Se, segundo apontava a crítica das não-ocidentais, as mulheres não partilham todas a mesma opressão, elas têm em comum tanto o interesse em acabar com o sexismo quanto a condução da luta social por esse objetivo, abraçado também por setores mais amplos, entre eles a própria comunidade afrodescendente. O feminismo, nessa perspectiva, constituiria

> o instrumento analítico e teórico que permite dar conta da construção de gênero como fonte de poder e hierarquia que impacta mais negativamente sobre a mulher. É a lente através da qual as diferentes experiências das mulheres podem ser analisadas criticamente, com vistas à reinvenção de mulheres e de homens fora dos padrões que estabelecem a inferioridade de um em relação ao outro. (Bairros, 1995:462)

Para que possa cumprir essa função, entretanto, faz-se necessário reformular os conceitos básicos do feminismo. O da condição universal feminina ou "experiência de ser mulher" cede lugar à idéia de uma matriz multidimensional tecida na inter-relação entre raça e gênero, em que essa experiência é determinada pelo contexto histórico, social e econômico. O avanço teórico se dá ao identificar o entrelaçamento dinâmico das duas dimensões: a experiência de ser negro como sendo vivida "por meio" do gênero e a de ser mulher ou homem vivida "pela" condição racial (Bairros, 1995:461).

Standpoint theory, que eu chamaria de perspectivismo feminista, é uma abordagem teórica que incorpora a multiplicidade de vivências da condição feminina e as articula com os fatores de raça e classe social (Collins, 1991).

Certamente, o desenvolvimento do conceito de "gênero" constitui o principal marco na evolução recente da teoria feminista. Enfocando o aspecto relacional do feminino e do masculino, esse conceito ampliou o campo do pensamento feminista, em que antes se articulava uma perspectiva presumidamente unitária "da mulher sobre a mulher". Um aspecto menos conhecido é o fato de ele ocorrer no contexto desse processo de diálogo crítico. Ao historiar de forma breve e superficial a evolução da teoria feminista em sua interação com a crítica ao universalismo eurocentrista, meu intento é mostrar como a noção de "gênero" se forjou antes na dinâmica concreta da ação dos movimentos sociais do que no domínio abstrato da teoria. Se a idéia de gênero é discutida teoricamente "a partir das noções de desconstrução e de diferença, que permeiam a epistemologia pós-estruturalista e pós-moderna", ela também nasceu do mesmo parto, às vezes doloroso: o diálogo e o confronto em torno das questões concretas da diferença e da desigualdade, da universalidade e da particularidade. Assim,

> Se o feminismo clássico se assentava na proposta da igualdade e na denúncia da desigualdade e da discriminação, e se sua proposta e verdade se pretendiam universais, o pós-feminismo se pergunta sobre as diferenças e as relações não só entre homens e mulheres, mas também entre mulheres, baseando-se especialmente nas diferenças entre culturas relativamente aos modelos de gênero e, portanto, na inexistência de um "modelo universal".[39]

No que se refere à identidade, o conceito de gênero, com seu enfoque relacional e sua desconstrução da noção do feminino como condição "natural" ou biológica, implica a constituição de um campo de identidade feminina mais flexível que as noções elaboradas por algumas feministas com base na especificidade da função materna ou na suposta emotividade ou subjetividade da mulher. A identidade emerge não como algo fixo ou essencial, mas como processo de identificações. Ademais, a teoria feminista nos remete à noção de um processo de identificações com um *sentido de autoria* (Ferreira, 2000). A clássica frase de Simone de Beauvoir "Nós não nascemos, mas *nos tornamos mulher*", o *tornar-se* entendido como assumir ou encarnar intencionalmente, pressupõe a escolha de um projeto de identidade a ser assumido e autodefinido. Como observa Judith Butler: "Não só somos nós culturalmente construídos como, em certo sentido, construímo-nos a nós mesmos".[40] O gênero passa a ser, então, simultaneamente uma questão de escolha e de construção cultural, tornando-se um lugar de significados culturais tanto recebidos como inovados. Partindo da frase de Beauvoir, Butler conclui:

> De fato, entender a mulher como existindo na ordem metafísica do *ser* é compreendê-la como aquilo que já está feito, idêntica a si mesma, estática, mas concebê-la na ordem metafísica do *tornar-se* é inventar possibilidade em sua experiência, inclusive a possibilidade de jamais se tornar uma "mulher" substantiva, idêntica a si mesma.[41]

Assim, podemos entender, de forma figurativa, como resposta ao desafio das mulheres do Terceiro Mundo a conclusão de Monique Wittig[42] no sentido de que "mulheres" resulta ser uma categoria *útil* para a constituição da ação política contra o domínio patriarcal. Poder-se-ia escolher, coletivamente, essa identidade no sentido do *tornar-se* beauvoiriano. Ampliando essa análise ao focalizar o maior impacto social do movimento, talvez seja nesse sentido que o feminismo constitui, nos termos de Castells (1999), uma *identidade de projeto*.

Conclusões

A reflexão sobre a trajetória da questão de gênero nos leva a indagar como esta pode nos ajudar, dada a proximidade dos dois, a compreender os possíveis rumos teóricos e práticos do problema racial. Se a construção do conceito de gênero desloca o enfoque da teoria feminista da "mulher" para as "relações de gênero", o movimento no sentido de tomar como objeto de reflexão as "relações raciais" em vez de focalizar "o negro" também traz implicações para a articulação de novas abordagens da questão racial.

Nos dois casos, a elaboração teórica segue a iniciativa do movimento social. Entretanto, a discussão teórica tende a escamotear o papel dos movimentos sociais na evolução dos conceitos. Exemplo disso é a dificuldade demonstrada pela sociologia em enxergar que os movimentos negros já trabalhavam com uma idéia de raça socialmente construída décadas antes de esse conceito ser elaborado na teoria. A insistência em aplicar-lhes a caracterização de "racialistas" origina-se nessa recusa implícita de reconhecer nos movimentos negros a sua agência no âmbito da elaboração teórica. Assim, um estudioso desses movimentos no Brasil pode afirmar que têm sido poucas as tentativas de dotar o conceito de raça de um sentido sociológico, quando o discurso dos movimentos estudados fazia justamente isso ao basear sua concepção de raça sobre fatores como terra, cultura, história e comunalidade de experiência social.[43]

No próximo capítulo, procurarei abordar alguns aspectos da crescente tendência em ver a questão racial como dinâmica relacional, paralela ao gênero, em vez de focalizar "o negro" ou outro discriminado. Um dos temas emerge também do feminismo, em que a natureza complexa da identificação do gênero desemboca na indagação sobre como evitar que a teoria feminista venha a reificar certa definição padronizada para a feminilidade, ou seja, como evitar cair num discurso essencialista sobre gênero. Da mesma forma que a evolução do conceito de gênero, as abordagens do problema racial articulam-se no contexto concreto do movimento social. A questão racial e a de gênero, no seu inter-relacionamento, dizem respeito à vivência real dos direitos humanos e da cidadania, e é nesse contexto que a abordagem teórica da identidade ganha sentido. Na expressão de Matilde Ribeiro:[44] "Para negros e mulheres, o processo de construção da identidade é fundamentalmente o esforço pela conquista da cidadania plena, da legitimação do exercício da liberdade, do reconhecimento da pluralidade".

Notas

1. Ciampa refere-se ao Colóquio Internacional sobre Paradigmas da Psicologia Social para a América Latina (1997) e ao 9º Encontro Nacional da Abrapso (1997) como marcos de um debate nesse sentido. No 10º Encontro Nacional da Abrapso (São Paulo, 1999) foram realizados quatro simpósios sobre identidade como paradigma na psicologia social.
2. Ciampa, Antônio da Costa, "Identidade: um paradigma para a psicologia social?", in: Sawaia, B. B.; Alves, C. P. e Ardans, O. (orgs.), Encontro Nacional de Psicologia Social da Abrapso, 10, São Paulo, 8-12 out. 1999. *A psicologia social brasileira e o contexto latino-americano. Programa Científico, Resumos* (São Paulo: Abrapso/USP, 1999).
3. Badiou Alain, *L'etique – essai sur la conscience du mal* (Paris: Hatier, 1993, p. 40), apud Sodré, 1999, p. 14.
4. Erikson, K., 1973: 60; 43-50; 111-6.
5. Leakey, Richard, *A origem da espécie humana* (Rio de Janeiro: Rocco, 1995).
6. Berger e Luckmann, 1985; Frankenberg, 1994; Guimarães, 1999.
7. Foi assim denominada no relatório final do 2º Congresso de Cultura Negra das Américas (Panamá, 1980). Guimarães (1999) refere-se ao uso desse termo por sociólogos como Oboler e Lipschütz.
8. Cf., por ex., autores citados por Fernandes, 1964, 1972; Guerreiro Ramos, 1957; Nascimento, 1968, 1980.

9. Larkin Nascimento, 1981:12 [1980:18].
10. Taguieff, Pierre-André, *Les fins de l'antiracisme* (Paris: Michalon, 1995); *La force du préjugé: essai sur le racisme et ses doubles* (Paris: La Découverte, 1988).
11. Banton, Michael, "Race", in: Cashmore, Ellis, *Dictionary of race and ethnic relations*, 3. ed., (Londres: Routledge, 1994, p. 264), apud Guimarães, 1999, p. 21.
12. Eriksen, Thomas H., *Ethnicity and nationalism, anthropological perspectives* (Londres: Plato Press, 1993, p. 5), apud Guimarães, 1999, p. 22.
13. *Última Hora*, 14 dez. 1951.
14. Sartre, Jean Paul, "Orfeu negro", in: *Reflexões sobre o racismo*, 3. ed (São Paulo: Difusão Européia do Livro, 1963). [*Quilombo*, v. 2, n. 5, jan. 1950, p. 6-7 (tradução de Ironides Rodrigues).]
15. Appiah define racialismo como a doutrina segundo a qual "existem características hereditárias, possuídas por membros da nossa espécie, que nos permitem dividi-los num pequeno conjunto de raças, de tal modo que todos os membros dessas raças compartilham, entre si, certos traços e tendências, que eles não têm em comum com membros de nenhuma outra raça" (1997:33, apud Guimarães, 1999a: 147).
16. Cf. Campbell, Horace, *Pan-africanism: struggle against neo-colonialism and imperialism. Documents of the Sixth Pan-African Congress, 1974*. Publicação do autor, 1976; Moore, Carlos, "Abdias do Nascimento e o surgimento de um pan-africanismo contemporâneo global", in: Nascimento, 2002.
17. Padmore, 1972; James, C. L. R., 1969, 1976.
18. Capra, Fritjof, *Ponto de mutação* (São Paulo: Cultrix, 1989) e *O tao da física* (São Paulo: Cultrix, 1984). Gergen, Mary McCanney (org.), *O pensamento feminista e a estrutura do conhecimento*, trad. Angela Melim (Rio de Janeiro/Brasília: Rosa dos Tempos/Editora da Universidade de Brasília, 1993).
19. Omotoso, Kole, *Season of migration to the South – Africa's crises reconsidered* (Cidade do Cabo: Tafelburg, 1994).
20. Davidson, Basil, *Africa in history* (Nova York: MacMillan/Collier, 1974); *The African genius* (Boston/Toronto: Little, Brown/Atlantic Monthly, 1969); Ki-Zerbo, Joseph, *História da África negra* (Lisboa: Publicações Europa-América, s.d.); Mokhtar, G. (org.), *A África antiga. História geral da África da Unesco*, v. 2 (São Paulo: Ática/Unesco, 1983).
21. Por ex., Diop, 1974, 1978; Obenga, 1980, 1995; Asante, 1989, 1990, 1998. Jahn, Janheinz, *Through African doors* (Nova York: Grove Press, 1969); *Muntu: an outline of the new African culture* (Nova York, 1961).

21. Por ex., Diop, 1974, 1978; Obenga, 1980, 1995; Asante, 1989, 1990, 1998. Jahn, Janheinz, *Through African doors* (Nova York: Grove Press, 1969); *Muntu: an outline of the new African culture* (Nova York, 1961).
22. Diop, 1955, 1959, 1974, 1978; James, G. M., 1976 [1954]; Obenga, 1980; Asante, 1990; Williams, Chancellor, *The destruction of black civilization* (Chicago: Third World Press, 1974).
23. Badiou Alain, *L'éthique – essai sur la conscience du mal*, 1994, apud Sodré, 1999, p. 14-6.
24. Beauvoir, Simone de, *The second sex* (Nova York: Vintage Books, 1952).
25. Belotti, Elena Gianini, *Educar para a submissão – o descondicionamento da mulher*, 6ª ed., trad. Ephraim Ferreira Alves (Petrópolis: Vozes, 1987).
26. Ribeiro, Matilde, "Tornar-se negra: construção da identidade de gênero e de raça", revista *Presença de Mulher*, v. 7, n. 28, 1995.
27. Cf. Cunha, 1988; Stepan, Nancy L., *The hour of eugenics: race, gender and nation in Latin America* (Ithaca: Cornell U. Press, 1991).
28. Pandian, Jacob, *Anthropology and the Western tradition. Toward an authentic antropology* (Prospect Heights, Illinois: Waveland, 1985), apud Gilliam, 2001, p. 10.
29. Para uma visão resumida das teses de Diop em português, ver Larkin Nascimento, 1994, 1996.
30. Nicholson, Linda, "Feminismo e Marx, integrando o parentesco com o econômico", in: Benhabib e Cornell, 1987.
31. Id., ibid.; Padmore, 1972; Asante, 1998; Nascimento, 1980. Cf. também Moore, Carlos, *Were Marx and Engels white racists? The prolet-Aryan outlook of Marx and Engels* (Chicago: Institute of Positive Education, 1972).
32. Du Bois, 1986, 1999; Van Sertima, 1984; Nascimento, 1980, 2002; Moore, Sanders e Moore, 1995; cf. também Rogers, J. A., *Sex and race*, 3 vs. (Nova York, 1942-44).
33. Pauley, Garth E., "W. E. B. Du Bois on woman suffrage: a critical analysis of his Crisis writings", *Journal of Black Studies*, v. 30, n. 3, jan. 2000.
34. Cf., *inter alia*, González, 1986, 1988; Hull, Scott e Smith, 1982; Collins, 1991; Gilliam, 2000.
35. Mohanty, C. R.; Russo, A.; Torres, L. (orgs.), *Third world women and the politics of feminism* (Bloomington: Indiana University Press, 1991); Collins, 1991; Oyewumi, 1997.

36. Hull, Gloria; Scott, P. B.; Smith, Barbara (orgs.), *All the women are white, all the Blacks are men, but some of us are brave* (Nova York: City U./Feminist Press, 1982).
37. Hollanda, Heloísa Buarque de, in: Costa, A. O.; Bruschini, C. (orgs.), *Uma questão de gênero* (Rio de Janeiro: Rosa dos Tempos/Fundação Carlos Chagas, 1992).
38. hooks, bell, *Talking back – Thinking feminist, thinking black* (Boston: South End, 1989).
39. Machado, Lia Zanotta, "Introdução", in: Costa, A. O.; Bruschini, C. (orgs.), *Uma questão de gênero* (Rio de Janeiro: Rosa dos Tempos/Fundação Carlos Chagas, 1992), 11, 9.
40. Butler, Judith, "Variações sobre sexo e gênero: Beauvoir, Wittig e Foucault", in: Benhabib e Cornell, 1987, p. 139-40.
41. Id., ibid., p. 153.
42. Wittig, Monique, "Não se nasce mulher", 1978, apud id., ibid., p. 139, 153.
43. Guimarães, 1999: 68, 58; Du Bois, 1986; Nascimento, 1980.
44. Ribeiro, Matilde, "Tornar-se negra: construção da identidade de gênero e de raça", revista *Presença de Mulher*, v. 7, n. 28, 1995, p. 24.

2

Talhando a crítica multicultural e policêntrica

> *Graciliano Ramos [...] formulou um postulado fundamental da filosofia contemporânea segundo o qual, quando nós assumimos voluntariamente o que nos condiciona, transformamos a estreiteza em profundidade.*
>
> Guerreiro Ramos[1]

No presente capítulo, convido o leitor a fazermos um passeio por diversas matrizes teóricas que refletem rumos do pensamento forjado na ação social e contribuem para formar um princípio heurístico adequado a este trabalho. Não pretendo articular um modelo metodológico pronto e acabado, mas explorar o tema da pesquisa tendo em mente algumas propostas teóricas com fundo nessas matrizes.

Em contraposição à idéia de uma suposta objetividade e isenção do pesquisador diante de seu "objeto", consolida-se a noção da necessidade de reconhecer, e da inevitabilidade de exercer, sua subjetividade. A crítica à racionalidade moderna vem demonstrando o caráter ilusório da almejada isenção do cientista. "Se há algum tema característico do pensamento contemporâneo nas ciências sociais e nos estudos culturais é o 'perspectivismo' – a idéia de que pesa o nosso ponto de vista" (Delgado e Stefancic, 1997:1). O perspectivismo sublinha o imperativo de manter presente a assimetria nas relações de poder, desvelar implicações e conseqüências da ideologia dominante para grupos subordinados, e ficar alerta às possibilidades de articular respostas para elas. Assim, aproxima-se da *standpoint theory*, desenvolvida no contexto do feminismo negro norte-americano (Collins, 1991).

Se para Laura Padilha "pensar a questão do negro implica mudança de direção do olhar",[2] o perspectivismo exige o imperativo de definição da *localização do sujeito*, isto é, *explicitar o lugar de onde o olhar se direciona*. Esse princípio, subjacente à abordagem afrocentrada e ao pensamento feminista, já fora assinalado na década de 1950 pelo sociólogo brasileiro Guerreiro Ramos, no contexto de sua atuação no Teatro Experimental do Negro.

Na primeira parte deste capítulo, acompanhamos a evolução da crítica às abordagens universalistas como o liberalismo e o marxismo, rumo ao desenvolvimento de um multiculturalismo crítico. Fazemos um conhecimento inicial da abordagem afrocentrada e da teoria crítica racial, complementado por uma reflexão da crítica afrocentrada ao feminismo. Esta desvela aspectos inusitados da intersecção entre cultura, ideologia e poder. Finalizamos considerando a possibilidade de uma nova proposta: a do policentrismo.

Abordagens universalistas e críticas multiculturalistas

A moderna ciência ocidental propõe a busca de regras e normas universais, aplicáveis às várias dimensões da realidade e compartimentadas em disciplinas específicas. O liberalismo e o marxismo, como as disciplinas acadêmicas, caracterizam-se por esse viés universalista. A separação entre as disciplinas, definindo espaços fechados de investigação científica, resulta numa segmentação da experiência humana que as diversas formas de crítica à racionalidade moderna vêm questionando.

O multiculturalismo surge como desafio a esse universalismo e a essa segmentação da vida humana, criticando a racionalidade moderna e alimentando-se nos rumos de movimentos sociais como o feminismo, o anticolonialismo e o ambientalismo. A crítica feminista ao patriarcalismo e a dos ex-colonizados ao eurocentrismo revelam que as regras tidas como universais não conseguem dar conta da pluralidade das experiências humanas e coincidem ao apontar a necessidade de abordagens interdisciplinares para tratar as questões sociais. A interdisciplinaridade constitui, na verdade, um princípio epistemológico fundamental tanto ao pensamento feminista quanto à crítica ao eurocentrismo.

A distinção entre o público e o privado suscita questões importantes discutidas na análise feminista do modelo de Habermas. De acordo com ele, o "mundo da vida" é o contexto de ação social em que os agentes atuam com base em um "consenso intersubjetivo implícito ou explícito sobre normas, valores e fins, afirmados no discurso e interpretação lingüísticos". Compõe-se de dois meios: por um lado, o âmbito da família, dos vizinhos e amigos (vida particular); por outro, o da discussão e prática democráticas na esfera pública da política. A esse mundo da vida, Habermas contrapõe o "sistema", campo do mercado, das políticas econômicas e fiscais do governo, da economia mundial e do aparelho jurídico-administrativo do Estado. Aqui, as ações são determinadas por cálculos individuais de maximização do interesse próprio, num entrelaçamento funcional de conseqüências não-intencionais (Benhabib e Cornell, 1987:12).

A crítica feminista aponta o *subtexto de gênero* subjacente a essas noções. O próprio autor parece deixar de perceber como, na sua teoria, as identidades sociais (cidadãos, consumidores, trabalhadores, clientes) são dotadas de gênero. Parece ignorar, no "mundo da vida", a existência da hierarquia de gênero que modela tanto a esfera da participação pública-política quanto o "sistema" econômico e as estruturas de poder. A vida particular, por sua vez, localiza-se na família nuclear moderna, que, longe de oferecer abrigo num mundo impiedoso, constitui um lugar de cálculo tão frio e instrumental quanto o do "sistema", para não esquecer que é também o lugar de trocas, em geral exploradoras, de trabalho, dinheiro, serviço e sexo, bem como, com freqüência, de violência e coerção (Benhabib e Cornell, 1987:13).

Tudo isso compõe um quadro de desigualdade e discriminação escamoteadas pela ideologia patriarcal. Somente a crítica de quem vive e observa a realidade desde outro lugar, no caso o da mulher, é capaz de desvelar esse fundo subjacente, invisível e silenciado de gênero.

O *subtexto de gênero* está contido naquele *consenso intersubjetivo implícito ou explícito sobre normas, valores e fins, afirmados na interpretação e no discurso lingüísticos*. Com base em suposições sobre as categorias "masculino" e "feminino" sustentadas pelo patriarcalismo, esse consenso cria e consolida a subcorrente silenciosa de gênero. Do mesmo modo, esse consenso constitui um *subtexto de raça* baseado nas representações de grupos humanos consolidadas pelo eurocentrismo, que o informa implicitamente. As categorias sociais também são identidades dotadas de raça. Quando não se explicita a identidade racial, subentende-se a branca; o efeito desse procedimento é escamotear desigualdades e diferenças de tratamento. A crítica elaborada desde o lugar dos grupos raciais excluídos desvela o discurso silenciado da brancura dominante.

Num ensaio sobre a hermenêutica nas ciências sociais, a filósofa Agnes Heller vislumbra as bases epistemológicas do perspectivismo quando fala da "prisão da contemporaneidade" em que se encontra o homem moderno após o Iluminismo. Heller assinala que as ciências sociais se deparam com o dilema de procurar o "verdadeiro conhecimento de um mundo", ao mesmo tempo verificando que esse conhecimento é limitado pelo fato de situar-se dentro de seu tempo e de seu espaço específicos. Para superar esse paradoxo, seria preciso encontrar um "ponto de Arquimedes" fora desse tempo e desse espaço.

Suponhamos que sejamos capazes de conversar com os atores de épocas passadas ou com membros de culturas alheias; suponhamos ainda que possamos ler a mente desses povos (ou seus textos) e vir a saber o que realmente significavam (ou significam). Finalmente, vamos supor que, devido a tudo isso, podemos nos olhar de volta a nós mesmos, com esses próprios olhos alheios, a partir do contexto cultural desse "outro". Se pudermos fazer esses "outros" levantarem as suas questões, e avaliarem e julgarem nossa história e nossas instituições a partir de sua perspectiva, em outras palavras, de sua consciência histórica, teremos estabelecido um ponto de Arquimedes fora de nossa própria cultura. (1989:292)

A filósofa parece ignorar o fato de existir uma literatura bem extensa de autores não-ocidentais avaliando e julgando, a partir de sua perspectiva e de sua consciência, a história e as instituições ocidentais.[3] Essa crítica à cultura ocidental é produzida pelos ex-súditos de um ex-sistema colonial que, freqüentemente, demonstra sua cegueira diante do pôr-do-sol que ora envolve o antigo império. Ao postular a necessidade de incitar a produção de tais expressões, como se já não existissem, Heller sublinha a invisibilidade dessa literatura e exemplifica como a academia tende a deixar de tomar conhecimento dela ou, no máximo, atribuir-lhe reduzida importância.

Com algumas exceções, pode-se afirmar que, em geral, essa literatura simplesmente não é lida pelos pensadores ocidentais da academia. Assim, é comum ver referências à "auto-reflexão que faz a chamada cultura ocidental" como se fosse uma iniciativa do próprio Ocidente sobre si mesmo.

O debate sobre o cânone acadêmico envolve precisamente esta questão: a inclusão de obras capazes de refletir o fato de a crítica à racionalidade moderna ter sido formulada em grande parte pela intervenção dos olhares "de fora" que vêm articulando seus pontos de vista sobre as posturas e teorias ocidentais, influenciando profundamente a sua evolução ou substituindo-as por articulações próprias às suas experiências específicas.

Um anunciador desse fenômeno foi o sociólogo afro-norte-americano W. E. B. Du Bois. Quando escreveu em 1903 que "o problema deste século será o problema da linha de cor", esse autor não se referia apenas à superficialidade da cor da pele. Prosseguiu deixando um conjunto de obras de intenso significado para a articulação do olhar "de fora" da cultura ocidental nas ciências sociais.[4]

O Brasil nos deu outro arauto desse processo na pessoa do sociólogo Guerreiro Ramos, que propõe uma revisão da sociologia nacional, para ele pautada até então por temas, prioridades, métodos e paradigmas exógenos, assim constituindo uma sociologia "consular" ou "enlatada". Ao desenvolver sua conclamação a uma nova atitude científica a serviço da realidade nacional, esse autor desenvolve um olhar específico sobre alguns padrões da ciência social ocidental. Analisa conceitos e procedimentos metodológicos da sociologia norte-americana e européia, elaborados nos respectivos contextos sociais e aplicados a outros como se fossem dotados de validade universal. Sua *redução sociológica* desenha-se como tentativa de oferecer um método de avaliação da propriedade para o contexto brasileiro com parâmetros tidos como universais.[5]

A sociologia de Guerreiro Ramos inovava com sua ênfase na práxis: sua metodologia indutiva em que a ação social informa a teoria baseava-se na convicção de que "quem não age, quem não participa do processo societário, não compreende a sociedade" (1957:210).

E o lugar da ação social engajada de Guerreiro Ramos era o Teatro Experimental do Negro (TEN).

Antecipando a crítica à pretensão de objetividade e ao princípio da manutenção de distância entre pesquisador e objeto, o TEN engajou-se num questionamento insistente da postura dos "estudos do negro" no Brasil, em que observadores "neutros" tomavam como "objeto" o negro bem como sua cultura, tornando-os algo estático e fossilizado. Para os intelectuais do TEN, esse procedimento negava implicitamente a condição do "objeto" da pesquisa como ser humano vivo, membro da sociedade e portador de direitos e deveres – enfim, como cidadão. Prenunciando também o perspectivismo nas ciências sociais, o TEN se propunha a propiciar a articulação de um outro olhar e um outro ângulo de estudos, resumidos na expressão de Guerreiro Ramos quando escreve sobre "o negro desde dentro" (1966*b* [1954]). A "situação vital" que promoveria uma melhor compreensão da questão racial parte da afirmação *niger sum*. Pelo seu significado dialético na conjuntura brasileira em que todos querem ser brancos, essa experiência do *niger sum* é "um procedimento de alta rentabilidade científica, pois introduz o investigador em perspectiva que o habilita a ver nuanças que, do outro modo, passariam despercebidas" (1995:198-9).

Contestando o reducionismo econômico que prevalecia à época em grande parte das análises sociais, Guerreiro Ramos postulava a primazia da estética e da linguagem, dimensões constitutivas daquele *consenso intersubjetivo* criador e sustentáculo do *subtexto de raça e de gênero*:

> São infinitas as sugestões, nas mais sutis modalidades, que trabalham a consciência e a inconsciência do homem, desde a infância, no sentido de considerar, negativamente, a côr negra. O demônio, os espíritos maus, os entes humanos ou super-humanos, quando perversos, as criaturas e os bichos inferiores e malignos são, ordina-

riamente, representados em prêto. Não têm conta as expressões correntes no comércio verbal em que se inculca no espírito humano a reserva contra a côr negra. "Destino negro", "lista negra", "câmbio negro", "missa negra", "alma negra", "sonho negro", "miséria negra", "caldo negro", "asa negra" e tantos outros ditos implicam sempre algo execrável. (1966*b* [1954])

A seguinte afirmação parece aproximar-se da teoria das representações sociais: "A mim parece necessário seguir esta pista na análise do nosso 'problema do negro', negligenciando mesmo os seus aspectos econômicos. O que nos interessa aqui é focalizar a questão do ângulo psicológico, enquanto socialmente condicionado" (1995:196-7).

Essa abordagem contrariava frontalmente duas idéias que prevaleciam àquela época nas ciências sociais. Em primeiro lugar, a de que a denúncia do racismo dividiria o proletariado e, portanto, não possuiria potencial revolucionário nem mereceria a articulação de políticas específicas. Em segundo, havia a intervenção do *ethos* cultural da despistadora ideologia da democracia racial. Se esses dois discursos hoje estão desgastados e progressivamente desacreditados, no tempo do Teatro Experimental do Negro reinavam absolutos. Por isso, sobressaem os esforços desses intelectuais no sentido de aprofundar a identidade do negro em sua especificidade, como protagonista de uma transformação social necessária para a construção de um Brasil democrático.

Essa posição do Teatro Experimental do Negro, talhada na sua atuação teatral e política, representa o anúncio, no Brasil, da ascensão das identidades assinalada por Castells (1999). Em vez de surgir de forma repentina dentro da sociedade em rede, esse fenômeno integra-se num *continuum* de tendências históricas que formam o contexto mundial de que o TEN emerge. O mesmo contexto condiciona outros países e culturas, torna-se mais nítido e visível na década de 1970 e desemboca, nas décadas de 1980 e 1990, na reivindicação de uma política de reconhecimento das identidades como proposta democrática, ou seja, o multiculturalismo.

Do multiculturalismo criticado à exegese da brancura

A proposta básica do multiculturalismo corresponde, em muitos aspectos, às análises de autores afro-brasileiros e às demandas do movimento social sobre a questão racial no país. Na década de 1970, quando proliferavam as entidades formadoras de uma nova etapa na luta do movimento negro, os proponentes das duas teses de análise social predominantes no Brasil, o marxismo e a democracia racial, ambas universalistas, ainda se recusavam a reconhecer a existência do racismo e a legitimidade das reivindicações coletivas específicas dos afrodescendentes. Não obstante, as entidades do movimento negro articulavam suas demandas no bojo da questão da identidade. A pluralidade étnica e cultural da sociedade brasileira passava a constituir um tema fundamental da busca de cidadania por grupos discriminados como o índio e o negro (D'Adesky, 2001; Munanga, 1996, 1999; Coutinho, 1996). Fruto dessa ação dos movimentos sociais foi a inscrição, na nova Constituição da República de 1988 (art. 215), da natureza multiétnica e pluricultural da sociedade brasileira.

O tema do multiculturalismo surgia nos EUA, no Canadá, na Europa, no Brasil e em outros países das Américas Central e do Sul, promovido não apenas por "minorias", mas também por comunidades que eram maiorias demográficas, caso dos negros no Brasil, dos francófonos de Québec e dos índios da maioria dos países sul-americanos.

A demanda multiculturalista expressava-se em grande parte em torno da educação. As comunidades insistiam, sobretudo, na necessidade de reformulação do conteúdo do currículo escolar e das práticas pedagógicas vigentes no sentido de atender às necessidades das suas crianças.

Charles Taylor (1994) expõe o multiculturalismo como "política do reconhecimento", focalizando a subordinação e a exclusão de identidades como forma de opressão e estudando o jogo de afirmações étnicas e culturais como jogo de poder. A necessidade básica, humana, de ser reconhecido, articula-se como demanda de cidadania. Nesse aspecto, sua tese reporta-se a movimentos sociais que reivindicam a identidade como direito de cidadania.

A análise de Taylor situa-se no modelo filosófico do liberalismo, que presume um regime democrático composto de sujeitos a competir no espaço político em condições de igualdade de expressão e de ação. Sobressai aqui a distinção entre o público e o privado. O domínio público seria o âmbito econômico, político e do sistema jurídico, no qual todos devem poder participar em iguais condições como cidadãos políticos, agentes econômicos e pessoas jurídicas. Em contraste, o domínio do privado seria fechado, individualista e exclusivo. A esfera do público reporta-se à noção do bem comum, a do privado ao interesse particular e egoístico.

O multiculturalismo integra no espaço público a questão da identidade, antes considerada um interesse particularista e subjetivo do indivíduo ou de grupos específicos e, portanto, pertencente à esfera do "privado". Assim opera uma transformação filosófica importante, legitimando a busca da identidade como direito de cidadania. A *res publica*, antes concebida como transcendente a interesses de grupos e individuais, passa a incluir o que antes era privado – corpo, afetividade, desejo. Admite como matéria de interesse público o direito de cidadania daqueles anteriormente excluídos. As identidades passam a ser concebidas como donas de uma dimensão pública ao englobarem interesses políticos – expressões de nacionalismo, línguas e culturas como espaços e formas de exercício de poder – dentro de contextos sociais marcados por uma identidade maior tida como "universal".

O texto de Taylor caracteriza-se eminentemente pela identificação do autor com essa dimensão maior do "universal". Em nenhum momento o filósofo abandona o compromisso com a "verdadeira" *res publica* que reina acima das identidades competidoras na arena política. Aliás, o tom de seu discurso faz lembrar um César romano, observando o "jogo" dos gladiadores, a ponderar, do alto de sua autoridade inconteste, até que ponto essa competição interessa ao destino maior do Império.

Ao postular o reconhecimento do direito às identidades culturais, Taylor (1994:42, 68-73) observa na base desse direito um "potencial universal", o de formar e definir a identidade própria como indivíduo e cultura. Esse potencial deve ser reconhecido em todos. Entretanto, surge uma demanda mais forte e, para Taylor, problemática: a de que se dedique igual respeito às diversas culturas "evoluídas de fato" (p. 42). Segundo Taylor, carece de fundamento o ato ou a intenção de atribuir igual valor a todas as culturas. Nessa linha, o autor lembra o polêmico comentário de um renomado escritor sobre o cânone da literatura: "Quando os zulus produzirem um Tolstói, iremos lê-lo".[6]

Essa frase transmite certa arrogância européia, observa Taylor, por externar sua insensibilidade à diferença. Além disso – e aqui reside o ponto problemático –, muitos também entendem que a frase "reflete a negação de um princípio de igualdade humana". Para o autor, essa noção elimina de início a hipótese de os zulus, apesar de terem um *potencial* igual ao de outros povos, poderem "contudo *ter produzido* uma cultura *menos valiosa que outras*" (p. 42, grifos meus). No final do ensaio, Taylor ocupa-se com o tema do valor relativo das culturas, concluindo que não cabem "julgamentos peremptórios e inautênticos de igual valor" para justificar a inserção, por exemplo, de obras não-ocidentais no cânone da academia. O

91

princípio da igualdade entre as culturas requer de nós apenas uma abertura ao estudo cultural comparativo e a admissão de que "estamos muito longe daquele último horizonte desde o qual o valor relativo das diferentes culturas possa ficar evidente" (p. 73).

Para Taylor a questão do cânone gira, pelo visto, em torno de que contribuição uma cultura julgada "menos valiosa" seria capaz de oferecer, ou já ofereceu, à constituição do saber universal. Trata-se de uma questão paradoxal quando consideramos que esse "saber universal" foi constituído até o momento de forma unilateral pelo Ocidente dominante, num processo que tinha nos povos não-ocidentais seu objeto de laboratório. Ficavam limitadas *a priori* as condições de contribuição desses povos a pesquisas que, com alto rigor e objetividade, além de impecável procedimento metodológico, criavam e sustentavam a comprovação científica de sua inferioridade inata. Vejamos como enfrenta esse paradoxo a antropóloga nigeriana Oyeronke Oyewumi (1997:24): "O que a África tem contribuído para as disciplinas? Seguindo a lógica dessa pergunta, consideremos o que os africanos contribuíram para a craniometria – nossas cabeças; e com a antropologia francesa – nossas bundas!". Ela se refere às pesquisas sobre as chamadas Vênus hotentotes, estatuetas pré-históricas encontradas na Europa que retratam mulheres africanas e datam de dezenas de milhares de anos atrás. Os cientistas aplicavam as técnicas da antropometria comparativa a mulheres africanas vivas, "especimens atuais" de populações pré-históricas, no intuito de comprovar sua identificação ou não como modelos para as estatuetas.

Ao que parece, Taylor deixou de compreender que a questão política não está no "valor" relativo das culturas, mas na exclusão, repressão e representação distorcida das culturas dos povos subordinados. A preocupação com o julgamento de valor traz imediatamente à tona uma indagação: quem deverá julgá-lo? Aliás, quem é o "nós" da narrativa de Taylor? De acordo com que parâmetros será avaliado o produto de outra cultura no cenário imaginado pelo autor quando afirma que "o ato de declarar valiosas as criações de uma outra cultura e o ato de declarar-se simpático a ela, *mesmo não sendo as suas criações tão interessantes*, tornam-se indistintos"? Ou quando diz que "a demanda poderia ser: incluam estas [obras no cânone da academia] porque são nossas, ainda que *bem possam ser inferiores*"?[7]

Com essa discussão, Taylor deixa claro que o seu multiculturalismo está firmemente enraizado no universalismo eurocentrista implícito em seu compromisso com o liberalismo. Assim, mereceu a seguinte avaliação do educador Peter McLaren: "Os paradigmas do multiculturalismo reembalam ideologias conservadoras neoliberais sob o manto discursivo da diversidade" (1997:10). Esse comentário lembra o modelo proposto por Habermas, em que "a integração política dos cidadãos assegura a lealdade à cultura política comum", enquanto o sistema político mantém sua "neutralidade *vis-à-vis* comunidades eticamente integradas num nível subpolítico". Ou seja, a cultura política abrangente deve reconhecer e respeitar "a integridade das diversas formas de vida que coexistem dentro de uma sociedade multicultural" (Taylor, 1994:134).

Ao contrapor a cultura política abrangente ou universal, âmbito da "verdadeira" *res publica*, a um substrato de culturas "etnográficas", atribuindo-lhes um *status* diferenciado (o de *sub*), esse transculturalismo de Habermas se sustenta no princípio da tolerância. Conforme observa Muniz Sodré, trata-se de um projeto hegemônico iluminista, isto é, ocidental, que promete tolerar as diferenças. O problema é que "toda tolerância é intolerante com a intolerância dos outros e, por isso, tem a mesma precariedade dos sentimentos piedosos com que os presumidos fortes contemplam os presumidos fracos". Ou seja, o compromisso com a integridade das culturas do substrato político permanece sujeito às "flutuações das consciências ou dos governos" (1999:20-1).

Além disso, a cultura universal do modelo liberal pressupõe um jogo político em que todos participem em condições de igualdade. Pode-se questionar a noção da política do reconhecimento como insuficiente para dar conta da dimensão de cidadania que cabe a uma coletividade dentro do regime democrático. O reconhecimento de uma identidade subordinada não implica, necessariamente, resultados quanto à construção de condições concretas de sua afirmação no jogo político. O multiculturalismo crítico foi concebido por McLaren (1997)[8] no intuito de atender ao imperativo de considerar a assimetria de acesso ao espaço multicultural estabelecida pela configuração do poder e da ideologia. Para oferecer a uma identidade subordinada iguais condições de competir nesse jogo democrático, impõe-se a necessidade de quebrar a hegemonia da identidade dominante, a brancura eurocentrista, construída com tamanha solidez e a tal ponto reforçada que reina silenciosa sem ser percebida.

Esse ponto é fundamental para o contexto brasileiro, pois talvez a mais destacada característica do racismo no Brasil seja sua natureza inconsciente. As atitudes racistas e o privilégio atribuído ao ser branco imperam como *subtexto de raça* no consenso intersubjetivo da cultura. Na maioria das vezes passam simplesmente despercebidos.

Não surpreende, então, que surja no contexto brasileiro uma contestação precoce à ideologia da brancura. Décadas antes da articulação da crítica ao multiculturalismo, Abdias Nascimento e Guerreiro Ramos antecipam esse tema no bojo da atuação artística e política do Teatro Experimental do Negro.

Trata-se de um avanço teórico importante, pois apenas a partir da crítica à brancura torna-se possível dimensionar o caráter relacional da questão racial. Dessa forma, o avanço corresponde ao desenvolvimento do conceito de gênero na teoria feminista, que parte do seguinte princípio:

Todas as discussões sobre o estado das mulheres, sobre o caráter, o temperamento das mulheres, sobre a submissão e a emancipação das mulheres fazem perder de vista o fato fundamental, isto é, que os papéis dos dois sexos são concebidos segundo a trama cultural que se acha na base das relações humanas em que o menino, à medida que se vai desenvolvendo, é modelado tão inexoravelmente quanto a menina, segundo um cânone particular e bem definido.[9]

O enfoque de gênero implica deslocar o centro de atenção da mulher para a "trama cultural" que atinge homens e mulheres, ou seja, o patriarcalismo. De modo semelhante, os intelectuais do TEN advogam o deslocamento dos "estudos sobre o negro" na direção de uma denúncia da ideologia da brancura, cânone particular que condiciona tão inexoravelmente a vida do discriminador quanto a do discriminado. "No Brasil, o branco tem desfrutado do privilégio de ver o negro, sem por êste último ser visto", observa Guerreiro Ramos, lançando-se junto com o TEN no projeto de construir "a nova fase dos estudos sobre relações de raça no Brasil, fase que se caracteriza pelo enfoque de tais relações desde um ato de liberdade do negro" (1957:159).

Curiosamente, é a partir de uma referência à questão de gênero, estudada no ensaio de Georg Simmel sobre a "cultura feminina", que Guerreiro Ramos mostra como os conteúdos da cultura ocidental "não são neutros, decorrem de uma complicada compenetração de motivos históricos e psicológicos". Daí prossegue, observando a respeito do Ocidente que "quase tudo aí representa um precipitado histórico da alma do homem branco".[10]

A crítica do TEN aos estudos antropológicos e sociológicos sobre o negro começa pelos conceitos de *assimilação* e *aculturação*, termos que, segundo Abdias Nascimento, "não passam de puro despistamento do imperialismo da *brancura*" com seu "indisfarçável objetivo de absorção do que o negro tem de mais profundo: o seu espírito. Um *negro de alma branca*, eis o que de mais nobre se pretende fazer do negro no Ocidente" (1961:20). O supremacismo branco legado pelo Ocidente não incide apenas sobre o negro. "Na cultura brasileira o branco é o ideal, a norma, o valor, por excelência", fato que consigna, para Guerreiro Ramos, uma alienação patológica "que consiste em renunciar à indução de critérios locais ou regionais de julgamento do belo, por subserviência inconsciente a um prestígio exterior" (1957:149-50; 153). O negro brasileiro adota os padrões da brancura numa reprodução interna da dinâmica geral de colonização. No momento em que assume a sua verdadeira condição, livrando-se dessa patologia, os "estudos sobre o negro", por ele protagonizados, podem evoluir em outra direção. Ou seja, a partir da postura do *niger sum*.

Essa possibilidade é dada por um ponto de vista condicionado pela experiência do sujeito como negro, protagonista desses estudos não pela cor da pele, mas em função do lugar onde se posiciona para observar e analisar. Quando Joel Rufino[11] afirma que para Guerreiro o negro não é raça, mas um lugar, ele capta o modo como Guerreiro Ramos e o TEN anteciparam um princípio básico desenvolvido na abordagem afrocentrada ou teoria do centrismo e na teoria crítica racial.

Centrismo e abordagem afrocentrada

Essa noção de "lugar" é um princípio básico da abordagem afrocentrada, matriz teórica que se desenvolveu no meio intelectual afro-americano dos EUA a partir do prolífico trabalho de Molefi Kete Asante (1989, 1990, 1998). Aprofundando o mergulho na experiência de vida e perspectiva própria à comunidade de origem africana, sua teoria da afrocentricidade levantou para o conjunto das populações envolvidas no movimento multiculturalista uma nova medida da questão da identidade. Trata-se da teoria do centro, que postula a necessidade de explicitar a localização do sujeito no sentido de desenvolver uma postura teórica própria a cada grupo social e fundamentada na sua experiência histórica e cultural. A partir dessa localização teórica, o centro, o grupo se define como sujeito de sua própria identidade, em vez de ser definido pelo outro a partir de postulados pretensamente universais, porém elaborados desde um posicionamento específico, alheio e dominante.

Assim, por exemplo, Asante (1989) assinala a definição de discurso que encontrou nos livros especializados quando foi estudar a teoria da comunicação. Definia-se discurso como uma fala não interrompida. Tal conceito contradizia a experiência de Asante como afro-norte-americano criado no contexto da Igreja cristã da comunidade negra, cuja tradição de oratória formou grandes líderes como Martin Luther King e Malcolm X. Nessa tradição, a assembléia interrompe constantemente a fala do orador, intercalando-lhe respostas, comentários e exclamações. Se a definição de discurso como fala não interrompida deixava de ser válida para o caso da comunidade afro-norte-americana, de que forma poderia ser considerada um conceito científico de aplicação universal?

O conceito de "lugar" revela-se útil porque dispensa o enfoque sobre a condição racial do sujeito. Quem se localiza no "lugar" da abordagem afrocentrada não precisa ser afrodescendente, assim como nem todo afrodescendente se posiciona nesse "lugar".

Para o afrocentrista, é legítima a localização do sujeito num centro europeu, de onde articula sua identidade e cultura. O eurocentrismo extrapola essa posição ao pretendê-la superior e impô-la violentamente por meio da dominação colonialista, criando o consenso intersubjetivo que sustenta o domínio surdo da brancura. A abordagem afrocentrada explicita sua não-pretensão à hegemonia, ao passo que contesta a pretensa universalidade hegemônica do centro europeu, não a sua validade para o Ocidente. "A idéia afrocentrada projeta-se como modelo de agência intercultural em que existe o pluralismo sem hierarquia e concede-se livremente o respeito às origens, realizações e potenciais" (Asante, 1998:XII). A alegação de uma simetria entre afrocentrismo e eurocentrismo, paralela à insistência no racismo negro dos anti-racistas, não se sustenta porque deixa de levar em conta os fatores da hegemonia e do poder.

A crítica afrocentrista ao multiculturalismo encampa a de MacLaren e vai mais longe. Para o afrocentrista, a questão não se localiza no reconhecimento, mas na capacitação para participar no jogo democrático do poder. Antes de pleitear o reconhecimento do outro, o afrocentrista quer construir as bases para o pleno auto-reconhecimento de seu povo e sua cultura, condição necessária a essa capacitação. Prioriza, então, a desconstrução dos conceitos dominantes de história e cultura africanas, distorcidos pelo eurocentrismo, e a reconstrução dos conteúdos por eles encobertos.

Esse processo aponta outro conceito na teoria afrocêntrica, o da agência, que denota protagonismo: o exercício da capacidade de pensar, criar, agir, participar e transformar a sociedade por força própria. Para Asante, a construção da identidade afrocentrada é o que possibilita essa agência; o âmago do racismo está numa "sociedade hierárquica que se recusa a reconhecer a agência africana" (1998:8). Por isso, a proposta da afrocentricidade resultou na fundação de escolas afrocentradas e no desencadeamento de um movimento amplo na área da educação.

Um diálogo entre Asante e Cornel West expõe o cerne da teoria afrocentrista. West preocupa-se com o crescente niilismo entre os afro-americanos nos EUA, segundo ele resultante da perda de valores comunitários, morais e éticos. Afirma West que "os demônios do vazio de sentido, da falta de esperança, da sensação do nada [...] vêm produzindo o mais alto nível de autodestruição que os negros conheceram desde que chegamos aqui".[12]

Asante define tais demônios como frutos da "incapacidade do sistema econômico norte-americano de entregar os seus bens com eqüidade", e não da perda dos valores tradicionais afro-americanos como harmonia, justiça, igualdade, paciência, diligência e bom humor. Tais valores raramente são representados pela mídia, que produz uma inundação de imagens e idéias sobre o niilismo entre os negros. "Se perdemos algo, foi a nossa posição de *equilíbrio centrado culturalmente* [*cultural centeredness*], isto é, temos sido deslocados de nossas próprias plataformas." A expressão "*centeredness*" transmite o fato de estar e manter-se equilibrado sobre um eixo ou ponto central. Numa nítida expressão da noção de agência, diz que:

> Ao recuperar nossas próprias plataformas, ocupar nossos próprios espaços culturais e acreditar que nossa forma de contemplar o universo é tão válida quanto qualquer outra, nós poderemos atingir a qualidade de transformação de que precisamos para participar plenamente numa sociedade multicultural. Entretanto, sem esse equilíbrio centrado, não trazemos quase nada à mesa multicultural, a não ser uma versão mais escura da brancura. (Asante, 1998:8)

Esse equilíbrio centrado é o que fundamenta a agência afrodescendente. A recusa da agência africana restringe a expectativa e o espaço de sua participação no jogo de poder das identidades do multiculturalismo. Reforçada pelo poder da mídia e das instituições de educação e cultura, a representação do africano como não-produtor de conhecimento, tecnologia ou civilização, e portador apenas de "culturas étnicas" da ordem do *sub* (por exemplo, samba, futebol e culinária), leva à limitação dessa participação do afrodescendente.

Por isso, a linha de pesquisa diopiana constitui o ponto de partida da abordagem afrocentrada. O pensamento e o passado clássicos africanos, localizados na antiga civilização do Egito (Kemet) e do vale do Rio Nilo, são realçados como "referências de uma perspectiva africana, da mesma forma como a Grécia e o Império Romano são as referências do mundo europeu" (Asante, 1998:11).

Extensas pesquisas promovem discussões sobre: o apagamento da civilização egípcia como esteio de origem da civilização ocidental; a unidade subjacente às culturas africanas; a presença e influência dos africanos e suas culturas na construção das civilizações humanas no mundo antigo; a característica matrilinear dessas civilizações e suas implicações para o pensamento feminista e a questão das relações de gênero; as implicações de todas essas reflexões para a formulação de conteúdos curriculares e técnicas pedagógicas. A pesquisa afrocentrada volta-se também aos temas atuais da modernidade tardia, neomodernidade ou pós-modernidade.

Criticada como tendência ao "fechamento" da identidade afrodescendente, essa linha de análise, ao contrário, traz uma nova contribuição, enriquecedora e mais inclusiva, pois "expande a história humana, criando um novo caminho de interpretação":

> É nesse ponto que a crítica feminista converge com a linha de raciocínio afrocentrada. O que procuro fazer aqui é chegar mais perto de uma idéia pós-eurocentrista que possibilite análises realmente transculturais; isso pode ser realizado ao lado de uma ideologia pós-masculina no caminho da liberação do potencial humano. (Asante, 1998:11 e 8)

Teoria crítica racial: a brancura em questão

A teoria crítica racial, elaborada a partir da constatação dos retrocessos e da insuficiência dos avanços em direção à igualdade racial obtidos por meio da legislação dos direitos civis e da ação afirmativa, nos Estados Unidos, tem origem no âmbito jurídico, mas amplia-se para as ciências sociais. Procura aprofundar as reflexões sobre a questão racial de forma a dar conta desses retrocessos e dessa insuficiência, no intuito de construir alternativas de políticas capazes de superá-los. Seus autores também afirmam a importância da perspectiva específica desde a qual se elabora a análise dos fenômenos (Delgado, 1997).

A teoria crítica racial assume uma metodologia perspectivista, enfatizando o condicionamento do "lugar" do sujeito pela experiência pessoal concreta. Sua "convocação do contexto" remete à idéia de que, sobretudo quando se trata de questões normativas e de discurso moral, "os princípios universais e neutros como a igualdade formal podem servir mais como impedimento que como fator de ajuda na busca da justiça racial". Assim, advoga a atenção aos detalhes das vidas de grupos subordinados como base de uma estratégia de direitos civis (p. xv). A crítica ao liberalismo é acompanhada por uma observação básica: que o racismo é normal, não uma aberração. Como característica entranhada na paisagem, parece familiar e natural. Por isso, os princípios formais, como a igualdade de oportunidades formulada em leis e regulamentos, só conseguem remediar as mais extremas e chocantes injustiças – aquelas que se destacam. Tais princípios têm pouco ou quase nenhum impacto sobre as formas corriqueiras, cotidianas, de racismo, que os membros de grupos subordinados enfrentam todo dia e "produzem muito sofrimento, alienação e desespero".

Com base no princípio da construção social de raça e do racismo, os proponentes da teoria crítica utilizam a narrativa e a análise do discurso cultural para intervir no sentido de não aceitar "arranjos injustos e unilaterais. Escrevendo e denunciando-os, esperamos contribuir para construir um mundo melhor e mais justo".

A tese da convergência de interesses, formulada por Derrick Bell, postula que as elites brancas toleram ou encorajam avanços na justiça racial apenas quando estes também promovem o interesse próprio dos brancos. Assim, as conquistas jurídicas dos direitos civis serviram mais aos interesses da sociedade dominante que aos dos afro-norte-americanos.

101

O desdobramento da teoria crítica racial em estudos críticos do branco (Delgado e Stefancic, 1997) remete ao tema que já foi apontado com referência ao Brasil e, mais recentemente, volta à discussão no contexto dos estudos da branquitude (Piza, 2000, 2002; Bento, 1995, 2000). Trata-se da necessidade, para compreender a questão racial, de estudar, de um lado, o branco como criador, agente e reprodutor da teoria e prática do racismo; e, de outro, a brancura como o silenciado e oculto padrão implícito que rege a reprodução das relações raciais discriminatórias. Essas considerações ampliam e aprofundam a percepção da construção social e psicológica das identidades na sua dinâmica de inter-relacionamento. O enfoque de análise desloca-se do sujeito dominado para a dinâmica da constituição das relações entre os grupos dominante e subordinado, mediada pela ideologia de supremacismo branco e pela agência tanto do branco quanto do afrodescendente como sujeito histórico.

Somatocentricidade: a crítica afrocentrada ao feminismo

Retomando a crítica das mulheres não-ocidentais ao feminismo, a antropóloga nigeriana Oyeronke Oyewumi (1997) desenvolve uma análise afrocentrada das relações de gênero na sociedade iorubá de Oyó, o que implica uma crítica das abordagens feministas e acadêmicas às culturas não-ocidentais. Em minuciosa e detalhada análise, ela examina como se perpetua a imposição não-crítica sobre essas culturas de conceitos presumidamente objetivos ou neutros, cuja âncora, porém, é a matriz particularista ocidental. O próprio feminismo se apresenta como um discurso universalista, mas são ocidentais as questões que o preocupam e informam. Na maioria dos textos, tanto o público leitor quanto as autoras presumem-se ocidentais, pois a tendência é a de falar no plural da primeira pessoa, *nós*, e referir-se à *nossa cultura*.

A autora aponta cinco princípios que fundamentam o pensamento feminista:

1. As categorias de gênero são universais e eternas e têm estado presentes em cada sociedade em todos os tempos.
2. O gênero constitui um princípio organizador fundamental em todas as sociedades e por isso é sempre destacado.
3. Existe uma categoria essencial e universal, "mulher", que se caracteriza pela uniformidade social de seus membros.
4. A subordinação da mulher é um fenômeno universal.
5. A categoria "mulher" é pré-cultural, fixa no tempo histórico e no espaço cultural em antítese a uma outra categoria fixa – "homem".

Calcada em séria análise lingüística e social da sociedade tradicional, Oyewumi mostra que o emprego desses cinco princípios "pode levar a sérios equívocos teóricos quando aplicada à sociedade iorubá de Oyó. Aliás, minha tese central é de que não havia *mulheres* – definidas em termos estreitos de gênero – naquela sociedade" (1997:XIII).

As categorias de gênero socialmente construído são introduzidas nessa sociedade por meio da dominação colonial, que imprime a sua matriz societária e cultural, ocidental, à sociedade dominada. O primeiro instrumento desse processo é a língua.

O vocabulário iorubá reflete uma indiferença notável com relação ao sexo dos atores sociais, sendo comum o gênero neutro: *omo* quer dizer criança ou prole, por exemplo, mas não havia em iorubá termos diferenciados para "menino" e "menina". As palavras *obinrin* e *okunrin* referem-se tão-somente à distinção anatômica do sexo, sem implicações de gênero com conotações de privilégio ou desvantagem social. Oyewumi as traduz não como "homem" e "mulher", mas como "anatomicamente masculino" e "anatomicamente feminino".

Para acomodar-se à preocupação dos colonialistas ingleses com o sexo das crianças, foi necessário inventar as palavras *omokunrin* (criança anatomicamente masculina) e *omobinrin* (criança anatomicamente feminina). Na cosmologia iorubá, a parte simbolicamente mais significativa do corpo, *ori*, sede do destino individual, não possui identificação de gênero.

Samuel Johnson, primeiro historiador nagô, escrevendo em 1877 – ou seja, no período em que o colonialismo inglês se estabelecia e a sociedade tradicional mantinha em maior grau a sua coerência social –, comenta que:

> Nossos tradutores, no seu empenho de encontrar uma palavra para expressar a idéia inglesa de sexo no lugar da idade, cunharam as [...] palavras *arakonron*, isto é, o parente masculino; *arabinrin*, parente feminina; essas palavras sempre têm de ser explicadas para a pessoa iorubá pura porém analfabeta.[13]

Olabiyi Yai identifica as traduções impensadas do iorubá para o inglês como o não-reconhecimento das diferenças epistemológicas entre as duas culturas.[14] Sua observação é secundada por Adeleke Adeeko, quando afirma que tal fato resulta na insistência dos pesquisadores em encontrar, de forma não-crítica, equivalentes em iorubá para os termos ingleses, como se estes definissem constantes humanos.[15]

A tradução para o inglês embutiu significados de gênero em muitas palavras que seriam neutras no original iorubá. Exemplo eminente é a palavra *oba*, que significa reinante masculino ou feminino, mas foi traduzida como "rei". Oyewumi mostra como um fictício poder político masculino foi construído nas pesquisas dos estudiosos que interpretavam a tradição oral de acordo com categorias ocidentais. Entre os resultados desse hábito está o fato de as *listas de reis*, que se baseiam na tradição oral e constituem a principal fonte dos estudos da sucessão real masculina, incluírem os nomes de várias mulheres, registradas como se fossem homens.

A sociedade e a língua iorubá constroem as diferenças sociais entre pessoas por referência a idade, parentesco consangüíneo ou pertencimento ao domicílio ou linhagem, e não de acordo com o sexo. Assim, as palavras *aya* e *oko*, erroneamente traduzidas como "esposa" e "marido", são neutras e denotam a forma de pertencimento à linhagem ou à casa – *oko* por nascimento e *aya* por casamento. Todos os que pertencem por nascimento à linhagem de uma mulher que entrou no domicílio por matrimônio são *oko* em relação a ela, embora apenas um deles, o marido, possa manter relações sexuais com ela. Mulheres pertencentes à linhagem por nascimento, por exemplo, seriam suas *oko* e teriam direitos como herdeiras quando a referida mulher ficasse viúva. As diferenças sociais e os papéis atribuídos às pessoas dentro da estrutura familiar baseiam-se na idade e na ordem cronológica de ingresso no domicílio, e não em sexo ou gênero.

Assim, a tradução desses termos por "esposa" e "marido" engendra uma série de confusões na interpretação das relações familiares, normas de herança e tradições culturais. No contexto da vida religiosa e da cosmologia, essas confusões se multiplicam.

Um exemplo está na idéia da subordinação das mulheres no contexto religioso iorubá. Pemberton, por exemplo, observa as filhas-de-santo de Xangô fazendo o *dobalê*, gesto de reverência tradicional, e interpreta essa postura como subserviente em relação aos homens, que por sua vez ostentariam posições de autoridade no ritual nagô. Entretanto, nesse culto, todos, inclusive o próprio líder máximo, o alaafin, veneram prostrados a divindade Xangô. Pemberton ainda cita o canto de louvor em que as mulheres chamam Xangô de *marido* e ressalta que "esse orixá imprevisível, capcioso, egoísta, é também o que empresta a sua beleza à mulher com quem dorme. Ele é o que dá filhos".[16]

A tradução errônea da palavra *oko* leva o pesquisador a alegar que só as mulheres entoam esse canto e a sugerir que as filhas-de-santo cultuam a entidade como figura sexual masculina. Mas Xangô é *oko* de seus fiéis porque ele é o dono da casa e eles são forasteiros. Tanto os fiéis masculinos quanto as femininas são referidos como esposos – *oko* – de Xangô. Enfim, como assinala Oyewumi, "a relação entre Xangô e sua congregação não é nem caracterizada por gênero nem sexualizada" (1997:116). Tampouco é Xangô o único orixá que dá filhos, pois Oxum e Oya (Iansã), orixás femininos, são cultuadas exatamente por seu poder de garantir a fecundidade.

A tradução da palavra *iyawo*, neutra em termos de gênero, levou outro pesquisador, ao observar que havia homens *iyawo*, a atribuir ao culto de Xangô uma homossexualidade simbólica ou até mesmo praticada. Essa interpretação é refutada passo a passo por Wande Abimbola e outras autoridades que Oyewumi transcreve (1997:117-8).

Cumpre observar que a sexualização das relações sociais observadas dentro do culto não é privilégio desses autores. A literatura do autor brasileiro Jorge Amado retrata um candomblé baiano também fortemente sexualizado, refletindo semelhantes matizes patriarcais.[17]

Apoiada em uma ampla gama de autores,[18] Oyewumi estuda a fundo o critério de gênero no Ocidente e mostra sua íntima relação com a priorização da percepção visual, contrastada com a multiplicidade de sentidos, com ênfase na audição, que caracteriza a sensibilidade africana.

Engendra-se o critério de gênero na dicotomia ocidental entre corpo e alma, matéria e espírito, sensibilidade e razão. A hierarquia de valor que identifica o divino como alma e espírito e o diabólico como carne e sensação produz uma preocupação obsessiva com o corpo, considerado o lado debochado da natureza humana. A condição de "incorporealidade" constitui precondição do pensamento racional. Na tradição intelectual européia, percebiam-se os homens como se não tivessem corpos, eram mentes ambulantes. As mulheres, da mesma forma que os judeus, os africanos, os primitivos, os pobres – os "outros", enfim – eram vistas como corpos, dominados pelo afeto e pelo instinto, incapazes de raciocínio e insensíveis à razão.

De acordo com essa análise, notável por sua riqueza de detalhes, o hábito de atribuir "essências" a arrazoados do corpo está profundamente enraizado na civilização ocidental. A atribuição de uma essência intrínseca ao corpo constitui ao mesmo tempo fruto e âmago da obsessão ocidental do binômio corpo/alma e seus derivados, carregados de significado moral e julgamentos de valor. Trata-se da "somatocentricidade" que caracteriza de forma peculiar a cultura ocidental. Esse fato leva Oyewumi a refletir: "Já que nas construções ocidentais os corpos físicos são sempre corpos sociais, na verdade não existe distinção entre sexo e gênero" (1997:12).

Entretanto, em sociedades tradicionais africanas como a iorubá, cujos critérios de percepção e de organização social são outros, o corpo não era o fundamento do pensamento social e da atribuição de papéis, inclusões ou exclusões sociais. As diferenças anatômicas não determinavam as patentes atribuídas a machos e fêmeas. O mapa de gênero, em que a biologia marca a hierarquização social, não servia a esse propósito. A ordem social iorubá exigia outra espécie de mapa, baseado nos critérios de idade, parentesco e pertencimento a domicílio, todos mutáveis. Assim, a identidade social sofria constantes transformações, ao mudar-se a posição do indivíduo em relação aos outros com que interagia.

Antes da imposição das categorias e formas sociais do Ocidente pela ordem colonial, a sociedade iorubá caracterizava-se, então, por uma dinâmica social relacional em que a identidade social não era interpretada como derivada de essências.

Para estudar a questão de gênero em sociedades africanas contemporâneas, então, a intervenção do domínio ocidental é de grande importância. No caso em estudo, Oyewumi conclui (1997:156):

> Em terra nagô, a transformação de *obìnrin* em mulher e depois em "mulher sem importância" esteve na essência do impacto colonial como um processo formado e formador de gênero. A colonização, além de ser um processo racista, também foi um processo por meio do qual a hegemonia masculina foi instituída e legitimada nas sociedades africanas. Sua última manifestação foi o estado patriarcal.

Conclusões

A preocupação atual dos estudiosos com os "essencialismos" remete à análise crítica da hegemonia da cultura ocidental, de cuja "somacentricidade" a atribuição de "essências" a arrazoados do corpo parece brotar. Foi o Ocidente que atribuiu "essências" negativas aos povos não-ocidentais e reservou as positivas para si mesmo.

A invocação do perigo do "fechamento" das identidades em torno de "essencialismos" quase sempre incide sobre os que procuram referenciais para a construção de *identidades de projeto* com base em resistências enraizadas na luta antiescravista e anticolonialista. Incide de forma singular sobre os afrodescendentes que querem construir sua identidade a partir da referência à África. Parece até que o continente não representa nada além de uma "essência" racial, por não possuir história, cultura ou matriz social.

Freqüentemente, os construtores de identidades de projeto fundadas em identidades de resistência, sobretudo quando se baseiam na ancestralidade africana, são vistos como "defensores do essencialismo". O mesmo acontece com aqueles que sustentam certas características de uma cultura como constitutivas da identidade da respectiva coletividade. Uma premissa desse argumento é que tal posição nega a fluidez das culturas e a possibilidade de elas se transformarem. Exemplo desse processo está no diálogo travado em 1995 entre Cornel West e Molefi Asante. West contestava a idéia de que uma pessoa precisa ser centrada, enraizada, afirmando que "precisamos fluir com a corrente, mover-nos com a música, ser dinâmicos". Asante replica dizendo que é preciso mover e fluir a partir de alguma base, e não simplesmente flutuar no ar. Insiste o afrocentrista que as sociedades humanas operam sobre os alicerces dos mitos, da história e da memória, pois existem características culturais que as identificam. Não são imutáveis, mas constituem o perfil básico do que prezamos e preservamos como qualidades de nossa sociedade. Assim,

> Não é razoável esperar que os afro-americanos se despojem da cultura quando não se exige nem se espera de outros grupos culturais tal despojamento unilateral. Embutida nessa sugestão está a noção de poder e hierarquia de acordo com a qual é apenas às comunidades consideradas de baixa estatura que se exige o abandono de suas características básicas, enquanto outras procuram preservar as suas características para as gerações que ainda estão por nascer. (Asante, 1998:12-4).

Um dos meios de preservação da cultura ocidental tem sido o cânone acadêmico, fechado no seu processo de autocontemplação perpetuado por mecanismos de poder. Aliás, em outros âmbitos ocorre o mesmo. No fundo do jogo multiculturalista está a questão de como, num contexto assimétrico de poder, fundamentar a participação em pé de igualdade de matrizes culturais distorcidas ou apagadas pelo processo de dominação. A simples afirmação da diversidade não basta, pois ela está dotada de valores atribuídos aos seus componentes, diferenciando-os e instituindo desigualdades. O recalcamento, a distorção e o escamoteamento de referenciais das culturas subordinadas restringem o leque de identificações disponíveis aos sujeitos engajados na construção de identidades com um sentido de autoria. As identificações, por mais flexíveis e fluidas que sejam, só podem constituir-se mediante referências históricas e culturais. Por isso, a abertura de novas possibilidades de referência oferecida pela abordagem afrocentrada expande, efetivamente, o horizonte multicultural.

A lição da abordagem afrocentrada pode nos levar a propor uma ação e uma reflexão baseadas no policentrismo crítico. Trata-se do esforço de aprofundar a matriz de cada grupo que comparece à "mesa do multiculturalismo" mediante uma abordagem centrada, de forma a capacitar seus membros para o exercício de um intercâmbio pleno. Esse exercício implica a articulação da crítica ao etnocentrismo ocidental e à hegemonia da brancura. A intercomunicação cultural só será possível na medida em que o equilíbrio centrado e a disponibilidade dos referenciais necessários possam dar sustentação à busca, pelos grupos excluídos, marginalizados ou considerados de baixa estatura, de identificações com um sentido de autoria.

No próximo capítulo, pretendo abordar aspectos da história das relações raciais no Brasil, no intuito de contribuir para a compreensão dos mecanismos por meio dos quais a hegemonia da brancura se estabelece e se mantém nesse país. Não há dúvida de que ela se expressa naquela peculiar ideologia racial que, ressalvadas as especificidades locais, prevalece não apenas no Brasil como em toda a chamada "América Latina", e que chamo de o *sortilégio da cor*.

Notas

1. Guerreiro Ramos, 1995[1957], p. 57.
2. Padilha, Laura, "Prefácio", in: Martins, 1995, p. 15.

3. Seria impossível, numa referência de rodapé, fazer uma listagem dessa produção. No âmbito da literatura africana (continente e diáspora), temos entre muitos outros autores, Ottobah Cugoano, Oloudah Equiano (Gustavus Vassa), Martin R. Delaney, J. Caseley-Hayford, Kwame Nkrumah, Nnamdi Azikiwe, Marcus Garvey, Frantz Fanon, Wole Soyinka, Kofi Awoonor, James Baldwin, Ralph Ellison, Chancellor Williams, Aimé Césaire, Théophile Obenga, Walter Rodney, Malcolm X, Chinua Achebe, Chinweizu, Maulana Karenga, Steve Biko, John Henrik Clarke, George Padmore, C. L. R. James, Julius Nyerere.
4. Entre muitas outras, Du Bois, 1986, 1999.
5. Guerreiro Ramos, 1995[1957]; 1998[1958].
6. Atribuída ao escritor Saul Bellow, a frase é citada com freqüência. Taylor, 1994, p. 42.
7. Taylor, 1994, p. 68, 69, grifos meus.
8. Cf. também, do mesmo autor, *Revolutionary multiculturalism: pedagogies of dissent for the new millennium* (Boulder: Westview Press, 1997).
9. Mead, Margaret, *Sesso e temperamento*, Milão: Il Saggiatore, 1967, apud Belotti, E. G., *Educar para a submissão – o descondicionamento da mulher*, 6. ed., trad. Ephraim Ferreira Alves (Petrópolis: Vozes, 1987), p. 68.
10. Guerreiro Ramos, "O negro no Brasil e um exame de consciência", in: Nascimento, A. (org.), *Teatro Experimental do Negro: testemunhos* (Rio de Janeiro: GRD, 1966), p. 86, grifos meus. [Discurso pronunciado na ABI no ato de instalação do Instituto Nacional do Negro, 1949.]
11. Santos, Joel Rufino dos, "O negro como lugar", in: Maio e Santos, 1998 [in: Guerreiro Ramos, 1995].
12. West, Cornel, *Prophetic thoughts for postmodern times* (Monroe, Maine: Common Courage, 1993), p. 150-1, apud Asante, p. 5.
13. Samuel Johnson, *The history of the yorùbás* (Nova York: Routledge/Kegan Paul, 1921), p. xxxvii, apud Oyewumi, 1997, p. 41.
14. Yai, Olabiyi, "In praise of metonymy: the concepts of tradition and creativity in the transmission of Yoruba artistry over space and time", in: Abiodun, R.; Drewal, H.J. e Pemberton III, J. (orgs.), *The Yoruba artist: new theoretical perspectives on African arts* (NP, 1994); "Issues in oral poetry: criticism, teaching, and translation", in: Barber, K. e Farias, P. F. de Moraes (orgs.), *Discourse and its disguises: the interpretation of African oral texts* (Birmingham: Birmingham University, Centre of West African Studies, 1989), apud Oyewumi, 1997, p. 162.

15. Adeeko, Adeleke, "The language of head-calling: a review essay on Yoruba metalanguage", *Research in African Literatures*, v. 23, n. 1, mar.-jun. 1992, p. 197-200, apud Oyewumi, 1997, p. 162.
16. Pemberton, John, "The Oyo empire", in: Drewal et. alii (orgs.), *Yoruba: nine centuries of art and thought* (Nova York: Harry N. Abrams, Inc., 1989), p. 162.
17. Bennett, Eliana Guerreiro Ramos, "Gabriela cravo e canela: Jorge Amado and the myth of the sexual mulata in Brazilian culture", in: Okpewho, I. et alii (orgs.), *The African diaspora. African origins and new world identities* (Bloomington/Indianapolis: Indiana University Press, 1999); Nascimento, Abdias, "Resposta aos racistas da Bahia", in: Nascimento, Abdias, *Combate ao racismo*, v. 2 (Brasília: Câmara dos Deputados, 1983) [Separatas de discursos, pareceres e projetos, 47ª leg., 1ª Sessão legislativa, n. 228, p. 62-8.]; Turner, D., "Symbols in two Afro-Brazilian literary works: Jubiabá and Sortilégio", in: *Teaching Latin American Studies – Presentations to First National Seminar on the Teaching of Latin American Studies* (Latin American Studies Association, 1977).
18. Chamberlain, J. Edward; Gilman, Sander, *Degeneration: the darker side of progress* (Nova York: Columbia University Press, 1985); Grosz, Elizabeth, "Bodies and knowledges: feminism and the crisis of reason", in: Alcoff, Linda; Potter, Elizabeth (orgs.), *Feminist epistemologies* (Nova York: Routledge, 1994); Gilman, Sander, *Difference and pathology: stereotypes of sexuality, race, and madness* (Ithaca: Cornell University Press, 1985); Gilman, Sander, *On blackness without blacks: essays on the image of the black in Germany* (Boston: G. K. Hall, 1982); Turner, Bryan, "Sociology and the body", in: *The body and society: explorations in social theory* (Oxford: Blackwell, 1984); Keller, Evelyn Fox; Grontkowski, Christine, "The mind's eye", in: Harding, Sandra; Hintikka, Merrill B. (orgs.), *Discovering reality: feminist perspectives on epistemology, metaphysics, methodology, and philosophy of science* (Boston: Reidel, 1983); Ba, Amadou Hampate, "Approaching Africa", in: Martin, Angela (org.), *African films: the context of production* (Londres: British Film Institute, 1982); Lowe, David M., *History of bourgeois perception* (Chicago: University of Chicago Press, 1982).

＃ 3

O Brasil e a confecção do "branco virtual"

A questão racial no Brasil situa-se no contexto de um quadro de severas desigualdades. Neste capítulo, testemunho a comprovação estatística dos contornos raciais dessas desigualdades, complementada por dados a respeito do aspecto de gênero. A consideração de suas raízes históricas prepara o caminho para refletir sobre alguns dos seus aspectos sociais e ideológicos. A singularidade destes está na operação do *sortilégio da cor*, que transforma dominação em democracia e lança a identidade nacional numa busca permanente do simulacro da brancura, que denomino o *branco virtual*. A expressão evoca tanto o *virtual* na acepção de faculdade não-realizada, como a *realidade virtual* da era da informática: a imagem ou o pulso eletrônico que, apesar de não se conformar num real concreto, torna-se real ao gerar efeitos.

Se abordar as relações raciais implica examinar a brancura, a singularidade do caso me leva a sugerir que, no Brasil, interrogar a brancura significa questionar a miscigenação. Fonte fundamental para subsidiar esse empreendimento é o estudo de Kabengele Munanga (1999). De minha parte, observo que o *sortilégio da cor* opera uma transformação de identidade em que o mestiço passa a ser considerado *quase* equivalente ao branco. Investigar os limites dessa equivalência me parece um exercício importante para compreender o aspecto relacional da brancura.

Existe um senso comum no sentido de que a tese da inferioridade congênita do africano e o determinismo racial foram varridos do Brasil pela magia branca do lusotropicalismo, não restando vestígio de sua operação social. Essa idéia convive em tensão permanente com o testemunho de intelectuais e ativistas afrodescendentes que documentam a presença ativa do ideário eugenista em incontáveis fatos cotidianos que permeiam a tessitura social do país. Esse ideário, não explicitado, continua indiferente à suposta extinção do racismo biológico pelo imperativo do critério cultural, indiferença esta que contribui para a manutenção das desigualdades raciais.

No presente capítulo, pretendo explorar essas questões de forma a preparar o terreno para contemplar mais adiante o seu impacto sobre as possibilidades e os parâmetros de identificações com sentido de autoria.

Desigualdades contemporâneas

Embora figure entre as dez maiores economias do globo, no que se refere ao desenvolvimento social o Brasil compara-se de forma desfavorável a seus vizinhos. Em 1995, seu PIB *per capita* era significativamente mais baixo que o da Argentina ou do Uruguai, porém três vezes mais elevado que o do Paraguai. No entanto, 43% dos domicílios brasileiros estavam em situação de pobreza, uma proporção mais alta que no Paraguai e mais de quatro vezes maior que na Argentina e no Uruguai.[1] O Brasil tinha a taxa de alfabetização mais baixa e de longe a mais elevada de mortalidade entre crianças menores de cinco anos de idade: cinqüenta mortes em cada mil, em contraste com aproximadamente dezoito em cada mil entre os afro-americanos dos EUA.[2] O valor do salário mínimo é de cerca de US$ 75,00, mais de dez vezes menor do que o que se define como pobreza naquele país. De acordo com o Relatório sobre o Desenvolvimento no Mundo, do Banco Mundial, em 1981 o Brasil ficava atrás apenas do Haiti e de Serra Leoa com a terceira mais injusta distribuição de renda no mundo. Desde então, a concentração de renda vem aumentando de forma consistente.

Tabela 1: Evolução da concentração de renda no Brasil, 1960-2000* (porcentagem).

Ano/Renda	1960	1970	1980	1990	2000
50% mais pobres	18	15	14	12	11
20% mais ricos	54	62	63	65	64
Índice de desigualdade	3	4,1	4,5	5,4	5,8

*Projeção. *Fonte*: Ipea/IBGE, apud Mantega, in: ITM, 1998:99.

O IBGE e o Censo brasileiro utilizam duas categorias, *preta* e *parda*, para designar os afrodescendentes. Revelando-se arbitrárias e subjetivas a ponto de terem pouco significado, cederam lugar ao atual consenso entre pesquisadores e atores sociais sobre a convenção de somar as categorias *preta* e *parda*, que juntas constituem a categoria de *negros*, *afro-brasileiros* ou *afrodescendentes*.

Nas estatísticas oficiais, as categorias *branca* e *parda* são notoriamente inflacionadas, e a *preta* diminuída, pela tendência de os entrevistados afrodescendentes se classificarem como brancos ou pardos.[3] Embora oficialmente a soma dos pretos e pardos represente 48,5% da população, as estimativas atingem 70% a 80% ao levar em conta a distorção que resulta do ideal do embranquecimento. Essa subestimação oficial da população negra é fato essencial à leitura dos dados estatísticos brasileiros.

No intuito de medir de forma abrangente e resumida o impacto sobre a qualidade de vida das pessoas, a ONU realizou, em pesquisas de alcance mundial, o levantamento do Índice de Desenvolvimento Humano (IDH), indicador que mede aspectos como educação, expectativa de vida, renda média e acesso a bens sociais e materiais. Entre os 174 países estudados, o Brasil ficou em 79º lugar.[4] A dimensão racial desse dado revela-se quando consideramos um hipotético Brasil composto apenas de sua população negra: ficaria no 108º lugar, uma posição 29 postos abaixo do Brasil e sete abaixo da África do Sul. A população branca tomada sozinha, entretanto, classificaria-se em 49º lugar, 30 postos acima do Brasil e superior em 52 à África do Sul (Paixão, 2000).

O país caracteriza-se por impressionantes distinções regionais que acompanham as diferenças regionais de composição racial. Um abismo de qualidade de vida separa os residentes de regiões urbanas das populações rurais miseráveis, majoritariamente afrodescendentes (IBGE, 1997:46). O grupo afro-brasileiro concentra-se oficialmente em participações da ordem de 70% – portanto em proporções bem maiores – nessas regiões, onde a prática da escravidão continua impune e a semi-escravidão não deixa de ser comum. Se o IDH da população afro-brasileira corresponde ao 108º lugar entre as 174 nações pesquisadas, por exemplo, o da população negra do Maranhão ocuparia a 122ª posição, ao lado de Botsuana (Paixão, 2000).

A operação do *sortilégio da cor* escamoteou por décadas o cunho racial das desigualdades. Analistas enamorados do ideal de harmonia social entre os estamentos de cor imputavam-nas à chamada "questão social", em oposição à "questão racial", ou então ao legado histórico da escravidão, considerando nula ou insignificante a operação da discriminação racial como fator de sua composição.

Mais recentemente, porém, a natureza racial das desigualdades vem sendo aos poucos demonstrada por meio de pesquisas quantitativas. Carlos Hasenbalg (1979) e Nelson do Valle Silva (1978) iniciaram uma linha de pesquisas mostrando que o fator discriminação racial, independentemente de outros fatores como educação, contribui para instituir, ao menos em parte, as desigualdades. Outros estudos aprofundaram essa linha de pesquisa,[5] de forma que Roque e Corrêa puderam observar que "dois fatores de disparidade atravessam diferentes níveis de reprodução da desigualdade social e têm profundas raízes na cultura brasileira: gênero e raça".[6]

No Brasil, a distinção de gênero não pode ser compreendida de modo adequado sem considerar-se a questão racial. Na hierarquia da renda, o primeiro fator determinante é raça, depois gênero. As mulheres brancas mantêm uma posição nitidamente privilegiada em relação aos homens negros, e as afro-brasileiras estão no mais baixo degrau da escala de renda e emprego. Os homens brancos recebem mais de três vezes o que ganham as mulheres afro-brasileiras, que por sua vez ganham menos da metade do valor da renda mediana da mulher branca.

Tabela 2: Renda média por gênero e raça em múltiplos do salário mínimo mensal.*

Homens brancos	6,3
Mulheres brancas	3,6
Homens negros	2,9
Mulheres negras	1,7

*Fonte: IBGE, 1994.

Em geral, os negros ganham menos da metade do que ganham os brancos (Silva, N., 2000; Paixão, 2000). Aproximadamente 26% dos negros, contra 16% dos brancos, ganham menos de um salário mínimo, enquanto 1% de negros, contra 4% dos brancos, ganham mais que dez vezes o valor do salário mínimo. Os afro-brasileiros instruídos ganham menos que os brancos com o mesmo nível de educação, e nas faixas mais altas de renda recebem quase seis vezes menos que os brancos (Silva, N. 2000; Inspir/Dieese, 1999).

Tabela 3: Renda média por gênero e raça (R$).

Cor	Gênero Masculino	Gênero Feminino	Total
Branca	757,51	459,20	630,38
Preta	338,61	227,13	292,05
Parda	359,27	234,72	309,66
Total	589,89	370,33	498,57

Fonte: PNAD, 1996. Compilação por Nelson do Valle Silva/Iuperj.

Tabela 4: Renda familiar *per capita* por cor (Brasil, 1988).

Renda familiar *per capita*	Cor Branca	Cor Preta	Cor Parda
Até ¼ salário mínimo	14,7	30,2	36,0
¼ a ½	19,2	27,4	26,8
½ a 1	24,2	24,9	20,7
1 a 2	20,2	12,0	10,6
2 a 3	8,2	2,7	2,9
3 a 5	6,5	1,6	1,8
5 a 10	4,5	0,8	0,9
10 a 20	1,5	0,3	0,2
20 ou mais	0,3	0,1	0,0
Total	100%	100%	100%

Fonte: IBGE/PNAD, 1988. Tabulação de Nelson do Valle Silva/Iuperj.

A proporção de negros que vivem na carência, ganhando menos que R$ 38,00 mensais, é duas vezes maior que a de brancos. A relação inversa prevalece nas camadas de renda mais alta, sendo a proporção de brancos situados nas faixas altas de renda três, quatro ou cinco vezes maior que entre os negros.

Tabela 5: Incidência relativa (%) de carência (renda familiar *per capita* até ¼ s. m.) pela cor e pelo gênero do chefe de família (Brasil, 1988).

Gênero do chefe de família	Cor		
	Branca	Preta	Parda
Masculino	14,6	30,5	36,2
Feminino	15,4	28,9	34,9

Fonte: IBGE/PNAD, 1988. Tabulação de Nelson do Valle Silva/Iuperj.

A situação da mulher afro-brasileira é o próprio retrato da feminização da pobreza observada em todo o mundo nas últimas décadas. Oitenta por cento das mulheres negras empregadas estão concentradas em ocupações manuais; mais de metade são empregadas domésticas e as demais são autônomas oferecendo serviços domésticos (lavar, passar, cozinhar). Trata-se de uma das ocupações mais mal pagas na economia brasileira. Aproximadamente uma em quatro mulheres chefes de família afro-brasileiras ganha menos que um salário mínimo.[7] Esses parâmetros têm permanecido constantes ou piorado com o tempo (Lovell, 1991; Silva, N., 2000). As taxas de desemprego são mais altas entre os negros, o que sugere que as mulheres afro-brasileiras respondem por mais que sua parte das taxas extraordinariamente altas entre as mulheres em geral.

Tabela 6: Taxas de desemprego por raça e gênero* (Brasil, 1996).

	Total	Homens	Mulheres	Brancos	Negros (pretos/pardos)
Brasil	6,9	5,7	8,8	6,6	7,7
Norte urbano**	7,7	6	10,2	6,8	8,2
Nordeste	6,3	5,2	7,8	5,7	6,5
Sudeste	7,7	6,2	9,8	7,4	8,7
Sul	5,4	4,5	6,6	5,1	8,1
Centro-Oeste	7,9	6,2	10,5	7,6	8,7

Fonte: PNAD, 1996.
*População com dez anos ou mais, com ou sem renda.
**Excluído o interior rural de Rondônia, do Acre, do Amazonas, de Roraima, do Pará e do Amapá.

Quanto à expectativa de vida, no Brasil ela é menor entre os negros que entre os brancos, mesmo levando em conta as variações de renda e os níveis de educação. Embora sejam grandes as diferenças nas taxas de mortalidade de crianças até cinco anos, elas são sensivelmente mais altas entre os negros de todas as regiões. Talvez mais expressivas sejam as dessemelhanças raciais nas condições de vida (esgoto, coleta de lixo, água encanada): as diferenças raciais prevalecem sobre as nítidas desigualdades entre as regiões.

Entre os pobres, não apenas as famílias negras estão presentes acima de sua proporção na população em geral como também sua renda *per capita* está num nível mais baixo, o que significa que mais pessoas da família devem trabalhar para conseguir renda familiar equivalente. As crianças freqüentemente precisam deixar de estudar para "ajudar a família", cortando cana, trabalhando nas colheitas ou nas minas, vendendo doces no sinal luminoso da esquina ou algo semelhante. Como resultado, as taxas de analfabetismo entre os afro-brasileiros são mais que duas vezes maiores que entre os brancos, e a porcentagem de negros com nove anos ou mais de estudos é quase três vezes menor que entre os brancos. As chances de uma criança afro-brasileira obter uma educação básica são em torno de 66%, ao passo que a branca tem 85% de chance. Uma vez concluído o ensino básico, as chances de a criança negra ir para a escola secundária são da ordem de 40%, enquanto a branca tem 57% de chance. Os afro-brasileiros que completam o ensino médio têm aproximadamente metade da oportunidade dos alunos brancos de seguir para a universidade.[8]

Esses fatos significam que a proporção de negros (homens e mulheres) com onze a dezesseis anos de escolaridade é mais ou menos a metade da proporção dos brancos (homens e mulheres); na categoria de quinze anos de ensino ou mais, a proporção de brancos chega a ser seis vezes maior que a de negros.

As diferenças na escolaridade são sensivelmente maiores entre negros e brancos do que entre homens e mulheres em todas as regiões (Paixão, 2000).

Uma estratificação racial bem delimitada e extremamente rígida tende a excluir os afrodescendentes dos espaços de prestígio e poder, mantendo os brancos no topo da hierarquia. Como observam Oliveira, Lima e Santos:

> Nos mais altos escalões de governo não há afro-brasileiros, exceto durante o mandato de Pelé como Ministro Extraordinário dos Esportes (1995-98). De 594 deputados, 13 eram afrodescendentes em 1998. Nas universidades públicas (de maior prestígio no Brasil), são raros os professores "pardos" e quase inexistem professores pretos. Entre os juízes, quase não há negros, enquanto as mulheres brancas constituem hoje a maioria dos jovens juízes recém-formados (*Jornal do Brasil*, 27.6.1999). Nos tribunais de apelação não havia

nenhum juiz negro até 1998, quando um ministro, Carlos Alberto Reis de Paulo, tomou assento no Tribunal Superior de Trabalho. (1998:52-6)

O *sortilégio da cor*, com sua ideologia de pretenso anti-racismo, conseguiu encobrir por um longo tempo a realidade da discriminação racial, que apenas muito recentemente passou a ser comprovada e documentada por meio dos indicadores estatísticos oficiais e dos resultados de inúmeras pesquisas conduzidas por cientistas sociais. Pioneiras entres estas foram as investigações sociológicas patrocinadas pela Unesco na década de 1950. Seu objetivo original era elucidar o tema do que se entendia como a singular harmonia racial das sociedades latinas, o que abriria o caminho para a possibilidade de construir modelos de sociedade não-racistas. Escolhido o Brasil como país "laboratório", a conclusão dos diversos pesquisadores foi no sentido contrário, de constatar agudas desigualdades e preconceitos raciais.[9]

Mais tarde, outras pesquisas e ações induziram à modificação de critérios e processos de pesquisa demográfica cuja distorção era amplamente conhecida. A partir da década de 1970, o item "cor" foi reintroduzido às estatísticas do IBGE, sendo adotado por muitos pesquisadores um critério inclusivo de análise quantitativa formado pela soma das tradicionais categorias demográficas *pretos* e *pardos*. Ambos os fatos resultaram de pressões do movimento social afrobrasileiro e de pesquisadores a ele ligados.

Aliás, o movimento negro foi, durante o século XX, o grande responsável por uma lenta e gradual conscientização, dentro e fora do país, da existência do racismo no Brasil. Sua incansável denúncia configurava uma atitude deveras quixotesca diante de uma sociedade dominante e de uma consciência popularizada imbuídas da tradição intelectual e acadêmica que, cultivando a ideologia do *sortilégio da cor*, não o admitiam.

Nas ciências sociais, um pioneiro dessa nova linha de análise das relações raciais no Brasil foi o cientista político ganense Anani Dzidzienyo, que rompeu com o tradicional discurso sobre o preconceito de "marca" e sobre a natureza "não-racial" da discriminação no Brasil ao esclarecer que a discriminação racial *de facto* alcançava os mesmos resultados que a segregação baseada no critério da hipodescendência.[10] Thomas E. Skidmore (1976) desvelou as implicações racistas da ideologia do embranquecimento. Conforme observamos, na análise sociológica a noção da discriminação racial como fator determinante das desigualdades, independentemente de outras variáveis, foi desenvolvida com base nos trabalhos de Carlos Hasenbalg e Nelson do Valle Silva.

Os avanços mais recentes no setor acadêmico vinculam-se às pressões do movimento social e à crescente atuação de pesquisadores afrodescendentes no meio acadêmico brasileiro, ainda que em escala minúscula quanto à sua participação na população. O ano de 1995, tricentenário da imortalidade de Zumbi dos Palmares, foi um marco a partir do qual aumentaram a produção e a publicação de obras de autores afro-brasileiros.[11]

Apenas no limiar do terceiro milênio a denúncia do movimento anti-racista começa a render frutos na forma de um reconhecimento, no meio científico-acadêmico, do cunho racial das desigualdades que caracterizam o país, e na proposta de articulação de políticas públicas voltadas à sua correção.

Entretanto, a natureza racial das desigualdades ainda é contestada por uma provável maioria dos intelectuais de elite que insiste em negá-la. São inúmeros os autores, entre ensaístas e intelectuais de prestígio, que repetem o tradicional discurso negador da existência do racismo no Brasil. Por ocasião dos quinhentos anos do "Descobrimento", enquanto as autoridades reprimiam com violência as manifestações populares de índios e afrodescendentes, a imprensa publicava artigos de autores como o então vice-presidente Marco

Maciel e outros intelectuais conservadores elogiando a suposta tradição cultural e social anti-racista no Brasil. O centenário do nascimento de Gilberto Freyre propiciou um surto de artigos desse gênero na grande imprensa (cf. *Jornal do Brasil, O Globo*, jan.-maio 2000).

O genocídio: raízes históricas da desigualdade

O infante dom Pedro de Portugal, que na condição de regente impulsionou as viagens de caravela ao além-mar, constrói no século XIV a apologia do patrimonialismo,[12] uma ética da sociedade em que favores, doações e benefícios (as "benfeitorias") são trocados pela lealdade e submissão permanentes dos súditos ao empreendimento de sustentar os privilégios dos governantes, que reinam por direito natural. Essa doutrina, comenta Muniz Sodré, "coloca, sem rodeios e com tintas filosóficas, no centro da argumentação, a categoria do favor privilegiado, *persistente até hoje como forma social* na vida brasileira" (1999:72). Creio que aqui se identifica um dos principais alicerces do autoritarismo difuso que sustenta as desigualdades sociais e raciais no Brasil.

O país foi o último a abolir formalmente a escravidão. Nenhuma medida foi tomada para integrar os novos cidadãos afrodescendentes à economia ou à sociedade nacionais. Muitos ficaram nas fazendas, na condição de semi-escravos, ou se mudaram das senzalas para os morros urbanos, formando assim as favelas; algumas destas têm raízes anteriores como quilombos. Hélio Santos demonstra que a natureza da abolição da escravatura no Brasil foi o componente essencial a determinar a natureza circular da cadeia de fatores interligados que causam e caracterizam a exclusão histórica dos afro-brasileiros.[13] Abdias Nascimento concorda ao afirmar que

Com Antonio Callado, podemos, sem eufemismo, chamar a Lei Áurea de "Lei de Magia Branca", pois nenhuma imposição jurídica ou legal, por si só, tem fôrça para mudar trezentos anos da cultura de privilégios do branco e de espoliação e submissão do negro. (1968:46)

Durante quatro quintos da existência do Brasil, os afrodescendentes constituíram a imensa maioria da população. Em 1872 o censo registra mais de 6 milhões de pretos e pardos contra 3,8 milhões de brancos. A iminência da abolição da escravatura causava um verdadeiro pânico à elite dominante, que se apressou a construir políticas públicas destinadas a apagar a "mancha negra" e a purificar o estoque racial da nação (Azevedo, C., 1987).

Nina Rodrigues, psiquiatra maranhense que criou o Instituto de Medicina Legal da Bahia, é considerado o fundador dos estudos sobre o negro no Brasil. Foi ele, talvez, o maior arauto do nefasto caráter da inferioridade africana, responsável pelo processo de degenerescência que ditava a urgente necessidade de "limpar a raça" brasileira. Fulmina esse expoente da mais rigorosa teoria do determinismo racial e da degenerescência: "[...] para a ciência não é esta inferioridade mais do que um fenômeno de ordem perfeitamente natural", uma vez que "até hoje não se puderam os negros constituir em povos civilizados". Por isso, "a raça negra no Brasil [...] há de constituir sempre um dos fatores da nossa inferioridade como povo" (Nina Rodrigues, 1945:24, 28).

O embranquecimento dessa massa demográfica impunha-se como essencial à construção de um Estado merecedor de aceitação na comunidade das nações civilizadas. Mas a teoria científica de raça então vigente, baseada na teoria da degenerescência que constituía a espinha dorsal do racismo biológico, condenava a mistura racial como um processo que levava à degradação da espécie. A solução foi criar uma nova teoria, exaltando a mistura de raças ao justificá-la como forma de diluir a base inferior do estoque racial brasileiro, de origem africana, simultaneamente fortalecendo e fazendo prevalecer o elemento superior, branco, por meio do incentivo à miscigenação combinado à imigração em massa de europeus.[14] Não era à toa que Oliveira Vianna (1934) denominava esse processo de *arianização*.[15] Em 1911, o delegado brasileiro anunciou ao Congresso Universal das Raças, realizado em Londres, que até o ano 2012 esse processo teria eliminado da população todos os vestígios dos descendentes de africanos, tanto a raça negra quanto os mestiços.[16] Assim, atingir-se-ia a meta de uma população toda branca, objetivo expresso de forma ampla e eloqüente na literatura da época.[17]

As políticas de embranquecimento tinham duas pedras fundamentais: a imigração européia em massa, subsidiada pelo Estado, sob legislação que excluía as raças não-desejáveis; e o cultivo do ideal do embranquecimento com base na subordinação da mulher, servindo a branca para manter a "pureza" do estoque sangüíneo. A mulher negra, cuja disponibilidade sexual era obrigatória no cativeiro, via seu papel de mucama[18] perpetuado no serviço doméstico. A subordinação e a disponibilidade sexual da mucama transferiram-se primeiro à doméstica e depois à mulata, numa sociedade voltada para o projeto de "melhorar a raça" (González, 1988; Bairros, 2000). Assim, ao contrário do que sugere o popular ditado sobre "casar com branco para melhorar a raça", a norma dos relacionamentos inter-raciais que produziam o embranquecimento era a mancebia da mulher afrodescendente. O princípio orientador do processo de branqueamento se resume no ditado "branca para casar, mulata para fornicar, negra para trabalhar" (Freyre, 1966:13).[19]

Na condição de portadora de direitos de cidadania, a população majoritária de ascendência africana incorporava uma ameaça potencial ao poder político da elite minoritária. O medo diante de tal ameaça traduzia-se no discurso da unidade nacional. Mesclado às noções do racismo pseudocientífico, esse discurso fixou a africanidade e a negritude como estranhos ao contexto nacional.[20] Embora nunca houvesse existido um Brasil sem os negros, estes foram transformados em estrangeiros por uma definição eurocentrista da "identidade nacional".

Encontrava-se progressivamente alijada do mercado de trabalho a população majoritária de afro-brasileiros emancipados. Escravizados ou livres, estes haviam operado cada mudança tecnológica até então introduzida na economia brasileira. Irônica, então, soa a alegação de uma falta de mão-de-obra qualificada para destinar os empregos aos europeus "mais desejáveis", cuja vinda subsidiada tinha o objetivo de contribuir para a melhoria, ou seja, o embranquecimento, da identidade racial brasileira. Nina Rodrigues exemplifica a racionalização dessa alegação de "falta de mão-de-obra" ao discursar sobre "a bem conhecida incapacidade de um trabalho físico continuado e regular" dos negros, fato que "tem sua explicação natural na fisiologia comparada das raças humanas".[21] Hédio Silva Jr. observa, a respeito dessa tese, que o mestre olvidava, por certo, um fato histórico: "Em 1894, data da obra em questão, os brancos contabilizavam menos de uma década de familiaridade com o lavor, com o trabalho propriamente dito, contra quatro séculos de trabalho do negro escravizado" (1999:8).

Entre 1890 e 1914, mais de 1,5 milhão de europeus chegaram apenas ao estado de São Paulo, 64% com a passagem paga pelo governo estadual (Andrews, 1992). Estigmatizados não só como desqualificados mas também como perigosos e desordeiros, os homens negros foram excluídos do novo mercado de trabalho industrial. As mulheres afro-brasileiras foram trabalhar a troco de migalhas – quando recebiam algo além de casa e comida –, como cozinheiras, babás e lavadeiras. Outras ganhavam a vida como vendedoras de rua. Foram as comunidades religiosas afro-brasileiras, entre fraternidades católicas e comunidades-terreiro – estas últimas na maioria das vezes sob a liderança de mulheres –, que, apesar da perseguição policial, possibilitaram ao povo afrodescendente, nessas condições, a sobrevivência e o desenvolvimento humano.

Na década de 1930, a troca nas ciências sociais do paradigma racial de cunho biológico pelo étnico-cultural (antropológico), assinalada na obra de Gilberto Freyre (1966 [1933]), começou a fundir-se com a negação da existência de discriminação e racismo para criar um pretenso anti-racismo intrincado com o elogio à miscigenação. Permaneceram incólumes, entretanto, o ideal do branqueamento e o quadro de segregação racial de fato consignado nas desigualdades aqui expostas. Parece contraditório o fato de conviverem o ideal fundado em critérios de racismo biológico com o discurso anti-racista do elogio à miscigenação e do critério étnico-cultural. O aparente paradoxo explica-se, entretanto, pelo fator maior capaz de unir os dois: a ideologia do supremacismo branco, silenciosa na sua operação, mutável e flexível na sua continuidade, que tece novas formas de perpetuar a dominação.

Além de um círculo vicioso de exclusão, Abdias Nascimento identifica outra natureza desse processo histórico:

> [...] não foi resultado de utopia romântica esperar que os egressos do regime servil ingressassem direta e facilmente na sociedade competitiva de após abolição. Vários homens públicos – entre os quais José Bonifácio e Joaquim Nabuco – chamaram a atenção dos dirigentes do País, no sentido de um amparo efetivo, de medidas concretas, que garantissem a efetiva integração do ex-escravo na sociedade. Não foram ouvidos, pois os governantes ou eram escravocratas ou seus herdeiros e beneficiários. E, na aparente omissão que se verificou, as classes dirigentes executavam um consciente e estratégico plano de liquidar o negro, exterminando-o não só através do cêrco da fome, do sereno, como ao longo de nossa história, criando-lhe um verdadeiro sistema de discriminação velada, tanto mais eficiente por subtrair ao negro suas verdadeiras intenções e objetivos. A má-fé, a má

consciência de que se praticava um crime contra o negro – genocídio semelhante ao praticado pelos nazistas contra os judeus – pode ser surpreendida através de vários flagrantes da vida brasileira. (*Cadernos Brasileiros*, 1968:21)

Esse, em resumo, é o pano de fundo das agudas desigualdades raciais que atingem os afrodescendentes hoje no Brasil.

Supremacismo branco na cama da democracia racial

No Brasil e em toda a chamada América Latina, a cultura do embranquecimento ou *blanqueamiento* baseou-se na hipótese da inferioridade do negro, no elogio à miscigenação e na subordinação da mulher de formas diferenciadas, de acordo com sua condição racial. As propostas de branqueamento remontam aos primeiros tempos coloniais e eram subscritas por abolicionistas em vários países das Américas Central, do Sul e também do Caribe. O frei Alonso de Sandoval, por exemplo, já defendia em 1627 o embranquecimento como solução para a eliminação da "mancha negra". José Antonio Saco, eminente historiador cubano do século XIX, exclamava: "Não temos outra escolha que embranquecer, embranquecer, embranquecer, e assim nos fazer respeitáveis".[22]

Em toda a região, a teoria do branqueamento verteu-se na convicção de que as elites ibéricas tivessem criado uma maneira cordial e harmoniosa de relações raciais baseada na mestiçagem. Dois corolários associam-se intimamente a essa noção. O primeiro é que a escravidão africana na região foi uma instituição benevolente, em geral uma forma amena de servidão. O segundo é que a ausência de segregação racial determinada por lei, junto com a garantia constitucional da igualdade, bastam para caracterizar a sociedade como não-racista.

Ao contrário da suposição comum de que o paradigma antropológico da etnia teria introduzido nessas sociedades um difuso ideal anti-racista, o supremacismo branco permaneceu vigente em novas roupagens. O ideal da brancura inseriu-se, às vezes camuflado, no elogio da mestiçagem e no discurso pretensamente anti-racista do critério cultural da etnia, erguidos como garantia contra a existência do racismo ao transformar-se o mestiço em um *branco virtual*.

Aliás, a história da região é em grande parte a crônica da imposição violenta de uma identidade européia sobre populações majoritárias indígenas e africanas. A posse ibérica do subcontinente, transformada em "descoberta" de uma terra habitada por milênios, desencadeou contra tais populações um processo genocida. Desse processo emergiu uma América que é "Latina" apenas na medida em que suas elites minoritárias brancas vêm conseguindo suprimir a identidade de seus povos. A política de embranquecimento foi pedra fundamental nesse empreendimento, mas o "branco" confeccionado pela mestiçagem é com freqüência um negro, índio ou caboclo aculturado.

Aplica-se rotineiramente e com orgulho uma identidade "latina" ou "ibérica" às populações mestiças, como se estas fossem européias. Trata-se de um hábito comum tanto entre os intelectuais de elite esquerdistas e os que se identificam com a direita ideológica. Darcy Ribeiro destaca-se como exemplo do contraste entre o discurso esquerdista sobre a mestiçagem "latina" e a atuação política em outras esferas:[23] combatia como poucos o autoritarismo e a injustiça social, mas seu discurso sobre a questão racial reproduz os padrões mais autoritários do patriarcalismo e da ideologia do branqueamento. Refere-se Darcy Ribeiro (1979) à "população majoritariamente mestiça" da região, "cujo ideal de relações inter-raciais é a fusão" no sentido de "branquear" e "homogeneizar" o povo. No mesmo sentido, José Martí pregava que "nossa América" era "nossa raça", Nicolás Guillén elogiava a "cor cubana" nos seus *Poemas mulatos*, e o mexicano José Vasconcelos cunhava o termo *raza cósmica* (Martínez-Echazábal, 1998). O *sortilégio da cor* transforma, enfim, as populações mestiças em "latinas" ou "ibero-americanas", num simulacro da brancura cuja melhor expressão talvez esteja na conclusão de Darcy Ribeiro quando afirma euforicamente que "somos a nova Roma":

> Somos a maior massa latina. Os franceses ficaram tocando punheta, os italianos bebendo chianti, os romenos com medo dos russos, quem saiu fodendo por aí foi espanhol e português e fizemos uma massa de gente que é de 500 milhões. (Ribeiro et. alii, 1996:108)

Essa idéia da "nova Roma" exprime de forma subliminar o paradigma do império. Conforme demonstra Poliakov (1974) com grande riqueza de detalhes, confirmado por Sodré (1999), esse paradigma constitui a máxima expressão da brancura como identidade européia. Assim, a morenidade "latina" traduz de modo exemplar o ideal da *brancura virtual*. Embora não chegue a ser branco em termos de pureza de sangue, o moreno tem direito à identidade de "branco" em virtude de ser "latino". Ressuscitar Roma é atualizar o mito ariano.

A linguagem chula de Darcy não deixa de refletir uma dimensão relevante dessa ideologia patriarcal: sua forte sexualização, obedecendo ao critério do ditado "a vida perfeita do homem brasileiro é... branca para casar, negra para trabalhar, mulata para fornicar". A obra de Gilberto Freyre (1966) estabelece o "excesso sexual" como fator crucial para a formação do *ethos* racial brasileiro e um dos elementos de caracterização da identidade nacional (Bocayuva, 2001).

Essa hipersexualização da mestiçagem acompanha e sublinha sua fundamentação no discurso biológico e genético, plantado firmemente e sem contradições no interior do critério antropológico da cultura, que substituía raça por etnia. Afinal, a teoria do lusotropicalismo ergue-se a partir da idéia de uma "propensão natural" à mistura de raças que caracterizaria o colonizador português (Freyre, 1959, 1966, 1976).

Construir o critério da etnia e da cultura significou transpor a mistura biológico-racial para o plano cultural. A mistura de matrizes culturais passou a ser identificada com o processo biológico-genético da miscigenação. Confundiu-se mestiçagem com aculturação e sincretismo a tal ponto que Arthur Ramos chegava a afirmar: "Se, nos trabalhos de Nina Rodrigues, substituirmos os termos raça por cultura, e mestiçamento por aculturação, por exemplo, as suas concepções adquirem completa e perfeita atualidade".[24] O critério antropológico identifica-se plenamente com o biológico, pois tanto a cultura quanto o mestiço se fazem na cama.

Esse critério, permeado do viés patriarcal, tem uma afirmação clássica nas palavras de Darcy Ribeiro quando afirma que "nós, brasileiros", somos "um povo mestiço na carne e no espírito, já que aqui a mestiçagem jamais foi crime ou pecado". Esse povo mestiço "se define como uma nova identidade étnico-nacional, a de brasileiros"; "de fato, uma nova romanidade" (1995:453). Nada mais, nada menos que um *branco virtual*, digno da estatura do mito ariano. Com efeito, Oliveira Vianna já pôde observar, em 1934, que

> Os mestiços aryanizados [...] inscrevem-se bravamente na classe dos brancos, dissimulando-se na roupagem euphemistica dos "morenos". Na classe dos mestiços só ficam realmente os pardos e caboclos caracteristicos; ainda assim quando fazem parte da plebe repullulante dos Jecas innumeraveis que puxam a enxada ou fazem trabalhos servis; porque, se acontece serem "coroneis" ou "doutores" – o que não é raro – para estes não há como cogitar de "mulatismo" e "caboclismo": elles não são senão "morenos". (p. 230-1)

No Brasil, essa brancura romanesca vincula-se visceralmente à fábula das três raças e expressa-se em construções como *morenidade tropical, lusotropicalismo, metarraça* e *sincretismo*, que consignam o que Gilliam (1991) chama de "mestiço hegemônico" e "morenidade imperial".

Essa mistura do cultural com o sexual/genético conforma "uma *culturalização da raça*" acompanhada de "uma *racialização da cultura*", fundadas na "idéia de raça biológica travestida em etnicidade" (Martínez-Echazábal, 1998:112). É o que permeia o discurso da intelectualidade ibérica, cuja pretensão a um culturalismo antiracista simplesmente não se sustenta.

Alegações auto-elogiosas de que a miscigenação se dava no casamento ou em relações cordiais entre as raças já se revelaram historicamente infundadas, mas continuam exercendo enorme impacto sobre a consciência popular "latina" e brasileira. Um exemplo desse fenômeno é interessante pela sua ironia diante dos fatos históricos. A seguinte afirmação do diplomata brasileiro José Sette Câmara é feita perante uma platéia de diplomatas predominantemente africanos numa época em que as autoridades internacionais estavam avaliando a abundante evidência das atrocidades racistas cometidas pelos portugueses nas colônias africanas que buscavam a independência:

O colonialismo português é diferente. A ausência da discriminação racial, a facilidade da miscigenação, a disposição dos brancos colonizadores de ficar, de crescer e prosperar junto às suas novas terras, existem nas colônias africanas portuguesas como existiram no Brasil. Os próprios africanos reconhecem todas essas peculiaridades positivas da colonização portuguesa.[25]

No Brasil, esse tipo de discurso infiltrou-se na qualidade de *subtexto de raça e gênero* no *consenso intersubjetivo* implícito ou explí-

cito sobre normas, valores e fins, afirmados na interpretação e no discurso lingüísticos.[26] Assim, o sabor latino do machismo emerge na doce versão da miscigenação apresentada por Pierre Verger, quando descreve como os filhos brancos dos fazendeiros "teriam sua iniciação sexual com as meninas de cor que trabalhavam na casa-grande ou no eito, assim infundindo elementos de atração sensual e de compreensão mútua nas suas relações com aquilo que escolhemos chamar pessoas de diferentes raças".[27]

A miscigenação como fruto do abuso sexual de mulheres subjugadas pouco transmite sobre compreensão mútua entre seres humanos, mas expressa de forma eloqüente o controle violento das mulheres. O gênio da ideologia brasileira foi fazer dessa violência o cerne de um discurso auto-elogioso em que a elite "branca" se purga de qualquer responsabilidade ou culpa da violência inerente ao racismo e ao patriarcalismo. Gilberto Freyre, mestre desse discurso, deixou pérolas como a seguinte a brilhar contra o pano de fundo da desigualdade e da subordinação da mulher no Brasil:

> O cruzamento tão largamente praticado aqui corrigia a distância social que de outra forma teria permanecido imensa entre a casa-grande e a senzala. O que a monocultura latifundiária e escravista produziu em termos de aristocratização, dividindo a sociedade brasileira em classes de senhores e escravos, [...] foi em grande parte neutralizado pelo efeito social da miscigenação. As mulheres índias e africanas, de início, depois as mulatas, as mais claras, as oitavas e assim por diante, tornando-se domésticas, concubinas e até mesmo esposas legítimas dos senhores brancos, agiram poderosamente no sentido da democratização social do Brasil. (1966:XXXIV)

Diante dessa declaração, Martínez-Echazábal observa que, se não surpreende o fato de um filho da oligarquia açucareira escrever uma apologia proustiana da mestiçagem nordestina em 1936, deprimente é deparar-nos com um intelectual progressista como Darcy Ribeiro, acometido pelo *subtexto de gênero* de seu machismo latino, a declarar em 1995 que "a mestiçagem jamais foi crime ou pecado". Num momento em que muitos se esforçam para desmontar o discurso legitimador da ordem partriarcal,

> [...] ao ignorar os meios de extrema violência e sadismo com que, por vezes, os "senhores" submetiam as mulheres das "raças inferiores", Ribeiro não só torna os brasileiros cúmplices de um crime coletivo como também coloca-se no contrafluxo da crítica contemporânea. (Martínez-Echazábal, 1998:116-7)

A sexualização da mulata brasileira insere-se no contexto da forma social do patrimonialismo, pois a subordinação da mulher garante ao "príncipe" a posse, o poder, o privilégio e a prerrogativa do prazer sobre ela. Também se introduz no quadro da "erotização das desigualdades" assinalado por Hester no seu estudo da dominação patriarcal.[28] Singular ao Brasil talvez seja o fato de a condição de mulata ser alçada no fim do segundo milênio ao *status* de profissão ou "objeto de exportação", hoje no contexto internacional do tráfico de mulheres, adolescentes e crianças.[29]

Esse fenômeno tem raízes nas teses racistas de Nina Rodrigues e seus seguidores, cujas noções de degenerescência não se limitavam à constituição orgânica do indivíduo. Ao contrário, atingiam de forma definitiva a esfera da condição moral. Nina Rodrigues cita José Veríssimo ao afirmar "a depravada influencia dêste característico tipo brasileiro, a mulata, no amolecimento do nosso caracter" e observar que "a sensualidade do negro pode então atingir ás raias das perversões sexuais mórbidas. A excitação genésica da classica mulata brasileira não pode deixar de ser considerada um tipo anormal" (1957:146). Trata-se do mesmo estereótipo exaltado e celebrado pela "sociologia genética" do culturalismo freyreano. Ou seja, é o supremacismo branco na cama da democracia racial.

135

Jeca Tatu e a desafricanização do "povo brasileiro"

A mestiçagem como processo de embranquecimento implica a desafricanização da cor. Gilberto Freyre deixou claro que o reconhecimento dos valores culturais africanos ocorria "sem nunca significar um repúdio à predominância dos valores culturais europeus no desenvolvimento brasileiro" (1976:7). A africanidade é vista tradicionalmente como "exótica" no sentido de ser estrangeira, antibrasileira, exógena ao contexto social nacional.[30] Como afirmava o etnólogo Edison Carneiro, "a obra do que chamamos de 'civilização do Brasil' foi exatamente a destruição das culturas particulares do negro e do índio" (*Cadernos Brasileiros*, 1968:58). Se o índio como nobre selvagem representa a pureza do Brasil-natureza, o negro, problemático, é um não-Brasil.

Ao contrário do que divulgam os advogados da tradicional noção acrítica do sincretismo na sua acepção de "mistura cultural", a tendência predominante na história brasileira foi ver a africanidade sendo cuidadosamente extirpada da identidade nacional, inclusive por meio da repressão policial aos centros de culto religioso, que até 1974 eram obrigados a registrar-se na polícia. Tal repressão os atingia com freqüência, e os Museus da Polícia do Rio de Janeiro e da Bahia guardam como testemunhos da anormalidade da cultura negra objetos de culto afro-brasileiro confiscados durante as batidas policiais.[31] Em algumas instâncias muito específicas, como a música, a culinária, o folclore e os esportes, a tradição africana ou afro-brasileira é reconhecida, porém definida por aqueles que não a criaram e exibida como prova da harmonia racial e da "tolerância" à diversidade. Vagamente considerados em toda a região "latina" uma ameaça à unidade nacional, os referenciais da africanidade são evitados como uma questão de lealdade cívica, e assistimos aos constantes protestos de que alguém não é negro nem afrodescendente, mas brasileiro, cubano, mexicano ou dominicano. O simulacro da brancura permanece como referência básica da identidade "latina", acometida de aguda afrofobia.

Antecipando o embate entre as teses racistas e culturalistas, notabilizou-se no início do século XX o movimento sanitarista, que deslocava o enfoque daquele defeito do povo inerente à condição racial para a doença e as condições higiênicas, sobretudo as endemias rurais.[32] O atraso, ou a alegada inferioridade, do povo brasileiro, devia-se não à sua deformação congênita, mas à doença. Assim, os sanitaristas ajudavam a elevar a auto-estima brasileira, reconstruindo a identidade nacional.

Nessa linha, Belisário Penna caracterizava o povo do Brasil como vítima de um "estado de latência". "Bestializado" esse povo desde a época da Proclamação da República, "a bestialização permaneceu, agravada dia a dia pela miséria, pela doença generalizada e pelo alcoolismo incontrolável do povo ignorante".[33]

Episódio simbólico nesse embate envolvia a personagem Jeca Tatu, que encarnava a imagem do interiorano caipira. Seu criador, Monteiro Lobato, era partidário do nacionalismo e do desenvolvimentismo, defensor da campanha "O petróleo é nosso" e da consolidação da indústria brasileira. Naquele momento, Lobato investia contra a imagem idílica do interior divulgada na literatura romântica de autores como José de Alencar, Bernardo Guimarães e Franklin Távora, entre outros. Indianista, sertanista e regionalista, essa literatura exaltava a exuberância da natureza e "o vigor e a bondade inatos nos indígenas e nos sertanejos". A imagem do campo como ambiente de homens robustos e sadios prevalecia também na literatura das academias de medicina; a obra de Euclides da Cunha ajudou a desmenti-la.

O marco singular desse elogio ao interior é o processo de desafricanização que o caracteriza. Contrastando com a realidade demográfica que documenta a presença dominante de africanos escravizados e seus descendentes, elimina-se da imagem romântica a ascendência africana e cria-se um caboclo brasileiro que mais parece um *índio virtual*: "Entre os autores românticos, não encontramos, no entanto, a idéia do encontro das três raças. O brasileiro era representado pelo indígena, num primeiro momento e, posteriormente, pelo caboclo sertanejo, notando-se a ausência quase absoluta do *negro*" (Lima e Hochman, 1998:28).

Monteiro Lobato embarca na tarefa cívica de desmentir a imagem idílica do campo, publicando em *O Estado de S. Paulo* dois artigos em que apresenta o caboclo como principal praga nacional: "funesto parasita da terra [...] homem baldio, inadaptável à civilização". Jeca Tatu é a personagem que cria para contrapor à imagem romântica do interiorano da literatura indianista. A expressão do autor é significativa: "Pobre Jeca. Como és bonito no romance e feio na realidade".[34] Não é o nobre e bondoso índio, mas um caboclo de aparência "feia". A íntima associação do "feio" com a origem e aparência africanas está documentada de forma abundante na literatura sobre racismo e preconceito racial no Brasil.[35]

A campanha sanitarista viria convencer Monteiro Lobato do equívoco de seu julgamento de Jeca Tatu, baseado como foi no determinismo racial. Ao contrário de um inferior congênito condenado à estagnação, o povo sofria pelo abandono à doença e à inanição por carência. Em 1918, Lobato se reconcilia com o Jeca, redimindo-o. Volta a *O Estado de S. Paulo* para publicar uma série de artigos em que o Jeca emerge, não como um indolente nato, mas como um trabalhador adoentado: "O Jeca não é assim – está assim!". Tratado e curado, torna-se um empreendedor, e depois um próspero fazendeiro, ultrapassando o vizinho italiano e modernizando sua propriedade, introduzindo-lhe novas tecnologias.

Jeca começa a aparecer em revistas e livros infantis como peça principal da campanha sanitarista. A essa altura, entretanto, o Jeca Tatu já não é um caboclo indigenado e muito menos um negro ex-escravizado. Na ilustração de Belmonte para o livro *Idéias de Jeca Tatu*, ele aparece bem retratado como um caipira branco de "cabelo bom".[36]

Se a campanha sanitarista contrapunha a tese da doença ao determinismo racial, ela não implicava uma valorização da estirpe africana na população nacional. A reconciliação com Jeca Tatu e sua redenção deixaram incólume o forte estigma do africano e seu descendente, de forma que hoje o sertanejo, por definição, não é negro. Em flagrante desconsideração da realidade étnica, o termo "nordestino" designa alguém diferenciado do afrodescendente, contra quem o racismo lá reina forte.[37] O filme *Central do Brasil* mostra de forma singular a africanidade da esmagadora maioria dos feirantes e romeiros nordestinos, "esquecida" no imaginário nacional.

O sociólogo baiano Guerreiro Ramos focaliza esse antiafricanismo nordestino de forma singular quando questiona o supremacismo branco da elite "bem-nascida", que se traduz numa pretensão à brancura, cuja confirmação passa a caracterizar-se por uma ânsia que beira a obsessão. Os integrantes da minoria "branca" no Norte e no Nordeste, ele demonstra, "são muito sensíveis a quem quer que ponha em questão a sua 'brancura'":

> Na Bahia, Estado da União onde é mais forte o contingente de pessoas de côr, funciona um Instituto de Genealogia. Não é preciso dizer que êsse Instituto se especializa na descoberta das origens brancas de elementos da minoria "clara". Êste traço paranóico [...] carateriza o comportamento do "branco" brasileiro em geral, embora especialmente do "branco" dos estados do Norte e do Nordeste. (1957:183)

Se depois da independência surgia a idéia da nação mestiça, esse fato não significa o esquecimento da "pureza de sangue", sustenta Guerreiro Ramos com sua referência aos institutos de genealogia;

René Ribeiro aponta o *pedigree* da família como fator de prestígio (1956:125). A aspiração à brancura continua forte, porém inalcançável. A solução para não abrir mão do ideal da brancura é transformá-lo, então, num ideal possível: o do mestiço desafricanizado. O *sortilégio da cor* opera uma transformação da identidade em que o mestiço passa a ser considerado *quase* equivalente ao branco. Entretanto, os limites dessa equivalência impõem uma margem social mais ou menos estreita em que a rejeição paira como fantasma sobre a brancura simulada, nunca deixando o mestiço inteiramente seguro no desfrute da sua condição de privilégio racial. Exemplos desse fato são abundantes nas pesquisas sobre relações raciais. O que segue foi registrado por René Ribeiro ao entrevistar um intelectual católico. Nas palavras do depoente, "formado na doutrina da igreja, eu não tenho, não posso, nem devo ter, preconceitos raciais". Fala, entretanto, não como intelectual católico, mas como "homem, neto de Senhores de Engenho":

> Nunca senti nenhuma reação violenta contra o fato de um homem de côr viajar comigo no mesmo transporte, sentar-se na mesma mesa, no mesmo cinema etc. O que me irrita é a mulatice psicológica [...] é o mulato querendo tomar o lugar do branco, vestindo-se como êle, querendo casar com branca, andando de automóvel próprio. É o mulato metido a sebo, querendo bancar gente. Aí a minha reação é forte. Tenho uma invencível antipatia por essa mulatice. (1956:215-6)

Sempre à mercê de julgamentos como esse, é difícil o mestiço se prevenir. Não sabe quando vai surgir semelhante reação de alguém que detém poder de decisão sobre aspectos de sua vida. Essa incerteza transforma-se numa condição social permanente do afrodescendente, muitas vezes alvo de discriminação dentro da própria família por contrariar a aspiração à brancura. No mercado de trabalho, a incerteza é total diante de preferências subjetivas do empregador, freqüentemente um homem "católico e sem preconceito" como o entrevistado citado, que se declara contra a idéia de os mulatos exercerem cargos de direção ou funções de comando. "Neste país", diz ele, "ainda há suficientes brancos para governar e comandar. Entendo que negro ou mulato não pode nem deve governar e comandar gente branca".

Não surpreende, então, o seguinte relato de René Ribeiro: "Rematando suas prevenções raciais dizia-nos certo informante, por sinal evidente mestiço de índio, o que ele confirma dizendo ter tetravó 'pegada a dente de cachorro', que se aparecesse negro em sua família, ele 'o mataria historicamente'" (1956:119).

O ideal da brancura cede taticamente e contenta-se com um ideário antiafricano.

Assim, as elites nordestinas, que se orgulham de ser "mestiças", rejeitam a negritude e a africanidade em compensação ao fato de não conseguirem alcançar o ideal de ascendência branca de sangue puro. Creio que Guimarães (1999) acerta ao dizer que os partidários da mestiçagem não gostam da regra de identificação pela hipodescendência porque, sendo adotada, todos se tornariam negros. Eis a essência da patologia apontada por Guerreiro Ramos: "[...] lançam mão, tanto quanto podem, de recursos que camuflem as suas origens raciais" (1957:181). Talvez a maior inovação de Guerreiro tenha sido identificar na postura científica de certos cientistas sociais nordestinos "um desses processos de disfarce étnico: a tematização do negro". Ao tomarem "o negro" como objeto, dele se distanciavam, "aproximando-se do seu arquétipo estético – que é europeu", e assim reforçando suas próprias identidades de *brancos virtuais*. Desse modo, "os estudos da questão que se rotulam de sociológicos e antropológicos não são mais do que documentos ilustrativos da ideologia da brancura ou da claridade" (1957:154); por isso, segundo ele, esses estudiosos concentram-se principalmente

141

entre os intelectuais das regiões Norte e Nordeste do país. A essa postura, o sociólogo responde com sua proposta de ótica epistemológica – o *niger sum*.[38]

A inovação dos intelectuais ligados ao TEN foi o seu compromisso no sentido oposto a esse processo de desafricanização: a recuperação e valorização da identidade afro-brasileira com sua matriz africana. É equivocada, assim, a hipótese de uma ruptura "abrupta" entre a postura supostamente universalista dessa geração de militantes e a outra, dos anos de 1970, que viria propor de forma repentina a identificação "racialista" como negros com raízes africanas.[39] Ao contrário, o que se observa é uma continuidade e uma coerência notáveis entre as duas posições.

No que tange à análise sociológica da questão racial, conforme observam Santos (1998) e Guimarães (1999), o que diferencia Guerreiro Ramos de seus colegas da época é a identificação do afrodescendente não como minoria num país de brancos, mas como *povo* do Brasil. Assim, Guerreiro prepara o terreno para um importante avanço do movimento afro-brasileiro pós-1970. Sendo o afrodescendente *o povo* do Brasil, a questão racial deixa de ser um "problema do negro" para caracterizar-se como questão nacional de cidadania e direitos humanos.

"Está no sangue": o legado vivo do determinismo racial

Existe um consenso amplo no sentido de que, desde a publicação das obras de Gilberto Freyre na década de 1930, o tecido social e a personalidade nacional brasileiros absorveram não apenas o anti-racismo como também uma mudança positiva de valores capaz de elevar a percepção e a aceitação dos afrodescendentes e de sua cultura. Guimarães expressa bem esse consenso quando diz que: "A modernidade brasileira [...] encontrou um destino nacional comum na superação do racismo e na valorização da herança cultural em uso por negros, mulatos e caboclos brasileiros" (1999:61). A idéia da superação do racialismo reflete o pensamento comum de que o repúdio da sociedade brasileira ao determinismo racial está enredado no tecido da ordem social nacional.

No Brasil, o ideal do "anti-racialismo" não é incompatível com a reprodução das desigualdades raciais. Guimarães explica esse aparente paradoxo recorrendo à distinção entre racismo e "racialismo". Afirma que "anti-racialismo" consiste tão-somente na desmoralização e no combate à crença no conceito de raça biológica, enquanto um programa anti-racista iria além disso, combatendo também as desigualdades e os mecanismos de discriminação. O programa brasileiro ficou reduzido apenas à primeira dimensão, praticando um "anti-racialismo" anunciado como anti-racismo. Essa confusão de anti-racismo com "anti-racialismo" prevalece não apenas no Brasil como em outros países, e tem o efeito de encobrir a realidade do racismo na sua operação social concreta.

Creio, no entanto, que mais uma vez a distinção entre racismo e "racialismo" não se sustenta, pois os efeitos sociais do racismo vinculam-se visceralmente à ideologia de supremacismo branco, que é mais abrangente que o critério biológico e do qual este faz parte. O supremacismo branco, flexível e mutante, é capaz de incorporar o repúdio ao critério biológico e manter o seu legado, de forma inconsciente, operando nas relações sociais. Assim, o programa e o discurso "anti-racialistas" apenas mascararam a contínua presença, e as conseqüências, do próprio determinismo racial baseado no critério biológico. Contudo, um "anti-racismo" voltado para a superação das desigualdades mensuráveis por estatísticas, sem atentar para o impacto mais amplo e difuso do supremacismo branco – inclusive o vivo legado do racismo de cunho biológico –, seria igualmente fadado ao fracasso.

A idéia do repúdio ao determinismo racial vem quase sempre acompanhada da afirmação de uma diferença substantiva entre as relações raciais baseadas no critério de cor e aquelas fundadas no critério da hipodescendência (uma gota de sangue africano classifica o indivíduo como negro), que prevalece nos EUA e na África do Sul. No Brasil, o senso comum coincide com a convicção dos cientistas sociais expressa na seguinte afirmação de Edith Piza:

> [...] gostaria de alertar o leitor para o fato de que tudo que se disser aqui a respeito de classificação, nomeação e atribuição de cor, no Brasil, passa inapelavelmente pelo crivo do que Oracy Nogueira intitulou de "regra da aparência", por oposição à "regra de origem" vigente principalmente nos Estados Unidos da América. No interior da regra da aparência, a cor é um determinante social que não possui conotação de origem étnica-racial, no contexto das relações intersubjetivas. (2000:98)

Os partidários do consenso concordam com a conclusão de que "a identificação social baseada em raça não passara a definir as oportunidades de vida das pessoas, quer em termos econômicos, quer em termos de honra social, quer em termos de poder" (Guimarães, 1999a:150).

Vastas reservas de energia têm sido e ainda são dedicadas nas ciências sociais brasileiras à hipótese de que exista uma diferença essencial entre a rejeição da aparência africana e a rejeição da origem africana. Desassociando-se o fenótipo africano da ancestralidade africana, concluiu-se em várias ocasiões que os "latinos" desenvolveram uma forma "mais benigna" de preconceito, de natureza não-racial (Darcy Ribeiro, 1979). A preferência pela brancura e pela aparência de cor mais clara no Brasil seria puramente estética, destituída de conotação "racial", isto é, de ancestralidade ou origem. Guimarães oferece uma expressão sucinta dessa conclusão:

> "Raça" passou a significar, [para os brasileiros], apenas "determinação", "vontade" ou "caráter", porém quase nunca "subdivisões da

espécie humana"; estas passaram a ser designadas apenas pela cor da pessoa: branca, parda, preta, e assim por diante. Cores que vieram a ser consideradas realidades objetivas, concretas, inquestionáveis, *sem conotações morais ou intelectuais, que – quando existentes – eram reprovadas como "preconceitos"*. (1999a:149, grifos meus)

O testemunho de vozes oriundas da comunidade afro-brasileira indica que a sua experiência da realidade social brasileira difere sensivelmente dessa avaliação.[40] Na experiência dos afrodescendentes, o ideal "anti-racialista" é menos uma realidade social do que uma presunção auto-elogiosa das elites, construída como parte integrante da ideologia da "democracia racial" e utilizada para obscurecer os mecanismos da exclusão, reforçando e contribuindo para a sua eficácia. Além de não serem rejeitadas como "preconceito", as fortíssimas conotações morais e intelectuais que informam as categorias de cor ficaram entranhadas na consciência e no inconsciente social brasileiros de tal forma que sequer são percebidas; de tão "naturais", os valores atribuídos ou negados por esses preconceitos não se articulam. Ademais, a presunção anti-racista tem sido usada como instrumento para abafar a voz do protesto afro-brasileiro e fortalecer o ideal do embranquecimento. Afinal, qual a necessidade de atentar para o protesto afro-brasileiro, se a sociedade branca já está comprometida com o ideal anti-racista? Qual a necessidade de os afro-brasileiros articularem seus próprios valores e perspectivas se o meio intelectual vigente já os incorpora?

Se a presunção de anti-racismo se entrincheirou a fundo na consciência nacional, ela o fez acompanhada de perto por uma corrente paralela e igualmente entrincheirada, porém em geral não explicitada, de idéias racistas de longa tradição. Guimarães conclui, assim, que apenas o conceito de "raça" concebido como construção social permite "desmascarar o persistente e sub-reptício uso da noção errônea de raça biológica, que fundamenta as práticas de discriminação, e têm na 'cor' [...] a marca e o tropo principais" (1999:68).

O peso da tradição racista de critério biológico é transposto à vida cotidiana em repetidas imagens, cenas e linguagem de subordinação, estereótipo e subserviência do negro encontradas nas escolas, no comércio, no local de trabalho, nas relações sociais e de forma muito particular na repressão policial. Nessa vivência diária, os princípios racistas fundamentados na noção biológica de raça são perfeitamente compatíveis com a ideologia da "democracia racial", que culpabiliza o próprio afrodescendente pelas desigualdades que o excluem. Assim, embora a consciência popular se entusiasme ao defender seu próprio anti-racismo e o da ordem social, ela retém noções de subdivisões da espécie humana, traduzindo-as em categorias de cor nada neutras na convivência social. Conotações morais e intelectuais associam-se intimamente com essas categorias, como anunciava Sylvio Romero quando se referia, no século XIX, ao "elemento que nos veio escravizado da África, o qual tanto concorreu para o nosso progresso material e para nossa degradação moral".[41] Piza (2000) registra as conotações morais associadas à negritude pelas mulheres brancas entrevistadas em sua pesquisa, realizada um século mais tarde.

Parece que, antes de construir um ideal "anti-racialista", o logro da ideologia brasileira foi recalcar o racismo biológico, que passou a operar da mesma forma que a etnicidade branca. Não nomeada, implícita, impera de maneira silenciada e invisível. É a "porta de vidro" de Edith Piza (2002).

A miscigenação foi elevada ao patamar de ideal nacional, não como proposta anti-racista contra o critério biológico, mas como instrumento de engenharia social firmemente plantado na noção racista da inferioridade dos africanos e seus descendentes. Além disso, o princípio da eugenia foi inscrito formalmente na Constituição de 1934 e na legislação sobre a imigração. Promulgada no Decreto-lei nº 7.967, de 1945, esta mantinha o critério que havia regulado a entrada de estrangeiros no país desde o século XIX: "[...] a necessidade de preservar e desenvolver, na composição étnica da população, as características mais desejáveis de sua ascendência européia".

A consciência popular expressa as idéias racistas de cunho biológico de várias formas, sendo uma delas mediante certa preocupação com o que "está no sangue", tema evidentemente remanescente do empenho em direção ao branqueamento promovido pelo Estado desde o final do século passado. Era, afinal, a maciça infusão do "robusto, energético e saudável sangue cáucaso",[42] que iria melhorar a inferior estirpe racial da nação.

Na minha primeira experiência no Brasil, ainda adolescente, explicaram-me que aqui não havia discriminação contra negros. Quando perguntei por que os jovens ricos sócios do São Paulo Yacht Club eram quase todos europeus louros de olhos azuis, filhos ou netos de imigrantes recentes, enquanto os mendigos urbanos e os colonos da fazenda que visitei, e que lá viviam numa espécie de semi-escravidão, eram quase todos negros, a resposta foi inesquecível: "Isso não tem jeito, está no sangue".

Vinte e cinco anos depois, a maioria vividos no Rio de Janeiro, precisei fazer obras no apartamento. O serviço de bombeiro hidráulico exigia um profissional qualificado, e o especialista encontrado era um tipo escandinavo, louro, de olhos azuis. Admirando a qualidade do trabalho em curso, ele se dirigiu ao mestre-de-obras, um senhor claro de origem portuguesa, e lançou um olhar de cumplicidade para a mulher branca dona da casa: "Evidente. Sem o sangue europeu nas veias, a pessoa não produz trabalho de qualidade".

Os estereótipos da preguiça, indolência, atraso intelectual e tendências criminais dos afrodescendentes freqüentam o imaginário social por meio da noção de que tais características se ocultam "no sangue" dessas populações, assim como se considera que um talento especial e uma vocação para o ritmo, samba e futebol "correm nas veias" dos descendentes de africanos. Trata-se do racismo de critério biológico inequívoco, vivo e ativo, porém recalcado.

A idéia de "limpar a raça" exerceu enorme peso como uma espécie de chamado à responsabilidade social e cívica de jovens mulheres negras.[43] Talvez com menos freqüência hoje, delas ainda se espera que cuidem de ter o "ventre limpo", ou seja, filhos mais claros.

As pesquisas de Nina Rodrigues sobre *As collectividades anormaes*[44] e sua teoria da imputabilidade criminal das "raças inferiores" (1957) plantavam suas raízes na mais rigorosa tradição da teoria da degenerescência. Seu trabalho inaugurou a tradição racista na criminologia cuja utilização eficaz levou o Gabinete de Identificação Criminal do Rio de Janeiro a ganhar o prêmio Lombroso de Antropologia Criminal, conferido pela Academia Real de Medicina da Itália em 1933.[45]

Não constitui novidade o fato de que a tradição de antropologia criminal inaugurada por Cesare Lombroso desenvolvia em políticas sociais concretas as noções biológicas de determinismo racial. Lombroso (1835-1909) foi o fundador da escola italiana da criminologia positivista responsável pela legitimação de idéias como as do atavismo criminal e da existência de "criminosos natos" e de "tipos criminosos" degenerados. Tornou-se célebre pela associação do fenótipo e da identidade racial à atribuição de tendências inatas dos indivíduos a cometerem crimes. Envolvia a mensuração de crânios e a identificação de características físicas que denunciariam a origem racial "suspeita" e a conseqüente degenerescência dos indivíduos sob custódia. A partir dessa identificação, determinava-se que tais indivíduos pertenciam a um ou outro "tipo" criminal ou degenerado. Com a prevalência do critério antropológico da cultura, essa linha teórica, como a da miscigenação, evoluiu no sentido de identificar as "tendências criminais" a grupos sociais e seus respectivos meios culturais. Em vez de frutos da hereditariedade, seriam determinadas pela respectiva "ecologia social".[46]

Podem surpreender as pessoas pouco familiarizadas com a operação de tais idéias no Brasil a extensão e o entusiasmo do elogio a Lombroso que emergia da pena de Nina Rodrigues. Afrânio Peixoto afirma que o próprio Lombroso sagrava-o "apóstolo da Antropologia Criminal no Novo Mundo".[47]

Para Nina Rodrigues, a "civilisação aryana" está representada no Brasil por uma "fraca minoria da raça branca" a quem cabe defendê-la contra os atos anti-sociais das raças inferiores, inclusive da população mestiça, cuja indolência nata a induzia ao crime. Daí o entusiasmo do autor pelo dispositivo penal que punia a vadiagem: "O último código penal, feliz por ter com o consenso geral encontrado na indolência dos mestiços uma manifestação da livre vontade de não querer trabalhar, correu pressuroso, com o art. 399, em auxilio desse prejuizo".[48]

Não lhe bastando apenas transpor aos trópicos as idéias de seu mestre, Rodrigues introduziu ao rol brasileiro de técnicas de identificação dos "tipos criminosos" degenerados um novo e audacioso padrão. À mensuração do crânio, do cumprimento do dedo médio e dos antebraços, Nina Rodrigues agregou a mensuração da largura das narinas do suspeito (Silva Jr., 1998:77).

O impacto continuado do legado lombrosiano na criminologia registra-se em numerosos estudos contemporâneos sobre a operação discriminatória do sistema de justiça penal.[49] Negros, em geral bem vestidos e dirigindo carros de luxo – portanto não necessariamente pobres vítimas da chamada "discriminação social" –, são detidos de forma arbitrária com muito mais freqüência. A probabilidade de ser condenado é muito maior para o réu negro, de longe a vítima predileta de abuso, perseguição e tortura da polícia. Esses fatos não são novidades para uma polícia formada nos porões do regime militar de 1964. Em sua carta aberta ao comissário da Polícia do Rio de Janeiro em 1950, Abdias Nascimento fez uma afirmação que hoje continua válida: "Dir-se-ia que a polícia considera as pessoas de côr como criminosos natos e está criando o delito de ser negro" (1968:59).

O legado lombrosiano de Nina Rodrigues mantém-se presente nos escritos de juristas contemporâneos da criminologia. Um exemplo, publicado em 1996, é o seguinte trecho que explica por que a criminalidade do "tipo" mestiço seria "comparativamente muito mais alta que aquela da população branca":

> Passado um século dessa abolição, o negro ainda não se ajustou aos padrões sociais e o nosso mestiço, o nosso caboclo, em geral é indolente, propenso ao alcoolismo, vive de atividades primárias e dificilmente consegue prosperar na vida. É este *tipo* que normalmente migra e forma as favelas dos grandes centros demográficos. Ele forma um vasto contingente, sem instrução e sem nível técnico, não consegue se firmar socialmente e enindereda para a marginalidade e para o crime.[50]

Em outro texto, este publicado em 1995, os autores afirmam:

> Só os africanos e os índios conservam os seus usos e costumes e fazem deles com os novos um amálgama indissolúvel. Nas suas ações hão de influir poderosamente as reminiscências, conscientes ou inconscientes, da vida selvagem de ontem, muito mal contrabalançadas ainda pelas novas aquisições emocionais da civilização que lhes foi imposta.[51]

Instrutiva mesmo é a seguinte declaração do então comandante do Policiamento Metropolitano de São Paulo, coronel Élio Proni, proferida em 1996 sobre o treinamento de policiais naquela cidade: "Não se prefere parar os negros porque não há pessoas suspeitas, mas situações de suspeição". Exemplo muito utilizado na Academia de Polícia Militar como situação de suspeição, prossegue o coronel, é aquela dos "quatro crioulos dentro de um carro".[52]

Outro fato sublinha a atualidade do legado racista no Brasil: a emblemática exposição na Bahia, até 1999, de uma das mais monstruosas peças da didática racista conhecidas no Brasil. Objetos sagrados do culto afro-brasileiro eram mostrados ao lado de armas utilizadas em homicídios e outros instrumentos de crimes, junto das cabeças de cangaceiros degolados e de fetos defeituosos, os chamados "monstros da degenerescência" das teorias eugenistas. Essa exposição foi concebida e montada pela Faculdade de Medicina da Universidade Federal da Bahia e depois transferida para a Secretaria de Segurança Pública, lá ficando como testemunha silenciosa do implícito endosso das autoridades científicas às lições embutidas na sua configuração. Por iniciativa das comunidades-terreiros, o Ministério Público determinou a retirada das peças sagradas dessa coleção e sua remoção ao Museu da Cidade. A esse respeito, Ordep Serra observa o seguinte:

> Costuma-se dizer que a perspectiva racista da abordagem [de Nina Rodrigues] foi superada, limitou-se aos estreitos lindes de um passado remoto, já devidamente sepultado e esconjurado.
> Mas só no ano de 1999 o Museu Estácio de Lima fez cessar a exposição que ilustra essas teses de maneira brutal, tendo resistido por mais de uma década a pressões da sociedade civil para fazê-lo.
> Sim: até 1999, escolas públicas de Salvador levavam seus alunos, do primário e do secundário, para visitar a mostra onde objetos de culto do candomblé eram apresentados junto a armas de crime, e ao que a medicina chama de monstros.
> Assim a Faculdade de Medicina da Universidade Federal da Bahia e, depois, a Secretaria da Segurança Pública do Estado da Bahia, durante meio século, ministraram espantosas aulas de racismo, sistemáticas, regulares, a um público formado em grande medida por crianças.
> Quantos preconceitos essa estranha pedagogia da discriminação há de ter plantado? Lembremos que ela invocava a autoridade da Ciência: da Psiquiatria, da Etnologia, do Direito, da Medicina Legal. (2000:3)

Conclusões

A noção de uma identidade nacional forjada na rejeição do critério biológico e favorável a categorias de cor divorciadas da origem racial está entrincheirada na consciência brasileira e articulada no discurso nacional. Ela fundamenta o ideário do *sortilégio da cor*, que transforma um sistema social de profundas desigualdades raciais em um suposto paraíso de harmonia racial. Convive, contudo, com uma bateria de noções racistas silenciadas, obscurecidas e negadas, que não obstante operam de forma concreta na prática social cotidiana e dão suporte à forte aspiração à brancura por meio da rejeição e do apagamento simbólico das matrizes demográfica e cultural africanas. Rendendo-se à impossibilidade de se atingir a brancura *de facto*, a sociedade brasileira se contenta com a meta da identidade do mestiço desafricanizado, o *branco virtual*.

Invisíveis e emudecidas, as noções racistas de cunho biológico acompanham intimamente a alegação da inexistência do racismo no Brasil, assim compondo parte integrante e recalcada da ideologia da democracia racial. A educação é um terreno em que esse racismo de critério biológico recalcado atua dia a dia e com impacto por vezes brutal sobre vidas em formação.

Com o recalque do critério biológico do racismo, o medo da maioria negra que provocou no passado a criação da política do embranquecimento pôde ceder lugar à indignada reação da sociedade brasileira contra a sua caracterização como racista, invocando a miscigenação como a "prova" cabal de seu anti-racismo. Trata-se de destacado resultado do *sortilégio da cor*.

Nesse contexto, o caminho de construção de identidades afro-brasileiras está bastante comprometido, pois os possíveis referenciais são invisibilizados, apagados da memória histórica, ou desautorizados mediante qualificações como "cultura folclórica", "arte popular", "culto animista" e assim por diante.

No próximo capítulo, abordamos a disciplina da psicologia na tentativa de sondar a sua situação nesse processo, atentando para uma potencial mudança de rumo. A psicologia não deixa de ser marcada, como outras ciências ocidentais, pelo padrão do supremacismo branco calcado no determinismo biológico e nas teorias da degenerescência. Pretendo assinalar a ascensão, a partir da entrada em cena de profissionais negros, de uma nova abordagem, que denomino *escuta afro-brasileira*.

Notas

1. Cruz, Anabel, "Mercosul: iniqüidades na integração", in: ITM, 1998, p. 27-8.
2. Asante, Molefi K.; Mattson, Mark T, *The historical and cultural atlas of African Americans* (Nova York: MacMillan, 1991), p. 166.
3. Mortara, Giorgio, "O desenvolvimento da população preta e parda no Brasil", in: *Contribuições para o estudo da demografia no Brasil*, 2. ed. (Rio de Janeiro: IBGE, 1970).
4. PNUD, *Relatório sobre Desenvolvimento Humano* (1999).
5. Oliveira, Porcaro e Araújo, 1981; Lovell, 1991; Silva e Hasenbalg, 1990, 1992, 1993; IBGE, 1994, 1997, 1999; ITM, 1998; Inspir/Dieese, 1999; Silva, N. do V., 2000.
6. Roque, Atila; Corrêa, Sonia, "A agenda do ciclo social no Brasil: impasses e desafios", in: ITM, *Observatório da Cidadania no Brasil*, Relatório n. 2 (1998). Texto complementar/mimeo., p. 2.
7. Castro, Mary Garcia, "Mulheres chefes de família, racismo, códigos de idade e pobreza no Brasil (Bahia e São Paulo)", in: Lovell, 1991.
8. Sant'anna, Wânia; Paixão, Marcelo, "Muito além da senzala: ação afirmativa no Brasil", in: ITM, 1998, p. 112-4.
9. Bastide e Fernandes, 1959; Azevedo, 1955; Ribeiro, 1956; Costa Pinto, 1953.
10. Dzidzienyo, 1971. Cf., também, Dzidzienyo, A., "Conclusions", in: MRG (Minority Rights Group) (org.), *No longer invisible: Afro-Latin Americans today* (Londres: Minority Rights Group, 1995); Dzidzienyo, A.; Casal, L., *The position of Black people in Brazilian and Cuban society* (Londres: Minority Rights Group, 1979).

11. Por ex., *inter alia*, Silva, A. C., 1995; Silva, C. D., 1995; Gomes, N. L., 1995; Luz, N., 1996; Martins, 1995; *Estudos Feministas*, IFCS/UFRJP-PCIS/ Uerj, Dossiê Mulheres Negras, v. 3, n. 2, 1995; Braga, 1995; Lopes, 1996; Theodoro, 1996; Reis e Gomes, 1996; Munanga, 1996; Chagas, 1996; Rodrigues, 1996; NEN, 1997-1999; Silva, P. B. G. S., 1997; Oliveira et. alii., 1998; Bento, 1998; Silva, J., 1998; Cavalleiro, 2000; Caroso e Bacelar, 1999*a*, 1999*b*; Machado, 1999; Martins e Lody, 1999; Amma e Quilombhoje, 1999; Werneck, Mendonça e White, 2000; Paixão, 2000.

12. Livro da Virtuosa Benfeitoria, in: *Obras dos príncipes de Avis* (Porto: Lello & Irmão, s.d.), apud Sodré, 1999, p. 70.

13. Santos, Hélio, "Uma teoria para a questão racial do negro brasileiro: a trilha do círculo vicioso", *São Paulo em Perspectiva*, v. 8, n. 3, jul.-set., 1994.

14. Cf. Skidmore, 1976; Nascimento, 1978; Schwarcz, 1993; Munanga, 1999.

15. Cf. também *Populações meridionais do Brasil* (São Paulo: Revista do Brasil/ Monteiro Lobato, 1920).

16. Skidmore, Thomas E., *Black into white – race and nationality in Brazilian thought* (Nova York: Oxford U. Press, 1974), p. 66.

17. Cf. Skidmore, 1976; Munanga, 1999.

18. Derivada do quimbundo *mu'kama*, "mucama" significa amásia escrava, concubina ou escrava amante de seu senhor (*Dicionário Aurélio*; Lopes, 1996: 53).

19. Cf. Nascimento, 1978; Gilliam, 1991, 2000.

20. Guerreiro Ramos, 1995[1957]; Cunha, 1985; Reis, Letícia Vidor de Sousa, "Negro em 'terra de branco': a reinvenção da identidade", in: Schwarcz e Reis, 1996.

21. Nina Rodrigues, 1894, p. 142, apud Silva Jr., 1998, p. 8.

22. Ortiz, Fernando, "José Saco y sus ideas", *Revista Bimestre Cubana*, n. 2 (1929), 40-5; Cf. Sandoval, Alonso de, *El mundo de la esclavitud negra en América* (Bogotá: Empresa Nacional, 1956).

23. Darcy Ribeiro agiu na construção de políticas públicas de educação, na fundação da UnB e na criação e administração dos Centros Integrados de Educação Pública (CIEPs) nos governos Leonel Brizola (estado do Rio de Janeiro, 1983-7, 1991-4). Sua atuação política, trabalhista, foi de uma coerência singular desde a década de 1950, notabilizando-se na área da educação e na sua participação no governo João Goulart (1961-4). No exílio, foi destacado porta-voz dos índios e dos trabalhadores brasileiros.

24. Ramos, A., "Introdução", in: Nina Rodrigues, *As collectividades anormaes* (Rio de Janeiro: Civilização Brasileira, 1939), p. 12-3.
25. Câmara, José Sette, "O fim do colonialismo", *Tempo Brasileiro*, n. 38/39, 1974 (Rio de Janeiro), número especial intitulado *Brasil, África e Portugal*, p. 14.
26. Cf. Capítulo 2, subtítulo 1.
27. Verger, Pierre, "African religion and the valorization of the African descendants in Brazil", in: Oyelaran, O. (org.), *Faculty Seminar Series*, v. 2. (Ifé: Universidade de Ilé-Ifé, Departamento de Línguas e Literaturas Africanas, 1977), p. 228.
28. Hester, M., *Lewd women and wicked witches: a study of the dynamics of male domination* (Nova York: Routledge, 1992).
29. Cf. Nascimento, 1978, 1980; González, 1983, 1986; Bairros; 2000; Gilliam, 2000.
30. Guerreiro Ramos, 1995[1957]; Cunha, 1985; Nascimento, 1978, 1980; Reis, 1996.
31. Nascimento, 1978; Braga, 1995; Serra, 2000.
32. Schwarcz, 1993; Lima e Hochman, 1998.
33. Penna, Belisário, *O saneamento do Brasil* (Rio de Janeiro: Ed. dos Tribunais, 1923), p. 99, apud Lima e Hochman, 1998, p. 31.
34. Monteiro Lobato, *Urupês* (Rio de Janeiro: Civilização Brasileira, 1957), p. 271, apud Lima e Hochman, 1998, p. 28.
35. Cf., *inter alia*, Guerreiro Ramos, 1957; Nascimento, 1961; Souza, 1983; Oliveira, s.d.; Gilliam, 1997; Silva, C. D., 1995; Gomes, N. L., 1995; CHRI, 2000.
36. *Idéias de Jeca Tatu* (São Paulo: Revista do Brasil, 1919), apud Schwarcz, 1993, p. 248 (reprodução da figura ilustrativa).
37. Guimarães (1999) mostra como os sociólogos que estudaram as relações raciais no Nordeste documentaram com fartura o "preconceito de cor" e a discriminação racial, apesar de sua relutância em caracterizá-los como "racismo".
38. Cf. Capítulo 2, subtítulo 1.
39. Guimarães, A. S. A., "Apresentação", in: Guimarães e Huntley, 2000, p. 24.
40. Cf., *inter alia*, Nascimento, 1968, 1980; Gonzalez, 1986; Gonzalez e Hasenbalg, 1982; Bairros, 1995; Carneiro, 1997; Silva, N. V., 2000; Lima e Romão, 1997; Oliveira et. alii, 1998.
41. Apud Nina Rodrigues, 1957, p. 98.

42. Palavras de Joaquim Nabuco, apud Chiavenato, Júlio José, *O negro no Brasil*, 3. ed. (São Paulo: Brasiliense, 1980), p. 131.
43. Esse fato emerge com clareza nos depoimentos que a autora colheu de várias mulheres negras, a maioria educadoras, como parte de uma pesquisa realizada no Rio de Janeiro em 1999.
44. Nina Rodrigues, *As collectividades anormaes* (Rio de Janeiro: Civilização Brasileira, 1939).
45. Cunha, Olívia Gomes da, "1933: um ano em que fizemos contatos", *Revista USP* 28, dez. 1995-fev. 1996. Dossiê Povo Negro – 300 Anos.
46. Por ex., Exner, Franz, *Biología criminal* (Barcelona: Bosch, 1946).
47. Prefácio ao livro de Nina Rodrigues (1957), p. 11.
48. Nina Rodrigues, 1957, p. 170-1, citado também por Silva Jr., 1998, p. 78.
49. Cf. Silva Jr., 1998; Adorno, Sérgio, "Discriminação racial e justiça criminal", *Novos Estudos Cebrap*, v. 43, nov. 1995; Pinheiro, Paulo Sérgio, *Escritos indignados* (São Paulo: Brasiliense, 1984).
50. Farias Jr., João, *Manual de criminologia*, 2. ed. (Curitiba: Juruá, 1996), p. 74-6, apud Silva Jr., 1998, p. 86.
51. Lyra, Roberto e Araújo Jr., João Marcello, *Criminologia*, 4. ed. (Rio de Janeiro: Forense, 1995), p. 130-3, apud Silva Jr., 1998, p. 86.
52. *Veja*, 7 fev. 1996, apud Silva Jr., 1998, p. 71.

4

Construindo e desconstruindo o "crioulo doido"

No presente capítulo, pretendo refletir sobre os caminhos da relação da psicologia brasileira com a questão racial. Creio tratar-se de uma discussão pouco travada no interior da disciplina. Esta, por sua vez, depara-se cada vez mais com a necessidade de lidar com o tema em função da demanda social que suscita e se apresenta no âmbito na relação terapêutica. Antes de pretender apontar soluções, as reflexões a seguir visam articular uma proposta de ponto de partida para maiores discussões e registrar algumas das recentes abordagens por parte de um grupo ainda muito pequeno, porém crescente, de profissionais afrodescendentes preocupados com a especificidade da questão, tanto do ponto de vista prático quanto teórico, no âmbito da psicologia.

Gênese do psicológico no espaço da brancura

Figueiredo (1991) analisa a "autocontradição" que caracteriza a constituição da psicologia como ciência derivada da epistemologia ocidental. Assinala a "gestação marginal do espaço psi na esteira da tradição epistemológica" (1995:19) e atribui à contradição inerente a seu projeto científico a multiplicidade das abordagens psicológicas com seus discursos irreconciliáveis.

Desde sua origem, a tradição científica ocidental instaura a desconfiança do homem para consigo mesmo, julgando que sua subjetividade interferiria no conhecimento do "verdadeiro" ou do real. O empirismo de Francis Bacon, no século XVI, já traz a doutrina dos "ídolos do conhecimento" que teriam de ser dominados para que o sujeito pudesse apreender a verdade. Com Descartes e a razão iluminista, o sujeito empírico passa a ser concebido como fator de erro e de ilusão.

A garantia da objetividade científica se dá por meio da metodologia: "Cientista não é quem alcança a verdade, mas quem se submete conscienciosamente à disciplina do método". Esse movimento atende ao princípio do interesse utilitário da ciência. Na concepção de Bacon, por exemplo, o homem se ergue "senhor e possuidor da natureza", cujo controle é tarefa do conhecimento permitir e executar.

O método envolve, por um lado, o distanciamento intransponível entre o sujeito e seu objeto de investigação; por outro, procedimentos e técnicas de controle, cálculo e teste. O objeto da ciência só pode ser aquilo que é passível desses processos. Ou seja, restringe-se o "real" ao que se revela tecnicamente manipulável.

Ora, a constituição da psicologia como ciência natural do subjetivo está sujeita a uma contradição *a priori*, pois o subjetivo não se enquadra nessa concepção do "real", mensurável e manipulável por meio da técnica. Figueiredo sustenta que o terreno de todas as psicologias veio a ser o "*lugar do excluído* ou do *expurgável* pelo método, que se constituía como o negativo do sujeito pleno e que retornava na forma de sintomas e mal-estar". Ou, ainda, que o campo próprio das psicologias é aquilo que "teria o estatuto de *dejeto* do expurgo operado pelo método no processo de constituição de um sujeito purificado" (1995:19, 23).

O dilema pode ser entendido em parte como um conflito entre os princípios da ética e do livre-arbítrio como faculdades próprias à subjetividade humana, de um lado, e, de outro, uma ciência que, por imposição do método, reduz o subjetivo ao mensurável e manipulável, negando-lhe assim essas faculdades. A contradição resume-se assim: tal ciência precisa reconhecer seu objeto – o subjetivo –, ao passo que o desconhece na sua essência, caracterizada pelas faculdades que lhe nega.

Ao situar as raízes da psicologia no quadro social da Europa, Figueiredo (1992) menciona a polifonia das vozes diversas do século XVI, inclusive – exibidas como peças exóticas ou escravas – as "dos selvagens africanos e americanos". Essa expressão reflete o senso comum de que o africano, como o índio americano, fosse visto sempre na Europa como "selvagem". Contudo, estava bastante próximo o legado de séculos da presença soberana na Europa dos mouros, africanos autores de avanços importantes no conhecimento científico e tecnológico. Apesar de identificados em certo grau com o inimigo das cruzadas cristãs, esses africanos civilizados inspiravam o respeito de contemporâneos brancos na Europa, fato demonstrado na literatura e na iconografia européias (Van Sertima, 1985). Se o mouro civilizado e soberano passou a ser visto como "bárbaro" em virtude dos conflitos religiosos da Idade Média, somente mais tarde o atributo de "selvagem" se fixaria ao africano em função do escravismo mercantil.

Conforme Figueiredo afirma, a partir do século XVI os povos africanos e os índios americanos passaram a constituir "formas radicalmente distintas de alteridade", "ameaças externas" a serem conjuradas pela força das armas e pela "reafirmação de uma identidade cultural européia" (1995:29-36). Mas a partir dessa constatação, mesmo fazendo parte da experiência e da sociedade ocidentais, seja no continente de origem ou em terras novas, esses povos e seus descendentes não aparecem mais no histórico do espaço psicológico. É como se o confronto do europeu com a alteridade incorporado nos povos distintos, por meio da reafirmação inicial da identidade cultural européia, resolvesse definitivamente a questão. Nesse particular, a obra de Figueiredo não constitui exceção. No entanto, a mera inclusão por esse autor da figura desses povos é um avanço considerável com respeito ao silêncio que sobre eles reina de modo geral nos tratados sobre a psicologia e sua evolução.

Da mesma forma, as histórias da filosofia e da epistemologia costumam seguir roteiros aparentemente neutros, tratando das "idéias" científicas como se flutuassem acima de qualquer suspeita de envolvimento com o tema racial. Mas essa alteridade que confrontava os europeus não era apenas um problema recorrente como uma peça fundamental para o desenvolvimento da filosofia e das ciências ocidentais. A construção e a reafirmação da "identidade cultural européia" não se faziam senão em contraposição a seu oposto absoluto, a imagem negativa dos povos africanos construída por essa filosofia e essa ciência. Nesse processo, a representação dos indígenas americanos não se fundia à dos africanos, numa única identidade "selvagem", mas teve um papel bem distinto, como veremos.

No século XVI, Paracelso e outros pensadores especulavam que os indígenas americanos, cuja existência não era prevista na tradição bíblica, só poderiam descender de outro Adão. Essa tese pré-adamita causou sensação e influenciou o pensamento, por exemplo, de Hobbes e Spinoza.[1] Com a ascensão do poligenismo científico, porém, essa tese caiu em desuso junto com outros esquemas teológicos. O poligenismo científico retoma a tese pré-adamita, agregando-lhe contornos de comprovação pelo método: a objetividade "científica" passaria a endossar uma tese antes baseada apenas em especulação acadêmica teológica.

No debate acerca dos índios das Américas, os humanistas seguiam Aristóteles ao classificá-los como bárbaros e, por conseguinte, nascidos para serem escravos. Prevaleceu, contudo, a posição contrária de Bartolomeu de las Casas, que os situava como parte da posterioridade de Adão, portanto como homens livres. O fato distintivo é que, ao apoiar a tese de Las Casas, publicando essa posição na bula papal *Sublimis Deus*, de 1537, a Igreja não a estendeu ao africano escravizado. Pedro d'Anghera, autor do primeiro livro sobre as Américas, *De orbe novo*, já apontara em 1516 o contraste entre índios "brancos" e etíopes "negros". A obra de François Bernier[2] veio reforçar essa classificação no século XVII. Nela, a negrura do africano passa a marcar o contraste por excelência com o europeu e com os povos civilizados. Assim, para Bernier, a morenidade dos egípcios e dos indianos era acidental, fruto da ação do sol. Quanto aos negros africanos, "a negrura é para eles essencial" à sua condição natural, e não um efeito de fatores circunstanciais (Poliakov, 1974:111).

O africano foi transformado, assim, em alteridade por excelência, o *outro* absoluto: o não-humano.[3] Sobre os africanos exibidos após as explorações do "continente negro", do século XVIII, Rousseau perguntava-se "se estes símios não eram homens", e Voltaire dizia que esses homens se assemelhavam a símios (Poliakov, 1974:111).[4]

Em contraste, o índio constituía a contra-imagem do europeu: o homem puro, ainda não corrompido pela civilização; o idílico "homem natural". A representação do índio como bom selvagem tornava-o "o extra-europeu que doravante serviria de espelho a uma Europa que parecia reconhecer, no negro, sua face oculta e negativa" (Poliakov, 1974:111). Contudo, essa representação diferenciada no imaginário ocidental não chegou a poupar os índios do genocídio no processo de tomar-lhes as terras americanas.

Essa diferenciação entre os dois grupos de "selvagens", africanos e índios americanos, não é arbitrária, pois fundamenta-se na mais antiga tradição bíblica. Antes do século das luzes, a teologia reinava quase absoluta na constituição do saber ocidental. A teoria monogenista do racismo, oriunda dessa tradição, parte da afirmação de que todos os homens descendem de Adão. A prole dos filhos de Noé – Jafé, Sem e Cam – diferencia-se em três raças distintas correspondentes a Europa, Ásia e África. É a maldição de Cam (Gn. 9, 18-27) que está na base das representações negativas do africano. Séculos antes do iluminismo, estas já se encontravam firmemente arraigadas na tradição judaico-cristã. Tanto a exegese rabínica quanto a protestante mergulham nesse texto, resultando em discursos como este, que data do século VI:

> E já que você me desrespeitou [...] fazendo coisas feias na negrura da noite, os filhos de Cam nascerão feios e negros! Ademais, porque você torceu a cabeça para ver minha nudez, o cabelo de seus netos será enrolado em carapinhas, e seus olhos vermelhos; outra vez, porque seus lábios ridicularizaram a minha má sorte, os deles incharão; e porque você descuidou da minha nudez, eles andarão nus, e seus membros masculinos serão vergonhosamente alongados. Os homens dessa raça serão chamados de negros, seu ancestral Cam os mandou amar o roubo e a fornicação, se juntar em bando para odiar os seus senhores e nunca dizer a verdade.[5]

Com a antropologia do século das luzes, a questão racial é debatida com fervor, predominando na discussão os temas zoológicos (Poliakov, 1974; Munanga, 1999). O macaco e o negro seriam homens desesperadamente atrasados. O símio aproximar-se-ia dos "indivíduos mais baixos de nossa espécie"; se pudesse falar, talvez reivindicasse a categoria e a dignidade da raça humana com o mesmo direito do selvagem hotentote, e assim por diante. Retomando a tese pré-adamita, Voltaire e os poligenistas postulam outra origem para os negros, um Adão distinto, teoria que convive na condição de corrente minoritária com o monogenismo defendido por Buffon, Diderot e outros.

Tudo isso aponta para o cerne do tema racial na história da constituição do saber psicológico: os povos africanos e indígenas não eram sujeitos, portanto não teriam subjetividade. São excluídos da categoria do "humano", passando seus corpos, suas pessoas, sociedades e culturas à condição de objetos a serem domados, medidos, manipulados e controlados pela razão instrumental. Nesse sentido, Poliakov questiona Freud ("pelo menos desta vez, se mostrou mau psicólogo") sobre a noção de acordo com a qual a ciência "infligiu ao egoísmo ingênuo dos homens duas grandes derrotas", a primeira sendo a comprovação de que a Terra não é o centro do universo. Poliakov contrapõe o fato de que, para compensar, o homem ocidental naquele momento saía conquistando e ocupando novas terras, subjugando seus habitantes e criando uma ordem em que o progresso permitia ser atribuído aos homens brancos, "em que a Razão triunfante elegeu domicílio, uma superioridade biocientífica congênita" (1974:120).

Longe de ausentar-se da constituição da tradição epistemológica ocidental, então, a alteridade do negro africano constitui referência fundamental à construção da "identidade cultural européia" calcada no supremacismo branco.

No século XIX, prevalecem as teses evolucionistas das "raças" como subcategorias biológicas formadas com base no processo "científico" de apagar do registro do desenvolvimento humano as civilizações africanas. As "subdivisões da espécie humana" são inventadas e manipuladas para "provar" que uma "raça paleomediterrânea, branca", teria construído a civilização egípcia e, por conseguinte, as primeiras fundações da civilização ocidental. Por meio dessa simples erradicação do fato concreto que de forma mais evidente consignava a capacidade civilizatória dos povos africanos, tornou-se possível condenar os "selvagens" negros à inferioridade eterna (Diop, 1974).

Essa dimensão do processo "científico" de inferiorizar a "raça negra" tende a ser minimizada nas análises do racismo que o identificam como mera questão epidérmica ou de "essência biológica". A negação da capacidade civilizatória dos africanos constitui fator crucial e essencial à construção das teorias racistas. No Brasil, exemplo desse fato emerge nitidamente na contenda travada na década de 1930 entre o etnólogo Oliveira Vianna[6] e Arthur Ramos, eminente psiquiatra e antropólogo que defendia o critério cultural da antropologia contra o do determinismo racial no debate empreendido à época nas ciências sociais.

Oliveira Vianna (1934:274s.) responde a críticas que lhe fizera Arthur Ramos em conferência proferida no Centro Oswaldo Spengler do Rio de Janeiro. Ramos acusara Vianna de basear-se na "ciência do século passado" e de emitir "falsas opiniões sobre a aptidão civilizadora do *Afer*", pois pesquisas recentes, à frente as de Leo Froebenius, haviam encontrado, "no recôndito das selvas africanas, vestígios seguríssimos de civilizações idênticas às que a nossa cultura considera superiores". Prontamente admitindo a existência de tais civilizações como fato comprovado, o que Vianna contesta é "a conclusão que daí se tira – de que estas civilizações antigas, que floresceram nas zonas centrais da África, foram criadas pelos homens da raça negra". Para ele, o reino de Gana seria "criação de povos brancos – e não negros". Os "elementos civilizadores [...] eram, ali, pois, estes príncipes de origem berbere ou árabe e a massa, aí afluente, de *chamitas, homens não negros puros, mas de raça 'vermelha'* (provavelmente mestiços fixados de semitas com negros)". O império de Songai seria criação de chefes semitas: "Os negros representaram ali, neste novo grande império, a base material do trabalho – e não os agentes civilizadores". Os fundadores do reino de Bornu "eram da raça vermelha do Sudão e não da raça negra propriamente dita". Da mesma forma, os "negróides do grupo Bantu [...] não são negros puros; mas a dosagem do sangue berbere neles é menor do que nos negros sudaneses e nos mestiços mouros. Entretanto, basta a presença deste pequeno *quantum* de sangue semita para fazê-los superiores às genuínas populações negras". Quanto a estes, os "negros puros, vivendo nas florestas do Congo ou da Angola, nunca criaram civilização alguma". Em resumo, segundo Oliveira Vianna,

> O que o estudo da história antiga da África demonstra, pois, é que os grandes centros de civilização, surgidos no interior do continente africano, não foram organizados por povos de raça negra; mas, sim, por povos estranhos, por conquistadores árabes ou berberes, que se caldearam com a primitiva população negra, formando uma massa de mestiços, de que eles se fizeram os educadores e guias. (p. 279)

O árabe e principalmente o berbere, considerados semitas pertencentes à raça branca, desempenham na África "o papel de *agente de fermentação*, pois eles "preparam, com o caldeamento do seu sangue com o sangue dos negros puros, as condições necessárias ao progresso e à civilização daquelas populações barbarizadas". A conclusão a tirar, anuncia o autor,

> [...] é que, até agora, a civilização tem sido apanágio de *outras raças que não a raça negra*; e que, para que os negros possam exercer um papel civilizador qualquer, faz-se preciso que eles se caldeiem com outras raças, especialmente com as raças arianas ou semitas". (p. 285, grifos meus)

Oliveira Vianna situa-se como apenas um entre os inúmeros autores que aderiam a essas teses, as quais ainda não perderam sua atualidade. Ao contrário do que entendem o senso comum e algumas teses sociológicas que negam uma base biológica às noções de preconceito racial no Brasil após o suposto triunfo do critério antropológico da cultura nos anos de 1930, é a negação da capacidade civilizatória do *Afer* – categoria própria às teses do racismo biológico – que está na base de atitudes discriminatórias amplamente documentadas no sistema educacional brasileiro. Tanto professores quanto a própria instituição tendem a reproduzir de forma implícita ou explícita o estereótipo do negro como alguém com "dificuldades de aprendizagem", sobretudo nas ciências exatas.[7] Sustento ainda que a tendência a focalizar o racismo como uma questão de essencialismos e melanismos e a pouca importância dada (inclusive por setores do movimento negro) à escamoteação das civilizações africanas como dimensão essencial do racismo são dois fatores que contribuem para a manutenção do quadro discriminatório antinegro no Brasil.

Se na educação existem autores e grupos engajados na tarefa de priorizar essa questão, conforme exemplificam as obras citadas, parece que a psicologia tende a sofrer certo escotoma quanto à implicação da própria disciplina com as teses racistas. Figueiredo, atento à questão da "diferença cultural", afirma:

> [a] escuta do interditado é ainda mais exigida quando, tal como ocorre no Brasil e em particular no atendimento a uma população que está apenas ingressando na modernidade e ainda conserva-se enraizada numa cultura pré-moderna, o que não tem voz audível pelo ouvido institucionalizado é tudo que provém daquela cultura e que não se encaixa no quadro de demandas e serviços legitimados pelas instituições modernas. Nestes casos, porém, há um risco de psicologizar e patologizar o excluído; para evitá-lo é preciso que a escuta do psicólogo tenha sido formada também nos campos da antropologia e da sociologia. (1995:29-30, n. 17)

Creio ser possível que, antes de apelar à antropologia e à sociologia, os psicólogos pudessem beneficiar-se de uma nova escuta de sua própria disciplina, inclusive porque, como veremos a seguir, houve ocasiões em que o psicólogo, ao recorrer à antropologia, incidiu precisamente no perigo que Figueiredo aponta. O caminho vislumbrado por ele parece levar à direção de tentar assimilar, por meio das outras disciplinas, os padrões ou elementos necessários à compreensão de outra cultura, no sentido de preparar uma nova escuta mais inclusiva. No que tange ao negro, não sei até que ponto esse caminho surtirá efeitos, inclusive porque muitos afrodescendentes hoje necessitados de atendimento psicológico estão integrados à cultura brasileira "moderna". Se a cultura pré-moderna a que Figueiredo se refere se localiza, em parte, nas comunidades-terreiro das religiões afro-brasileiras, sugiro que estas tendem a propiciar mais recursos terapêuticos do que fontes de angústia.

De maior urgência, a meu ver, seria o psicólogo familiarizar-se com os padrões do supremacismo branco que atuam sobre os sujeitos afrodescendentes, pois aí residem os fatores mais passíveis de constituir uma subjetividade em crise. O "interditado" na questão racial no Brasil são esses modelos do supremacismo branco, negados e/ou recalcados pela ideologia da "democracia racial". O recalque é reforçado pelo domínio das representações negativas do africano e pela negação de referenciais positivos de uma identidade afrodescendente. O silêncio e a negação tornam-se os padrões normativos a nortear pais e filhos, professores e alunos, no trato do tema das relações raciais, fato caracterizado no título do trabalho de Cavalleiro (2000), que descreve a trajetória do impacto dessa negação "do silêncio do lar ao silêncio escolar".[8]

Singular, então, foi a incursão de Ferreira (2000) na literatura recente da pesquisa psicológica. Seu levantamento demonstrou que, num total de 4.911 trabalhos entre teses de doutorado e de livre-docência e dissertações de mestrado defendidas na USP e na PUC-SP entre 1987 e 1995, apenas doze incluíam a temática do afrodescendente, três desses sendo publicados. Ao consultar um colega doutor em psicologia sobre como interpretar esses dados, recebeu como resposta a sugestão de que poderiam sugerir "que o psicólogo não tem preconceito racial". Trata-se de uma expressão clássica do discurso de recalque que caracteriza o racismo brasileiro ao identificar como racista aquele que fala sobre o racismo. Visto sob esse ângulo, Ferreira identifica a ausência de trabalhos voltados à questão racial como favorecedora de "experiências de desconexão", ou seja, situações em que, ao negar o impacto do racismo na vida do outro, não reconhece a singularidade de sua experiência como alvo desse racismo. Ferreira conclui que "o psicólogo, com raríssimas exceções, parece voltado para suas metodologias e seus conceitos, mantendo uma atitude 'politicamente correta' de não se envolver com estas questões" (1999:81) e alerta para "um possível risco de a psicologia brasileira, em seu silêncio, não estar favorecendo a diminuição da discriminação" (2000:61).

Na discussão e constante reformulação das metodologias, a psicologia exerce a função, comum aos sistemas de saber erguidos como ciências, de elaborar o seu *discurso competente*.[9] Além de estabelecer o detentor do saber científico como único ator autorizado a aplicá-lo, a elaboração do discurso competente, de certa forma, *constitui o seu objeto*. Nessa medida, as relações de dominação e hierarquia infiltram-se e revelam-se na constituição do objeto do saber, no caso a construção da patologia e da loucura. Creio não exagerar ao sugerir que a psicologia participa como co-responsável na construção e manutenção do estereótipo do "crioulo doido".

Sugiro que o conhecimento desse processo no que diz respeito ao racismo contribuiria para o desenvolvimento da nova escuta idealizada por psicólogos sensíveis à questão. Uma visita rápida à psicologia brasileira no seu trato do tema racial favorece desenvolver tal conhecimento.

A psicologia e a evolução da questão racial no Brasil

A psicologia constitui no Brasil um quadro marcado profundamente pelo positivismo,[10] pelo determinismo racial e pelas teorias do evolucionismo social e cultural. Assim, o psiquiatra Nina Rodrigues afirma que

[...] as leis gerais do desenvolvimento mental no seu mecanismo filogenético constituem os princípios básicos e fundamentais da psicologia moderna, que o másculo esforço da escola inglêsa destacou da biologia comtista e concedeu foros de ciência distinta. (1957:34)

A figura de Nina Rodrigues, que além de psiquiatra era médico-legista e criminologista, exemplifica bem a trajetória dessa psicologia que se forma, no Brasil, sob a batuta da medicina social e da teoria da degenerescência. Tal trajetória levou à profunda identificação da loucura com o crime, dando fundamento à consolidação do estereótipo racista não apenas do "crioulo doido" bem como do negro degenerado criminoso, duas imagens fortemente imbricadas numa trama de entrelaçamento mútuo.

A ciência médica do século XIX é marcada pela vitória do organicismo, tendência científica irmanada com o determinismo racial, que atribuía à constituição orgânica do indivíduo a origem de desequilíbrios mentais ou emocionais. No Brasil, o triunfo dessa tendência propiciou a abertura de um novo campo específico do saber médico, o alienismo, talvez a primeira de uma série de tecnologias disciplinares emergentes do meio urbano e voltadas para sua "higienização" e "organização" (Cunha, 1988). O objetivo era domar a massa da população urbana pobre e marginalizada, percebida como uma horda de negros libertos, desordeiros, grevistas, "capoeiras", alcoolizados, prostitutas e degenerados em geral que se tornava rapidamente uma ameaça e um perigo.

O alienismo surge, então, num contexto em que a medicina social se associa à engenharia sanitária e ao urbanismo para tratar o "organismo social": a cidade e a sociedade ameaçadas pelo contágio dos vícios morais e físicos. O que unia todas as técnicas de controle social articuladas para esse fim era a teoria da degenerescência.

Essa teoria permitia à psiquiatria abstrair a etiologia da loucura da esfera da razão e da alma, localizando-a na degeneração, condição hereditariamente transmitida, ou seja, nos "desvios doentios em relação ao tipo normal da humanidade".[11]

Afastar a loucura da razão e da alma permitia, entre outras coisas, conceber uma loucura sem delírio, expressa em comportamentos interpretados como manifestações da degenerescência: práticas anti-sociais como o vício, o alcoolismo, o ócio, a prostituição, o jogo. Aí surge a noção de "loucura moral", ligada de forma visceral ao crime. A criminalização da doença mental e a medicalização de comportamentos "anti-sociais" são facilitadas também pelo fato de tal teoria permitir conceber uma patologia progressiva, reconhecendo estágios intermediários de loucura como as figuras do *demi-fou*, do degenerado a caminho da loucura, do "tarado" que porta uma doença invisível. Esses loucos morais seriam candidatos natos ao mundo do crime.

Assim, a criminalidade e a loucura trilham juntas o mesmo caminho da degenerescência. Em 1903, a legislação sobre o assunto definia o alienado como o "indivíduo que, por moléstia congênita ou adquirida, compromete a ordem pública ou a segurança das pessoas" (Cunha, 1988:46). Em 1905, Juliano Moreira, diretor do Hospício Nacional de Alienados, comenta a relação entre a criminalidade, a loucura e o crescimento das cidades, observando a larga sucessão de "epiléticos, histéricos e outros degenerados com que, progressivamente, se foi adensando o vasto caldo de cultura da criminalidade nacional".[12]

Nina Rodrigues não nos deixa esquecer que um fator decisivo nesse esquema teórico é o determinismo racial. Os negros eram "degradados" natos cuja condição racial já configurava um "desvio doentio" em respeito ao padrão de normalidade do ser humano branco. Eles ocupavam as categorias mais baixas da escala degenerativa, próximas à animalidade ou a estágios muito atrasados de civilização; portanto, eram mais propensos à criminalidade.

Ao observar que "o estudo das raças inferiores tem fornecido à ciência exemplos bem observados de [sua] incapacidade orgânica, cerebral", Nina Rodrigues entra no terreno da tensão entre a ciência do subjetivo e o princípio do livre-arbítrio. Para ele, a solução é simples: quanto às populações inferiores, o "pressuposto espiritualista do livre-arbítrio" não tem respaldo na ciência. Sua teoria da imputabilidade penal do africano e seu mestiço baseia-se na

> [...] impossibilidade material, orgânica, a que os representantes das fases inferiores da evolução social passem bruscamente em uma só geração, sem transição lenta e gradual, ao grau de cultura mental e social das fases superiores; perante a psicologia moderna o postulado da vontade livre como base de responsabilidade penal só pode ser aplicado a agremiações sociais homogeneas e chegadas a um mesmo grau de cultura mental média. (1957:50)

A propensão à criminalidade teria origem no desenvolvimento psíquico inadequado, que resulta numa inata e involuntária tendência à impulsividade. O africano, o crioulo (o negro nascido no Brasil), o mulato e o mestiço constituem um "tipo" psicologicamente instável.

> O negro não tem mau caracter, mas sòmente caracter instável, como a criança, e como na criança [...] a sua instabilidade é a conseqüência de uma cerebração incompleta. Num meio de civilização adiantada, onde possui inteira liberdade de proceder, ele destoa. (1957:117)

No Brasil, a adaptação desses tipos atrasados à civilização superior resultará numa perturbação psíquica desequilibradora; por conseguinte, a incidência de tipos anormais será maior que no contexto europeu. Os mestiços, afinal, recebem como herança genética a impulsividade e a imprevidência que caracterizam o estado emocional dos selvagens. Para não cair em contradição, esclarece que a apatia, outra característica atribuída aos negros, não exclui a impulsividade (1957:122-5).

Oliveira Vianna confirma essa tese observando que os mulatos, obrigados a conciliar as duas tendências étnicas que se chocam entre si, "acabam sempre por se revelar uns desorganizados morais, uns desarmônicos psíquicos, uns desequilibrados funcionais".[13] O sociólogo e historiador Clóvis Moura analisa o clássico *Os sertões*, de Euclides da Cunha, que expõe de forma exemplar o saber constituído que prevalecia na primeira metade do século XX sobre a questão racial. Referindo-se a essa obra e às teorias pseudocientíficas da miscigenação, Moura assim resume a representação social do mulato no Brasil: "É um desequilibrado. De um desequilíbrio incurável, pois não há terapêutica para este embate de tendências antagonísticas".[14] Esta avaliação do afrodescendente prevaleceu por muito tempo na psicologia brasileira, infiltrando-se profundamente na consciência popular a respeito da questão.

De acordo com Oliveira Vianna (1934), a "bio-typologia contemporanea" estabelece que do tipo físico do indivíduo "podem-se inferir, dentro de um coeficiente de probabilidades muito alto, quaes as suas *predisposições pathologicas*, quaes as modalidades prováveis do seu *temperamento* e da sua *intelligencia*" (p. 36). Aqui se encontra o princípio fundador da criminologia lombrosiana baseada no determinismo racial. O *tipo psicológico* do degenerado corresponde ao *tipo físico*. Este "não rege apenas a condição affectiva do individuo, mas tambem a sua condição intellectual". Sobre o tipo psicológico do *Homo Afer* e seu descendente, afirma o autor, citando Federico Muller:

O negro é, em todas as cousas, um sensitivo, em que a fantasia domina. [...] A vida do negro se passa em contrastes; os sentimentos mais oppostos acham lugar no seu coração. Da alegria mais intensa e mais insensata elle passa ao mais amargo dos desesperos; da esperança sem limite ao extremo terror; da prodigalidade inconsiderada à avareza sordida. (p. 43-5)

O perfil do índio já é diferente. Este "[...] é sombrio, reservado, recordando muito, na sua constituição affectiva, o 'autista' de Bleuler [...] na generalidade dos casos, elle se comporta como schizoide typico" (p. 46).

Ao avaliar "o valor mental do negro", Vianna percorre a literatura e conclui que "o negro, com effeito, não me parece poder competir com as raças brancas, ou amarellas. É o que a observação demonstra e os resultados das pesquizas de psycologia experimental parecem confirmar" (p. 271).

Evidentemente, seria amplo e profundo o efeito de tais idéias sobre o atendimento terapêutico psicológico no Brasil. Os caminhos da operação desse efeito emergem de forma singular no estudo de Maria Clementina Pereira Cunha (1988) sobre o hospício de Juquery, a instituição-modelo da psiquiatria brasileira.

A instituição do hospício era uma resposta não apenas ao assustador crescimento das cidades em que as hordas de degenerados e delinqüentes apresentavam um perigo de "epidemia" e "contágio" psíquicos, como também exercia uma função de controle social diante da "ameaça urbana" à ordem social.

O fundador do Juquery, F. Franco da Rocha, considerado "o Pinel brasileiro", foi pioneiro na psiquiatria brasileira ao advogar a moderna filosofia do tratamento e da cura no lugar do antigo padrão que se limitava a "assistir, tratar e consolar". Sobre a "ameaça urbana" que acometia os centros urbanos da época, Franco da Rocha afirma:

Ao grupo de degenerados vêm juntar-se, muito naturalmente, os desclassificados da sociedade. Denominamos desclassificados a uma série de tipos especiais que não cabem nem na sociedade nem no hospício. [...] Eles estão pela rua, por toda parte. Agite-se um pouco a sociedade por qualquer motivo, e eles surgirão logo. São candidatos constantes ao hospício.[15]

Calcadas no evolucionismo e na teoria da degenerescência, as idéias do fundador do Juquery coincidem plenamente com as de Nina Rodrigues, a ponto de afirmar que "o criminoso nato de Lombroso confunde-se com o louco moral em todas as suas particularidades". O "louco moral" tanto poderia ser um pobre marginalizado quanto um burguês rebelde de "vida desregrada", ou ainda um anarquista agitador. "Os revolucionários são os companheiros dos paranóicos", esclarece Rocha, "com os quais se confundem muitas vezes, com a diferença de que os paranóicos revelam perturbações intelectuais que os excluem mais depressa da comunhão social, por darem mais na vista de todos".[16]

Em todo caso, o "louco moral" seria um "fraco de espírito". A fraqueza de espírito constituía, aliás, um sintoma básico a caracterizar certos tipos de loucura. Ela é identificada também com a "fraqueza cerebral", e assim simboliza o contrário, o "outro", do progresso e da civilização. Positivista, Franco da Rocha atribuía à evolução mental e psicológica três fases, "desde o fetichismo até o estado científico", e qualificava a "fraqueza cerebral" como um "regresso à fase anterior àquela em que se achava o paciente".[17]

Os alienistas, à frente das instituições psiquiátricas, não divergiam de Oliveira Vianna e Nina Rodrigues ao localizarem o negro no mais baixo degrau da escala da degenerescência.[18] Os extremos dessa escala proviam dois tipos de louco: o degenerado inferior, "incapaz de prover a própria subsistência", e o superior, com o intelecto muito desenvolvido "à custa de deficiência do equilíbrio geral do espírito". Assim, "o idiota, o imbecil, o débil degenerado [...] e o degenerado superior, genial mesmo (parece incrível), encontram-se, nivelam-se, enquanto reunidos pelo traço comum – a perversão do caráter".[19] Degenerado inferior nato, o negro trazia no corpo os "estigmas físicos de degeneração comuns da sua raça", devidamente registrados nos prontuários: lábios grossos, nariz esborrachado, pés chatos, ou o conjunto que dava "um perfeito tipo de símio".[20] Na maioria dos casos, o prontuário do "imbecil" ou do "idiota" era reduzido, ou quase nulo, em virtude não apenas da indigência do doente como da falta de interesse científico que seu caso despertava, pois sua condição, determinada pela biologia, não trazia novas questões para a psiquiatria. Enquanto o degenerado superior, ou "louco moral", quase sempre rico, merecia diagnóstico e acompanhamento bem mais detalhados, não raro o "imbecil" negro entrava no hospício, esperava anos para ser avaliado, e só voltava a ter consulta ao sair ou morrer.

Mais uma vez, é o silêncio que reina eloqüente no racismo brasileiro, dizendo muito mais que o discurso. Como observa Cunha,

> [...] os milhares de prontuários referentes aos negros vêm praticamente em branco, preenchidos quase telegraficamente em diagnósticos que apontam, em sua maioria, para a "idiotia", a "imbecilidade" e outras rubricas da degeneração "inferior" inscrita em sua própria condição racial. (1988:124)

A degenerescência do hospício de Juquery coincide com a vitória da medicina sanitarista, em que prevaleceram o espírito público, a "mobilização popular", o atendimento em ambulatório e o princípio da eugenia. Essa tendência tomou sabores de uma verdadeira missão cívica e caracterizava-se por um viés autoritário e coercitivo que provocou no Rio de Janeiro a Revolta da Vacina. A psicologia não se omitiu, engajando-se nessa campanha virtuosa na pessoa dos "higienistas do espírito", organizados nas Ligas de Higiene Mental. Prosélitos da nova ordem, os alienistas dedicaram-se à propagação da sanidade: "O estudo das funções cerebrais, da psicologia, tornou-se o apanágio não só do médico, mas de todo homem que pensa e age".[21] O estímulo à educação eugênica e a criação de conselhos técnicos e órgãos públicos destinados a zelar pelo "aperfeiçoamento da raça" estavam entre os itens defendidos na Assembléia Nacional Constituinte de 1934 pelo deputado Antônio Carlos Pacheco e Silva, fundador da Liga Brasileira e da Liga Paulista de Higiene Mental, e diretor do Juquery e do Departamento de Assistência Geral aos Psicopatas (1930-8).

Nas ciências sociais, o paradigma da cultura emergia timidamente e lutava naquele momento para estabelecer sua ascendência sobre o determinismo racial. As pesquisas antropológicas sobre a cultura afro-brasileira – a começar com as de Nina Rodrigues – enfocavam a religiosidade de origem africana desde o ponto de vista psicológico, associando-se ao modelo evolucionista que ditava a inferioridade e o desequilíbrio inatos dos negros. No rol de títulos do psiquiatra Nina Rodrigues, o tema insere-se da seguinte forma: "'negros criminosos no Brasil', 'o animismo fetichista do negro baiano', 'epidemia de loucura na rebelião de Canudos', 'paranoia dos negros', 'mestiçagem, degeneração e crime'" (1957:11). Sua pesquisa minuciosa nos candomblés constitui importante fonte de dados etnográficos sobre as religiões africanas na Bahia.

Solidário com a comunidade do povo de santo apesar de sua inferioridade inata, preocupava-se com a repressão violenta aos terreiros. Sua resposta democrática foi propor um "controle psiquiátrico" que substituísse o controle policial. Tal proposta justificar-se-ia, inclusive, pela própria imputabilidade criminal dos "degenerados inferiores", seus praticantes. Não conseguiu implantá-lo na época, mas esse projeto concretizou-se mais tarde, no Recife, sob a batuta de

Ulysses Pernambuco, e em Salvador durante o governo do interventor Juracy Magalhães (Serra, 2000).

Seguidor de Nina Rodrigues, o psiquiatra e antropólogo Arthur Ramos enveredava pelos novos rumos da psicologia social e da antropologia cultural, afastando-se do determinismo racial de seu mestre. Criticava o "evolucionismo linear" que ainda influenciava a perspectiva psicológica em etnologia, deformando-a. Esclarecia, no entanto, que a psicologia social e a antropologia cultural não condenavam o evolucionismo, "como supõem certos culturalistas apressados [...] apenas, em vez de considerarmos uma evolução linear, estudamos agora evolução de *estruturas*" (1946:45).

Arthur Ramos estudava, como prioridade de seu trabalho científico, as culturas africanas, em particular a religiosa, no Brasil e nas Américas.[22] Para ele, como para os seus antecessores e contemporâneos nessa linha de análise psicológica da religião, o tema mais intrigante era o transe espiritual. Pesquisas realizadas no Haiti sobre o vodu tomavam rumos semelhantes às do candomblé brasileiro. O médico Lhérisson via o candidato à iniciação (*Hounsi-Bosales*) como "quase sempre um histérico" com "estigmas bem evidentes da neurose". O dr. J. C. Dorsainvil definia o transe como "uma psiconeurose religiosa, racial, caracterizada por um desdobramento do eu, com alterações funcionais da sensibilidade, da motilidade e predominância dos sintomas pitiáticos" e concluía "pelo diagnóstico do pitiatismo, englobando todos os fenômenos de possessão" (Ramos, 1946:188-9).

Nina Rodrigues enquadrava o transe religioso na histeria, como um "delírio hister-hipnótico monódico do sonambulismo sugestivo verbal". Entretanto, sua hipótese do transe como sugestão hipnótica sofreu abalo experimental quando, no consultório, hipnotizou uma filha-de-santo. Adormecida esta, o psiquiatra disse-lhe que estava em plena festa de santo e mandou que dançasse. A moça, do fundo de seu transe hipnótico, respondeu que não poderia dançar para receber o santo, pois não trajava as vestimentas apropriadas. Surgiu aí a necessidade de uma distinção conceitual, pois o sonambulismo hipnótico não se confirmara.[23] Para Arthur Ramos o fenômeno era mais complexo, ligado a diversos estados psicológicos. Estes poderiam variar desde os estados sonambúlicos, hipnóticos, oníricos, esquizofrênicos ou mágico-catatímicos ("aquêles processos, afins da histeria, onde se verificam os mecanismos motores de reação ancestral") até o estado de automatismo mental: "Vão desde os fenomenos xenopáticos simples, até aos delírios mais complexos, à base de influência" (1946:188-9).

O sociólogo francês Roger Bastide (1973) comenta a evolução dessas avaliações psicológicas sobre o transe no vodu do Haiti. O dr. Price-Mars, utilizando a teoria de Dupré das cinco constituições fundamentais, "pensa que o possuído é um mitômano dotado de hiperemotividade". Em contraste, o dr. Louis Mars recorre ao método psicanalítico e

> [...] define o deus que acaba de possuir o iniciado como uma projeção do Eu sob a forma simbólica de uma entidade mítica de antemão conhecida; o transe místico dos vodus exteriorizaria seus impulsos profundos, inibidos na vida cotidiana pela censura social ou pelo superego.[24]

Essa linha de interpretação não saiu de cena tão cedo quanto se poderia imaginar. Em 1977, testemunhei a atuação do dr. George Alakija, psiquiatra integrante da delegação oficial do Brasil ao 2º Festival Mundial de Artes e Culturas Negras e Africanas, realizado em Lagos. Fazendo-se porta-voz da delegação oficial brasileira, apresentou ao colóquio, fórum intelectual daquele evento, uma comunicação sobre o estado de transe no candomblé em que lhe aplica os métodos e conceitos da sofrologia, "uma nova disciplina científica originada em Madri em 1960", e conclui que o transe é um estado "sofrônico" que "não pode ser classificado nem como ordinário nem como patológico".[25]

Bastide percorre uma trajetória de crítica às metodologias ocidentais, rompe com o enfoque patológico e inicia-se no candomblé. Dispensa os tradicionais cânones metodológicos: "Estudaremos o candomblé como realidade autônoma. [...] Não nos preocupamos com o enquadramento das descrições em sistemas de conceitos tomados à etnografia tradicional ou à antropologia cultural". Era preciso "mostrar que esses cultos não são um tecido de superstições; que, pelo contrário, subentendem uma cosmologia, uma psicologia e uma teodicéia; enfim, que o pensamento africano é um pensamento culto" (1978:10, 11). Concluiu o sociólogo que o transe significa o poder vital do "modelo mitológico fornecido pela sociedade ao indivíduo" (1973:315).

Bastide engaja-se numa exploração crítica das fronteiras entre sociologia e psicanálise, partindo da constatação de que não mais se sustentavam nem o "romance edipiano" de Freud nem a sua teoria sobre a horda primitiva, pilar de sua sociologia. Merecia repreensão o conceito, partilhado por Freud e Piaget, entre outros, dos primitivos como crianças no tempo evolutivo dos povos: "Não se deve comparar o adulto primitivo com a criança civilizada [...]. Devemos permanecer sempre dentro do mesmo domínio cultural". Segundo Bastide, "a obra de Freud consistiu tanto em 'naturalizar o cultural' como em 'culturalizar o natural'" (1974:200), num movimento semelhante à racialização da cultura e à culturalização da raça que observamos no capítulo anterior. Convicto da inutilidade da abordagem psicológica para a compreensão da cultura alheia, o sociólogo afirma que "o social não é extraído do psicológico" (1974:197).

Seu reconhecimento da importância da psicanálise sobrevive, entretanto, a essas críticas. A ênfase de Lacan no simbólico, no significante e na linguagem redime a teoria psicanalítica para Bastide e inspira-o a comparar a abordagem psicanalítica de Lacan com o es-

179

truturalismo de Lévi-Strauss.[26] Bastide assina o prólogo ao livro pioneiro de Georges Dévereux (1970), seu ensaio geral sobre a etnopsiquiatria. A obra marca época, relatando extensas pesquisas de campo e o trabalho coletivo dos participantes do seminário realizado na École Pratique des Hautes Études, da Sorbonne. Desde aquele momento, um grupo de pesquisadores e terapeutas desenvolve o trabalho teórico, de campo e de clínica de uma escola bastante ativa de etnopsiquiatria. No Brasil, por meio dos ofícios do professor dr. José Flávio Pessoa de Barros, da Universidade do Estado do Rio de Janeiro, tem-se desenvolvido ativo intercâmbio desse grupo com colegas brasileiros. Destacados integrantes da escola da etnopsiquiatria, como o teórico e terapeuta Tobie Nathan, participaram desse intercâmbio.

A etnopsiquiatria inova ao fundir o instrumental antropológico e etnográfico com a terapêutica psicanalítica, obtendo resultados clínicos extremamente positivos. O respeito à matriz cultural africana como "pensamento culto" fundamenta a teoria e a prática terapêutica dessa disciplina. A abordagem clínica baseia-se nos resultados de extensiva pesquisa de campo realizada na África. Teoricamente, a escola da etnopsiquiatria inova ao "legitimar" as técnicas terapêuticas "pré-lógicas" (xamanismo, feitiçaria), na medida em que as recolhe, estuda e incorpora ao seu campo de conhecimento. Elas exercem o papel de uma espécie de consultoria, para revelar as necessidades terapêuticas específicas às matrizes culturais dos clientes, a maioria desses imigrantes provindos de diversos cantos das ex-colônias e radicados em Paris. No Brasil, têm-se obtido bons resultados de integrantes de comunidades-terreiro e da comunidade negra. A terapia é construída no sentido de uma escuta afiada, "iniciada" na linguagem própria à matriz cultural do cliente. A abordagem terapêutica parte da presunção de que são reais os fenômenos do meio cultural. A meta é interagir com o sujeito e com o impacto desses fenômenos sobre ele, nos seus termos, ou seja, os termos próprios à linguagem e ao *ethos* de sua cultura. Ao que parece, estamos nos aproximando na prática daquilo que Figueiredo sugeriu no trecho citado (1995:29-30, n. 17).

Se a etnopsiquiatria legitima implicitamente as terapias não-ocidentais, ao consultá-las, Ordep Serra observa as implicações do fato de, por outro lado, ela não buscar analogias entre essas terapias e as técnicas modernas de psicoterapia. O autor reporta-se às palavras de Bastide, no citado prólogo, felicitando o discípulo Dévereux por não incorrer nessa busca. Tratar-se-ia de um equívoco, pois "a semelhança por vezes acusada entre essas coisas é apenas aparente, porque os métodos dos xamãs e feiticeiros relevam *da mística* e não *da racionalidade*". Para Serra, isso significa que as práticas terapêuticas não-ocidentais são submetidas a uma leitura "quase que apenas 'sintomatológica', por assim dizer". O objetivo seria de desvelar patologias não conhecidas de outra forma. "Se há nessa Ethnopsiquiatria uma perquirição do *páthos* dos sistemas médicos", diz Serra, "ela é de todo unilateral: volta-se apenas para o domínio do que Bastide chamaria de 'medicina pré-lógica'." (2000:4-6)

É possível que a receita de Figueiredo nos resulte útil ainda, pois aqui a antropologia parece estar ajudando a identificar algumas formas de uma escuta afro-brasileira, inclusive, talvez, a escuta dessas possíveis analogias. Outras, porém, estão se desenvolvendo dentro da própria disciplina.

A escuta afro-brasileira: ascensão de uma nova abordagem

Ao contrário da tendência anterior, que focalizava a matriz religiosa afro-brasileira como um lugar de revelações sobre patologias, Serra (2000:7) propõe outra acepção para o conceito de etnopsiquiatria:

Quando falo em "Etnopsiquiatria dos ritos Afro-Brasileiros", quero dizer que esses ritos envolvem saberes e práticas, estratégias e valores aplicados ao tratamento da saúde mental; digo ainda que estudando-os de um determinado modo (com métodos adequados a este fim) pode-se alcançar um certo conhecimento da problemática da saúde mental no campo em que eles são realizados.

O autor adverte que não existe na religião tradicional a acepção de terapia ou abordagem psicológica como algo destacado ou separado do contexto maior do rito. Com essa ressalva, vários autores vêm identificando nas comunidades-terreiro um lugar de terapia psicológica e de terapia auxiliar em casos de doenças crônicas como a epilepsia.[27]

Trata-se de uma proposta bastante inusitada perante a psicologia constituída como saber científico. O olhar desse saber sobre os cultos "primitivos" reserva, afinal, a função terapêutica ao detentor do discurso competente, ou seja, o terapeuta formado na academia. Assim, relembrando Nina Rodrigues e seus colegas da Faculdade de Medicina da Bahia, Ordep Serra comenta que

> [...] talvez os luminares baianos da escola de Nina não ficassem mais escandalizados com a expressão "práticas terapêuticas do candomblé" do que ficaram muitos psiquiatras (e etnopsiquiatras) ilustres quando alguns antropólogos se puseram a fazer analogias entre procedimentos xamânicos e psicoterapias ocidentais: recordemos a celeuma que provocou Lévi-Strauss, os ferozes protestos que arrancou, quando ousou comparar psicanalista a xamã num artigo famoso.[28]

Não me cabe aqui expor as formas ou relatar os exemplos das práticas terapêuticas estudadas nessa literatura. Antes, julgo importante assinalar a transformação que uma nova escuta na psicologia implicaria na relação sujeito-objeto de uma aproximação e um diálogo entre os psicólogos e o meio cultural não-ocidental. Diálogo significa uma troca entre dois sujeitos. Em vez de tentar ouvir nas culturas do "outro" as marcas de patologias específicas, é possível que uma escuta fundada no diálogo apreenda novas possibilidades de abordagem terapêutica. Antes, creio, será possível ganhar nesse diálogo novas alternativas de encaminhamento em casos de crise individual em que as questões trazidas apontam para a necessidade de outro interlocutor.

A análise extraída do campo dos estudos da brancura ajudaria, a meu ver, a elaborar a relação sujeito-objeto ou sujeito-sujeito nesse contexto. A invisibilidade da identidade branca, não-nomeada e não-marcada, está subjacente à consideração de quem é o(a) terapeuta e o(a) paciente. Quando se fala nessa relação, a suposição não-articulada, porém praticamente universal, é de que a terapeuta, detentora do discurso competente, será branca e o paciente negro(a), um sujeito patologizado não só na cultura, mas na própria pessoa, após séculos de operação das ciências ocidentais sobre ele. A interlocução da psicologia com outras disciplinas sugere, por exemplo, um movimento no sentido de preparar a(o) "terapeuta" para um encontro mais rico e viável em que esta não incorra no risco de "patologizar" a cultura do "paciente". Ou seja, identifica de antemão a(o) terapeuta como branca(o).

Protestar-se-á: não se trata de cor da pele, mas da representação de um saber ocidental. Justo: a manutenção desse saber como domínio quase exclusivo de brancos faz parte do "interditado" que estamos tentando ouvir. Ou seja, ao abordar a questão racial definindo o "terapeuta" como se fosse "neutro" ou "incolor", estaríamos escamoteando o privilégio que a condição racial confere aos brancos como potenciais detentores do discurso competente. "Privilégio" aqui se refere não à riqueza de posses ou à posição de classe, mas ao favorecimento que a brancura concede ao indivíduo em situações cotidianas e em momentos decisivos de vida. Esse privilégio pode ser puramente simbólico e ter conseqüências concretas, como na concorrência a um emprego ou no trato diferenciado que uma professora, mesmo negra, vá dispensar a um aluno. No caso em discussão, refere-se ao acesso aos meios de formação profissional.

Além de escamotear o privilégio, a atitude pretensamente daltônica deixa intocadas as possibilidades de a formação intelectual do terapeuta branco e sua experiência de vida marcada pelo privilégio interferirem na condução da terapia. Existe, por exemplo, a possibilidade de se configurarem as "experiências de desconexão" assinaladas por Ferreira (1999:79). Na escuta de um paciente cuja crise pessoal coloca questões derivadas da vivência do racismo, por exemplo, a experiência de vida do terapeuta branco pode levá-lo a negar o impacto da discriminação racial na vida do cliente, negando-lhe assim o reconhecimento de sua singularidade de experiência. Também pode constituir um desencontro de linguagem e de significações simbólicas capaz de interferir não só na escuta como na interpretação dos silêncios. Num exemplo hipotético, poderia ser interpretada de forma equivocada a hesitação do paciente sobre falar ou não de sua vivência da questão racial, motivada por dúvida: o terapeuta vai ou não ouvir com simpatia e compreensão?

Por outro lado, o pretenso daltonismo pode escamotear as implicações da identidade negra do terapeuta na escuta de um paciente cuja crise de subjetividade coloca questões derivadas da vivência do racismo ou de outros fatores ligados à especificidade de sua trajetória pessoal em virtude de sua condição de afrodescendente. Num depoimento revelador nesse sentido, referindo-se à demanda por terapeutas negros, Marilza de Souza Martins observa que:

> As pessoas [negras] não se viam compreendidas com as questões que as afligiam, as inquietações [...] porque ou o tema era tratado no passado, havia um desvio ou viés, ou nem era tocado. Era como se

não fosse uma pessoa negra que estivesse ali. Então as pessoas queriam terapeutas negros enfatizando a mesma questão, que tinham vivido as mesmas angústias.[29]

Aqui residem implicações da questão metodológica do perspectivismo, pois um saber psicológico que se pretende universal, quando não se entrega ao habitual escotoma em respeito à questão racial, costuma relutar em aceitar a especificidade, por exemplo, de uma abordagem "afro-brasileira". Tratar-se-ia de um "essencialismo" ou de um "critério de cor" com implicações de racismo às avessas. Nesse contexto, ganha outra dimensão a presença de terapeutas afro-brasileiras (uso aqui o "feminino universal" no lugar do masculino não apenas no intuito de tentar simbolicamente fugir da hegemonia lingüística, como também no sentido de assinalar que, numa constatação empírica, parece que a esmagadora maioria dessas terapeutas são mulheres) numa área profissional em que, até muito recentemente, não havia negros, exceto nos escalões mais inferiores. Cunha (1988) observa, por exemplo, que os funcionários subalternos no Juquery eram na sua imensa maioria negros, enquanto os psiquiatras, cuja identidade não é nomeada, seriam brancos. As estatísticas do *Mapa da população negra no mercado de trabalho* (Inspir/Dieese, 1999) confirmam a atualidade desse quadro.

À medida que se formam e atuam profissionalmente psicólogas afro-brasileiras, seu interesse na questão racial leva-as a desenvolver trabalhos sobre a questão. Seja no campo teórico, seja na prática terapêutica, a partir dessa atuação emerge o que denominei uma escuta afro-brasileira. O que diferencia essa escuta, creio, está expresso na seguinte "advertência" de Ordep Serra:

[...] já é tempo de que levemos a sério a patologia do racismo. Discuti-la é indispensável quando se quer compreender a "Etnopsiquiatria dos Cultos Afro-Brasileiros": tal patologia é justamente um dos males de que ela trata, uma fonte de distúrbios a desafiar o esforço médico das agências de saúde que também são os *terreiros*. (2000:4)

Essa patologia do racismo mereceu a atenção do sociólogo Guerreiro Ramos, que também discutia a "patologia social do 'branco' brasileiro" e desenvolveu uma prática de terapia na forma de psicodrama no contexto do Teatro Experimental do Negro.

Um marco importante no avanço dessa questão foi a publicação do trabalho de Neusa dos Santos Souza (1983), cuja abordagem a partir de um enfoque psicanalítico cunhou um termo que é amplamente referido hoje, mas causou na época bastante espanto: o do *ideal de ego branco*. Souza inovou ao investir em uma categoria da terminologia freudiana, o ideal de ego, com um sentido específico referente à condição racial. Assim contribuiu para instaurar um processo de desafio à "flácida omissão com que a teoria psicanalítica tratou, até então, este assunto" (Costa, 1983:16).

Souza analisa depoimentos de dez sujeitos negros em processo de ascensão social e revela o terrível dilema que representa a construção de sua identidade como negros numa "sociedade multirracial, racista e de hegemonia branca que, paradoxalmente, veicula a ideologia de democracia racial" (1983:70). Conclui que o negro que pretende ascender socialmente "paga o preço do massacre mais ou menos dramático de sua identidade" (p. 18). Identificado pelos referenciais da escravidão e afastado de seus valores originais, "representados fundamentalmente por sua herança religiosa", ele "lança mão de uma identidade calcada em emblemas brancos, na tentativa de ultrapassar os obstáculos advindos do fato de ter nascido negro". Tal identidade "o coloca em conflito com sua historicidade, dado que se vê obrigado a negar o passado e o presente: o passado, no que concerne à tradição e cultura negras, e o presente, no que tange à experiência da discriminação racial" (p. 73). Esse dilema é vivido no próprio corpo, cujos traços físicos e cor vinculam-no inapelavelmente a tudo o que a sociedade rejeita, não apenas como corpo "feio", mas também como agente histórico incapaz de criar civilizações ou valores positivos. *Negro* significa sujo, bestial, macaco, ignorante, bandido, bêbado, "degradado inferior"; seu cabelo é "ruim"; o corpo é a marca indelével da identificação com esse investimento negativo. O sujeito fica aprisionado ao incessante "sofrer o próprio corpo" assinalado pelo psiquiatra martiniquense Frantz Fanon (1952:112).

O contraste é grande se comparamos essa vivência dolorosa e comovente ao estereótipo do corpo negro escultural, atlético e exuberante, além de hipersexualizado, que simboliza na cultura dominante um foro de força e liberdade supostamente reservado ao negro. Trata-se de versão local da erotização da desigualdade assinalada por Hester.[30]

Instala-se no indivíduo, observa Costa (1983), um processo de perseguição a esse corpo, cuja impossibilidade de mutação é sentida como perseguição ao sujeito. O futuro identificador do sujeito depende da possibilidade de "inocentar" o corpo; essa possibilidade é negada; cria-se o impasse. "Eu sinto o problema racial como uma ferida [...] que não cicatriza nunca", diz um dos entrevistados de Souza (1983:43), assim nomeando o objeto do estudo da autora:

> Esta ferida narcísica e os modos de lidar com ela constituem a psicopatologia do negro brasileiro em ascensão social e tem como dado nuclear uma relação de tensão contínua entre Superego, Ego atual e Ideal do Ego. A nível clínico, esta relação de tensão toma o feitio de sentimento de culpa, inferioridade, defesa fóbica e depressão, afetos e atitudes que definem a identidade do negro brasileiro em ascensão social como uma estrutura de desconhecimento/reconhecimento. (p. 78)

Tornar-se negro ou "consumir-se em esforços por cumprir o veredito impossível – desejo do Outro – de vir a ser branco" são as únicas alternativas do negro em ascensão. Concluindo, Souza afirma:

> A possibilidade de construir uma identidade negra – *tarefa eminentemente política* – exige como condição imprescindível a contestação do modelo advindo das figuras primeiras – pais ou substitutos – que lhe ensinam a ser uma caricatura do branco. Rompendo com este modelo, o negro organiza as condições de possibilidade que lhe permitirão [...] construir uma identidade que lhe dê feições próprias, fundada, portanto, em seus interesses, transformadora da História – individual e coletiva, social e psicológica. (p. 78)

A julgar pela definição do tema e dos termos da análise de Souza, a questão parece dar-se em respeito apenas ao negro "em ascensão". Essa idéia reflete um viés que marcava as abordagens intelectuais dos temas sociais àquela época: o estruturalismo marxista, que oscilava entre uma negação pura e simples da questão racial em favor da luta de classes e um reconhecimento de sua legitimidade qualificada pela injunção de que o racismo fosse um monopólio exclusivo da burguesia capitalista.[31] Assim, presumia-se que não houvesse preconceito na classe trabalhadora ou entre os pobres, portanto não existiria sofrimento por motivo de opressão racial entre os negros pobres e operários.[32]

O equívoco desse tipo de análise deriva de sua fundamentação num modelo ocidental da sociedade de classes, oriundo dos países de economia capitalista industrializada, e fica patente quando introduzimos o fator da dominação colonial. Ao que parece, os teóricos marxistas promotores dessa linha de raciocínio deixaram de tomar conhecimento da análise do processo de colonização feita por autores como o filósofo argelino Albert Memmi,[33] entre outros. O psiquiatra, psicanalista e filósofo Frantz Fanon (1979, 1983) demonstra a fundo, em seu estudo da dinâmica psíquica da dominação colonialista em seu aspecto racial, como o ideal de brancura atua sobre o processo de construção da identidade do dominado. No que diz respeito especificamente ao Brasil, uma extensa literatura, mais recente, registra a experiência de crianças negras em escolas públicas de comunidades pobres. Essas crianças sofrem de forma muito incisiva as seqüelas do racismo e da discriminação racial no processo de formação de sua identidade e no desenvolvimento de seu desempenho escolar.[34]

A abordagem psicanalítica tem nova expressão na tese de Isildinha Baptista Nogueira (1998), cujo depoimento é instrutivo quanto à questão do perspectivismo:

> Enquanto psicanalista, me propus explorar o modo como a realidade sócio-histórico-cultural do racismo e da discriminação se inscreve na psique do negro. Isto é, debrucei-me sobre a questão de como se dá, para o negro, esse processo de se constituir enquanto sujeito, na medida em que é afetado, desde sempre, por tais sentidos. Enquanto psicanalista e, particularmente enquanto negra, minha escuta sempre foi posta nessa direção. (1998:169)

Diante do progresso das pesquisas que colocam hoje à disposição dados estatísticos que ajudam a comprová-lo, a autora pode afirmar sem constrangimentos que a dominação racial atinge os negros em todas as classes sociais. Ela propõe um modelo dos processos psíquicos dessa dominação em termos lacanianos que envolve, além da operação do ideal de ego branco, a dissociação narcísica na imagem do corpo; a falta da brancura vivida como privação; a inveja do branco como aquele que detém o que lhe falta. Focaliza a idéia da relação persecutória com o corpo exposta por Costa (1983), para quem essa perseguição se dá a partir da injunção sofrida quando o sujeito toma consciência do racismo. Nogueira sugere que tal experiência funciona como *sobreposição*: "O encontro com o racismo enquanto experiência consciente vem se sobrepor a um real de recusa do corpo negro que corresponde a uma lembrança arcaica".[35] A lembrança arcaica seria o desejo de brancura da mãe, numa analogia à teoria de Lacan, para quem "o desejo se articula no que falta à mãe: o falo".[36]

A inovação teórica de Nogueira convida-nos a uma reflexão, desde a perspectiva de gênero, sobre a teoria freudiana e lacaniana da estrutura psíquica e da ordem simbólica baseadas na diferença sexual. Cumpre registrar, de início, a tese de que a psicanálise se instaura na exata interrogação da natureza do feminino. Conforme afirma Regina Neri, a psicanálise "se inaugura dando crédito e ouvidos à histeria como portadora de uma verdade que subverte a racionalidade científica e filosófica" construída ao longo de séculos. Essa verdade seria o "outro" feminino, que surge desconstruindo o universal e instalando no cerne da psicanálise a questão da diferença sexual.

A riqueza e a singularidade da psicanálise estão no fato de ela ter se constituído justamente na tensão discursiva – presente na obra freudiana – entre dar voz a esse outro, singular, e reafirmar o masculino como universal na cultura. Referida a um *télos* falocentrista erigido como simbólico universal e a-histórico, a construção fálica é uma expressão dessa vertente de reafirmação, uma versão masculina da diferença, em continuidade com o discurso filosófico e científico de uma metafísica dos sexos.[37]

No universo lacaniano, a intervenção do pai simbólico como terceira parte rompe a ilusão de união no vínculo entre mãe e filho, introduz a linguagem e assim possibilita o processo de diferenciação psíquica do indivíduo, permitindo ao sujeito perceber-se como um ser distinto dos outros. Essa intervenção também instaura o *logos*, o pensamento e a fala, pois estes surgem do discernimento da diferença e do processo de diferenciação. Por isso, o simbólico é fundamental para a manutenção da sanidade; sua única alternativa é a psicose.

O falo simboliza essa ruptura realizada pela intervenção da terceira parte e constitui a marca da falta, ou seja, do fato de o sujeito não ser completo em si mesmo.

Teoricamente, essa estrutura simbólica não implicaria a dominância do masculino, pois o falo seria um sinalizador neutro, e ambos os sexos poderiam ocupar tanto o lugar masculino quanto o feminino do simbólico. Entretanto, em dois planos, a ligação do simbólico à diferença sexual determina que o vínculo entre falo e pênis exista, e persista, estruturando o simbólico freudiano-lacaniano como fundamentalmente patriarcal. O primeiro é o social, posto que, em geral, as mulheres cuidam dos filhos, e a terceira parte interveniente é o homem. Além disso, os homens são valorizados socialmente, fato que reforça a identidade masculina do terceiro que intervém, ao passo que a associa de maneira implícita à linguagem e ao *logos*, e portanto à esfera do poder de ação no mundo. O segundo está no fato de que, ao ligarmos o corpo ao processo simbólico, dependemos de uma representação visual da diferença sexual e o pênis passa a representar o falo. Além disso, a posição feminina é identificada como falta, desprovida de conteúdo, algo que existe apenas em oposição ao falo.

No contexto freudiano da construção fálica, a inveja do pênis surgiria assim que a criança descobre a diferença anatômica entre os sexos, cuja significação para a menina – a falta – é vista como essencial e posta como universal, num exemplo clássico da naturalização de desigualdades sociais que tivemos ocasião de observar nos primeiros dois capítulos.

A crítica feminista à psicanálise focaliza essa tese da natureza sexual da preferência pelo masculino, conforme expõe Eibl-Eibesfeldt ao caracterizá-la como procedimento não-científico:

[...] uma hipótese explicativa plausível é de maneira excessivamente leviana admitida como dilucidação *per causas* e se constrói sobre o complexo de Édipo, sobre o temor da castração e sobre a inveja da menina pelo pênis, como se se tratasse de dados de fato comprovados. Mas não é nada disso. É certo que, em casos isolados, uma menina desejaria ser um menino e que um filho experimentaria conflitos precoces com o pai. Mas tudo isto pode ser explicado fora do campo sexual e de forma igualmente plausível, como uma luta pela posição social.[38]

Quanto ao momento de descoberta da diferença anatômica, Belotti (1987) sustenta que a tônica do fenômeno é social, pois basta a criança testemunhar as relações de poder que prevalecem dentro da família para compreender a superioridade da posição masculina. Ela pode constatar a diferença anatômica antes ou depois, não importa; de qualquer modo, chegará à mesma conclusão, ou seja, a identificação do pênis com o falo simbólico. Essa identificação flui, entretanto, não da constatação da diferença anatômica, mas das relações de poder e dos padrões de organização familiar na sociedade patriarcal.

Todavia, o equívoco de elevar a construção simbólica freudiano-lacaniana à condição de estrutura psíquica universal não está somente no essencialismo. Ao focalizar apenas a esfera social, essa crítica foge da verdadeira dificuldade psicanalítica, isto é, a necessidade do simbólico para a sanidade mental. Ou seja, se a alternativa ao simbólico é a psicose, é do cenário da abordagem clínica que emerge o maior significado da crítica feminista.

Seguindo a lógica da construção falocêntrica, há os que chegam à conclusão de que os homens teriam mais capacidade de diferenciação psíquica, fato que explicaria a incidência empiricamente maior de psicoses entre as mulheres. "Daí surge o paradoxo", observa Teresa Brennan: "O simbólico patriarcal é uma condição de sanidade para ambos os sexos, com exceção das mulheres". Esse é o contexto da crítica feminista, preocupada não só em neutralizar a linguagem e os modos de pensar patriarcais, mas intervindo na discussão psicológica sobre o simbólico do ponto de vista clínico e tratando o problema específico da organização psíquica e da sanidade.[39]

Para Brennan, as mudanças reais nos padrões de parentagem ou nas relações sociais de gênero devem ter conseqüências para o simbólico. Considerando a influência do simbólico sobre a organização e a sanidade psíquicas, a questão passa a ser: "O que um simbólico não-patriarcal acarretaria?". Sob essa perspectiva, por exemplo, a atenção explícita de algumas autoras ao corpo feminino "pode ser lida não como uma celebração do corpo em si mesmo, mas como um argumento psicanaliticamente informado, destinado a contrabalançar a centralidade do pênis na diferenciação psíquica".[40]

Voltando à inovação teórica de Isildinha Nogueira, não sei se poderiam ser articuladas considerações análogas às da crítica feminista com referência à sua caracterização da inveja da brancura como resultado da sobreposição a uma recusa à identidade negra a partir da lembrança arcaica do desejo da mãe pelo que lhe falta, a brancura. Parece que uma naturalização dessa privação correria paralela à sexualização da falta do falo, embutindo na ordem do simbólico questões que dizem respeito às relações raciais de poder.

Por outro lado, podemos contemplar a possibilidade de os padrões de relações sociais de raça, como os de gênero, terem conseqüências para o simbólico. Se a dinâmica social do racismo e a intervenção do supremacismo branco na formação da personalidade influenciam a experiência do simbólico, de forma analógica à dinâ-

193

mica das relações sociais de gênero e à identificação do pênis com o falo, está aberto o caminho para a seguinte questão: "O que acarretaria um simbólico intocado pelo etnocentrismo ocidental?". Cumpre observar, nessa linha de raciocínio, que o estruturalismo de Lacan e o esquema freudiano estão calcados no mito edipiano, que tem sua origem numa matriz etnocultural específica, a grega, eminentemente patriarcal. As teses de Diop (1978) e Oyewumi (1997), articulando a crítica afrocentrada, complementam a crítica feminista à psicanálise ao questionar essa tendência à naturalização da estrutura patriarcal, que parece passar a "inscrever-se no corpo" como marca física beirando a biogenética. Se a estrutura simbólica da linguagem é o que define o falo como símbolo do poder que reside no pai, e se este se constitui como autoridade moral "pelo nome que o designa e que supõe atrás dele uma genealogia, uma tradição",[41] perguntamos com Diop o que acontece quando a genealogia é traçada a partir da linhagem materna e quando mulheres e homens exercem o poder. Ou quando, como aponta Oyewumi, a estrutura lingüística não sustenta o investimento singular de poder na figura masculina. Se a autoridade do pai deriva da ancestralidade, ela será "assinalada na vida por algo pertencente a *outra ordem que não a da vida*"[42] apenas se o sistema simbólico que rege a vida assim a define. Na cosmologia nagô a ancestralidade está presente como um aspecto *da ordem da vida*, representada simbolicamente tanto no culto masculino dos *egungun* quanto no culto feminino das *gèlèdés* ou *èlèèkó*, no poder feminino das *iyami* e das *iyaba*. Esse poder espiritual feminino tem reflexos amplamente documentados na estruturação do poder social nas comunidades-terreiro.[43] Dentro do raciocínio que propomos, é possível que acarrete implicações também para o simbólico e para a estruturação psíquica vividos nesse contexto cultural.

Abordando outra faceta desse tema da dinâmica das relações sociais de raça e da ideologia do supremacismo branco na formação psíquica, outra psicóloga afro-brasileira, Maria Aparecida da Silva Bento, aponta a necessidade de introduzir na psicologia uma consideração do *direito* a partir de um entendimento crítico das relações de poder.[44] Para ela, ao naturalizar as relações de poder simbolizadas nos signos de estruturas psíquicas, a teoria psicanalítica impede uma abordagem crítica dessas relações e remete à culpabilização do dominado.

> Eu entendo que se você deseja alguma coisa que lhe foi expropriada, você não deseja ser branco, mas deseja aquilo que lhe foi expropriado, e você tem direito àquilo. [A idéia da psicanálise é que] Eu não quero ser branca se eu estiver na favela e com uma carroça; aí eu estou bem com a minha negritude. Se eu desejar morar nos Jardins e quiser ter uma BMW, eu quero ser branca? Não. [Se os psicanalistas entendem assim, é porque] Estão entendendo que essas coisas são dos brancos. Eu acho que aquilo não é do branco, aquilo é o que eu pago. Aquilo é fruto de usurpação.

A implícita culpabilização está na atribuição às estruturas psíquicas de uma inveja que "se inscreve" no organismo do sujeito, aparentemente de forma irredutível. Restringe-se a possibilidade de agência histórica, e a condição do oprimido parece imutável. Para Bento, esse tipo de análise pode contribuir para a naturalização das desigualdades sociais.

> São duas coisas, as duas separadas. Uma é ver uma condição de prejuízo ou de inferioridade relacionada ao que você pode fazer para mudá-la e ao seu próprio esforço de mudança da situação. Isso é uma coisa positiva. Mas quando você desconsidera toda a história, você focaliza só o oprimido, então você vai dizer: ah, os negros estão assim porque eles ainda não souberam virar o barco.

Assim, Bento conclui que

a psicologia precisa redefinir inveja, desejo, e aprender a introduzir *direito* no seu vocabulário. O direito hoje está em [algumas] áreas da psicologia social, mas o direito não está na psicologia clínica. Ali, há um pouco a reafirmação de um lugar para branco. Há mesmo na psicologia uma dimensão assim: os mais competentes se estabelecem.

Essa observação parece caber, de certa forma, à conclusão de Nogueira, pessimista quanto às perspectivas de ação política dos afrodescendentes. Segundo a autora, essa ação "pode vir a ser comprometida e limitada pela falta de consciência [...] do processo de formação, na sua própria psique, das representações imaginárias e simbólicas do corpo negro" e "vir a fracassar, por exemplo, pela sobrevivência, inconsciente, do mito da brancura nas próprias formas em que ela, a ação política, se expressa" (1998:170). Sua conclusão parece, assim, mais pessimista que a de Souza, que afirma:

> A construção de uma nova identidade é uma possibilidade que nos aponta esta dissertação, gerada a partir da voz de negros que, mais ou menos contraditória ou fragilmente, batem-se por construir uma identidade que lhe dê feições próprias, fundada, portanto, em seus interesses, transformadora da História – individual e coletiva, social e psicológica. (Souza, 1983:78)

A discussão teórica não atinge a qualidade da atuação de profissionais como Bento e Nogueira, cujo relato dos casos que tratam revela compromisso e competência no sentido de desvelar e reconduzir anomalias suscitadas pela vivência da condição racial num contexto de dominação. As duas partilham a formulação de teoria e prática com referência à história de usurpação, pois afirma Nogueira: "Parece que as estruturas de poder e dominação não são alheias às psicanálises praticadas nos consultórios" (1998:169).

O debate teórico sublinha, antes, a incipiente existência de uma "lida" da psicologia com a questão do racismo. Esse fato faz-se possível a partir da entrada em cena e da atuação de psicólogas negras, e ainda se restringe na sua maior parte a esse grupo ainda bem pequeno. O *mainstream* da teoria psicológica, ao que parece e com deferência às louváveis exceções, ou mantém o tradicional silêncio ou reconhece de forma retórica a lacuna, eximindo-se da tarefa de preenchê-la e dedicando-se a cuidar de outras prioridades sempre mais urgentes, ou ainda admite a lacuna e continua desinformado, sentindo-se sem recursos para tratar a questão. "Há um desconhecimento total de como lidar. Há um desconhecimento quando não uma negação [...] ou se não uma negação, um desconhecimento total."[45]

Muito recentemente, vem aumentando o número de profissionais capacitadas para tratar da questão racial. Em grande parte, são psicólogas que sentiram na pele a demanda de terapeutas negras capacitadas para essa "lida", como é o caso de Maria Lúcia da Silva:

> Eu fiz análise mesmo com uma psicanalista ortodoxa de divã, em 1982, e na época eu vivia situações reais, concretas. Por exemplo, tomava um ônibus para ir para a terapia no horário de almoço, era um ônibus muito lotado, e tinha uma turma, uma *gang* real, eu conhecia eles, que assaltava dentro do ônibus. Era uma época que tinha muito assalto dentro do ônibus e eles faziam de mim uma cúmplice deles, porque na hora que eles começavam a assaltar eles olhavam para o meu olho e começavam a assaltar. Eu chegava enlouquecida na terapia, porque primeiro como é que eu vou fazer para denunciar, se eu denunciar eu danço, porque ali era barra. Isso num aspecto, porque outro aspecto é que como essa linha já tinha essa tradição, qualquer negro dentro daquele ônibus era suspeito, então muitas vezes ao me ver passar naquele ônibus as pessoas guardavam a bolsa, seguravam a

197

bolsa, botavam a mão no bolso. Então muitas vezes eu chegava na terapia com essas questões e minha terapeuta sempre colocava que era complexo de inferioridade, que não é bem assim. E eu discutia com ela. "Não, você não é negra, você não sabe o que é você passar no ônibus e alguém achar que você é que vai roubá-lo, que você é ladrão etc. etc." Além de outras coisas que a questão racial suscita. E essa psicanalista, que eu gosto muito, que me ajudou muito, não conseguia compreender, até que chegou uma hora que ela se rendeu e falou: "Bom, tá bom, que é que você me indica para ler, como é que eu posso começar a perceber por onde passa isso?". Então, ela pôde ser "humilde" no sentido de dizer: "Eu não entendo isso que você está me trazendo, então como é que eu posso me preparar para poder vê-la de uma outra maneira". Agora, eu sou atrevida o bastante, sabia das questões raciais, já era do movimento negro, estava estudando psicologia. Então podia dizer para ela: "Você está errada, isso não é complexo de inferioridade, eu posso até ter complexo de inferioridade, mas isso aqui não é, tá errado, você tem que ver de outro jeito". Então a gente entende, pelos relatos, que outras coisas aconteciam com outras pessoas, inclusive por não ter essa disponibilidade do enfrentamento. Afinal, é uma autoridade que está ali, é difícil a pessoa enfrentar essa autoridade em relação àquilo que está sentindo e dizer: "Não, não é verdade!". Como é que essa moça vai desqualificar uma terapeuta! Então essas queixas a gente recebia.[46]

A partir de meados da década de 1990, grupos de profissionais vêm se formando com o objetivo de preencher essa lacuna. Pioneiro entre esses é o Amma – Psique e Negritude, de São Paulo. O nome refere-se ao princípio mitológico africano do "sopro divino que representa o movimento espiral da criação do mundo [...] concepção de matriz original, força criadora e contínua evolução e expansão" (Amma e Quilombhoje, 1999:orelha). Trata-se de um grupo de psicólogas – Ana Maria Silva, Maria Lúcia da Silva, Marilza de Souza Martins e Sílvia de Souza – cuja atuação inclui a terapia individual e de grupo, complementada por um trabalho comunitário de prestar consultoria e participar de eventos, seminários e oficinas, além de publicar textos dirigidos ao público leigo[47] como o livro *Gostando mais de nós mesmos* (Amma e Quilombhoje, 1999), descrito como "um manual mesmo, de sobrevivência".[48] Utilizam abordagens que variam desde as psicoterapias junguiana e reichiana até a abordagem holística.[49] A seguinte afirmação sobre seu trabalho lembra a exortação de Serra (2000:4) sobre a urgência de se atentar para a patologia do racismo:

> Compartilhamos a idéia, fruto de nossas experiências de vida e vivências profissionais, de que o racismo produz modos diferentes de adoecer, além de provocar distorções na construção de nossa identidade. Acreditamos na necessidade de criação de estratégias de trabalho que levem em conta o racismo como mais um elemento que estrutura nosso aparelho psíquico e, portanto, desencadeia atitudes e comportamentos próprios de quem está sujeito à discriminação. Nossa perspectiva é investigar alternativas diferenciadas que possam pensar o negro levando em conta nossa história e nossa peculiaridade. Compreender como o racismo atua em nosso psiquismo e encontrar formas de superação é uma tarefa e um dos estágios na reconstrução da dignidade do indivíduo e do povo negro.

Concluem esse documento dizendo: "Esperamos, também, que a sociedade contribua com sua parcela de responsabilidade, em busca de soluções que possam eliminar as desigualdades sociais e raciais que atingem a maioria da população brasileira".[50]

Existem várias iniciativas nessa direção, impulsionadas por entidades do movimento social afro-brasileiro. Entre outros exemplos está o Instituto do Negro Padre Batista, também em São Paulo, que oferece um programa de atendimento jurídico com assistência psicológica a vítimas de crimes raciais, em convênio com a Procuradoria-Geral do Estado.[51] No Rio de Janeiro, a Trupe da Saúde e o

Grupo Cultural Afro-Reggae desenvolvem uma ampla experiência a partir de sua localização em Vigário Geral, comunidade onde houve o massacre de dezenas de pessoas (Zanetti, 2001). Na área de saúde, trabalha como prioridade as questões de HIV/Aids e doenças sexualmente transmissíveis, atividade que envolve, necessariamente, a reflexão, a intervenção e o desenvolvimento de abordagens na área da psicologia.

Nesse contexto, um dos coordenadores da Trupe da Saúde, Marco Antonio Chagas Guimarães (1990, 1995), recorre à matriz da cultura religiosa de origem africana para formular uma abordagem teórica, na linha de Winnicott, da tradição das mães criadeiras – as que cuidam da(o)s iyawos, ou iniciandos, durante seu período de recolhimento e de renascimento na cerimônia de dar o nome – e seu papel na comunidade-terreiro como "mães boas o suficiente". Em outro trabalho (Guimarães, M. A. C., 2001), partindo ainda da matriz winnicottiana e dos referenciais da comunidade-terreiro, esse autor estuda três projetos de atendimento (Projeto Odoyá, Trupe da Saúde e grupo de gestantes de Vigário Geral) e propõe o conceito de "rede de sustentação" como modelo de intervenção na saúde coletiva.

Marta de Oliveira da Silva, psicanalista e pesquisadora do Instituto Palmares de Direitos Humanos, observa (1996) como a violência, que incide de forma brutal sobre a população negra, se traduz em sintomas tratados como distúrbios de saúde mental, mostrando que o sistema de classificação desses distúrbios "singulariza, exclui e encobre os verdadeiros fatores desencadeantes dos sintomas apresentados, e reenvia às pessoas que procuram ajuda a responsabilidade, individual, pelo seu 'adoecimento'". Para essa autora, o estado de violência contínua vivido pela população negra resulta na necessidade de "pensarmos numa economia psíquica de guerra, que altera a atitude subjetiva diante da vida, pois perverte a possibilidade de pensar o prazer e o futuro; e diante da morte, na medida em que a banaliza". A necessidade de políticas públicas de saúde mental adequadas para responder a essa situação vem sendo reconhecida em diversos contextos, inclusive pelo Ministério da Saúde (1996).

Em Florianópolis, o Programa de Justiça do Núcleo de Estudos do Negro (NEN) criou em 1998 um setor de Atendimento Psicoterapêutico para Vítimas do Racismo, cujos objetivos[52] expressam de forma bastante representativa os de outras entidades, programas, serviços e iniciativas de aconselhamento psicológico criados por entidades e terapeutas negros:

> Objetivos: 1. Compreender como o racismo atua na estrutura psíquica, como altera atitudes e comportamentos dos indivíduos sujeitos às práticas discriminatórias; 2. Possibilitar através de um processo psicoterapêutico grupal a discussão teórica e vivencial; 3. Permitir que as vítimas compreendam os aspectos relacionados à justiça, às desigualdades sociais, à discriminação, à auto-estima, à identidade e à participação social.

A esperança de ir além de superar o sofrimento individual expressa, talvez, o maior objetivo comum dessas iniciativas:

> Se em nossas experiências incluímos um processo de autoconhecimento e avaliação contextual, podemos nos tornar instrumento de transformação, na medida em que o conhecimento amplia as escolhas, possibilitando independência e criatividade.

Maria Lúcia da Silva, coordenadora do grupo Amma, usa uma abordagem apoiada na bioenergética. Sua discussão teórica coincide com a psicanalítica ao identificar a mesma "ferida aberta, exposta, sujeita a qualquer momento a todo tipo de ataque". Com base na sua experiência clínica, sugere "a hipótese [...] de que o processo histórico vivido pelo negro imprimiu-lhe alguns traços da dinâmica psicológica do indivíduo esquizóide" (1997:23). A ausência de identificação do ego com seu corpo leva esse indivíduo a não percebê-lo de maneira viva; "ele se sente desligado do mundo e das pessoas [...] seu senso de identidade consciente está desligado do modo como ele sente em relação a si mesmo".[53] Silva observa que frases como "Descobri que não tenho corpo" ou "Finjo que não tenho corpo" são comentários normalmente ouvidos de pessoas negras no consultório. A identidade é estilhaçada, fragmentada. Esse fato, no esquizóide, deve-se a "uma história de rejeição, uma mãe ausente, fria e hostil, que não olhava para ele com carinho [...] dificultando com isso a relação dessa criança com seu próprio corpo". Mais que isso, pode ter sofrido uma ameaça real de morte nos primeiros momentos de vida, "ou mesmo no período intra-uterino (a mãe pode ter sofrido algum tipo de acidente ou mesmo o bebê), [e] traz essa lembrança corporal e emocional". A autora faz uma analogia singular:

> Tomemos a Sociedade Brasileira como a grande mãe, madrasta preferirão alguns, e vejamos como essa mãe cuidou desse filho.
> Mãe totalmente rejeitadora, não reconhece o negro como seu filho, pelo contrário, como era "um escravo podia ser objeto de compra, venda, empréstimos, doação, penhor, seqüestro, transmissão por herança, embargo, depósito, arremate e adjudicação, como qualquer mercadoria".
> Não só não acolhe, como ataca com castigos corporais, que muitas vezes o levam à morte, mesmo antes de ser "parido" em sua nova terra: "As causas da morte eram maus-tratos, má alimentação a bordo, superlotação, doenças [...] a mortalidade poderia continuar em solo brasileiro, onde os escravos chegavam exauridos e expostos a doenças para as quais seu sistema imunológico estava despreparado".

É uma mãe que permite que abusem do corpo desse filho; haja vista os estupros das mulheres negras, bem como o uso dos homens como reprodutores. É uma mãe desumana e hostil que, ao animalizar o filho, imprime-lhe uma imagem de menos-valia. [...] Para suportar os castigos físicos era necessário se "ausentar" desse corpo [...]. Qualquer demonstração de afeto, seja ódio ou amor, colocava sua vida em risco.

Por outro lado, os castigos e as humilhações sofridas constantemente, bem como o incentivo da animosidade entre os negros, contribuíram para a instalação do conflito em sua identidade, bem como o desejo de não ser negro.

Essa rejeição histórica da mãe metafórica, "a sociedade se incumbe de reforçar através do racismo". A autora não deixa de assinalar uma inscrição atávica dessas marcas históricas, "gravada[s] em nosso corpo, como uma espécie de 'genética emocional'" que o racismo renova e reforça. Entretanto, esse processo não está vinculado ao simbolismo lacaniano do falo, nem se articula em termos de inveja como processo psíquico arcaico. Trata-se de "um processo constante de aniquilamento", que leva alguns negros, como o indivíduo esquizóide, a fechar-se no seu mundo interno, onde "está protegido para criar, sonhar, se espiritualizar [...] é o único espaço de liberdade". A aniquilação da própria identidade favorece "a dificuldade de convivência, a violência vivida entre negros", que é o "fruto de não poder reconhecer no outro um igual. Olhar para o outro é o mesmo que olhar para um vaso quebrado, despedaçado, sem valor" (1997:25).

A tônica dos artigos e do livro das psicólogas do Amma, dirigidos ao público leigo, é o tema da auto-estima. De várias formas, em diversos contextos, as autoras pensam as alternativas para a construção da auto-estima do negro. Para isso, o resgate do corpo faz-se necessário, como também o do legado histórico e da matriz

203

cultural próprias. "Para mim, resgatar a África é resgatar a auto-estima", diz Maria Lúcia, "e nós precisamos disso, nós precisamos trabalhar em cima da auto-estima." Contudo, admite existirem para isso sérias dificuldades, a começar pela falta de "informações ágeis" para subsidiar essa proposta.

Nesse ponto, a terapeuta confirma minha hipótese de que uma identidade calcada apenas na imagem da escravidão como referencial histórico tem poucas possibilidades de construir auto-estima. A recuperação do ancestral africano como agente histórico criador de civilizações e de tecnologia torna-se importante para desfazer o peso das representações negativas que favorecem a crença na sua inferioridade.

Ferreira (2000) traz uma relevante contribuição com seu estudo de identidade afrodescendente. A pesquisa se constrói a partir da entrevista, trabalhada numa relação dialógica, com o sujeito João, militante do movimento negro paulista. Partindo do modelo teórico de Cross[54] e dos trabalhos de Helms,[55] Ferreira identifica quatro estágios no processo de construção dessa identidade: de submissão, impacto, luta e articulação. O primeiro estágio corresponde à plena vigência do ideal do ego branco e da inveja da brancura: o indivíduo aceita as injunções da sociedade dominante sobre sua inferioridade racial, submete-se a elas e tenta fugir da identificação como negro. O segundo corresponderia, talvez, à injunção promovida pela consciência do racismo no modelo de Jurandir Costa (1983). Entretanto, Costa vislumbra o impacto dessa injunção no sentido de instaurar o conflito persecutório com o corpo, mantendo e aprofundando o estado de submissão. Ferreira organiza seu estudo com um sujeito cuja consciência do racismo lhe inspirou, ao contrário, revolta e ação por meio da militância. O impacto da consciência do racismo tem nesse modelo o efeito de impulsionar o sujeito na direção da busca de informações e de contextos de ação coletiva capazes de sustentar uma agência sua na luta contra o racismo. O estágio da luta equivale à militância propriamente dita, fase caracterizada por um mergulho nos valores identificadores e no engajamento político. O estágio da articulação seria uma consolidação da identidade afrocentrada desenvolvida na militância e a busca de novas parcerias, mais amplas, para engajar-se no diálogo e no intercâmbio com outras identidades. O autor afirma não se tratar de um modelo fixo ou acabado. Os processos de construção de identidades podem divergir de um indivíduo para outro, alguns elementos de diferentes estágios coexistindo em dado momento da vida do sujeito.

O modelo de Ferreira parece retomar a caminhada de onde Souza (1983:78) a encerrou: na "tarefa eminentemente política" que implica a "possibilidade de construir uma identidade negra [...] fundada nos seus interesses, transformadora da História — individual e coletiva, social e psicológica". Nessa dimensão política reside a inovação teórica introduzida por Ferreira quando focaliza uma identidade fundamentada na militância e fala da construção de identidade com um *sentido de autoria*.

A segunda inovação de Ferreira é a idéia de construir uma identidade afrocentrada em articulação com outras matrizes. Aqui, encontramos a essência do conceito de *agência*: a necessidade de o sujeito estar seguro no seu centro para então se engajar numa ação dialógica em solidariedade com outros atores. Ferreira (2000:83-4) descreve esse estágio da seguinte forma:

> Aos poucos, a pessoa desenvolve uma perspectiva afrocentrada não estereotipada, com atitudes voltadas para a valorização das qualidades referentes à negritude mais expansivas, mais abertas e menos defensivas. [...] Psicologicamente, a partir do momento em que o indivíduo deixa de considerar como antagônicos os valores associados a matrizes etnorraciais distintas, sua internalização deixa de ser conflitiva, tornando a pessoa mais calma, mais relaxada. [...] Essa "nova

identidade, com a qualidade africana como uma de suas importantes dimensões, passa a ter uma função protetora. [...] As matrizes africanas passam a ser efetivamente afirmadas.

Sem dúvida, Ferreira avança bastante ao reconhecer a possibilidade de uma identidade afrocentrada em diálogo com outras matrizes, pois o escotoma do discurso hegemônico da mestiçagem está em descartar tal hipótese de antemão. Nessa visão, a identidade afrocentrada intrinsecamente racista será incapaz de dialogar e interagir com outras matrizes, muito menos internalizá-las. Ferreira parece afirmar o contrário: centrando sua identidade num eixo localizado, o sujeito pode não só dialogar com outros valores, como absorvê-los e integrá-los de forma equilibrada. O método dialógico, fincado na interlocução com o entrevistado João, permitiu-lhe essa compreensão.

No capítulo final o pesquisador reavalia seu modelo, e esta segunda inovação cede em favor da meta de um "estágio de integração" em que "a identidade do brasileiro afrodescendente deixe de ser afrocentrada para tornar-se afroincludente" (2000:176). Quanto ao sujeito de pesquisa,

[...] fixado ainda em um estágio de militância, porém já em articulação com outras raízes culturais que também possui, João – o "negro" que se tornou "afrodescendente" –, [está] em vias de tornar-se um "brasileiro *afro-euro-indo-descendente*". (Ferreira, 2000:178)

Ou seja, o pesquisador parece remeter o estágio da identidade afrocentrada em articulação com outros grupos àquele da militância, em que fica de certa forma submerso. O estágio final passa a ser definido nos termos da clássica formulação do discurso hegemônico da mestiçagem.

Em comunicação por *e-mail* de 25 de fevereiro de 2000, gentilmente respondendo à minha indagação sobre o assunto, Ferreira esclarece que o termo "afroincludente"

[...] permite a idéia de um brasileiro negro e branco e índio, *sem uma ênfase na África*, pois acredito que, em função do processo histórico sofrido pelo africano escravizado, hoje o negro brasileiro tem sua identidade construída em torno de raízes européias, índias e vem resgatando suas matrizes africanas, independentemente da valoração que se possa atribuir a tal processo (no meu caso, o considero um processo perverso).

O autor agrega ainda que:

O brasileiro de descendência africana, independente do "grau" de negritude ou quantidade de melanina, contém na construção de sua identidade valores branco-europeus, africanos e índios e, no futuro, nipos, influência que está participando cada vez mais na formação da cidadania.

A identidade afrocentrada em articulação com outros grupos havia surgido como uma proposta original, emergente da metodologia dialógica que constitui uma destacada qualidade do trabalho de Ferreira. Seu contato íntimo e sua interlocução profunda com o sujeito João haviam permitido ao psicólogo ultrapassar a convencional formulação da "fábula das três raças" e compreender a noção de afrocentricidade. Entretanto, expressões como "grau de negritude" e "quantidade de melanina" indicam que o velho temor do essencialismo e a pressão da ideologia hegemônica o conduziram a reavaliar a noção da identidade afrocentrada em articulação com a alteridade, preferindo esta outra, "afroincludente".

Uma questão suscitada de imediato pelo termo "afroincludente" é quem define, e de acordo com que critérios, as referências e os conteúdos a serem incluídos nessa nova identidade. Segundo o autor, a proposta não abrange, por exemplo, "uma ênfase na África". Esta parece ter ficado para o estágio da militância.

Podemos perguntar, ainda, "inclusão em que?", pois se a cultura da identidade inclusa foi forjada na "fusão" das matrizes étnicas e culturais formadoras do Brasil, então a matriz africana já *é* identidade brasileira; não haveria necessidade de "incluí"-la. No entanto, se ela foi excluída, ou destruída conforme afirma Édison Carneiro,[56] somente uma abordagem afrocentrada seria capaz de recuperá-la em sua integridade.

No cotidiano brasileiro, o componente europeu dessa identidade é destacado a todo momento do amálgama cultural e desenvolvido à parte com enorme riqueza de detalhes. Ninguém ergue por isso a bandeira vermelha do essencialismo branco. Com respeito à matriz européia, tampouco se fala em "inclusão", pois o chavão definidor da "civilização brasileira" foi sempre a sua caracterização como "ocidental". E sempre se "incluiu" a africanidade nesse hegemônico ocidental *de acordo com os termos por ele definidos*, ou seja, uma africanidade identificada de forma irredutível com a escravidão, eliminando-se a idéia de povos africanos soberanos, atores no palco da história da civilização humana. Trata-se daquela africanidade lúdica, limitada às esferas da música, da dança, do futebol e da culinária.

Ferreira não deixa de reconhecer que a substituição do afrocentrado pelo "afroincludente" reflete e reproduz o processo de desafricanização que caracteriza a ideologia da cultura brasileira, pois ele se manifesta considerando-o perverso. Creio, entretanto, que assim não se resolve a questão, pois fica pendente a origem do conceito da identidade afrocentrada: a interlocução com o sujeito João. No decorrer desse diálogo, parece que João o havia convencido da possibilidade de uma posição afrocentrada em articulação com a alteridade. Contudo, ao reavaliar o modelo e torcer para que João ultrapasse a identidade afrocentrada, ingressando num quinto estágio "afroincludente", o autor retira-lhe essa possibilidade e a legitimação que ela implicava. Não deixa de esboçar-se aí uma limitação ao pleno exercício do *sentido de autoria* na construção de identidades como a de João. Esse trajeto corre paralelo ao ideário comum que rejeita o posicionamento afrocentrado por presumi-lo incapaz de engajar-se em diálogos ou de praticar solidariedade com outros grupos.

O autor volta à premissa de que somente ao passar da identidade afrocentrada para outra, afroincludente, João poderá, de fato, engajar-se na articulação com outros grupos. Ou seja, volta à equívoca noção de que uma identidade afrocentrada significa a exclusão de outros valores.

A afrocentricidade apenas localiza o centro da identidade. Nada impede que a identidade centrada absorva e internalize, de forma equilibrada, outros valores – exceto a rigidez ideológica do discurso hegemônico que propõe o desaparecimento da identidade africana numa "síntese" centrada fatalmente nos valores ocidentais. Nesse discurso reside um duplo escotoma: por um lado, a recusa de reconhecer o centrismo ocidental; por outro, a insistência em negar ao centrismo não-ocidental a capacidade de diálogo equilibrado com outras matrizes.

Creio que esse episódio aponte para a dimensão relacional do racismo. Todas as abordagens que vimos até agora têm uma característica em comum: tomam como objeto a patologia do racismo, mas focalizam-na apenas no que concerne à sua operação sobre o negro. Talvez esse fato derive do enfoque clínico, que lida com angústias e processos identificadores trazidos por clientes negros.

Outra abordagem emerge do trabalho do Ceert[57] na área da psicologia aplicada às relações de trabalho no contexto sindical. Por um período de dez anos, a entidade vem realizando, com sindicatos e profissionais de ensino, cursos e consultorias sobre relações raciais. Os cursos ajudaram a impulsionar o questionamento da postura universalista, de orientação marxista, que negava legitimidade às questões específicas de raça e gênero em favor de uma concepção unitária da classe trabalhadora. Nessa visão, observa Maria Aparecida da Silva Bento,

> as possibilidades da ação sindical voltavam-se para a totalidade, entendida como indiferenciação. Assim, o problema das práticas discriminatórias não era entendido como problema do sindicato, bem como as diferenças e as desigualdades raciais despertavam temores de ruptura, de prejuízo à totalidade. (Ceert, 1999:16)[58]

O desenvolvimento da ação sindical contra o racismo caminha apesar desses obstáculos. Entre os resultados estão a criação de comissões contra a discriminação racial, a aprovação de teses em congressos de centrais sindicais e de categorias específicas, e a criação do Inspir,[59] que reúne as três maiores centrais sindicais do Brasil na coordenação de ações anti-racistas conjuntas.

O objetivo dos cursos do Ceert é contribuir para esse desenvolvimento ao trabalhar o racismo no seu aspecto relacional, empreendimento que demanda o enfoque do seu impacto tanto sobre o negro quanto sobre o branco. Assim, partem do seguinte preceito de Ruth Frankenberg:

> [...] qualquer sistema baseado na diferença molda aqueles a quem outorga privilégio tanto quanto os que oprime. As pessoas brancas são investidas de "raça", da mesma forma que os homens são dotados de "gênero". E num contexto social onde pessoas brancas vêem-se com demasiada freqüência como não-raciais ou racialmente neutras, torna-se crucial observar a "racialidade" da experiência de ser branco. (1993:1)

A dinâmica social dos cursos realizados nos sindicatos confirma os dados e as conclusões de pesquisas feitas em São Paulo (Piza, 2000, 2002) no sentido de que o branco tende a não identificar-se racialmente. Além disso, entre as pessoas brancas e negras

não é incomum a tendência a negar, fugir, esquecer a condição de discriminado e/ou discriminador. Ao discutir sobre racismo, elas esperam abordar uma opressão que "está lá" na sociedade, e não algo que as envolve diretamente, que envolve a instituição da qual fazem parte. Nem sempre estão ávidas para entrar em contato com a realidade de que, se são brancas, em alguma instância, são beneficiárias do racismo. Por outro lado, a condição de discriminado, associada ao insucesso, incompetência e inferioridade, nem sempre é assumida prontamente. (Ceert, 1999:2)

A análise relacional realça que os privilégios (vale repetir que não se trata de privilégio no sentido de riqueza ou posses, mas de vantagens sociais, muitas vezes de natureza puramente simbólica) de uns bem como os déficits de outros, ambos frutos da discriminação, e mesmo as próprias desigualdades raciais, são vistos e com freqüência aceitos por meio de chavões insustentáveis pelos fatos ou pela lógica, que permitem a brancos e negros não enfrentar os conflitos e manter tal sistema. A negação da discriminação implica tanto a isenção dos brancos quanto a culpabilização dos negros.

Admitir o impacto do racismo que lhe traz privilégio mina, para o branco, a auto-imagem de competência e de mérito. Fica difícil reconhecer que "negros nas mesmas condições que brancos não costumam ter as mesmas oportunidades, os mesmos tratamentos" (p. 3), pois esse fato lhes mostra que nem sempre é o mérito que rege a conquista de posições superiores por parte de brancos. Por isso, "uma grande resistência a superar é a crença, que muitos querem preservar, de que o esforço individual é reconhecido com imparcialidade".

O Ceert oferece uma reformulação da história oficial que embranquece conceitos como trabalho, luta, resistência e operário, referências básicas dos cursos de formação sindical. A europeização desses conceitos fundamenta a idéia de que "trabalho e luta no Brasil só começaram há um século, com a chegada dos imigrantes europeus". O exercício de desvelar esse branqueamento ajuda os sindicalistas a compreender como se esvazia a agência histórica daquele que foi praticamente o único produtor de riquezas em 80% da história do país – o trabalhador afrodescendente. Trata-se de algo mais que uma revisão histórica ou uma desconstrução de mitos, "uma vez que permite ressignificar os grupos raciais" e oferece referenciais para redefinir os lugares sociais. "Ou seja, um processo de formação sobre relações raciais sempre pode se constituir em um processo eminentemente político" (p. 7).

A revisão de conceitos de identidade no instrumental da psicologia complementa essa abordagem. Com base em autores como Adorno e Fanon, o texto trata a função do racismo na economia psíquica do sujeito racista, favorecendo sua auto-estima ao dar suporte à sua crença de superioridade diante do outro ou fornecendo-lhe um bode expiatório para suas próprias culpas e mazelas. Bento focaliza a construção do "outro" absoluto a partir de si mesmo, por exemplo, como "uma forma de paranóia que traz em sua gênese o medo. O medo do diferente e, em alguma medida, o medo do semelhante a si próprio nas profundezas do inconsciente" (2000:1-2).[60] A função do que Freud chamou de "o amor canibal" pode articular-se com o "ódio narcísico". Em última análise, "quem inventa o negro do branco é o branco. E é este negro que o branco procura incutir no outro".[61]

Os estudos mergulham também na constituição da brancura como matriz de identidade. A primorosa imagem de Edith Piza (2002) descreve a identidade branca, que chama de branquitude:

No início foi assim: dar de cara com uma porta de vidro. Quem já se chocou contra uma porta de vidro sabe do que estou falando. O impacto é fortíssimo e, depois do susto e da dor, a surpresa de não ter percebido o contorno do vidro, a fechadura, as dobradiças de metal que mantinham a porta fechada. Tudo parece acessível, mas, na realidade, há uma fronteira invisível que se impõe entre o muito que se sabe sobre o outro e o quase nada que se sabe sobre nós mesmos. (Piza, 2002:60)

A não-identificação racial é a marca da branquitude. "Ser branco [...] é não ter que pensar sobre isso [...] o significado de ser branco é a possibilidade de escolher entre revelar ou ignorar a própria branquitude [...] não nomear-se branca."[62]

Piza propõe o conceito de um "lugar" de raça como "o espaço social de identificação do outro, enquanto sujeito em relação, na qual a raça define os termos desta relação". E oferece um exemplo:

Se a pessoa for negra e estiver estacionando um carro em lugar proibido, alguém pode sempre lembrar que "só negros fariam isso!". Entretanto, se um branco fizer a mesma coisa, certamente alguém dirá um palavrão pelas costas, que poderá, no máximo, ofender a mãe, mas jamais o conjunto dos brancos, o grupo racial ao qual pertence. A expectativa de comportamento para os dois sujeitos é determinada pela sua racialidade, mas apenas um é racializado e seu comportamento é estendido a todo seu grupo de pertença racial – o negro. O branco só tem mãe. (2002:72)

No seu aspecto relacional, o racismo gera em torno do negro uma intensa visibilidade das marcas de seu corpo, acompanhada de certas expectativas de comportamento. Para o branco,

A neutralidade e a não-explicitação tornam raça um dado dispensável da própria identidade, mas sustentam as "confirmações cotidia-

213

nas" das prescrições de uma "geografia racial do outro". Torna-se, na verdade, uma porta de vidro. Gera a transparência de um universo que é observado como único, geral, imutável. São os "outros" que devem mudar. São os "outros" que devem se aproximar. São os "outros" que são vistos, avaliados, nomeados, classificados, esquecidos [...]. (2002:85)

A brancura não-nomeada pode gerar conseqüências poderosas quando influi em decisões como escolher entre candidatos a um emprego. Diante de duas pessoas igualmente qualificadas, uma branca e uma negra, quando os critérios objetivos de seleção não determinam a escolha, o que decide é a subjetividade do patrão. Imbuído dos estereótipos construídos ao longo de cinco séculos, sua reação "natural", isto é, sem reflexão, é preferir o branco. Hoje, quando existem propostas no sentido de dar preferência, neste caso, ao negro, elas são identificadas como outorga de privilégio com base em raça, e não nos quinhentos anos de preferência do branco.

A discriminação configura-se, em inúmeros casos, nesses momentos de avaliação subjetiva do candidato. Num processo de seleção, o afrodescendente pode ter resultados superiores em todas as etapas de prova escrita ou de desempenho e ser eliminado na hora da "entrevista" ou do "teste psicológico". A decisão por critério racial pode não ser consciente, muito menos intencional, mas o resultado é o mesmo. Por isso, a discussão do tema no contexto do mercado de trabalho caracteriza-se como iniciativa importante.

Cumpre lembrar que no Brasil a brancura vincula-se visceralmente à ideologia da mestiçagem, expressando-se em construções como "morenidade tropical", "metarraça" e assim por diante. A "roupagem eufemística do moreno"[63] veste o nosso *branco virtual*, e é ele quem define os termos da "fábula das três raças". Como assinala Guerreiro Ramos, o seu compromisso tende a ser com a brancura, mesmo disfarçada na linguagem da miscigenação e do sincretismo. Por isso, considero fundamental para uma análise crítica das relações raciais no Brasil recorrer, numa espécie de vigilância constante, à técnica dos estudos críticos da brancura.

Conclusões

Creio que a rápida visita que fizemos à história da psicologia no seu trato da questão racial no Brasil possa contribuir para a construção de uma compreensão mais ampla e aprofundada da operação do racismo não apenas sobre o negro, mas no seu aspecto relacional e no campo da brancura. O papel da psicologia na construção e no reforço das representações negativas do afrodescendente tem sido poderoso e ativo no sentido de alçar o branco a uma posição de superioridade e autoridade como detentor legitimado do conhecimento e do discurso competente. Apenas na última década do século XX começa a articular-se uma escuta afro-brasileira, capaz de ouvir as questões próprias a uma identidade massacrada ao longo de séculos, abrindo assim perspectivas para restaurar-lhe a dimensão histórica e o potencial, presente e futuro, de sua agência humana.

Nos Capítulos 5 e 6, pretendo explorar algumas expressões dessa agência histórica afro-brasileira nos contornos de movimentos negros do século XX em São Paulo e no Rio de Janeiro. O objetivo é cooperar para reerguer ou elaborar alguns dos referenciais para a construção de identidades afro-brasileiras com sentido de autoria. Assim, analiso alguns aspectos do exercício da agência histórica coletiva dos afrodescendentes no Brasil. Esse processo, em que o negro age como protagonista de sua própria história, permanece em grande parte velado pelo ideário nacional antiafricano subjacente tanto à consciência nacional formada na fábula das três raças quanto aos registros históricos e sociológicos do país.

Notas

1. Estes se associavam a Isaac de La Peyrère, autor de *Sistema theologicum ex Preadamitarum hypotese* (1655), formando um famoso "triunvirato diabólico" (Poliakov, 1974:107-8).
2. *Nouvelle division de la terre, par les différentes espèces ou races d'hommes qui l'habitent* (1684).
3. Cf. também Oyewumi, 1997; Munanga, 1999; Sodré, 1999; Gilliam, 2001; cf. Capítulo 1.
4. Citando o *Discours sur l'origine et les fondements de l'inégalité parmi les hommes*, de Rousseau, e *Essai sur les moeurs et l'esprit des nations*, de Voltaire.
5. In: Graves, R. e Patti, R. *Hebrew myths* (Nova York, 1964), apud Ben-Jochannan e Simmons, 1972, p. 29.
6. Sobre as teorias defendidas por Oliveira Vianna, ver Skidmore, 1976, e Munanga, 1999.
7. Cf., *inter alia*., Silva, M. J., 1988; Oliveira, 1992; Patto, 1993; Gomes, 1995; Silva, C. D., 1995; Lima e Romão, 1997; Cavalleiro, 2000; NEN, 1997-99.
8. Cf. Franco, Jussara; Freire, Raquel Aguiar, *Racismo na escola – linguagem do silêncio* (Belo Horizonte: Fundação João Pinheiro, 1991).
9. Chauí, Marilena, *Cultura e democracia: o discurso competente e outras falas* (São Paulo: Moderna, 1981).
10. Patto, Maria Helena Souza, *Psicologia e ideologia: uma introdução crítica à psicologia escolar* (São Paulo: T. A. Queiroz, 1984).
11. Robert Castel, *A ordem psiquiátrica* (Rio de Janeiro: Graal, 1978), p. 259, apud Cunha, 1988, p. 25.
12. Juliano Moreira, "Notícia sobre a evolução da assistência a alienados no Brasil", *Archivos Brasileiros de Psychiatria, Neurologia e Sciencias affin*s (Rio de Janeiro: Oficina de Typographia e Hospício Nacional de Alienados), n. 1, 1905, p. 52, apud Cunha, 1988, p. 45.
13. Oliveira Vianna, *Populações meridionais do Brasil* (São Paulo: Revista do Brasil/Monteiro Lobato, 1920), p. 109, apud Munanga, 1999, p. 68.
14. Moura, Clóvis, *As injustiças de Clio* (Belo Horizonte: Oficina de Livros, 1990), p. 187, apud Munanga, 1999, p. 59-60.
15. Franco da Rocha, *Causas da Loucura; Estatísticas e apontamentos, hospício de São Paulo*, 8º folheto, 1901, p. 12-4, apud Cunha, 1988, p. 51.
16. Id., ibid.

17. Franco da Rocha, *Esboço de psiquiatria forense* (São Paulo: Laemmert, 1904), p. 2-3, apud Cunha, 1988, p. 48-9.
18. Franco da Rocha, "Contribution a l'étude de la folie dans la race noire", *Annales Médico-Psychologique*, 9ª série, tomo XIV, ano 69, Paris, 1911, apud Cunha, 1988, p. 52.
19. Franco da Rocha, *Esboço de psiquiatria forense*, op. cit., p. 30-1, 49, apud Cunha, 1988, p. 53.
20. Prontuário de Martha C., 38 anos, negra, internada em 1902, apud Cunha, 1988, p. 124.
21. Pacheco e Silva, A. C. "Aula inaugural de clínica psiquiátrica da Faculdade de Medicina da Universidade de São Paulo", in: *Arquivos da Assistência Geral a Psicopatas do Estado de São Paulo*, v. 1, n. 1, 1937, p. 7, apud Cunha, 1988, p. 173.
22. Além de *As culturas negras no novo mundo* (1946), é autor de *O folclore negro no Brasil, demopsicologia e psicanálise*, 2. ed. rev. (Rio de Janeiro: Casa do Estudante do Brasil, 1954), entre outras obras nessa linha de investigação.
23. Bastide, R., "Cavalos dos santos (esboço de uma sociologia do transe místico)", in: Bastide, 1973, p. 304.
24. "Nouvelle contribution à l'étude de la crise de possession", *Psyche*, 60, out. 1951, apud id., p. 305. Trabalhos posteriores do dr. Mars o aproximaram de Bastide, na direção de uma interpretação mais sociológica.
25. Alakija, George, *The trance state in the "candomble"* (Lagos: Ministério de Relações Exteriores, delegação oficial do governo brasileiro ao Festac, 1977), p. 3-4.
26. Bastide, 1974:187-201.
27. Cf. Caprara, Andrea, "Polissemia e multivocalidade da epilepsia na cultura afro-brasileira"; Póvoas, Ruy do Carmo, "Dentro do quarto"; Rodrigues, Núbia; Caroso, Carlos, "Exu na tradição terapêutica religiosa afro-brasileira", in: Caroso e Bacelar, 1999.
28. Lévi-Strauss, Claude, "A eficácia simbólica", in: *Antropologia estrutural* (Rio de Janeiro: Tempo Brasileiro, 1975, p. 215-36). Esse artigo foi publicado pela primeira vez sob o título "L'efficacité symbolique", *Revue de l'histoire des religions*, v. 135, n. 1, 1949, p. 5-27. Apud Serra, 2000, p. 5.
29. Depoimento gravado por esta autora na sede do Amma, São Paulo, em 9 de julho de 2000.
30. Hester, M., *Lewd women and wicked witches: a study of the dynamics of male domination* (Nova York: Routledge, 1992).

31. Padmore, 1972; Record, Wilson, *The Negro and the Communist party* (Nova York: Atheneum, 1971).
32. Exemplo clássico desse raciocínio é o trabalho do sociólogo brasileiro Costa Pinto (1998[1953]).
33. Memmi, Albert, *The colonizer and the colonized* (Boston: Beacon Press, 1965).
34. Oliveira, R., 1992; Gomes, N. L., 1995; Silva, C. D., 1995; Cavalleiro, 2000; NEN, 1997-99.
35. Nogueira, 1998, p. 105.
36. Lacan, Jacques *O eu na teoria de Freud e na técnica da psicanálise. O Seminário, Livro II* (Rio de Janeiro: Zahar, 1985), p. 31, apud Nogueira, 1998, p. 106.
37. Neri, Regina "O encontro entre a psicanálise e o feminino: singularidade/diferença", in: Birman, Joel (org.), *Feminilidades* (Rio de Janeiro: Contra Capa/Espaço Brasileiro de Estudos Psicanalíticos, 2002), p. 13.
38. Eibl-Eibesfeldt, Irenäus. *Amore e ódio*, apud Belotti, 1987, p. 68.
39. Brennan, Teresa, "Introdução", in: Brennan, T. (org.), *Para além do falo: uma crítica a Lacan do ponto de vista da mulher*, trad. Alice Xavier (Rio de Janeiro: Record/Rosa dos Tempos, 1997), p. 12, 15.
40. Id., ibid.
41. Bastide, 1974, p. 198.
42. Id., p. 199.
43. Elbein dos Santos, 1977; Carneiro e Curi, 1984; Theodoro, 1996.
44. Maria Aparecida da Silva Bento, doutoranda e mestre em psicologia, depoimento gravado no Ceert, São Paulo, em 9 de julho de 2000.
45. Marilza de Souza Martins, depoimento gravado na sede do Amma, São Paulo, em 9 de julho de 2000.
46. Depoimento gravado na sede do Amma, São Paulo, em 9 de julho de 2000.
47. Marilza e Maria Lúcia publicaram uma série de artigos na revista *Raça Brasil* em que respondem questões apresentadas por leitores.
48. Maria Lúcia da Silva, depoimento gravado na sede do Amma, São Paulo, em 9 de julho de 2000.
49. Sonia Consiglio Favaretto, "Grupo Amma: luta contra o racismo", *Raça Brasil*, s.d.
50. *Amma – Psique e Negritude*, folheto informativo, São Paulo, s.d.
51. Instituto do Negro Padre Batista, Departamento Jurídico, folheto informativo, São Paulo, 2001.

52. Folheto informativo do Programa de Atendimento Psicoterapêutico para Vítimas do Racismo, Programa de Justiça, Núcleo de Estudos do Negro (NEN), Florianópolis, s.d.
53. Lown, Alexandre *O corpo traído*, p. 16, apud Silva, M. L., 1997, p. 23.
54. Cross Jr., W. E., *Shades of black: diversity in African-American identity* (Philadelphia: Temple University Press, 1991); "The Cross and Thomas models of psychological nigrescence", *Journal of Black Psychology*, v. 5, n. 1, p. 13-9, 1978.
55. Helms, J. E. (org.), *Black and White racial identity: theory, research, and practice* (Westport: Praeger, 1993).
56. *Cadernos Brasileiros*, 1968: 58, 60.
57. O Ceert é "uma organização não-governamental, apartidária e sem fins lucrativos, criada em 1990 com o objetivo de conjugar produção de conhecimento com programas de intervenção no campo das relações raciais e de gênero, buscando a promoção da igualdade de oportunidades e tratamento e o exercício efetivo da cidadania" (Ceert, 1999:1).
58. A paginação citada é do original do documento.
59. Em 20 de novembro de 1995, as três Centrais Sindicais do Brasil – CUT, CGT e Força Sindical – juntaram-se para fundar O Instituto Interamericano Pela Igualdade Racial (Inspir), com o apoio da Central AFL-CIO dos EUA e da Organização Interamericana dos Trabalhadores (OIT) sediada em Caracas, Venezuela.
60. A autora reporta-se a Edward W. Said, *Orientalismo: o Oriente como invenção do Ocidente* (São Paulo: Companhia das Letras, 1990) e Azevedo (1987).
61. Octávio Ianni, apud Bento, 2000, p. 4.
62. Entrevistada na pesquisa de Piza, apud Bento, 2000, p. 11.
63. Oliveira Vianna, 1934:230-1.

5

Desvelando outra história: O protagonismo afro-brasileiro
(São Paulo e Rio de Janeiro, 1914-1960)

> *Não precisamos mais consultar ninguém para concluirmos da legitimidade dos nossos direitos, da realidade angustiosa de nossa situação e do acumpliciamento de várias forças interessadas em nos menosprezar e condicionar, mesmo, até o nosso desaparecimento!*
>
> Manifesto da Convenção Nacional do Negro Brasileiro (*A Gazeta*, 13 nov. 1945)

Aspecto constitutivo do sortilégio da cor é o processo de velamento que sofre o protagonismo histórico afro-brasileiro do século XX, o que torna necessário para os nossos propósitos um exercício na direção contrária. O esboço aqui apresentado limita-se aos âmbitos dos estados de São Paulo e do Rio de Janeiro entre 1900 e 1960, e tem o intuito de subsidiar a reflexão sobre o tema da agência histórica afro-brasileira, utilizando o termo "agência" no sentido que lhe atribui Asante (1998). A agência histórica é fator básico de construção da identidade coletiva dos afrodescendentes, que desempenha uma função dinâmica em relação à identidade individual.

Trata-se de uma história pouco conhecida e praticamente ausente dos currículos de ensino. Nas escolas, a figura de Zumbi dos Palmares, às vezes complementada por referências a alguns heróis do abolicionismo, quase esgota a noção do afrodescendente como ator e criador de sua própria história. Assim mesmo, esses nomes são recordados, em geral, apenas por ocasião de datas comemorativas, como a da Abolição da Escravatura em 13 de maio ou do Dia Nacional da Consciência Negra, em 20 de novembro.

Ao pensar as possibilidades de articular formas de reforçar o processo de construção da identidade afrodescendente no âmbito da escola, configura-se a necessidade de ultrapassar esses limites e contemplar também no presente século o afrodescendente brasileiro como sujeito e construtor da história do país. Este capítulo, em conjunto com o próximo, tem o objetivo de contribuir para atender a essa demanda.

Antecedentes e contexto

O movimento negro surge no início do século XX como herdeiro e continuação de uma luta já em movimento desde os primórdios da constituição do Brasil. A luta quilombola atravessa todo o período colonial e o do Império, sacudindo até fazer ruir as estruturas da economia escravocrata. Complementada e ampliada no abolicionismo protagonizado por figuras como Luís Gama, José do Patrocínio, os irmãos Rebouças, bem como os heróis anônimos das Revoltas dos Búzios, dos Malês e tantos outros, essa luta antirracista afro-brasileira define-se de novas maneiras após a abolição. A Revolta da Chibata, liderada pelo marinheiro João Cândido em 1910, foi ocultada de forma diligente pela história oficial e desvelada apenas décadas depois.[1]

O registro documental dos movimentos negros da primeira metade do século que se seguiu à abolição da escravatura é bastante precário. Escassos livros, folhetos, jornais e documentos relativos às organizações e às atividades coletivas da comunidade afro-brasileria nesse século estão na maioria esgotados, guardados em arquivos particulares, perdidos ou de algum modo inacessíveis. Essa precariedade do registro decorre, em grande parte, da trajetória de uma comunidade destituída de poder econômico e político, e de um movimento composto de entidades perenemente sujeitas à instabilidade e à falta de recursos, infra-estrutura, espaço físico e apoio de outros setores da sociedade civil. Como conseqüência da parca documentação e pesquisa sobre o tema surgem o reforço e a reprodução do discurso escamoteador do processo histórico afro-brasileiro. Prevalece a imagem de uma comunidade negra com pouca tradição de luta anti-racista tanto entre os partidários da tese da democracia racial, para quem não haveria motivo para tal luta, quanto no meio intelectual e até mesmo entre setores do movimento negro contemporâneo que costumam identificar a década de 1970 como início da consciência negra e da militância afro-brasileira desse século.

Duas fontes nos subsidiam: o monumental trabalho de Florestan Fernandes (1964) e a obra minuciosa de Roger Bastide (1973), ambos ricos em transcrições de fontes primárias, assim registrando um elenco considerável de textos extraídos dos jornais da época. A pesquisa que deu subsídios à elaboração do presente capítulo também teve como fontes o catálogo (São Paulo, 1977) de uma exposição de publicações da imprensa negra realizada na Pinacoteca do Estado de São Paulo em 1977, evento organizado com dedicação e perseverança pelo professor Eduardo de Oliveira e Oliveira; a coleção do jornal *Quilombo* e o arquivo pessoal de Abdias Nascimento; e depoimentos de participantes dos movimentos negros, conforme citados. Além das outras obras mencionadas ao longo deste capítulo, existem algumas pesquisas e depoimentos detalhados sobre São Paulo, como as de Bastide e Fernandes (1955), Fernandes (1972), Cuti e Leite (1992), Andrews (1992).

Imprensa negra e contexto (1914-1931)

No início do século XX proliferavam associações sociais e recreativas afro-brasileiras e surgia uma imprensa negra que se manteve bastante dinâmica durante as décadas seguintes. A maioria dessas entidades era de cunho social, mas assumiam também uma dimensão de atividade pública mais ampla expressa no nome de organizações como o Centro Cívico Palmares e o Centro Cívico Afro-Campineiro. Hoje, essa dimensão poderia ser caracterizada como mobilização pela cidadania. Incluía a denúncia do que era chamado "preconceito" (ou seja, do racismo e da discriminação racial) e a ação para superar a exclusão do negro do mercado de trabalho, do sistema de ensino, da atividade política e da sociedade civil. Um tema recorrente era a necessidade de uma segunda abolição da escravatura, pois a de 1888 não havia sido capaz de promover uma vida em liberdade, mas apenas a vegetação de um povo em estado de miséria e privação absolutas. Além disso, um objetivo geral dessas entidades e de sua imprensa era contestar a pejorativa identificação do negro com a condição escrava, bem como a atribuição de inferioridade congênita que lhe era impingida pela adoção de políticas públicas fundamentadas na eugenia, princípio inscrito na Constituição de 1934 com o aval da ciência da época.

Ainda recentemente, os ex-escravos haviam sido lançados à própria sorte numa falsa liberdade já caracterizada como "mentira cívica". A população afro-brasileira continuava em sua maior parte analfabeta e sem recursos de saúde, emprego ou moradia. A sociedade lhe era hostil, pois desejava a sua eliminação. O alcoolismo, a tuberculose e outras doenças assolavam a comunidade. Observando esse contexto, Florestan Fernandes comenta que:

> Apesar das limitações insanáveis [...], [essas organizações do movimento negro] tiveram êxito em três pontos. Suscitaram um nôvo

estado de espírito, que polarizou as aspirações integracionistas e assimilacionistas em direções reivindicativas de teor igualitário. Despertaram o interêsse pelo conhecimento objetivo da "realidade racial brasileira", como condição de esclarecimento da "população de côr" e de sua atuação consciente na cena histórica. Mobilizaram o "elemento negro", tentando inseri-lo, diretamente, no debate e na solução dos "problemas raciais brasileiros", o que representava, em si mesmo, um acontecimento revolucionário. (1964:310)

Em geral, a ação e o discurso dessas organizações e de sua imprensa almejavam alcançar para a coletividade dos ex-escravizados uma participação efetiva na sociedade vigente da qual era excluída. Para isso, a educação destacava-se como o meio por excelência e, portanto, o objetivo maior da prática dessas entidades, muitas das quais abriam escolas noturnas.[2] Além de denunciar o "preconceito" e incentivar a comunidade a se unir para lutar contra ele, os periódicos da imprensa negra se propunham e cumpriam, eles mesmos, um papel educativo. Roger Bastide observa, no seu estudo da imprensa negra de São Paulo (1973:130): "Esses jornais procuram primeiramente agrupar os homens de cor, dar-lhes o senso da solidariedade, encaminhá-los, educá-los a lutar contra o complexo de inferioridade". Essa imprensa era, então, um órgão de educação, e em segundo lugar, de protesto.

Exemplo interessante dessa dinâmica entre educação e protesto é o Centro Cívico Palmares, que surgiu, no início da década de 1920, da singular proposta do futuro major Antônio Carlos, mineiro de Barbacena, de formar uma biblioteca só para negros. Entretanto, de acordo com José Correia Leite,

A finalidade nitidamente cultural com que surgiu (organização de uma biblioteca) foi superada por fôrça das condições em que vivíamos, passando essa sociedade a ter papel na defesa dos negros e dos seus direitos. É esclarecedora, nesse sentido, a campanha que fêz contra uma portaria do chefe de polícia, dr. Bastos Cruz, que impunha a condição de branco para a aceitação na Guarda Civil. Conseguiu o Palmares que o deputado Orlando de Almeida Prado fizesse um discurso de grande repercussão, o qual provocou a queda dessa determinação.[3]

Bastide identifica três fases no desenvolvimento da imprensa negra paulista. A primeira, a partir de 1914, coincide com o período da primeira guerra européia e da política nacional de desenvolvimento do ensino gratuito primário. Ele comenta que a guerra, "divulgando as idéias de liberdade e igualdade, apresentando-se como o grande combate da democracia, despertou nas massas trabalhadoras de côr aspirações por melhor sorte" (1973:131).

A cidade de Campinas, que já havia saído à frente da capital publicando em 1910 *O Bandeirante*, teria um destaque duradouro com jornais como *A União* (1918) e *A Protectora* (1919). Campinas via nascer em 1919 um dos mais destacados jornais afro-brasileiros, *O Getulino*, fundado por Lino Guedes, Benedito Florêncio e outros, que seria publicado até 1924. Mais tarde, sairia em Campinas o jornal *Escravos* (1935) e lá se realizaria o Congresso Afro-Campineiro em 1938.

O mesmo se verificava em várias cidades do interior do estado de São Paulo, como exemplifica Piracicaba, onde a Sociedade Beneficente 13 de Maio atuava antes de 1924. O jornal *O Patrocínio* (1925), também de Piracicaba, chegou a seu quinto ano e qüinquagésimo número lamentando "os injustos preconceitos que infelizmente ainda existem" e exortando à convocação nacional de um 1º Congresso da Juventude Negra.

Na capital de São Paulo, foi fundado em 1915 o periódico *O Menelike*, cujo título por si só constituía um gesto pedagógico ao invocar a linha de ancestralidade real da Etiópia. No mesmo ano apareceu *Princesa do Oeste*. *O Bandeirante*, órgão do Grêmio Recreativo Kosmos, foi fundado em 1918 sob a direção de Antônio dos Santos. Sua postura manifestava-se no subtítulo "Orgam mensal de defeza da classe dos homens de côr". Outras organizações e jornais da época incluíam a Federação dos Homens de Cor e a Sociedade Beneficente Amigos da Pátria, *O Alfinete* (1918), *A Liberdade* (1919), *O Kosmos* (1924), *O Elite* (1924) e *Auriverde* (1928). *A Liberdade*, em seu primeiro número, define-se como "mais um jornal para tratar da defeza dos homens de côr, quando no direito dessa defeza".

Um aspecto a salientar do discurso dessa fase é a ostentação dos signos de certo *status* social. *O Bandeirante* trazia na primeira página de seu segundo número a seguinte declaração: "O nosso Grêmio tem progredido bastante e se imposto no conceito dos círculos sociaes d'esta Capital, imposição essa que também começa a ser feita nos meios do interior do Estado – onde se trabalha a bem dos interesses da classe dos homens pretos" (São Paulo, 1977).[4]

Antes de ostentar apenas um fantasioso prestígio, esse tipo de afirmação traduzia a recusa aos estereótipos de indolência, preguiça, criminalidade, deboche, falta de iniciativa – da inferioridade, enfim, do negro. Não é demais frisar que tais estereótipos gozavam do endosso das teorias científicas e das políticas oficiais da época baseadas na eugenia. Os jornais da imprensa negra condenavam o alcoolismo e faziam um apelo à moralidade e à dignidade nas relações sociais. Tal postura reflete a necessidade de afirmar, contra a imagem estereotipada cultivada pelo racismo, outra limpa e positiva, de honorabilidade e polidez, para contrapor à imagem do negro como selvagem.

Havia ainda um elemento pedagógico: procurava-se a instrução no intuito de promover maiores possibilidades de sucesso no mundo moderno. Para melhorar o nível de vida era preciso competir, e para isso impunha-se a necessidade de dominar o instrumental não apenas técnico, como também social, exigidos para o desempenho profissional. Nesse sentido, enfatizavam-se o bom comportamento e a impecável apresentação dos associados das entidades de acordo com as regras de sociabilidade vigentes.

Essa questão é importante quando procedemos à interpretação de tais atitudes, como a sua caracterização como típicas do "estágio de submissão" no desenvolvimento da identidade, em que "o cuidado quanto ao trajar, a busca de comportamentos socialmente corretos, às vezes de forma excessiva, revela uma luta para suplantar a suposta inferioridade ontológica que essas pessoas são levadas *a acreditar que têm*" (Ferreira, 1999:132, grifos meus).

Sem contestar a aplicabilidade dessa observação em casos individuais, não me parece caber a essas associações negras. Ao contrário de uma introjeção da crença na sua própria inferioridade, trata-se a meu ver da recusa de tal atribuição, revelando a convicção contrária. A postura é de projetar a igualdade em contraposição ao discurso racista, impor como incontestável a falsidade do estereótipo e assim recusar a inferioridade atribuída.

Com a fundação em 1923 do jornal *O Clarim*, mais tarde *O Clarim d'Alvorada*, abre-se uma nova fase na imprensa negra paulista. Fundado por Jayme de Aguiar e José Correia Leite, esse jornal passa a reerguer a memória das lutas dos antepassados e convoca a comunidade a organizar-se para dar-lhes continuidade. Lança-se também no embate contra o "subtexto de raça" contido no consenso intersubjetivo da sociedade dominante. No quarto número de *O Clarim,* Leite escreveu em 1924:

> Se analysarmos o valor dos nossos antepassados, veremos, atravez da história, a sublime coragem de uma raça que, embora escravisada, não se deixou dominar na lucta, em conquista de seus direitos. [...] Quantas gottas de lágrimas, custou a liberdade àqueles pobres mar-

tyres, que foram um dos primeiros obreiros do progresso e da ordem de nossa patria. O bom nome da nossa classe depende do nosso procedimento. É o nosso dever o de introduzir na evolução social o valor de nossa raça. Devemos trabalhar muito numa concordia infindavel, para que possamos ver o fructo de nossos esforços, refulgir no progresso da nossa terra. Para isso seria preciso uma convocação geral dos homens pretos, e tratar da fundação de uma caixa beneficente, eleger a directoria, enviar manifestos a todos os estados do Brasil, e, emfim, fundar a sociedade "Confederação dos homens pretos", segundo as ideias de varios patricios.

É notável que Leite cita, não o "escravo", mas uma raça que foi escravizada. Essa linguagem confronta a idéia, subjacente ao termo "escravo", de uma condição inerente e imutável. O escravo *é* um escravo; o antepassado escravizado, ao contrário, é uma *pessoa* que antes fora livre.

Outra mudança de linguagem caracterizou essa época. À expressão "homens de côr" ou "população de côr" contrapunha-se o termo "negro". Leite registra que o destacado orador da época, Vicente Ferreira, introduziu-o "para substituir o então vazio e usado 'homem de côr'. Homem de cor também é o amarelo e o índio; acabou com essa baboseira de homens de côr, que não quer dizer nada".[5]

Ainda no quarto número de *O Clarim*, Moyses Cintra faz o seguinte apelo à comunidade negra:

> Oh! vós, chefes de familia, não desanimeis ante as miserias e difficuldades que ora atravessamos e que se nos apresentam. Animae-vos! Lutae com fervor, dizei aos vossos entes queridos que necessitamos ser mais poderosos, tirando da nossa raça o emblema terrivel, que nos desconsola innumeras vezes: "Escravo". [...] Amigos e leitores, não desanimeis, unindo-nos faremos tudo quanto pudermos.

O Clarim d'Alvorada foi voz do movimento negro por décadas, fazendo o seu apelo à unidade e à organização da gente negra no combate à discriminação. No seu décimo ano, 1933, por ocasião do aniversário da abolição, o jornal fez ecoar a secular frase de W. E. B. Du Bois quando afirmou: "Cada século tem a sua legenda". A do século XX é da Raça Negra, que "enquadra-se no determinismo das transições contemporâneas porque a Raça Negra é a última esperança do Brasil sacudido pelo tumulto das ideologias novas na afirmação de sua origem e da origem pátria".

Essa afirmação assinala o desejo de participar dos destinos da nação, contribuindo para a definição dos rumos de seu desenvolvimento. Não faltava à voz do protesto afro-brasileiro a iniciativa de se engajar no debate dos assuntos emergentes da pátria no contexto da turbulência ideológica que marcava o período. Ao fazê-lo, reconhecia a identidade afrodescendente como matriz básica de uma identidade nacional a ser constituída de forma independente em relação às ideologias importadas. A origem da raça negra confunde-se então com a "origem pátria" na esperança da identificação dinâmica e do *sentido de autoria* de um Brasil novo:

> [...] sentido êsse que impeça as grandes ruínas que uma política sem finalidade nacional [...] vem causando à Nação criada pelos Nossos Mortos, pelos Nossos Antepassados, cujo Sangue poderoso e doloroso andou lutando, trabalhando e produzindo sem reserva e sem bairrismo a Nossa Pátria.[6]

Em outra expressão desse empenho em pensar as questões do dia, Raul Joviano do Amaral sustenta que a Frente Negra "[...] é o resultante de uma consciência da nova geração negra no Brasil na observação e estudo do ambiente nacional em relação aos problemas que preocupam a Humanidade dentro das novas perspectivas da vida".[7]

Nesse segundo período, que acompanha a formação e o desenvolvimento da Frente Negra Brasileira, destacam-se os jornais *O Progresso* (1931), *Promissão* (1932), *Cultura, Social e Esportiva* (1934). *A Voz da Raça* (1936) era o órgão oficial da Frente Negra. A *Tribuna Negra* trazia o subtítulo "Pela união social e política dos descendentes da raça negra". Esse jornal, dirigido por Augusto P. das Neves, teve como secretário o eminente escritor e poeta Fernando Goes; como redator-chefe, Manoel Antônio dos Santos. Aristides Barbosa estava entre os fundadores. O primeiro número traz um artigo de Henrique Antunes Cunha, mais tarde membro destacado da Associação Cultural do Negro, homenageando Luís Gama, o principal líder abolicionista negro do século XIX.

Frente Negra Brasileira e contexto (1931-1937)

O Clarim d'Alvorada já anunciara em 1924 o grito de protesto que se cristalizaria em 1931 com a fundação da Frente Negra Brasileira. A população negra predominante no estado de São Paulo ainda era rural, compondo na capital apenas uns 11% da população. A maioria era analfabeta. Alijada do mercado de trabalho da ainda nascente indústria, vivia de biscates ou de empregos eventuais e temporários, morava em cortiços ou porões e sofria um quadro deprimente em matéria de condições de saúde. Ao contrário do que acontecia com os imigrantes europeus, conforme observa Márcio Barbosa, não houve políticas públicas "que visassem proporcionar aos descendentes de africanos chances de conseguir uma boa qualidade de vida [...] a situação era tão grave que previa-se o desaparecimento da população negra e uma das causas seria a tuberculose" (Quilombhoje, 1998:11-2).

A Frente Negra, um movimento de massas, protestava contra a discriminação racial que alijava o negro da economia industrializada e do comércio. Espalhou-se para vários cantos do território nacional. A exclusão do negro do emprego e do sistema de ensino, bem como a segregação em cinemas, teatros, barbearias, hotéis, restaurantes, enfim, em todos os espaços brasileiros, era o alvo prioritário da Frente, maior expressão da consciência política afro-brasileira da época.

A proposta da Frente Negra Brasileira, comparada com os propósitos das entidades e da imprensa negras já existentes, não era nova. Resumia-se no lema "Congregar, Educar e Orientar".[8] A intenção era alcançar a meta preconizada ao longo das décadas anteriores: aglutinar as inúmeras associações afro-brasileiras numa união de forças, realizando a passagem do "associacionismo fragmentário a uma solidariedade global" (Bastide, 1973:156). Os objetivos da Frente foram articulados com nitidez no *Manifesto à Gente Negra Brasileira* publicado no *Clarim d'Alvorada* (8 de junho de 1929) e reproduzido para distribuição em forma de panfleto (2 de dezembro de 1931):

> O problema negro brasileiro é o da integralização absoluta, completa, do negro, em tôda a vida brasileira (política, social, religiosa, econômica, operária, militar, diplomática, etc.). O negro brasileiro deve ter tôda formação e tôda aceitação, em tudo e em tôda parte, dadas as condições competentes (que devem ser favorecidas) físicas, técnicas, intelectuais, morais, exigidas para a "igualdade perante a Lei".[9]

Quanto às prioridades de ação para atingir esses fins, continuava incólume o consenso já assinalado em relação às décadas anteriores, ou seja, entendia-se que a primeira frente de luta estava localizada no campo da educação e a segunda no dos direitos de cidadania:

> E, pois, a questão negra brasileira, segundo a opinião antiga e a contemporânea, que havemos colhido entre a Gente Negra, é antes

de tudo e principalmente *um problema de educação*, intrinsecamente; e extrinsecamente é o respeito a todos os direitos humanos, sociais, cívicos e políticos do negro, tanto por parte da sociedade como do Poder Público. (grifos no original)

Assim, a Frente organizou dentro de sua sede uma escola para crianças, que contava com professoras nomeadas pelo governo, e oferecia cursos de alfabetização e de educação para adultos. Os professores dos cursos para adultos eram associados da Frente, formados ou fazendo curso superior, que davam aula gratuitamente. Entre eles estavam Lino Guedes, um dos fundadores do *Getulino*, além de Salatiel de Campos e Raul Joviano do Amaral (Quilombhoje, 1998:42).

Possuindo mais de vinte núcleos locais e filiais espalhadas pelo interior do estado, bem como uns 6 mil membros efetivos em São Paulo e 2 mil em Santos, a Frente Negra Brasileira efetivamente constituía um movimento político de massa. Seu apelo irradiava-se até outros estados do país (Maranhão, Pernambuco, Bahia, Sergipe, Rio Grande do Sul, Minas Gerais, Rio de Janeiro e Espírito Santo). A Frente organizava desfiles, atos públicos, conferências públicas, seminários e outros eventos para protestar contra a discriminação racial. Reunia milhares de pessoas nas ruas de São Paulo e trazia a coletividade afrodescendente de várias partes do país. Destacavam-se nesses eventos, ao lado de líderes como José Correia Leite, Raul Joviano do Amaral, Francisco Lucrécio e os irmãos Veiga dos Santos, oradores como Vicente Ferreira e Alberto Orlando.[10]

A Frente Negra constituiu-se como o centro de uma espécie de estilo de vida honrosa, exemplo de dignidade para seus membros e agregados. Estes se organizavam em torno das inúmeras atividades por ela patrocinadas. Segundo depoimento de Francisco Lucrécio, seu ex-secretário-geral,

A Frente Negra funcionava perfeitamente. Lá havia o departamento esportivo, o musical, o feminino, o educacional, o de instrução moral e cívica. Todos os departamentos tinham a sua diretoria, e o Grande Conselho supervisionava todos eles. Trabalhavam muito bem. Dessa forma, muitas entidades de negros que cuidavam de recreação filiaram-se à Frente Negra. (Quilombhoje, 1998:39)

Além de promover eventos de esporte, funções sociais e bailes, a Frente fazia questão, de forma didática, de incentivar e elogiar a instituição da família, chegando a ser apelidada de "Frente casamenteira" (Quilombhoje, 1998:51).

As mulheres, ainda de acordo com Lucrécio, "[...] eram mais assíduas na luta em favor do negro, de forma que na Frente a maior parte eram mulheres. Era um contingente muito grande, eram elas que faziam todo o movimento" (Quilombhoje, 1998:37-8). Sem dúvida, foi em grande parte graças aos esforços dessas mulheres que a Frente logrou conquistas concretas no combate à discriminação no emprego. Abriu espaços, por exemplo, na área do emprego doméstico ao impor respeito e inspirar a confiança das patroas, como observa Fernandes (1964:350). Lucrécio afirma: "Muitas famílias não aceitavam, inclusive, empregadas domésticas negras; começaram a aceitar quando se criou a Frente Negra Brasileira. Chegou-se a ponto de exigir que essas negras tivessem as carteirinhas da Frente". Em 1932, a Frente conseguiu a admissão de duzentos negros à Guarda Civil paulistana, feito de grande impacto na comunidade. Uma comissão da Frente foi recebida pelo presidente Getúlio Vargas, que encaminhou ao comandante da Guarda Civil a reivindicação (Quilombhoje, 1998).

Na Revolução Constitucionalista de 1932, diante da postura de neutralidade adotada oficialmente pela Frente, formou-se uma dissidência que adotou o nome de Legião Negra e foi juntar-se à luta dos rebelados. Trata-se de um episódio pouco recordado de participação do negro organizado na história do Brasil. Correia Leite afirma que

[...] foi uma Legião de verdade. Se teve gente que brigou naquela Revolução de 32, foram os negros, e iam de noite, de caminhão, desfilavam na cidade recebendo flores. Hoje eles festejam a Revolução de 32, mas não mencionam a Legião Negra, não mencionam a participação do negro, é engraçado, né? (Quilombhoje, 1998:77-8)

Houve outras dissidências da Frente, como a Frente Negra Socialista, fundada em 1933 por um grupo de posicionamento esquerdista que discordava das tendências monarquistas de lideranças como Arlindo Veiga dos Santos. Também saiu da Frente outro contingente de socialistas liderado por José Correia Leite – o grupo do *Clarim d'Alvorada* –, que fundou o Clube Negro de Cultura Social (Cuti e Leite, 1992; Quilombhoje, 1998). Cabe observar, entretanto, que todas essas organizações tinham como primeira meta a questão específica do negro, e não a postura ideológica de direita ou de esquerda, nem de posicionamento político partidário. Marcello Orlando Ribeiro recorda, com respeito à Frente, que "nunca leva[mos] ninguém a apoiar este ou aquele político ou partido. Sempre visava-se a nossa própria recuperação, a nossa própria integração social e uma união entre nós mesmos. O objetivo era que o negro progredisse" (Quilombhoje, 1998:91).

Acerca da posição monarquista do líder da Frente, seu ex-secretário-geral comenta: "Não tinha nada a ver, porque o Arlindo Veiga sempre afirmou que na Frente Negra ele era frentenegrino e fora ele era patrianovista convicto". Quanto às ideologias integralista, comunista e socialista, afirma o mesmo ex-dirigente: "A Frente Negra fez muito mais sem essa ideologia [...] do que propriamente essas entidades que tomavam essas posições radicais" (Quilombhoje, 1998:49-50).

Esse zelo pela independência política teve sua maior expressão quando se decidiu pela constituição da Frente num partido político. Organizada nessa qualidade, a Frente Negra comandava algum peso no cenário paulista e gozava de amplo apoio da comunidade afro-brasileira. Relembra Aristides Barbosa:

> A Frente Negra era única e respeitada por todos, assim é que em 1937 tinha candidato próprio. Naquela época, se não me engano, era o Raul Joviano do Amaral, bem jovem. A Frente ia lançar candidato, nenhuma outra entidade de São Paulo quis lançar candidato. Você vê que era tal a consciência daquela época, daquele processo, que você chegava pro Cultura e perguntava: "Por que você não vai lançar candidato?". A resposta era: "Não vou lançar porque a Frente Negra vai lançar". A entidade mais oponente, mais adversária da Frente era a Legião Negra [...]. As duas entidades eram ideologicamente rivais, mas mesmo assim, na época da efervescência de se lançar candidatos, a Legião se recusou a lançar um candidato, que seria o tenente Arlindo, porque a Frente Negra ia lançar seu candidato. Então, havia essa consciência. (Quilombhoje, 1998:22-4)

A postura da Frente como partido político era pedagógica, uma busca simbólica da cidadania. Nas palavras de Francisco Lucrécio:

> Eu fui candidato a deputado, o sr. Arlindo também saiu. Mas o nosso objetivo era o de mostrar que, realmente, o negro podia ser candidato e podia ser eleito, porque não existia uma compreensão nem por parte do negro nem do branco em votar num elemento negro. Nós sabíamos perfeitamente que nós não seríamos eleitos, mas era necessário que levantássemos essa bandeira para que houvesse uma conscientização de que nós também somos cidadãos brasileiros, com o direito de sermos candidatos e sermos eleitos. Na época foi um avanço. (Quilombhoje, 1998:44)

Quando o regime do Estado Novo pôs na ilegalidade toda atividade política, a Frente Negra foi fechada junto com os demais partidos. Passou então a se chamar União Negra Brasileira, e como tal comemorou os cinqüenta anos de abolição em 1938. Entretanto, não conseguiu reestruturar-se. Mais tarde, transformou-se no Clube Recreativo Palmares.

Um ano após o seu fechamento, continuava incólume o racismo que trouxe a Frente à cena. O chefe da polícia paulista proibiu a tradição do *footing* na Rua Direita, no centro de São Paulo, um importante evento social da comunidade afrodescendente que tinha lugar aos domingos. Negociantes brancos, donos das lojas dessa importante artéria comercial, insurgiram-se contra essa presença negra no seu território, e o delegado Alfredo Issa baixou uma portaria que bania tal atividade social dos negros. Organizou-se, em protesto, uma comissão que levou o assunto ao Rio de Janeiro, então capital do país. Esse protesto teve pouca repercussão, em virtude da rígida censura à imprensa vigente. A única denúncia que furou a censura foi a de Osório Borba, no *Diário de Notícias* do Rio de Janeiro.[11]

O Congresso Afro-Campineiro foi realizado em maio de 1938, organizado por um grupo que incluía Abdias do Nascimento, Aguinaldo de Oliveira Camargo, Agur Sampaio, Geraldo Campos de Oliveira, Jerônimo e José Alberto Ferreira. Esse Congresso teve o propósito de combater o racismo e o separatismo ostensivos, tradicionais nessa cidade, e, de maneira mais geral, avaliar a situação global do negro no país (Nascimento, 1968, 1976).

Na mesma época, existiam várias organizações negras no Rio de Janeiro, entre elas o Movimento Brasileiro contra o Preconceito Racial, fundado em 1935. A Associação dos Brasileiros de Cor (1938) atuava em Santos. Havia também a União Nacional dos Homens de Cor. O renomado historiador negro norte-americano E. Franklin Frazier publicou em 1942, no periódico *Phylon*, uma mensagem dessa entidade afro-brasileira aos colegas dos EUA em que clama por "uma comunidade cultural mais íntima com nossos irmãos norte-americanos" e faz uma denúncia comovente do abandono em que se encontrava o negro brasileiro.[12]

Esses movimentos mantinham, apesar das dificuldades impostas pela pobreza e pela falta de meios de comunicação, o contato que lhes era possível com o mundo africano e a luta negra internacional. *O Clarim d'Alvorada* transcrevia notícias e artigos do movimento de Marcus Garvey, o líder negro de origem jamaicana que mobilizava multidões de afro-americanos em Nova York e cuja organização englobava as comunidades de vários países das Américas. Nascimento (1976:28) observa que a Frente Negra Brasileira "permanecia alerta a todos os gestos emancipacionistas acontecidos em outros países". Francisco Lucrécio confirma esse dado ao comentar que a Frente Negra não concordava com a "volta à África" atribuída à United Negro Improvement Association (UNIA) de Garvey, como seu lema e sua proposta (Quilombhoje, 1998:46). Pesquisas e estudos sérios, além da própria literatura e trajetória da UNIA, mostram que sua mensagem era muito mais ampla do que a alegada "volta à África". O lema de Garvey era "a África para os africanos, no continente e no estrangeiro". A proposta era a de que todos contribuíssem para o desenvolvimento e o bem-estar dessa África que seria uma base de força geral.[13] Nesse particular, Lucrécio reproduz um equívoco que se estabeleceu como senso comum.

Consciência e identidade (1914-1937)

A consciência política afro-brasileira desse período, de caráter integracionista, reagia em primeiro lugar contra o mais emergente aspecto do racismo, a discriminação do negro no mercado de trabalho, no ensino e na sociedade civil, e reivindicava para ele a participação em todos os níveis e aspectos da vida brasileira. Não questionava de forma sistemática as estruturas de dominação econômicas e socioculturais mais amplas, nem reclamava de forma direta uma identidade cultural específica afrodescendente.

Contudo, observar essa consciência integracionista não significa reduzi-la à mera e hipotética "introjeção dos valores dominantes". Não parece sustentar-se nos fatos, por exemplo, a identificação nessa fase da luta afro-brasileira de uma "época da inocência" característica do "estágio de submissão" no processo coletivo de desenvolvimento de identidade (Ferreira, 1999:128-43). Creio que se aplica aqui, como também à análise de outras épocas e etapas do movimento social, a observação do historiador Eduardo Silva (1997:18) ao embarcar na sua pesquisa sobre um tempo ainda mais remoto: "Penetrar essa época [...] requer um respeito metodológico à diferença"; a necessidade de "pôr-se no lugar dos homens [...], compreender-lhes as intenções no seu princípio e no seu ritmo, perceber uma época [...] como um conjunto significante".

Sem proceder a uma análise pormenorizada do período histórico em que atuavam as organizações e os movimentos focalizados, proposta que extrapola os limites do presente trabalho, podemos observar, além das já mencionadas, algumas dimensões da especificidade daqueles tempos. Trata-se do auge da era das políticas de branqueamento baseadas nas teorias científicas da inferioridade inata da raça negra, cuja influência se impunha de forma viva e profunda na sociedade brasileira, sobretudo por meio das políticas públicas assentadas sobre a teoria da eugenia. Solidamente ancorado na produção científica do dia, Nina Rodrigues – reconhecido como maior autoridade sobre o negro – havia identificado no africano a base da inferioridade do povo brasileiro; os antropólogos físicos ainda se ocupavam com a medição de crânios e narinas; os arautos do arianismo anunciavam a incapacidade intelectual e a deformação psicológica do *Afer*, sem falar na degenerescência do mestiço. A nação era conclamada por estadistas, intelectuais e políticos mobilizados em prol do nobre objetivo de "melhorar a raça", eliminando a "mancha negra" com a maior rapidez, isto é, a maior dedicação cívica possível. Em 1934, quando as multidões da Frente Negra ocupavam as praças, publicava-se a segunda edição de *Raça e assimilação* de Oliveira Vianna, enquanto as teses de Gilberto Freyre estavam apenas começando a sair do prelo. A perspectiva culturalista na antropologia, mal saída do berço, ainda engatinhava – e contra uma imensa maré. O princípio da eugenia estava inscrito na Constituição da República de 1934; prevalecia a esperança de um futuro branco para o Brasil, ou seja, a eliminação da raça negra.

No relevo desse contexto histórico, ganham novos contornos a recusa ao estereótipo negativo e a linguagem da igualdade universal empregada pelos movimentos dos afrodescendentes. Contra o discurso oficial, divulgado na propaganda, nos livros, na sala de aula, no teatro, nas revistas e nos jornais, e por meio dos inúmeros e cotidianos fatos explicitados de discriminação racial, os porta-vozes da raça levantavam um protesto vigoroso. Não o faziam seguindo uma postura submissa, solicitando ao branco paternalista a bondade de um favor; exigiam a efetivação dos *direitos* do negro. Assim, o discurso desses movimentos não confirma a hipótese de que atuassem motivados pela crença na possibilidade do "ingresso na estrutura social brasileira através de mecanismos de não contestação, de absorção natural", conforme declara João, o militante afro-brasileiro sujeito da pesquisa de Ferreira (1999:138). Essa afirmação expressa uma idéia difundida com bastante freqüência por militantes do movimento negro contemporâneo.

Creio que a linha de atuação desses movimentos reflita, antes de mais nada, as prioridades de luta definidas pelos seus protagonistas. E as condições históricas impuseram-lhes duas prioridades nítidas: recusar e combater o predominante estereótipo de inferioridade fundado na ciência da época, revelando-o equívoco, e superar a miserável condição de pária a que estava relegada a população afrodescendente, alijada da sociedade industrializada em fase de construção.

Na verdade, a característica mais destacada desses movimentos no que diz respeito a seu papel na evolução da identidade coletiva afrodescendente parece residir menos nos detalhes de sua postura ideológica e de seu discurso do que no fato de estabelecer o protagonismo da comunidade afrodescendente nesse sentido de afirmação positiva de identidade, erguendo-se como construtora de sua própria história. Observa Fernandes, em relação à primeira fase desse período, que

[...] os movimentos reivindicatórios também provocaram uma reavaliação moral interna do "negro" enquanto tal. Apresentaram uma nova medida da capacidade criadora do "negro", incluindo em sua esfera de consciência social a convicção de que é tão capaz quanto o "branco" [...]. Êles ajudaram, portanto, a configurar novas impulsões psicossociais, que incentivaram o "negro" a confiar no próprio "negro" e na sua capacidade de atuação como agente humano no processo histórico. (1964:376)

Se faltava ressonância a essa voz do protagonismo negro é porque lhe faltava espaço para se impor à sociedade dominante. Esta lhe permanecia surda. Fernandes (1964) sublinha esse fato, realçando a indiferença da "sociedade inclusiva" ao apelo da voz dos afrodescendentes.

Antes de lhes identificar uma postura ingênua, cabe observar na linguagem desses movimentos e de sua imprensa um posicionamento eminentemente crítico diante de questões referentes à coletividade afrodescendente. É o caso, por exemplo, da política do embranquecimento, invenção "[...] das grandes imigrações que vieram *arianizar* o Brasil por iniciativa dos ilustres estadistas da estupidez", dispara Arlindo Veiga dos Santos.[14] Analisando a nova linguagem dos médicos sanitaristas que abordavam a população pobre de forma altamente autoritária em suas campanhas de saúde pública, esse autor comenta o seguinte:

Miguel Pereira e Belisário Pena afirmaram que é o Brasil um vasto hospital. E nós não tememos afirmar que êsse vasto hospital deriva da doença mais grave, que é o preconceito de raça e de côr, enfim, a dor da mentalidade dos nossos dirigentes, deixando que pereça tôda uma gente que é preciso ser substituida, porque é mestiça, porque é negra e deverá ser branca custe o que custar, mesmo à custa do esfacelamento do Brasil, pela vasa do arianismo internacional imigrado.[15]

Onde alguns intérpretes parecem detectar uma introjeção de valores da sociedade dominante, impeditiva da construção de uma identidade própria ou característica de um estágio de submissão, encontramos ao contrário a crítica à imposição dos valores brancos e à tendência por parte de alguns negros em adotá-los ou advogá-los. Os efeitos psicológicos dessa introjeção são denunciados, por exemplo, pelo jornal *Senzala*[16] quando, "[...] por ocasião das festas do Natal e do Ano Novo, reclamará que se ofereçam às suas crianças não bonecas louras de olhos azuis e faces rosadas, mas sim a boneca preta, de cabelos encarapinhados, o único brinquedo admissível para as crianças de côr". Registrando esse fato, Bastide pergunta: "Mas esse apelo [...] não é uma reação contra [...] a aceitação da superioridade dos valores dos brancos?" (1973:143).

Ao lado desse discurso crítico, a insistência desses movimentos em atender ao modelo de apresentação pessoal não nos parece uma ingênua aceitação de valores brancos. Além de observar que tal postura embutia antes a contestação e a recusa dos estereótipos antinegros do que a introjeção de tais valores prevalecentes à época, atentamos para a advertência mais recente do destacado intelectual e militante do movimento negro mineiro Dalmir Francisco quando contesta as

[...] conhecidas sentenças que tomam *clubes da raça* ou associações sócio-recreativas negras como branqueadas, a partir da constatação ou simples descrição dos comportamentos morais e éticos, a adoção de etiqueta e de indumentárias de origem não negra ou brancas. Em tais análises, presentes inclusive em discursos pretensamente radicais de militantes de movimentos negros, acabam ignorando que o *clube da raça* continua sendo clube de negros, ainda que apresentando nos conteúdos e nas formas de expressão a pluralidade cultural a que estão submetidos todos os membros de sociedades cujos membros pertencem a diversos grupos étnico-culturais.[17]

A crítica à aceitação de valores brancos é uma constante na imprensa negra que focalizamos. Em outro exemplo, *A Voz da Raça* "denuncia o desejo de se parecer o preto com o branco e de renegar assim sua origem, em vez de se orgulhar dela" (Bastide, 1973:142), ao publicar o seguinte texto sobre a "moda atual de branquificação da pele e alisamento do cabelo":

> Os jornais da América chegam a dedicar páginas inteiras com ilustrações sugestivas sobre a matéria. Mas que resultado há nessa metamorfose? Esse creme vem dar aos brancos a idéia de que todo nosso esforço ascencional é baseado, simplesmente, no ridículo desgosto de termos a pele negra.[18]

Paralelamente, o mulato e o mestiço que se pretendem brancos e se afastam da comunidade merecem comentários às vezes ácidos, cuja ironia atinge de quebra o simulacro da brancura, a ideologia da mestiçagem e a política do governo:

> Desfalcados de valores afirmativamente negros pelo branqueamento das epidermes dos antigos valores negros abastados, fugidos à

grei da gente negra pela mestiçagem e pelo preconceito (pois, geralmente, o maior inimigo do negro é o branco neto de pretos!!!), o povo negro ficou sem chefes naturais, tendo por cima um governo anti-racista, preocupado com a dita arianização geral da Nação brasileira do passado.[19]

Por ser o discurso desses periódicos, em grande parte, dirigido a um público interno, caracteriza-se por uma linguagem quase didática. Não escapava à percepção dos autores e organizadores desses textos e ações a já observada surdez da sociedade perante o som desse "clarim que convocava todos os homens a cumprirem os ideais da fraternidade e da democracia racial" (Fernandes, 1964:310). No espaço discursivo da sociedade dominante, a mensagem do negro não penetrava.

Dadas as circunstâncias históricas, sociais e econômicas em que se situavam, o fato de esses arautos da comunidade negra conseguirem, contra e apesar de tudo, abrir outro espaço de discurso, distribuir, mesmo que de maneira precária, os seus próprios órgãos de comunicação, criar e manter as suas entidades e organizações caracteriza uma postura de coragem e persistência na afirmação de uma identidade positiva, construída e sustentada a duras penas e confrontando todo o *ethos* do discurso racial avalizado pela ciência de seu tempo. Ao enaltecerem as qualidades e os feitos dos heróis negros do passado; ao pleitearem o acesso ao ensino e demonstrarem que era a negação desse acesso, e não a falta de inteligência, a causa do "atraso" dos negros; ao insuflarem, enfim, uma consciência social de coesão e autodefesa à sua comunidade, essa imprensa e as entidades que representava diziam um redondo "não" à ideologia racista que imperava e permeava de forma tão difusa a sociedade brasileira. Trata-se, a meu ver, de um gesto por si só constitutivo da identidade e da agência histórica afrodescendentes da época.

Nova fase (1945-1960)

A terceira fase dessa atividade de militância negra se dá com a abertura política que marca o fim do regime do Estado Novo em 1945. Diz Bastide (1973:133): "De 1937 a 1945 é o vazio. É preciso esperar a volta ao regime democrático para ver surgir de novo a imprensa de côr, com *Alvorada* e *Senzala*". Contudo, não tendo desaparecido a questão racial durante o regime, a comunidade não deixou de encontrar brechas para a sua organização. Continuava agregada nas entidades sociais, nos clubes dançantes, nas irmandades religiosas e sobretudo nas comunidades-terreiro. Clandestinas e violentamente reprimidas pela polícia, pela sociedade e pela religião oficial, as comunidades-terreiro formavam um esteio da resistência afro-brasileira.[20]

Criou-se em 1941 a Associação José do Patrocínio, que tratava particularmente dos problemas das empregadas domésticas, protestando contra a freqüente rejeição da candidata negra explicitada nos anúncios que solicitavam apenas pretendentes brancas ou exigiam a "boa aparência" como eufemismo para tal.[21] Essa Associação constituiu a base da organização do Movimento Afro-Brasileiro de Educação e Cultura (Mabec) e atuou até o fim da década de 1950.

A partir de 1945, a sociedade brasileira mobilizava-se para discutir os grandes temas nacionais, preparando-se para a eleição da Assembléia Nacional Constituinte que iria estruturar o Estado democrático no período do pós-guerra. Nesse ano, a Associação do Negro Brasileiro (ANB) foi fundada em São Paulo pela antiga liderança da Frente Negra Socialista, outro fruto da incansável energia e dedicação de José Correia Leite. A ANB publicava o jornal *Alvorada*, e em 1945 lançou um *Manifesto em Defesa da Democracia*, assinado por Correia Leite, Francisco Lucrécio, Raul Joviano do Amaral, Fernando Góes e outros. Esse documento contém uma crítica profunda ao regime de Vargas e caracteriza-se por uma perspectiva racial explícita na convocação à organização da coletividade:

No passado, o negro brasileiro resistiu à escravidão através de insurreições e revoltas, sendo mais notável a democrática e anti-racista república chamada Palmares. [...] [Hoje,] mais uma vez o muito denigrado negro deve assumir a tarefa de eliminar a tendência por parte dos brancos, com poucas exceções, de discriminar o negro.[22]

Entre outros itens de seu programa, a ANB reivindicava legislação penal contra a discriminação racial. Era, assim, uma das organizações "esquecidas", e sua ação mais um fato suprimido na história convencional que se construiu em torno da chamada "Lei Afonso Arinos". Esse dispositivo continua sendo visto como resultado da bondade paternalista de um filho da elite dominante, quando tem raízes profundas na ação coletiva, organizada, da população afrodescendente.

A ANB lutava também por medidas que protegessem os interesses das empregadas domésticas, coincidindo dessa forma com a ação e os objetivos do Teatro Experimental do Negro. Essas duas reivindicações – legislação antidiscriminatória e regulamentação da profissão de empregada doméstica – seriam pontos centrais do programa lançado pela Convenção Nacional do Negro Brasileiro, realizada seis meses após a fundação da ANB.

Além da Associação do Negro Brasileiro, que em 1950 continuava em atividade, havia muitas outras associações afro-brasileiras nesse período. Sem pretender proceder a uma listagem exaustiva, podemos mencionar, num apanhado superficial, algumas dessas entidades.[23] Em São Paulo, por exemplo, havia a Frente Negra Trabalhista, o Centro de Cultura Luís Gama e a Cruzada Social e Cultural do Preto Brasileiro. Em Porto Alegre, atuavam a União dos Homens de Cor e o Centro Literário de Estudos Afro-Brasileiros, e em Minas Gerais a Turma Auri-Verde e o Grêmio Literário Cruz e Souza. O Rio de Janeiro contava, entre outras associações, com o Centro de Cultura Afro-Brasileira, cuja liderança incluía os poetas Solano Trindade e Aladir Custódio, além de Corsino de Brito.[24] A União dos Homens de Cor, sediada no Centro Espírita Jesus do Himalaya, em Niterói, e liderada por José Bernardo da Silva e Joviano Severino de Melo, publicava o periódico *Himalaya*. José Bernardo, com destacada atuação na comunidade negra à frente dessa entidade, foi candidato a deputado estadual em 1950.[25] A União Cultural dos Homens de Cor, sob a liderança de José Pompílio da Hora, oferecia cursos técnicos e de alfabetização bastante procurados, em particular por empregadas domésticas.[26] Em 1949, fundou-se a União Nacional dos Homens de Cor, que advogava a formação de cooperativas e escolas para melhorar a vida do favelado, o fornecimento de serviços de saúde gratuitos e campanhas de alfabetização do afro-brasileiro. Posicionou-se, como as outras entidades, contra a discriminação ostensiva do Itamaraty, e denunciou a hipocrisia de uma delegação brasileira branca na ONU, pretensiosamente falando contra o racismo sul-africano, mas "esquecendo que o negro sofre aqui no próprio Brasil"[27] (apud Degler, 1971:182).

A imprensa negra paulista continuava ativa com o *Alvorada* e a *Tribuna Negra*, já mencionados, e o *Mundo Novo*, dirigido por Armando de Castro. O *Novo Horizonte,* dirigido por Arnaldo de Camargo, teve a colaboração de Lino Guedes, Geraldo Campos de Oliveira, Aristides Barbosa e Oswaldo de Camargo, e mantinha-se independente por meio de contribuições da comunidade (São Paulo, 1977; Quilombhoje, 1998).

O que parece diferenciar as organizações e a imprensa dessa época é uma consciência internacional mais evoluída. Um dos objetivos da Frente Negra Trabalhista, por exemplo, era a "defesa da igualdade dos povos e das relações internacionais, sem distinção de côr".[28] Todos os jornais negros referidos contêm artigos sobre acontecimentos em todo o mundo e nas Nações Unidas. O *Novo*

Horizonte, em outubro de 1947, publica uma reportagem a respeito das posições da ONU sobre o racismo, na sua reunião de Lake Success. O *Mundo Novo* estampa um artigo de fundo no seu primeiro número (26 de agosto de 1950) intitulado "Em estudo a criação dos Estados Unidos da África: difícil solução dos problemas africanos à base das fronteiras atuais". No Rio de Janeiro, o jornal *Quilombo*, órgão do Teatro Experimental do Negro, TEN, mantinha constante correspondência com a direção da *Présence Africaine* em Paris e Dacar, e com figuras internacionais como Langston Hughes, Alioune Diop, Katherine Dunham, George S. Schuyler e Ralph Bunche. Freqüentemente publicava artigos sobre eventos em Uganda, Etiópia (Abissínia), Haiti e Cuba, como exemplificam as reportagens sobre Antonio Maceo, o "Titã de Bronze" de Cuba, ou sobre a Ku Klux Klan dos EUA. Assim se evidencia que, na medida em que lhes era possível, considerando-se as dificuldades de comunicação e acesso à informação, os movimentos e a imprensa negra tentavam de forma consistente inserir-se no processo internacional do mundo africano, naquele momento histórico, em pleno processo de luta pela descolonização.

No plano interno, o discurso da democracia racial ganhava terreno e consolidava-se nessa época, reforçado pelo fim da Segunda Guerra e pela euforia que acompanhava a vitória dos aliados. José Correia Leite resume as dificuldades desse período no sentido de reconstruir um movimento de massas na escala da Frente Negra:

> Em 45, pretendemos fazer uma retomada de posição, já com o sr. Abdias do Nascimento aqui no Rio de Janeiro, com o Teatro Experimental do Negro (TEN), fazendo também uma convenção política, mas aquela consciência, aquela tomada de posição dos negros de antes de 38 já não tinha mais condições. E havia o perigo da palavra "racismo" também. O negro não podia abrir a boca que era denunciado como racista. (*Cadernos Brasileiros*, 1968:28)

Sebastião Rodrigues Alves confirma: "[...] sabemos que o negro está relegado a uma situação de inferioridade social e toda vez que ele se insurge contra esse estado de coisas ele é tido como subversivo, como audacioso, e particularmente como negro racista" (*Cadernos Brasileiros*, 1968:25).

Essa acusação de "racismo às avessas" iria perseguir todas as iniciativas coletivas e explícitas do afrodescendente brasileiro em favor de sua comunidade. Outra acusação comum contra esses movimentos era a de que tentavam importar para o Brasil um problema alheio, próprio dos EUA ou da África do Sul. Tal alegação enraizava-se na ideologia da democracia racial, com sua insistência nas teses da ausência de discriminação racial no Brasil e da conseqüente inexistência de motivos para a coletividade de origem africana no Brasil organizar-se e defender os seus direitos.

A partir do aparecimento e sucesso do TEN, o teatro passou a se destacar como expressão importante da cultura negra no Rio de Janeiro. Em 1949, um grupo de atores oriundo do TEN, entre eles Haroldo Costa e Wanderley Batista, formou o Grupo dos Novos, com o objetivo de fazer teatro de revista.[29] O grupo estreou mais tarde no Ginástico sob o título Teatro Folklórico Brasileiro; o espetáculo contava com uma cena concebida pelo poeta Solano Trindade. Logo em seguida, este fundaria o Teatro Popular Brasileiro, enquanto o Grupo dos Novos/Teatro Folklórico se dedicaria ao balé Brasiliana, sob a direção de Miécio Askanasy. Ambos os grupos, o Brasiliana e o Teatro Popular, apresentar-se-iam em turnês na Europa (Diégues Júnior, 1997).

Cumprindo o projeto anunciado nos seus nomes, esses grupos reproduziam em cena o que se conveciona chamar de cultura popular ou folclore, com base em manifestações de dança e música originárias de festas tradicionais do interior das diferentes regiões do país. Tratava-se, dizia Solano Trindade, de um teatro do povo sem distinção de raça.

É importante assinalar essa ênfase discursiva na cultura "popular" em seu contraste polêmico com a caracterização específica da cultura negra de raiz africana explicitada no trabalho do TEN. A postura dos grupos "populares" refletia a opção ideológica que focalizava a preeminência da questão de classe sobre a racial. A liderança do TEN ficava praticamente isolada na sua posição de afirmação específica da cultura negra, pois a abordagem da análise de classe, aliada à tese da democracia racial com sua negação do impacto do fator racial, predominava não apenas nos círculos intelectuais e artísticos como também no meio das lideranças "populares". Estas, em várias ocasiões, concordaram com os meios de comunicação da sociedade dominante ao julgarem racista o posicionamento do TEN em defesa da especificidade da cultura e da identidade negras. Na verdade, contudo, o folclore "do povo" levado à cena "sem distinção de raça" por esses grupos populares tinha uma inegável feição de matriz africana e seus protagonistas pertenciam à então chamada "classe dos homens de côr". Essa tensão entre posicionamento ideológico e identidade de fato caracterizara também o Centro de Cultura Afro-Brasileira, liderado por Aladir Custódio, Corsino de Brito e Solano Trindade.

Recordando as numerosas discussões que teve com este último sobre a especificidade da cultura negra em contraponto à cultura universal da classe operária, Abdias Nascimento sublinha a amizade e a solidariedade que os unia.[30] Nesse mesmo espírito, o jornal *Quilombo*, órgão do Teatro Experimental do Negro, afirma em reportagem especial sobre Solano Trindade:[31]

> Pode-se discordar – como discordamos – de muitas idéias de Solano Trindade, porém é indiscutível ser êle uma das personalidades relevantes da atual geração negra que pouco a pouco vai impondo, num ambiente desfavorável, os valôres culturais da gente negra. Solano é sempre poeta: quando faz poesia, quando pinta ou quando vive.

Teatro Experimental do Negro e Jornal *Quilombo*

O Teatro Experimental do Negro (TEN), fundado no Rio de Janeiro em 1944, foi a primeira entidade do movimento afro-brasileiro a ligar, na teoria e na prática, a afirmação e o resgate da cultura brasileira de origem africana com a atuação política. Assim, introduzia uma nova abordagem à luta negra do século. Um dos seus fundadores, Abdias do Nascimento, explicou essa dupla dimensão, cultural e política, nos seguintes termos:

> Fundando o Teatro Experimental do Negro em 1944, pretendi organizar um tipo de ação que a um tempo tivesse significação cultural, valor artístico e função social. [...] De início, havia a necessidade do resgate da cultura negra e seus valores, violentados, negados, oprimidos e desfigurados [...] o negro não deseja a ajuda isolada e paternalista, como um favor especial. Ele deseja e reclama um *status* elevado na sociedade, na forma de oportunidade *coletiva*, para todos, a um povo com irrevogáveis direitos históricos [...] a abertura de oportunidades reais de ascensão econômica, política, cultural, social, para o negro, *respeitando-se sua origem africana*. (1968:37, 51)

Essa perspectiva caracterizava-se pela visão de uma melhora coletiva da vida do povo negro, pois o domínio da atuação política refere-se à coletividade, e não aos pleitos individuais.

Em consonância com todos os movimentos estudados, o TEN identificava na educação a primeira prioridade de ação para o povo negro. As atividades iniciais foram os cursos de alfabetização, em que se inscreviam favelados, operários, empregadas domésticas e todas as pessoas de origem humilde. O processo de alfabetização complementava-se com aulas de cultura geral e palestras de diversos convidados. Reconhecendo o alijamento do sistema de ensino e a inferiorização cultural como elementos essenciais da opressão, o

TEN tinha como objetivos de sua atuação teatral a reabilitação e a valorização da herança e da identidade humana do negro.

Complementando essa atuação artística, o TEN organizou concursos de artes plásticas e de beleza que enalteciam os padrões estéticos afro-brasileiros. Patrocinou a organização de vários eventos sociopolíticos, como a Convenção Nacional do Negro (1945-6). Nesta, pela primeira vez, cogitou-se uma medida constitucional e legislativa específica anti-racista. O TEN também organizou a Conferência Nacional do Negro (1948-9) e o 1º Congresso do Negro Brasileiro (1950). Em 1955, realizou uma Semana de Estudos Negros e o Concurso de Belas-Artes sobre o Tema do Cristo Negro. Esse evento foi caracterizado pela imprensa carioca como uma "agressão contra a Religião e as Artes".[32] O TEN ainda concebeu e apresentou nesse mesmo ano o Festival Castro Alves, em que a obra do poeta abolicionista foi levada ao palco em trabalho de interpretação dramática.

O TEN publicava o jornal *Quilombo,* que trazia em todos os números uma declaração do "Nosso Programa", o qual vale a pena transcrever na íntegra como expressão das aspirações e dos objetivos do dia.

NOSSO PROGRAMA

Trabalhar pela valorização e valoração do negro brasileiro em todos os setores: social, cultural, educacional, político, econômico e artístico.

Para atingir esses objetivos QUILOMBO propõe-se:

1. Colaborar na formação da consciência de que não existem raças superiores e nem servidão natural, conforme nos ensina a teologia, a filosofia e a ciência;

2. Esclarecer ao negro que a escravidão significa um fenômeno histórico completamente superado, não devendo, por isso, constituir motivo para ódios ou ressentimentos e nem para inibições motivadas

pela côr da epiderme que lhe recorda sempre o passado ignominioso;

3. Lutar para que, enquanto não fôr tornado gratuito o ensino em todos os graus, sejam admitidos estudantes negros, como pensionistas do Estado, em todos os estabelecimentos particulares e oficiais de ensino secundário e superior do país, inclusive nos estabelecimentos militares;

4. Combater os preconceitos de côr e de raça e as discriminações que por esses motivos se praticam, atentando contra a civilização cristã, as leis e a nossa constituição;

5. Pleitear para que seja previsto e definido o crime de discriminação racial e de côr em nossos códigos, tal como se fez em alguns estados da Norte-América e na Constituição Cubana de 1940.

Entre os aspectos da discriminação racial brasileira denunciados por *Quilombo* estava o racismo das organizações de beneficência e caridade, das quais grande parte exigia a "cor branca" como condição de atendimento aos pobres. Denunciava em matéria de destaque que a publicação oficial *Catálogo de Obras Sociais do Distrito Federal*, de 1948, listava tal exigência nos casos da Legião Brasileira de Assistência, Asilo Bom Pastor, Casa Santa Marta, Recolhimento Santa Teresa (Santa Casa da Misericórdia), orfanato do Colégio Imaculada Conceição e Sociedade Pestalozzi do Brasil.[33] Denunciava também a discriminação nas escolas e no ensino, documentando as instituições que não aceitavam negros. Entre outros exemplos, a "Tribuna Estudantil" do jornal, assinada por Haroldo Costa, listava os Colégios Notre Dame de Sion, Andrews, Bennett, Santo Inácio, N. S. de Lourdes, e "tantos outros", além do Instituto Rio Branco do Itamaraty e as escolas militares.[34]

Quilombo mantinha contato permanente e manifestava apoio público às outras organizações afro-brasileiras de todo o país, publicando entrevistas com seus líderes e divulgando suas atividades. Apareciam artigos sobre Solano Trindade, Edson Carneiro, José

Correia Leite e José Bernardo, e acerca de organizações como a Frente Negra Trabalhista, o Floresta Aurora (Porto Alegre) e a União dos Homens de Cor, entre outras.

Comitê Democrático Afro-Brasileiro

Fundou-se no Rio de Janeiro em 1945, simultaneamente com o lançamento da Associação do Negro Brasileiro em São Paulo, o Comitê Democrático Afro-Brasileiro, com objetivos paralelos àqueles expressos pela ANB. Sob a liderança de Abdias do Nascimento, Aguinaldo Camargo e Sebastião Rodrigues Alves, o Comitê aliou-se à União Nacional de Estudantes (UNE), que emprestou a sede para abrigar suas reuniões e atividades. O Comitê teve o apoio de militantes de esquerda da UNE nas suas atividades em favor da anistia para os presos políticos e pela reinstauração da democracia. No entanto, conquistada a anistia e libertados os presos políticos (na sua esmagadora maioria brancos de classe média ou abastada), os esquerdistas recusaram-se a apoiar os trabalhos em defesa da população afro-brasileira, alegando o perigo do "racismo às avessas". Os fundadores do Comitê foram expulsos, exigindo deles uma "autocrítica" pública, e ele logo se desintegrou, já que não tinha mais razão para existir. O escritor negro Raimundo Souza Dantas, mais tarde embaixador do Brasil em Gana, declarou publicamente que tinha sido enviado ao Comitê com o propósito de levar os negros para o Partido Comunista (*Cadernos Brasileiros*, 1968; Nascimento, 1976). Mais tarde, Souza Dantas abandonaria as fileiras do PC, recusando-se a ser manipulado.

A esquerda, em resumo, aceitou com entusiasmo um Comitê Afro-Brasileiro que pudesse ser usado para os seus fins políticos, mas o rejeitou como "racista" quando este tentou lograr as finalidades para as quais havia sido criado. Esse episódio marcou profundamente, como exemplo ilustrativo, a natureza do relacionamento entre a esquerda marxista e o movimento afro-brasileiro. O argumento do perigo de divisão da classe operária e a alegação de que não existe uma questão "racial", mas apenas "social", continuam atuais e constituíam até bem recentemente obstáculos à construção de alianças com a esquerda. Quando tais alianças se formam, há ainda a necessidade de evitar que sejam caracterizadas pela subordinação da primeira questão à segunda.

Pouco depois do episódio do Comitê, houve a tentativa de fundar um departamento para assuntos do negro no Partido Trabalhista Brasileiro (PTB) do então estado da Guanabara. A idéia da criação de um grupo negro com autonomia dentro de um partido político, inteiramente inédita, acabou não vingando (Nascimento, 1976).

A Convenção Nacional do Negro e a constituinte de 1946

Em 1945, o TEN organizava a Convenção Nacional do Negro Brasileiro, que teve sua primeira reunião nacional em São Paulo e a segunda em 1946 no Rio de Janeiro. A liderança do Teatro Experimental do Negro fica consignada como majoritária entre os que participaram da organização do evento: Abdias Nascimento, Aguinaldo Camargo, Geraldo Campos de Oliveira, José Pompílio da Hora, Ruth de Souza e Sebastião Rodrigues Alves. Na literatura e nos documentos convocatórios, a Convenção foi caracterizada como um acontecimento político de cunho popular, em contraste com eventos de natureza acadêmico-científica, como os Congressos Afro-Brasileiros de Recife (1934) e Salvador (1937), em que o negro figurava como objeto de estudo. Ao mesmo tempo, a organização da Convenção mantinha o diálogo com setores acadêmicos. Na sessão de abertura no Rio de Janeiro, o sociólogo Thales de Azevedo proferiu a conferência principal.

A crítica dos intelectuais do TEN ao procedimento de estudiosos e pesquisadores que tomavam o negro como objeto de estudo centrava-se no fato de que tais estudos deixavam de examinar os problemas concretos do negro como ser humano e concentravam-se nos aspectos "exóticos" de sua cultura. A indiferença dos cientistas às realidades emergentes do racismo e ao negro como pessoa humana fora denunciada por um cidadão negro anônimo ao plenário do 2º Congresso Afro-Brasileiro em 1937. Protestou esse ilustre afro-baiano, cujas palavras foram transcritas por Pierson:[35]

> O Congresso Afro-Brasileiro deveria assinalar como é lamentável a condição do negro no Brasil.
> O Congresso Afro-Brasileiro deveria dizer ao negro que o linchamento social é pior do que o linchamento físico.
> O Congresso Afro-Brasileiro deveria quebrar as algemas da opressão.
> O Congresso Afro-Brasileiro deveria dizer ao negro que ele está morrendo de tuberculose, do trabalho pesado, de carregar fardos, e de tristeza.
> O Congresso Afro-Brasileiro deveria lembrar ao negro que ele é selecionado e preferido, para as mais baixas ocupações.
> O Congresso Afro-Brasileiro deveria perguntar ao negro quanto tempo ele quer ainda ser escravo.

O anonimato dessa pessoa, identificada apenas como um "preto baiano", tem como efeito contribuir para o processo de manter o negro invisível na sua condição de agente ou protagonista histórico, fato que independe da intenção do pesquisador.

Para os ativistas do TEN, fazia-se necessária uma resposta a esse procedimento científico, articulada pelo negro organizado, sujeito de seu destino. Convocar-se-ia, então, um evento para tratar das necessidades concretas, emergentes, da comunidade afro-brasileira.

Assim foi concebida a Convenção Nacional do Negro Brasileiro, que reuniu diversas organizações do movimento negro. Em São Paulo, participaram entre quatrocentas e quinhentas pessoas, e no Rio, mais de duzentas. No fim das deliberações, a assembléia votou e lançou um *Manifesto à Nação Brasileira*, dirigido aos "patrícios negros", em que afirma, entre outras coisas:

[...] é mister, antes de mais nada, nos compenetrarmos, cada vez mais, de que devemos estar unidos a todo preço, de que devemos ter o desassombro de ser, antes de tudo, negros, e como tais os únicos responsáveis por nossos destinos, sem consentir que os mesmos sejam tutelados ou patrocinados por quem quer que seja.

Não precisamos mais de consultar a ninguém para concluirmos da legitimidade dos nossos direitos, da realidade angustiosa de nossa situação e do acumpliciamento de várias fôrças interessadas em nos menosprezar e em condicionar, mesmo, até o nosso desaparecimento!

O *Manifesto* conclamava os negros à unidade em torno de seis reivindicações concretas, a seguir apresentadas:

1) Que se torne explícita na Constituição de nosso país a referência à origem étnica do povo brasileiro, constituído das três raças fundamentais: a indígena, a negra e a branca.

2) Que se torne matéria de lei, na forma de crime de lesa-pátria, o preconceito de côr e de raça.

3) Que se torne matéria de lei penal o crime praticado nas bases do preceito acima, tanto nas emprêsas de caráter particular como nas sociedades civis e nas instituições de ordem pública e particular.

4) Enquanto não fôr tornado gratuito o ensino em todos os graus, sejam admitidos brasileiros negros, como pensionistas do Estado, em todos os estabelecimentos particulares e oficiais de ensino secundário e superior do país, inclusive nos estabelecimentos militares.

5) Isenção de impostos e taxas, tanto federais como estaduais e municipais, a todos os brasileiros que desejarem estabelecer-se com qualquer ramo comercial, industrial e agrícola, com o capital não superior a Cr$ 20.000,00.

6) Considerar como problema urgente a adoção de medidas governamentais visando à elevação do nível econômico, cultural e social dos brasileiros. (Nascimento, 1968:59-61)

O *Manifesto* foi enviado a todos os partidos políticos, e a Convenção recebeu cartas de apoio dos representantes da União Democrática Nacional, do Partido Social Democrático e do dirigente do Partido Comunista Luís Carlos Prestes. O senador Hamilton Nogueira, com base no *Manifesto*, propôs na Assembléia Nacional Constituinte de 1946 uma medida que, aprovada, teria integrado a proibição da discriminação racial na Constituição do país. Nessa altura, a posição do Partido Comunista se concretizou: Claudino José da Silva, o único representante negro na Assembléia, deputado federal do PC, fez um discurso de oposição à medida. Mais tarde, haveria de confessar, numa assembléia da Convenção no Rio, que agiu sob estritas ordens do partido, sendo ele pessoalmente a favor da proposta (Nascimento, 1968, 1976).

A alegação sob a qual o PC agora se opunha à medida era de que ela viria "restringir o sentido mais amplo da democracia" constitucional. Qual seria a restrição que a lei antidiscriminatória faria ao "sentido mais amplo da democracia" o PC não esclareceu (Nascimento, 1976:32-4).

A gênese da lei Afonso Arinos

Também foi invocada contra a medida constitucional a "falta de exemplos concretos" para fundamentá-la. A discriminação diária contra o negro, banido de teatros, boates, barbearias, clubes, escolas e empregos, bem como do processo político, não era o suficiente, até porque, sendo normal e comum, não merecia comentário na grande imprensa. Um ano depois, a antropóloga negra norte-americana Irene Diggs foi barrada no Hotel Serrador no Rio. Esse "exemplo" mereceu alguma atenção na imprensa e, portanto, na sociedade brasileira. Outro "exemplo" surgiu em 1949, quatro anos após a divulgação do Manifesto, quando um grupo de atores do Teatro Experimental do Negro foi barrado numa festa no Hotel Glória, apesar de apresentar convites da Sociedade Brasileira de Artistas, promotora do baile, e do dono do hotel (Nascimento, 1968:27; 58-9). Mas só em 1950, quando a coreógrafa negra norte-americana Katherine Dunham e a cantora lírica Marian Anderson foram discriminadas no Hotel Esplanada em São Paulo, setores da elite política nacional começaram a reconhecer a existência de "exemplos concretos". Sem creditar-lhe a autoria, ressuscitou-se a proposta da Convenção Nacional do Negro, publicada cinco anos antes. Apresentado o projeto à Câmara dos Deputados, a legislação passou no Congresso batizada agora de "Lei Afonso Arinos", dispositivo que pouco contribuiu para impedir a discriminação racial.

Ao justificar o projeto que apresentava, o deputado Afonso Arinos faz referência ao caso de Katherine Dunham como "exemplo" de discriminação racial.[36] Mais tarde, parece que o parlamentar invocou um incidente que envolvia um empregado seu. Entretanto, ficava evidente para todos os que acompanhavam o assunto, inclusive pela imprensa, que o deputado estava retomando o teor da proposta não aprovada pela Constituinte de 1946.

Dada a posição do deputado contra as associações negras, que julgava racistas, é previsível a não-citação por ele de incidentes em que tais organizações tivessem papel destacado, inclusive para não lhes dar visibilidade. Trata-se de mais uma das formas de escamotear o protagonismo afro-brasileiro: atribuem-se suas conquistas a líderes brancos da sociedade dominante, num hábito que chamaria de "síndrome Princesa Isabel". Além disso, o crédito dessas conquistas fica, em muitas ocasiões, para pessoas que hostilizam o movimento social anti-racista, como era o caso do deputado Afonso Arinos. No mesmo ano da aprovação da lei, declarava:

> Já tive ocasião de manifestar-me sobre esse aspecto particular do problema racial [...] opinando se conviria ou não que se oficializassem entidades ou associações próprias de negros. Por ocasião dos debates do meu projeto, procurei mostrar o lado pernicioso dessa congregação, a cujo espírito o projeto se oporia, na sua preocupação de estabelecer bases mais positivas para a integração do elemento negro na vida social brasileira [...] o empenho em instituir entidades dos homens de côr é o reverso da medalha, pois será, em última análise, manifestação de racismo negro.[37]

Outro porta-voz da teoria da "democracia racial", o então deputado Gilberto Freyre, declarou logo após a rejeição da bailarina e coreógrafa norte-americana Katherine Dunham pelo Hotel Esplanada:

> É evidente que dois racismos estão repontando no Brasil, como rivais: o "racismo" de arianistas que, em geral, sofrem a pressão da atual supremacia de padrões anglo-saxônicos sobre meio mundo e o "racismo" dos que, para fins políticos ou partidários, pretendem opor a esse racismo de "arianistas" o de um negro brasileiro caricaturado do norte-americano. Este segundo "racismo" é, de modo geral, animado por indivíduos que sofrem, no Brasil, a pressão da mística comunista, nem sempre fácil de separar o poder de uma Rússia como a de Stalin, tão imperial como os Estados Unidos.[38]

Chega a soar irônica a identificação do "racismo negro" com o comunismo, visto que os movimentos negros vinham sendo alvo dessa mesma acusação por parte dos comunistas e da esquerda liberal.

Outros movimentos (1950-1960)

Reiterando não cultivar a pretensão de apresentar um compêndio exaustivo, mas apenas um apanhado ilustrativo de algumas das entidades que compunham o movimento social afro-brasileiro, prosseguimos com as décadas de 1950 e 1960. Nesse período, a Associação Cultural do Negro, fundada numa convenção realizada em São Paulo em 1956, teve como forças inspiradoras de sua criação José de Assis Barbosa, José Correia Leite, Geraldo Campos de Oliveira, Américo dos Santos, Américo Orlando, Roque da Silva, Adélio Alves, Otávio Tavares, Nestor Silva e Pedrona Alvarenga. Henrique Antunes Cunha presidiu entre 1963 e 1964 essa Associação, cujo principal legado talvez tenham sido as obras literárias dos seus *Cadernos de Cultura*.

Em 1958, fundou-se *O Mutirão*, órgão do departamento estudantil da Associação Cultural do Negro, dirigido por Gerson F. de Brito. *O Novo Horizonte*, dirigido por Ovídio P. dos Santos, continuava sendo publicado, com reportagens sobre a África e outros aspectos da cena africana internacional. Outro jornal, o *Hífen*, publicação do Clube Elite, noticiava, entre outras coisas, os resultados de estudos acerca da discriminação e do preconceito racial no Brasil.

Em 1957, a Associação Cultural do Negro publicou o livro *Quinze poemas negros*, de Carlos de Assumpção e Oswaldo de Camargo. O poema de Carlos Assumpção intitulado "Protesto", do qual transcrevemos um pequeno trecho a seguir, marca o teor dessa literatura negra. Foi publicado pela primeira vez em 1954, no jornal *O Novo Horizonte*, após ser lido pelo autor numa sessão da Semana Paulista da Abolição, organizada por Geraldo Campos de Oliveira. A partir daquela leitura, o poema passou a ser uma espécie de lema e símbolo do movimento afro-brasileiro no eixo Rio–São Paulo.[39]

Protesto

*Mesmo que voltem as costas
às minhas palavras de fogo,
não pararei de gritar,
não pararei,
não pararei de gritar.
Senhores!
Eu fui enviado ao mundo
para protestar,
mentiras, ouropéis, nada,
nada me fará calar.* [...]
*Senhores!
O sangue de meus avós
que corre nas minhas veias
são gritos de rebeldia.*

O 1º Congresso do Negro Brasileiro (1950)

Às vésperas da partida do antropólogo Arthur Ramos para Paris, onde, na qualidade de chefe da divisão de pesquisa da Unesco, deflagraria o processo de decisão daquele organismo no sentido de realizar um grande ciclo de pesquisas sobre a questão das relações raciais, tendo o Brasil como foco central,[40] realizou-se no Rio de Janeiro, de 9 a 13 de maio de 1949, a Conferência Nacional do Negro. Tratava-se de uma reunião preparatória do 1º Congresso do Negro Brasileiro. Convidado pela comissão organizadora, Arthur Ramos proferiu uma palestra na sessão de encerramento da Conferência. Foi a última aparição pública do cientista antes de seguir para Paris, onde pouco mais tarde viria a falecer, ainda no início da articulação e concretização do referido projeto de pesquisa.

Ao organizar a Conferência, o Teatro Experimental do Negro propunha-se a promover um encontro entre intelectuais, pesquisadores do meio acadêmico e militantes do movimento social, no intuito de proceder à formulação de ações em benefício da população afrodescendente. Seria uma aliança subsidiada pelo conhecimento científico, mas com seu principal objetivo voltado para atitudes e ações concretas, não se limitando às cogitações teóricas desligadas da problemática viva do negro brasileiro: "A Conferência vai fazer o levantamento das aspirações do negro por meio de investigações procedidas no Distrito Federal e nos estados, ouvindo não somente os estudiosos, mas principalmente os líderes e associações de gente de côr e o próprio povo".[41] Assim, visava articular um programa de ação para combater as reais dificuldades da comunidade negra, incluindo o racismo e a discriminação racial.

Ao mesmo tempo, uma espécie de meta implícita subjacente a declarações desse teor era informar a consciência popular a respeito do caráter etnocentrista das linhas de investigação antropológica e sociológica que focalizava o negro como "espetáculo" ou objeto de pesquisa, representadas sobretudo nos Congressos Afro-Brasileiros da década anterior. Aliás, configurava-se a Conferência do TEN como uma espécie de resposta concreta e simbólica às questões motivadoras das críticas articuladas pelo anônimo afro-baiano que registrou seu protesto ao Congresso Afro-Brasileiro de 1937. Dessa vez, era o próprio afrodescendente organizado que se reunia para definir e tratar os assuntos de seu interesse, sempre se mantendo aberto à aliança com os estudiosos, porém na condição de agente e não de matéria de estudos.

Diversos estudiosos atenderam à convocação do TEN, inclusive o sociólogo francês Roger Bastide, que enviou um trabalho escrito. O evento contou com representações de diversas regiões do país: Minas Gerais, Rio Grande do Sul, São Paulo, Rio de Janeiro e Bahia. Entre as entidades representadas estavam a União dos Homens de Cor, a União Cultural dos Homens de Cor, a Federação dos Morros, o Floresta Aurora, a Turma Alvi-Verde (Juiz de Fora) e o Grêmio Cruz e Souza (Juiz de Fora) (Nascimento, 1968:41-3).

Os conferencistas foram vários, entre eles Aguinaldo Camargo, Sebastião Rodrigues Alves, Ironides Rodrigues, Guiomar Ferreira de Mattos, Elza Soares Ribeiro, Mercedes Batista, Nilza Conceição, dra. Maria Manhães (uma das raras médicas negras do país, atuando no Departamento Nacional da Criança). Uma pequena amostra de exemplos dará uma idéia dos tópicos abordados. Consistente com a observação feita a respeito dos outros movimentos tratados neste capítulo, a grande maioria das teses e discussões versava acerca da questão educacional. Arinda Serafim, integrante do grupo original de fundadores do TEN e criadora da Associação das Empregadas Domésticas, falou sobre a necessidade da organização de sua classe profissional. Maria de Lourdes Vale Nascimento apresentou uma análise da necessidade do desenvolvimento de abordagens educativas específicas capazes de atender aos problemas sociais e psíquicos da prostituição historicamente imposta à mulher negra. José Cláudio Nascimento, fundador das Escolas José do Patrocínio e 13 de Maio, nas comunidades de Parque Arara e Morro da Favela, discorreu sobre a alfabetização. Haroldo Costa, líder dos estudantes secundários na época, tratou da discriminação racial nas escolas. S. Rodrigues Alves, fundador da Cruzada Afro-Brasileira de Alfabetização, sugeriu a concentração de energias do movimento negro no campo do ensino para adultos e crianças favelados.[42]

A Conferência elegeu um comitê organizador do 1º Congresso do Negro Brasileiro, composto de Abdias do Nascimento, Guerreiro Ramos e Édison Carneiro. Durante o processo organizativo do Congresso, foram constituídos comitês regionais; em fevereiro de 1950, além do comitê do estado de Guanabara (Distrito Federal), estavam funcionando os dos estados de São Paulo, do Rio de Janeiro, do Rio Grande do Sul, do Rio Grande do Norte, da Bahia, de Pernambuco, do Pará e de Minas Gerais.[43]

Os objetivos do 1º Congresso do Negro Brasileiro foram nitidamente articulados no jornal *Quilombo*. Renunciando de forma explícita a qualquer ligação com os Congressos Afro-Brasileiros, caracterizados como "distantes da cooperação e da participação popular",[44]

O 1º Congresso do Negro pretende dar uma ênfase toda especial aos problemas práticos e atuais da vida da nossa gente. Sempre que se estudou o negro, foi com o propósito evidente ou a intenção mal disfarçada de considerá-lo um ser distante, quase morto, ou já mesmo empalhado como peça de museu. Por isso mesmo o Congresso dará uma importância secundária, por exemplo, às questões etnológicas, e menos palpitantes, interessando menos saber qual seja o índice cefálico do negro, ou se Zumbi suicidou-se realmente ou não, do que indagar quais os meios que poderemos lançar mão para organizar associações e instituições que possam oferecer oportunidades para a gente de côr se elevar na sociedade.[45]

Havia também uma orientação acadêmica que visava discutir os padrões das ciências sociais no seu trato das pesquisas sobre o negro. O 1º Congresso

[...] reconhece a existência de uma população de Côr no país, consciente da sua importância como fator do progresso nacional, e tenta por um lado, suprir as deficiências de estudo do passado da gente negra e, por outro, encontrar modos e maneiras de prover ao bem-estar social dos treze milhões de negros e mulatos do Brasil. Assim, o Congresso realizará dois objetivos – um passivo e outro ativo, um acadêmico e outro popular, um técnico e outro prático. Esta dualidade de objetivos está bem clara no Temário das discussões.[46]

A crítica do TEN às tradicionais abordagens científicas do "negro como espetáculo" representadas simbolicamente nos Congressos Afro-Brasileiros tornou-se, como veremos adiante, um pivô em torno do qual se mobilizaram animadas discussões. Configurou-se essa polêmica dentro da própria academia, transformando-se em mais uma instância de operação dos processos de manter invisíveis ou de apropriar-se das ações e das iniciativas intelectuais da coletividade afrodescendente. No próximo capítulo, teremos oportunidade de ilustrar com mais detalhes esse fato. Cabe assinalar, por enquanto, a conclusão do seguinte trecho que exprime o cerne da questão. Abdias do Nascimento afirma que com o 1º Congresso do Negro Brasileiro

> [...] os brasileiros de côr tomam a iniciativa de reabrir os estudos, as pesquisas e as discussões levantadas por vários intelectuais, principalmente pelos promotores dos 1º e 2º Congressos Afro-Brasileiros do Recife e da Bahia, respectivamente, já agora não apenas com a preocupação estritamente científica, porém aliando à face acadêmica do conclave o senso dinâmico e normativo que conduz a resultados práticos. [...] *O negro passa da condição de matéria-prima de estudiosos para a de modelador da sua própria conduta, do seu próprio destino.*[47]

Vale a pena examinar minuciosamente o decorrer dos procedimentos do 1º Congresso do Negro Brasileiro, pois sua dinâmica ilustra a complexidade das relações entre academia, ideologia e militância. Uma corrente de pensamento fez-se notar no Congresso, representada na coordenação pelo etnólogo Édison Carneiro e na participação pelo antropólogo Darcy Ribeiro e pelo sociólogo L. A. da Costa Pinto. Nenhum desses dois cientistas sociais havia produzido trabalhos significativos no campo dos estudos "do negro". Ribeiro pesquisava o índio. Costa Pinto, autor de uma obra controvertida na sociologia,[48] acompanhara as gestões de Arthur Ramos à frente do projeto da Unesco de realizar a pesquisa sobre relações raciais. Com o falecimento inesperado do mestre Arthur Ramos,

Costa Pinto almejava uma participação mais ativa nesse processo, substituindo-o nas referidas gestões.

Esse grupo, de orientação teórica marxista, procurava dar um rumo acadêmico ao Congresso, já que o negro não teria legítimas reivindicações políticas ou sociais específicas. Édison Carneiro exemplificava essa postura ao afirmar,[49] que a idéia da organização política na comunidade negra significava "importar a solução norte-americana" e a noção da cultura negra ou africana no Brasil moderno, como valor corrente e dinâmico, constituía um saudosismo ilusório. Costa Pinto inscreveria no livro *O negro no Rio de Janeiro* essa mesma postura ideológica, camuflada na roupagem da objetividade científica e da metodologia sociológica. Baseando-se no suposto procedimento científico, atribuiu aos movimentos negros uma "falsa consciência" diante da discriminação de cor, na medida em que esta resultava da natureza das estruturas econômicas e, portanto, reclamava uma consciência de classe operária. Costa Pinto caracterizava o movimento social afro-brasileiro – inclusive o próprio Congresso em que ele mesmo participava – como promotor de um perigoso "racismo às avessas" (1953:270-8; 284; 332-3). Entretanto, apenas mais tarde ele assumiria tais posições. Na época, participava do Comitê de Raças da Unesco e estava interessado no apoio que o Congresso poderia manifestar publicamente ao projeto de pesquisa sobre relações raciais. Costa Pinto manteve então uma postura de aliado do movimento social afrobrasileiro, postura que renegaria com veemência nas conclusões do trabalho que realizava. Na pesquisa que lhe coube nesse projeto, financiado pela Unesco, a peça fundamental de sua metodologia baseava-se em grande parte na sua própria participação no 1º Congresso do Negro Brasileiro (Costa Pinto, 1953: "Introdução").

Outra corrente ativa no Congresso foi o grupo de intelectuais negros que propugnava por um enfoque acadêmico crítico, porém independente da "linha correta" ideológica marxista, ligado e capaz de dar suporte à articulação pelo movimento social de seus próprios rumos. Guerreiro Ramos, por exemplo, iria articular uma crítica original e profunda não apenas ao reducionismo econômico do enfoque exclusivo do conflito de classes, como também à pretensa "objetividade científica" como postura ideológica em si mesma.[50] Essa corrente de intelectuais ligava-se ao conjunto popular e amplamente majoritário de participantes do Congresso, que propunha tratar do que definia como as necessidades específicas, sociais, políticas e culturais da população negra. Aguinaldo Camargo, Abdias do Nascimento, Sebastião Rodrigues Alves, Ironides Rodrigues, Guiomar Ferreira de Mattos, Arinda Serafim e Maria de Lourdes Nascimento estavam entre os porta-vozes dessa corrente.

Até a sessão de encerramento, permaneceram latentes essas divergências. Os debates focalizaram vários temas: um trabalho da dra. Guiomar Ferreira de Mattos particularizou a necessidade da regulamentação e a organização das empregadas domésticas; surgiram diversas propostas para essa organização; houve propostas de métodos para campanhas de alfabetização e ensino na comunidade negra, sobretudo nas favelas; apresentaram-se teses de natureza distinta sobre as manifestações do racismo em diferentes partes do Brasil. O registro taquigráfico dos debates retrata a ativa participação de pessoas procedentes de todos os setores da população afrodescendente do país, desde operários humildes até profissionais liberais instruídos, somando, durante cada uma das várias sessões, entre duzentas e trezentas pessoas.

A assembléia plenária do Congresso elaborou, democraticamente, uma Declaração de Princípios que foi aprovada por votação unânime. Para poder apreciar os acontecimentos posteriores, é preciso conhecer o seu texto completo, que reproduzimos a seguir (Nascimento, 1968:293-4):

Os Negros Brasileiros, reunidos no seu primeiro Congresso de âmbito nacional, promovido pelo Teatro Experimental do Negro, identificados com os destinos de sua Pátria, em todas as suas vicissitudes, como elemento integrante e solidário do povo, e no desejo de se unirem cada vez mais nesse todo de que são parte, declaram:

O abandono a que foi relegada depois da abolição e a estrutura econômica e social do País são as causas principais das atuais dificuldades da camada de côr da nossa população. Os problemas do negro são apenas um aspecto particular do problema geral do povo brasileiro, e que não será possível separá-los sem quebra da verdade histórica e sociológica. Desta maneira, a fim de remediar tal situação, considera este Congresso necessários o desenvolvimento do espírito associativo da gente de côr, a ampliação da facilidade de instrução e de educação técnica, profissional e artística, a proteção à saúde do povo e, em geral, a garantia de oportunidades iguais para todos na base da aptidão e da capacidade de cada qual.

O Congresso recomenda, especialmente:
a) O estímulo ao estudo das reminiscências africanas no País bem como dos meios de remoção das dificuldades dos brasileiros de côr e a formação de Institutos de Pesquisas, públicos e particulares, com esse objetivo.
b) A defesa vigilante da sadia tradição nacional de igualdade entre os grupos que constituem a nossa população.
c) A utilização de meios indiretos de reeducação e de desrecalcamento em massa e de transformação de atitudes, tais como o teatro, o cinema, a literatura, e outras artes, os concursos de beleza, e técnicas de sociatria.
d) A realização periódica de Congressos Culturais e Científicos de âmbito internacional, nacional e regional.
e) A inclusão de homens de côr nas listas de candidatos das agremiações partidárias, a fim de desenvolver sua capacidade política e formar líderes esclarecidos, que possam traduzir, em formas ajustadas às

tradições nacionais, as reivindicações das massas de côr.

f) A cooperação do governo, através de medidas eficazes, contra os restos de discriminação de côr ainda existentes em algumas repartições sociais.

g) O estudo, pela Unesco, das tentativas bem-sucedidas de solução efetiva dos problemas de raças, com o objetivo de prestigiá-las e recomendá-las aos países em que tais problemas existam.

h) A realização, pela Unesco, de um Congresso Internacional de Relações de Raças, em data tão próxima quanto possível.

O Congresso condena, veementemente, considerando ameaças à tranqüilidade da família brasileira:
a) A exploração política da discriminação da côr.
b) As associações de cidadãos brancos ou negros organizadas sob o critério do exclusivismo racial.
c) O messianismo racial e a proclamação da raça como critério de ação ou como fator de superioridade ou inferioridade física, intelectual ou moral entre os homens.
d) Os processos violentos de tratamento dos problemas suscitados pelas relações interétnicas.

Para a boa execução destas medidas, torna-se necessária a vigência das liberdades públicas asseguradas pela Constituição. E, para vencer o despreparo com que as massas negras foram introduzidas na vida republicana depois da Abolição e dar-lhes os estilos de comportamento do cidadão numa democracia, recomenda este Congresso o apoio oficial e público a todas as iniciativas e entidades que visem adestrar os brasileiros de côr para a maior, mais rica, e mais ativa participação na vida nacional.

O caráter da orientação que emerge desse documento é inequívoco: trata-se de uma posição integracionista, rejeitando explícita e insistentemente qualquer sugestão de "separatismo racial". Ao mesmo tempo, o documento deixa claro que é necessário agir no sentido de realizar uma verdadeira integração do negro dentro da sociedade brasileira e de melhorar as condições de vida do povo em geral.

Ressalta desse documento o seu envolvimento pelas pressões do tabu que cercava a hipótese de trabalhar a favor de uma efetiva integração do negro na sociedade vigente, tabu baseado no temor do "racismo às avessas". A declaração repetidamente pede desculpas de si mesma e chega a dar mais ênfase à rejeição dos imaginários perigos do racismo negro e à possível exploração política da questão, que às medidas concretas de ação anti-racista. Apesar do volume da evidência de discriminação apresentado nos trabalhos dos congressistas, a declaração cuidadosamente omite o racismo como instrumento ou fator de dominação. Esse detalhe pode ser interpretado como reflexo do difuso efeito da ideologia da democracia racial, ilustrando por que pode ser caracterizado como um racismo "mais sutil e mais cruel que o praticado nos Estados Unidos, porque não permite qualquer oportunidade de defesa à vítima" (Nascimento, 1968:27). Também pode ser visto como expressão de certa autocensura como estratégia política, pois a vigência da teoria da "democracia racial" com sua força de tabu ditava que não se incorresse no erro político de contradizê-la de forma aberta ou "radical".

Encerrada a pauta e adotada por ampla maioria a declaração transcrita, o grupo científico-acadêmico apresentou uma segunda declaração, proclamando que se isentava do que percebia como implicações racistas no texto da Declaração Final aprovada pela assembléia.

A transcrição taquigráfica dos debates (Nascimento, 1968:286-2) evidencia a perplexidade que tomou conta da grande maioria da assembléia. Diante do teor da Declaração Final, o aparecimento desse segundo documento revelava, a muitos participantes, não apenas a atitude paternalista do grupo dos cientistas ao assumir o direito de julgar a democrática manifestação da plenária, como também a tendenciosidade ideológica de uma posição presumidamente esquerdista que julgava o documento, com toda a sua timidez na afirmação da luta afro-brasileira, como separatista e capaz de desagregar a unidade do povo. O aplauso foi longo e intenso quando Aguinaldo Camargo falou sobre a fundamentação histórica da suspeita, levantada por S. Rodrigues Alves, de que houvesse "qualquer coisa de subterrâneo" no aparecimento da segunda declaração.

Srs. congressistas! É profundamente lamentável que na sessão solene de encerramento do 1º Congresso do Negro Brasileiro, onde todas as teses foram debatidas com a maior liberdade de pensamento, com os gestos mais francos, em que todos trabalhamos na mais ampla democracia, até à declaração final do Congresso, onde todas as ações foram perfeitamente focalizadas e assinadas por todos os membros, apareça agora como apêndice essa declaração. [...] Sempre condenamos o racismo político que é uma questão morta. De vez que foi levantado o caso de que existe algo de subterrâneo no Congresso, quero fazer uma análise. Quando se fundou o Comitê Democrático Afro-Brasileiro apareceram elementos subterrâneos. Quando fundamos a Convenção Nacional do Negro Brasileiro, em São Paulo, lá estavam esses elementos. E agora, quando termina o nosso Congresso de forma tão brilhante, eis que nos surge à última hora essa declaração trazida por pessoa naturalmente menos avisada ou de comum acordo com os responsáveis por essa moção extemporânea. Quero afirmar muito seriamente e quero que conste dos Anais o seguinte: é que no movimento negro sempre apareceram elementos de última hora com moções do tipo da que acabamos de ver.

Quando o antropólogo Darcy Ribeiro tentou advogar a aceitação pela plenária da segunda declaração, a assembléia reagiu com um coletivo "Não apoiado! Não apoiado!", três vezes, durante sua pequena fala. Após outras intervenções, a segunda declaração foi rejeitada por voto da grande maioria da assembléia.

Durante os trabalhos do Congresso, Guerreiro Ramos atendera aos apelos de Costa Pinto na sua postura de "aliado" do movimento. Havia apresentado uma proposta solicitando a realização pela Unesco de um estudo aprofundado de relações raciais em algum país da América Latina, "no intuito de identificar possibilidades de experiências positivas de convivência racial". Sua moção pleiteava também a realização, sob o patrocínio daquele órgão, de um Congresso Internacional de Relações de Raça. Costa Pinto estava interessado em que tais eventos fossem realizados no Brasil. O registro taquigráfico transcreve o apoio manifestado por ele à proposta de Guerreiro Ramos:

[...] vem, pois, de encontro aos interesses que na Unesco existem, a respeito de relações de raça no Brasil, essa proposta do prof. Guerreiro Ramos, que, aprovada como espero por êste Congresso, só irá reforçar os argumentos apresentados em Florença, de que o Brasil é o campo indicado para tais investigações. (Nascimento, 1968:158-9)

A proposta foi aprovada pelo plenário do Congresso, dando assim respaldo à realização da pesquisa da Unesco no Brasil. O projeto de pesquisa tornou-se realidade e propiciou uma série de trabalhos considerados obras clássicas sobre relações raciais,[51] financiando inclusive o próprio trabalho de Costa Pinto.

Tendo em vista esse histórico, torna-se bastante irônico o fato de se constituir numa das peças principais do projeto da Unesco a pesquisa em que Costa Pinto utiliza o aval da ciência para defender uma posição ideológica contrária à manifestação do Congresso, caracterizando como "falsa consciência" e "racismo às avessas" de uma "elite pequeno-burguesa intelectualizada e pigmentada" as iniciativas e posições do movimento negro em geral e do Teatro Experimental do Negro em particular (1953:270-8; 284; 332-3). Além disso, o empréstimo a Costa Pinto dos originais de grande parte dos anais do 1º Congresso do Negro Brasileiro, para utilização nessa pesquisa resultou na sua perda definitiva.[52] O livro *O negro revoltado* (Nascimento, 1982 [1968]), que contém os anais do Congresso, sofre lacunas importantes devido à falta desses documentos. Na lista das teses e dos trabalhos apresentados está assinalada a ausência de um terço das teses, marcadas com asterisco como "trabalhos extraviados" (Nascimento, 1968:71-2). Em particular, o registro da sessão solene de encerramento fica bastante prejudicado pela inexistência de várias contribuições escritas, lidas na sessão e que não são reproduzidas por terem sido extraviadas.

Guerreiro Ramos e outros intelectuais negros dirigiram-se à Unesco, publicamente e por telegrama, apontando a tendenciosidade da pesquisa por ela financiada no Rio de Janeiro e destacando a diferença entre os procedimentos utilizados nesse levantamento e nos outros feitos, por exemplo, em São Paulo.[53] O conteúdo da mensagem dirigida à Unesco foi divulgado numa conferência realizada na Associação Brasileira da Imprensa, em que S. Rodrigues Alves assinalou as atitudes manipuladoras de certos pesquisadores do projeto na sua relação com o movimento social, concluindo que "os 'cientistas' e 'estudiosos' têm procurado transformar nosso trabalho em arapuca ideológica" (Nascimento, 1968:16-7).

Talvez a mais eloqüente expressão da natureza de sua abordagem científica e de sua relação com o movimento negro seja a resposta de Costa Pinto, publicada em importante diário carioca da época: "Duvido que haja biologista que depois de estudar, digamos, um micróbio, tenha visto esse micróbio tomar da pena e vir a público escrever sandices a respeito do estudo do qual ele participou como material de laboratório".[54]

Conclusões

Encerro o presente capítulo com a declaração transcrita porque ela remete a algumas questões fundamentais, a meu ver, à compreensão das formas pelas quais se constrói e reproduz a invisibilidade da agência histórica do brasileiro afrodescendente. Os intelectuais negros interrogavam a postura metodológica que partia de uma posição estruturalista marxista e impunha ao movimento social estudado as expectativas geradas por essa abordagem, formulando-lhe julgamentos de valor de acordo com tais expectativas e alçando esse procedimento ao patamar de um exercício de "objetividade científica".

Semelhantes considerações vêm à tona em relação à Frente Negra Brasileira e seus antecedentes. Creio ter sido um entrave à sua compreensão a dificuldade de pesquisadores e observadores, em virtude dos padrões ideológicos que marcam a sua abordagem, de conciliar a posição monarquista de militantes frentenegrinos como Arlindo Veiga dos Santos com a posição de esquerda política que eles, os analistas, julgam mais conveniente, correta ou coerente com os objetivos do movimento. Márcio Barbosa observa o mesmo fenômeno na sua introdução ao livro de depoimentos de líderes da Frente (Quilombhoje, 1998). Esse fato evidencia a dificuldade analítica em reconhecer o preceito assinalado por Abdias do Nascimento (1980) e referendado pela abordagem afrocentrada e pela teoria crítica racial: para o afrodescendente que vive concretamente a exclusão com base na sua cor ou raça em sociedades multirraciais, a primeira contradição social é a racial, e não a de classe. A prioridade de luta diz respeito primeiro à questão da dignidade humana individual e coletiva diante da ideologia do supremacismo branco, e depois à posição social ou econômica. O discurso dos jornais da imprensa negra reflete esse fato e permite-nos inferir que a massa dos participantes da Frente estava menos interessada no monarquismo do que na luta contra a discriminação racial. No entanto, as várias dissidências indicam que nem todos os que se engajavam nesse movimento compartilhavam as tendências direitistas de parte de sua liderança.

O estudo de Costa Pinto é exemplar na sua prática de emitir opiniões e omitir dados relevantes, ou mesmo decisivos, em função de julgamentos subjetivos baseados na sua ótica marxista. Simulando relatar fatos, tece uma trama novelística em que, além de acusar as lideranças afrodescendentes de "racismo às avessas", ironiza o movimento social que estudou e manifesta seu desprezo diante dele. No caso do TEN, a "análise" chega a constituir um exercício de desmoralização pessoal contra a sua liderança, conforme teremos oportunidade de mostrar no próximo capítulo. Ademais, no seu afã de "proletarizar" o afrodescendente brasileiro, o cientista ignora os fatos sociológicos, amplamente anunciados pelas organizações que eram objeto de seu estudo, os quais indicavam a exclusão dessa população da classe operária durante o processo de formação da economia industrializada do Brasil. O motivo da recusa do pesquisador a reconhecer esse fato é puramente ideológico: o fato documenta uma discriminação de cunho racial e não de classe, pois a política de Estado que determinou a proibição da entrada no país de "homens de cor" ao mesmo tempo que subsidiava a imigração maciça de europeus brancos não era motivada pela necessidade de importar uma classe operária para a nascente economia industrial brasileira. Para isso, a mão-de-obra ex-escrava estava fartamente disponível. A política tinha um objetivo racial: embranquecer a população, "limpar o sangue" da mancha negra.

Essa recusa ideológica do fato histórico leva o pesquisador a concluir por mais uma repetição da negação de legitimidade aos movimentos sociais oriundos de formas de opressão específicas como o racismo e o patriarcalismo, alegando que dividem a classe operária. Arroga-se o autor, todavia, com base na sua pesquisa, a posição de arauto de uma nova visão sociológica que já estava sendo elaborada pelos intelectuais do Teatro Experimental do Negro desde sua fundação: a crítica ao convencional trato do "negro como espetáculo".

Tal fato, por si só, não se reveste de maior importância. O grave é que essa obra ficou na literatura sociológica como referência obrigatória sobre o movimento negro e assim influenciou ou serviu de modelo para uma série de outras abordagens construídas a partir de óticas semelhantes.[55] Reeditado o livro pela Editora da Universidade Federal do Rio de Janeiro em 1998, a pesquisa recebeu a chancela da academia no limiar do novo milênio. Aparentemente, ficou selado o destino do TEN de ver fixada na história confeccionada pela sociologia a sua imagem como uma agremiação de negros pequeno-burgueses racistas e "cativos de suas próprias contradições".[56] Assim, prevalece a apropriação pelas elites brancas do conhecimento e do trabalho intelectual produzido por afrodescendentes.

A versão de Costa Pinto não ficou sem resposta.[57] Nessa discussão, o que está em jogo é mais que o destino do TEN. A controvérsia instiga uma reflexão sobre a natureza e as implicações epistemológicas do lugar desde o qual, e a partir de que ponto de vista, se tomam fenômenos sociais e seus atores como "objetos" de estudo. Guerreiro Ramos dizia que certos "brancos" mestiçados do Nordeste tomavam o negro como alvo no intuito de dele se distanciar, reforçando sua própria identidade de brancos virtuais. Essa reflexão enseja a consideração crítica da relação sujeito-objeto na ciência de forma geral. São questões que suscitaram e vêm suscitando discussões muito férteis, não apenas no Brasil, intrincadas na articulação da crítica à razão moderna e na construção de novas abordagens, como o pós-modernismo. Também nesse âmbito mais amplo, prevalece um processo de apropriação por intelectuais ocidentais do discurso e da produção intelectual oriundos dos movimentos sociais não-ocidentais, em particular o anti-racista africano e afrodescendente.

No próximo capítulo, pretendemos explorar alguns aspectos da atividade do TEN ocultados pelo "saber científico" sobre ele produzido e considerar a natureza de suas atividades e produções intelectuais no que se refere às questões da identidade afrodescendente no Brasil e da crítica à ideologia da brancura.

Notas

1. Morel, Edmar, *A Revolta da Chibata*. *Levante da esquadra pelo marinheiro João Cândido* (Rio de Janeiro: Graal, 1979); Rio de Janeiro (Estado), Secretaria da Cultura e Museu da Imagem e do Som (MIS) (orgs.), *João Cândido, o almirante negro* (Rio de Janeiro: Fundação MIS/Gryphus, 1999).
2. Getulino, I, 35; II, 56; *A voz da raça*, I, 16, 18, 31, 32, apud Bastide, 1973, p. 150.
3. Leite, José Correia; Moreira, Renato Jardim, Movimentos sociais no meio negro, estudo de caso elaborado para a pesquisa de Florestan Fernandes, ms., s.d, p. 7-8, apud Fernandes, 1964, p. 319.
4. As transcrições dos jornais e os dados apresentados sobre eles o longo do presente capítulo provêm deste documento, exceto quando indicado o contrário por meio de citação específica.
5. Leite e Moreira, op. cit., p. 9, apud Fernandes, 1964, p. 320.
6. Arlindo Veiga dos Santos, Congresso da Mocidade Negra Brasileira: Mensagem aos Negros Brasileiros, *O Clarim d'Alvorada*, São Paulo, v. 6, n. 17, 9 jun. 1929, apud Fernandes, 1964, p. 327.
7. *Frente Negra Brasileira. Suas finalidades e obras realizadas*, São Paulo, s.d. Documento redigido em fins de 1936, de autoria de Raul Joviano do Amaral, apud Fernandes, 1964, p. 336.
8. *Frente Negra Brasileira. Suas finalidades...*, op. cit., apud Fernandes, 1964, p. 345-7.
9. *Manifesto à Gente Negra Brasileira*, apud Fernandes, 1964, p. 326-7.
10. Fernandes, 1964, 1972; Mitchell, 1977; Nascimento, 1976; Quilombhoje, 1998.
11. A comissão foi composta de Abdias do Nascimento, Fernando Góes, o poeta Rossini Camargo Guarnieri e o empresário Galdino. Nascimento, 1976:28-9. Cf. também Nascimento, 1968.
12. *Phylon*, v. 3, 1942, p. 284-6, apud Degler, Carl, *Neither black nor white* (Nova York: McMillan, 1971), p. 180-1.
13. Clarke e Garvey, 1974; Martin, 1976; Lewis, Rupert, *Marcus Garvey, anti-colonial champion* (Trenton: Africa World Press, 1988).
14. *A Voz da Raça*, III, p. 56, apud Bastide, 1973, p. 145.
15. Santos, Arlindo Veiga dos, "Congresso da Mocidade Negra Brasileira, Mensagem aos Negros Brasileiros", *O Clarim da Alvorada*, São Paulo, v. VI, n. 17, 9 jun. 1929, apud Fernandes, 1964: 390.
16. *Senzala*, n. 2, p. 21, apud Bastide, 1973, p. 143.

17. Francisco, Dalmir, *Negro, afirmação política e hegemonia burguesa no Brasil*, Dissertação (mestrado) – Faculdade de Filosofia e Ciências Humanas, Universidade Federal de Minas Gerais (Belo Horizonte, 1992), p. 14.
18. *A Voz da Raça*, III, p. 64, apud Bastide, 1973, p. 142.
19. Artigo de Arlindo Veiga dos Santos, *A Voz da Raça*, III, p. 52, apud Bastide, 1973, p. 144.
20. Braga, 1995; Lopes, 1996; Caroso e Bacelar, 1999a, 1999b.
21. Damasceno, Caetana, "Em casa de enforcado não se fala de corda: notas sobre a construção social da 'boa' aparência no Brasil", in: Guimarães e Huntley, 2000.
22. *Manifesto em Defesa da Democracia*, apud Mitchell, 1977, p. 143.
23. Os dados apresentados no resumido índice de organizações negras constante deste parágrafo foram colhidos em vários números do jornal *Quilombo*, inclusive: "Estados em Revista: São Paulo – Frente Negra Trabalhista: Rio Grande do Sul – União dos Homens de Cor; Bahia – A Denúncia do prof. Thales de Azevedo", *Quilombo*, v. I, n. 1, Rio de Janeiro, dez. 1948, 3. "Sociedade Recreativa Floresta Aurora", *Quilombo*, v. I, n. 3, jun. 1949, 2. "Branco de alma preta", *Quilombo*, v. I, n. 3, jun. 1949, 3. Ver também Nascimento, 1968.
24. "Problemas e aspirações do negro brasileiro", coluna de Abdias Nascimento no *Diário Trabalhista*, v. 1, n. 188, 25 ago. 1946. Cf. também Costa Pinto, 1953; Nascimento, 1968.
25. "José Bernardo, candidato à Câmara Estadual do Rio – uma vida dedicada ao benefício da coletividade – atividades do Centro E. Jesus do Himalaya", *Quilombo*, v. II, n. 10, jun.-jul. 1950, p. 5.
26. "Ministros, senadores e diplomatas negros. Objetivos da 'Uagacê' do Distrito Federal na palavra do Sr. Joviano Severino de Melo", *Quilombo*, v. II, n. 5, jan. 1950, p. 8. Cf. também Costa Pinto, 1953; Nascimento, 1968.
27. Degler, Carl, *Neither black nor white* (Nova York: McMillan, 1971), p. 182.
28. "Frente Negra Trabalhista", *Quilombo*, v. I, n. 1, dez. 1948, p. 3.
29. "Grupo dos Novos", *Quilombo*, v. I, n. 4, jul. 1949, p. 7. Cf. também depoimento de Haroldo Costa, in *Dionysos*, 1988.
30. Entrevista com a autora, em 14 de junho de 1996.
31. "Close-up: os Solano Trindade", *Quilombo*, v. I, n. 4, jul. 1949, p. 2.
32. *Jornal do Brasil*, 26 jun. 1955, apud Nascimento, 1968, p. 18; *Quilombo*, v. II, 1950.
33. "Pelourinho: Discriminação nas Obras Sociais", *Quilombo*, v. I, n. 2, 9 maio 1949, p. 8.

34. *Quilombo*, v. I, n. 1, p. 2.
35. Pierson, Donald, *Negroes in Brazil – a study of race contact in Bahia* (Carbondale/Edwardsville: Southern Illinois U. Press, 1967), p. 223.
36. Arinos Filho, Afonso (org.), *Afonso Arinos no Congresso: cem discursos parlamentares* (Brasília: Senado Federal, Gabinete da Presidência, 1999), p. 144.
37. Arinos, Afonso, entrevista à *Ultima Hora*, em 14 de dezembro de 1951.
38. *Tribuna da Imprensa*, 19 jul. 1950.
39. Depoimento de Aristides Barbosa, in: Quilombhoje, 1998.
40. Maio (1997) estuda a negociação e o desenvolvimento desse projeto de pesquisa da Unesco.
41. "A Conferência Nacional do Negro", editorial, *Quilombo*, v. I, n. 2, maio 1949.
42. "Conferência Nacional do Negro", *Quilombo*, v. 2, n. 5, jan. 1950, 6-7.
43. "1º Congresso do Negro Brasileiro", *Quilombo*, v. 2, n. 6, fev. 1950, p. 10.
44. Id., p. 3.
45. Abdias Nascimento, "1º Congresso do Negro Brasileiro", editorial, *Quilombo*, v. 2, n. 5.
46. "1º Congresso do Negro Brasileiro", *Quilombo*, v. 2, n. 6, fev. 1950, p. 3.
47. Nascimento, Abdias do, "Inaugurando o Congresso do Negro", editorial, *Quilombo*, v. 2, n. 10, jun.-jul. 1950; "1º Congresso do Negro Brasileiro", editorial, *Quilombo*, v. 2, n. 5, p. 1 (grifo nosso).
48. Foi acusado de plágio no seu livro *Lutas de família*, cf. *O Jornal*, 17 jan. 1954, Revista, p. 1.
49. Nascimento, 1968, p. 44; *Cadernos Brasileiros*, 1968, p. 83-4.
50. Guerreiro Ramos, 1957, 1958.
51. *Inter alia* Fernandes e Bastide, 1959; Azevedo, 1955; Ribeiro, 1956.
52. Nascimento, 1968 e entrevista com a autora, em 14 de junho de 1996; Rodrigues Alves, 1977 e entrevista com esta autora, em 20 de julho de 1977.
53. Nascimento, Abdias, "Nós, os negros, e a Unesco", *Panfleto*, n. 5, Rio de Janeiro, set. 1953, p. 23; "A Unesco e as relações de raça", *Panfleto*, n. 14, Rio de Janeiro, dez. 1953, p. 8; Guerreiro Ramos, "Interpelação à Unesco", *O Jornal*, Rio de Janeiro, 3 jan. 1954.
54. Costa Pinto, L. A. da, "Ciência social e ideologia racial (esclarecendo intencionais obscuridades)", *O Jornal*, Rio de Janeiro, 10 jul. 1954, p. 2.
55. Cf. Müller, 1988, 1999; Maués, 1997.
56. Müller, Ricardo Gaspar, "Identidade e cidadania: o Teatro Experimental do Negro", in: Dionysos, 1988, p. 7.
57. Nascimento, Abdias do, 1966, 1968; artigos citados supra, n. 53.

6

Teatro Experimental do Negro: tramas, textos e atores

O Teatro Experimental do Negro (TEN) nasceu num contexto marcado pelo fim da Segunda Guerra Mundial, pelo processo de queda do regime do Estado Novo que desembocaria na Assembléia Constituinte, realizada em 1946, e pela agitação política rumo à construção de um regime efetivamente democrático. O debate intelectual travado nesse cenário constituiu um divisor de águas ao surgir no meio da elite brasileira um discurso crítico disposto a romper com o pretenso apoliticismo anterior, revelando sua natureza conservadora e propondo uma abordagem radical capaz de levar à reformulação significativa da cultura brasileira.[1] Na nova semântica que caracteriza esse movimento, idéias como "povo", "nacionalidade" e "identidade nacional" passam a constituir as questões vitais de um debate vigoroso.

Nesse cenário, o TEN marcou a vida cultural e política ao "colocar em cena", tanto no âmbito do teatro quanto na sociedade de forma mais ampla, a identidade afro-brasileira. Sua proposta intelectual e política, bem como seu trabalho artístico, insere-se na tendência de politização da cultura e de crítica à noção vigente de identidade nacional. No cerne dessas discussões está a questão racial, formulada ainda nos termos do evolucionismo mestiçado progressivamente recalcado a desembocar na ideologia da democra-

281

cia racial. Nesse meio, o TEN irrompe com uma atuação inédita e audaciosa.

No presente capítulo, pretendo dar continuidade à proposta de desvelamento da agência histórica do afrodescendente ao abordar aspectos e realizações do TEN. Focalizo de forma prioritária as iniciativas de natureza político-pedagógica do TEN como entidade do movimento social afro-brasileiro, já que não seria possível neste espaço abordar em detalhe as suas realizações teatrais.[2] Todavia, verifico a inviabilidade de separar o trabalho cênico do TEN das suas iniciativas sociopolíticas, considerando um como independente do outro. As análises sociológicas tendem a operar de modo bastante radical essa separação e prendem-se ao discurso escrito do movimento, procedimento que as prejudica e empobrece. Numa abordagem mais rica, Tavares (1988) introduz a perspectiva do "trabalho com características não lingüísticas", entendendo o corpo como "arquivo, isto é, como memória de situações e formas vividas e não suficientemente percebidas pela dimensão do consciente, e muito menos verbalizáveis". Assim, enriquecendo o enfoque sociopolítico com uma consideração do aspecto artístico, esse autor consegue, numa espécie de síntese entre as duas abordagens, alcançar certo equilíbrio entre as duas dimensões integradas do TEN.

Além de sua curta compreensão do aspecto artístico, as análises sociológicas reduzem seu alcance à medida que se restringem ao contexto nacional. O trabalho teatral do TEN faz parte do contexto mais amplo do teatro do mundo africano, continente e diáspora, que, no interior das diferentes sociedades em que se realiza, compartilha semelhantes propósitos e configura-se na mesma dimensão sociopolítica e pedagógica. As abordagens literárias superam essa visão restrita da sociologia e tendem a compreender esse aspecto político mais extenso, internacional, incorporado na proposta artística do TEN.

Um marco simbólico do teatro africano na diáspora localiza-se na Martinica com a *Tragédia do rei Christophe*, de Aimé Césaire. Nos EUA, esse movimento é constituído de diversos *ensembles* e múltiplas gerações de autores teatrais. Desde o início do século XX, surgem teatros e grupos teatrais no Harlem, bairro afrodescendente de Nova York, como o Lafayette Theater e Lafayette Players. Nas décadas de 1930 e 1940, com o Federal Theater Project, Negro People's Theater e The Rose McClendon Players, destacam-se autores como Langston Hughes e Richard Wright. Mais tarde, em 1959, Lorraine Hansberry registra o teatro da era dos direitos civis com sua peça premiada, *The raisin in the sun*. Nas décadas de 1960 e 1970, com os movimentos do Black Power, Black Nationalism e Black Consciousness, surgem dramaturgos como Amiri Baraka (LeRoi Jones), Ed Bullins, Barbara Ann Teer, Val Ward, James Baldwin e Sonia Sanchez, e formulam-se projetos teatrais como o Negro Ensemble, New Lafayette Theater, Black Theater Alliance, National Black Theater e Kuumba Workshop.

Esse movimento de teatro negro nos EUA tem muito em comum com aspectos do teatro negro no Brasil, como têm os dois com o teatro negro em Cuba.[3] Essas dimensões partilhadas constituem um fenômeno cuja riqueza de detalhes de natureza cultural, histórica e política foge ao alcance do presente capítulo.[4] Impõe-se, entretanto, a certeza da responsabilidade de inserir o TEN nesse contexto internacional para poder entender a natureza de sua ação política e cultural. A literatura sociológica brasileira sobre o TEN[5] praticamente ignora esse fenômeno e omite ou descaracteriza a dimensão internacional do movimento da Négritude. Em sua análise literária, Martins (1995) trata de forma mais integrada esses aspectos sociológicos e políticos mais amplos, de abrangência internacional, propiciando uma análise muito mais compreensiva e informada que a dos cientistas sociais. Ao pretender trilhar um caminho semelhante, detenho-me numa consideração detalhada da peça *Sor-*

tilégio *(mistério negro)*. Publicada em inglês, não apenas em forma de livro editado por uma destacada instituição afro-norte-americana de Chicago[6] como também em duas antologias de literatura da diáspora africana (Branch, 1993; Callaloo, 1995), a obra está integrada a esse contexto internacional maior do teatro negro na África e na diáspora africana.

Na tentativa de abordar os diferentes aspectos do trabalho do TEN como um todo integrado, tomarei como ponto de partida a questão da identidade: a forma como essa organização articulava a idéia da cultura de origem com a definição de identidade constituía uma postura inédita no cenário brasileiro. Como projeto de educação alternativa, definia a estética como uma didática de conscientização de identidade para o afrodescendente bem como para todo o Brasil. Com respeito às questões sociais, pretendo mostrar que o TEN abraçava de modo especial a defesa e a promoção dos direitos das empregadas domésticas e que as mulheres tiveram uma expressiva atuação na organização. Uma reflexão acerca da Négritude e do teatro africano no mundo e no Brasil abrirá o caminho para a discussão do texto da peça *Sortilégio*. Parte desse debate volta-se para a questão de gênero. Finalmente, partindo da proposta de engajamento numa sociologia vista como práxis, cuja orientação teórica era articulada por Guerreiro Ramos, considero alguns aspectos da produção sociológica sobre o TEN.

Definição de identidade

O primeiro embate do Teatro Experimental do Negro travou-se em torno do seu próprio nome, que provocava certo mal-estar no meio artístico e cultural. Editoriais de jornais importantes censuravam a idéia de um teatro "de negros", como exemplificam os dois textos de *O Globo* que reproduzimos a seguir, pois vale a pena conhecer os termos do discurso que prevalecia na época.

TEATRO DE NEGROS

Uma corrente defensora da cultura nacional e do desenvolvimento da cena brasileira está propagando e sagrando a idéia da formação de um teatro de negros, na ilusão de que nos advenham daí maiores vantagens para a arte e desenvolvimento do espírito nacional. É evidente que semelhante lembrança não deve merecer o aplauso das figuras de responsabilidade, no encaminhamento dessas questões, visto não haver nada entre nós que justifique essas distinções entre cena de brancos e cenas de negros, por muito que as mesmas sejam estabelecidas em nome de supostos interêsses da cultura. Que nos Estados Unidos, onde é por assim dizer absoluto o princípio da separação das cores e especial a formação histórica, bem se compreende se dividam uns e outros no domínio da arte como se compreende que o anseio da originalidade dos países em que tôdas as artes evoluiram até o máximo, como na França, por exemplo, seus pintores e escultores fossem procurar inspirações no negro, ou nas ilhas exóticas.

Mas, a verdade, aliás ainda por ser largamente explanada, é que entre nós nem sequer històricamente essas distinções se fundamentaram, e, aparte os brados da consciência universal contra a escravatura, o drama humano da abolição e a voz do poeta dos escravos, seriam artificiais quase tôdas as obras de arte que exploram o tempo das sensalas porquanto, via de regra, os negros escravos, em todo o país, eram mais bem tratados do que muitos que hoje vivem desamparados. Os crimes, os tormentos, eram excessões, porquanto a regra foi sempre a doçura brasileira, o fenômeno da mãe preta, dos escravos que, mesmo sobrevinda a Abolição, ficaram por quase tôda a parte a serviço dos seus senhores, e morreram acarinhados de todos.

Sem preconceitos, sem estigmas, misturados e em fusão nos cadinhos de todos os sangues, estamos construindo a nacionalidade e afirmando a raça de amanhã. Falar em defender teatro de negros entre nós, é o mesmo que estimular o esporte dos negros, quando os quadros das nossas olimpíadas, mesmo no estrangeiro, misturam todos, acabar criando as escolas e universidades dos negros, os regimentos de negros e assim por diante. E no caso em apreço, a criação artificial do teatro que se propaga é tanto mais lamentável quanto é certo que a distinção estabelecida iria viver, aliás, falsamente, nas esferas sugestivas e impressionantes do teatro, que só deve ser um reflexo da vida dos nossos costumes, tendências, sentimentos e paixões.

Ecos e Comentários (página editorial).
O Globo, 17 out. 1944.

RACISMO, NO BRASIL!...

O espírito de imitação foi sempre mau conselheiro. Ainda agora suas influências tentam criar, entre nós, um problema que nunca existiu. No Brasil, não se conhecem os efeitos malignos dos preconceitos racistas que dividem outros povos e dão origem a conflitos deploráveis. Desde os tempos mais remotos de nossa formação, pretos e brancos se tratam cordialmente. Muitos descendentes das raças importadas têm ocupado postos de relevo na política, nas letras, em todos os ramos das atividades nacionais, em perfeita fraternidade com os descendentes das raças conquistadoras, que fundaram a nacionalidade. No entanto, de algum tempo para cá, vêm-se constituindo correntes preocupadas em dar aos negros uma situação à parte. Com isso procura-se dividir, sem resultados louváveis. Teatro negro, jornal dos negros, clubes dos negros... Mas isso é imitação pura e simples, de efeitos perniciosos. Agora já se fala mesmo em candidatos negros ao pleito de outubro. Pode-se imaginar um movimento pior e mais danoso ao espírito indiscutível da nossa formação democrática? Vale a pena combatê-lo, desde logo, sem prejuízo dos direitos que os homens de cor reclamam e nunca lhe foram recusados. Do contrário, em vez de preconceitos de brancos teremos, paradoxalmente, preconceitos de pretos. A tais extremos conduzem, não o racismo (que não existe entre nós) mas o espírito de imitação mal digerido e cuja consequência talvez mais nefasta seja o estabelecimento de um sistema por todos os títulos abominável: os indivíduos passariam a ser isto ou aquilo, a ocupar determinados cargos, não pelo valor pessoal que os recomendasse, mas por serem pretos ou não serem pretos. A pigmentação cutânea entraria a valer como prova de títulos...

Editorial. *O Globo*, 13 abr. 1950, p. 1.

Houve quem aconselhasse a escolha de outro título para a nova entidade. A afirmação explícita da identidade étnico/racial do grupo soava como desafio à cômoda posição de uma elite brasileira que pretendia ignorar a existência não apenas do "problema", como da própria pessoa do negro e sua cultura. Diz o fundador:

> Pela resposta da imprensa e de outros setores da sociedade, constatei, aos primeiros anúncios da criação deste movimento, que sua própria denominação surgia em nosso meio como um fermento revolucionário. A menção pública do vocábulo "negro" provocava sussurros de indignação. Era previsível, aliás, esse destino polêmico do TEN, numa sociedade que há séculos tentava esconder o sol da verdadeira prática do racismo e da discriminação racial com a peneira furada do mito da "democracia racial". Mesmo os movimentos culturais aparentemente mais abertos e progressistas, como a Semana de Arte Moderna, de São Paulo, em 1922, sempre evitaram até mesmo mencionar o tabu das nossas relações raciais entre negros e brancos, e o fenômeno de uma cultura afro-brasileira à margem da cultura convencional do país. (Nascimento, 1997:72)

Por isso mesmo, não foi fácil formar um grupo capaz de sustentar o projeto. As primeiras tentativas, realizadas em São Paulo, não encontraram resposta, conforme relata seu fundador:

> Polidamente rechaçada pelo então festejado intelectual mulato Mário de Andrade, de São Paulo, minha idéia de um Teatro Experimental do Negro recebeu as primeiras adesões: o advogado Aguinaldo de Oliveira Camargo, companheiro e amigo desde o Congresso Afro-Campineiro que realizamos juntos em 1938; o pintor Wilson Tibério, há tempos radicado na Europa; Teodorico dos Santos e José Herbel. A estes se juntaram logo depois, Sebastião Rodrigues Alves, militante negro; Arinda Serafim, Ruth de Souza, Marina Gonçalves,

empregadas domésticas; o jovem e valoroso Claudiano Filho; Oscar Araújo, José da Silva, Antonieta, Antonio Barbosa, Natalino Dionísio e tantos outros. (Nascimento, 1997:72)

Por sua vez, a elite dos intelectuais de esquerda, que negava a relevância da questão racial – para ela um ilusão diversionista criada pelo sistema de dominação de classe –, ficaria mais satisfeita com um título como Teatro Popular ou Teatro Folclórico. Com efeito, simbolicamente esses nomes recalcavam a identidade afrodescendente dos respectivos empreendimentos – malgrado a composição étnica de seus elencos – em favor da encenação de um folclore nacional ideologicamente "sem cor".

Em contraste, a afirmação sem eufemismo, pelo TEN, de uma identidade negra definida sem recurso ao universalismo "daltônico" nem ao modelo multipolar, com sua escala gradativa de classificações de cor, soava algo sacrílego, vagamente difamatório da cultura nacional e nocivo ao bem da pátria. Segundo seu criador, era esse mesmo o objetivo da não-desistência do nome Teatro Experimental *do Negro*: chocar, afirmando a identidade do grupo e assim lançando um desafio aberto à hegemonia mestiça que desfilava como simulacro da brancura.

Martins (1995:80) aponta o fato de que "a palavra [...] só se torna propriedade do falante quando este a impregna de sua intenção, de sua própria dicção, quando, em síntese, se apropria da palavra, adaptando-a ao seu próprio propósito semântico e expressivo". Antes disso, "a palavra existe na boca de outras pessoas, no contexto de outros sujeitos, servindo às intenções de outras pessoas: é daí que pegamos as palavras e as fazemos nossas". Foi esta a estratégia do TEN ao definir seu nome: num movimento semântico semelhante ao que funda o estilo poético da Négritude, reverteu a carga negativa por outros atribuída ao epíteto "negro" para brandi-la qual arma simbólica a denunciar a hipocrisia do insulto e construir um novo sentido, positivo e afirmativo, capaz de sustentar uma identidade imbuída de conteúdos históricos e culturais resgatados da negação imposta pelo padrão da brancura.

Uma prática de educação alternativa e de estética didática

A natureza pedagógica da atuação do TEN na sua qualidade de projeto de educação comunitária já foi comentada por especialistas nessa área oriundos do movimento afro-brasileiro.[7] O criador do TEN, Abdias Nascimento, assim a definiu em entrevista concedida a um dos principais diários cariocas:

> Quando fundamos o Teatro do Negro, ficou desde logo estabelecido que o espetáculo, a pura representação, seria coisa secundária. O principal, para nós, era a educação, e esclarecimento do povo. Pretendíamos dar ocasião aos negros de alfabetizar-se com conhecimentos gerais sobre história, geografia, matemática, línguas, literatura, etc. Por isso, enquanto a União Nacional dos Estudantes nos cedeu algumas de suas inúmeras salas, pudemos executar em parte esse programa.[8]

Assim, a necessidade de alfabetização, inclusive para possibilitar a leitura e a memorização de textos para encenação, não esgotava os propósitos pedagógicos da entidade. Mais uma vez de acordo com Abdias Nascimento,

> A preliminar da fundação do Teatro Experimental do Negro foi a compreensão de que o processo de libertação da massa dos homens de côr do seu estado de marginalismo social devia se assentar na educação e na criação de condições sociais e econômicas para que esta educação para a vida livre se efetivasse. Partimos do marco zero: organizamos inicialmente cursos de alfabetização onde operários,

empregados domésticos, favelados sem profissão definida, modestos funcionários públicos, etc., se reuniam à noite, depois do trabalho diário, para aprender a ler e escrever. (1966a[1953]:123)

Cerca de seiscentas pessoas, entre homens e mulheres, se inscreveram no curso de alfabetização do TEN, a cargo do escritor Ironides Rodrigues, estudante de direito dotado de um conhecimento cultural extraordinário. Outro curso básico, de iniciação à cultura geral, era lecionado por Aguinaldo Camargo, personalidade e intelecto ímpar no meio cultural da comunidade negra. Enquanto as primeiras noções de teatro e interpretação ficavam a meu cargo, o TEN abriu o debate dos temas que interessavam ao grupo, convidando vários palestrantes, entre os quais a professora Maria Yedda Leite, o professor Rex Crawford, adido cultural da Embaixada dos Estados Unidos, o poeta José Francisco Coelho, o escritor Raimundo Souza Dantas, o professor José Carlos Lisboa. (1997:72-3)

A alfabetização inseria-se no objetivo geral de "valorização da gente de côr" ao possibilitar o exercício do direito ao voto e o domínio do instrumental mínimo necessário para se defender no mercado de trabalho e na sociedade em geral. Além disso, porém, havia a proposta de formar pessoas conhecedoras de sua matriz cultural e capazes de articular sua concepção crítica da sociedade e do meio cultural em que iriam atuar.

A um só tempo o TEN alfabetizava seus primeiros participantes [...] e oferecia-lhes uma nova atitude, um critério próprio que os habilitava também a ver, enxergar o espaço que ocupava o grupo afro-brasileiro no contexto nacional. Inauguramos a fase prática, oposta ao sentido acadêmico e descritivo dos referidos e equivocados estudos. Não interessava ao TEN aumentar o número das monografias e outros escritos, nem deduzir teorias, mas a transformação qualitativa da interação social entre brancos e negros. Verificamos que nenhuma outra situação jamais precisara tanto quanto a nossa do distanciamento de Bertolt Brecht. Uma teia de imposturas, sedimentada pela tradição, se impunha entre o observador e a realidade, deformando-a. Urgia destruí-la. Do contrário, não conseguiríamos descomprometer a abordagem da questão, livrá-la dos despistamentos, do paternalismo, dos interesses criados, do dogmatismo, da pieguice, da má-fé, da obtusidade, da boa fé, dos estereótipos vários. Tocar tudo como se fosse pela primeira vez, eis uma imposição irredutível. (Nascimento, 1997:72-3)

O espaço físico em que o TEN realizava essa atividade de ensino e debate era emprestado pela União Nacional de Estudantes (UNE), na sua sede então situada na Praia do Flamengo. Após algum tempo, por motivos ideológicos – a não-aceitação da especificidade da questão racial e a recusa em colaborar com um empreendimento que propunha uma posição tida como divisionista da luta operária –, a UNE resolveu suspender o empréstimo do espaço físico. Assim, ficou comprometida a continuidade do projeto de alfabetização. Entretanto, o trabalho de conscientização cultural e o projeto pedagógico no sentido mais amplo continuaram vivos e dinâmicos nas atividades do TEN.

O engajamento do TEN no apoio a projetos comunitários locais de ensino está registrado em diversas ocasiões, como, por exemplo, na seguinte reportagem do *Diário Trabalhista*:

[...] alguns idealistas sinceros vão fundando aqui e acolá, cursos de alfabetização para adultos e crianças, cursos êsses completamente desamparados dos poderes públicos e que somente funcionam graças ao espírito de verdadeiros apóstolos que os animam.

Um dêsses abnegados é o professor José Claudio do Nascimento, cujo amor à causa dos analfabetos nos morros cariocas o levou a fundar vários cursos, entre os quais a Escola José do Patrocínio e a Escola 13 de Maio, a primeira localizada no Parque Arara e a outra no morro da Favela.

Além de estabelecer bases mais sólidas, tanto materiais como pedagógicas, não só para atender as necessidades das mencionadas escolas bem como outros cursos a serem fundados em futuro próximo, o professor José Claudio resolveu fundar o Instituto 13 de Maio, para cuja direção técnica convidou o professor Luiz Lobato.[9]

Na inauguração do referido Instituto, estariam presentes Aguinaldo Camargo e Ruth de Souza, do TEN, respectivamente o presidente e a secretária de assuntos femininos da Convenção Nacional do Negro Brasileiro.

O jornal *Quilombo* publicava freqüentes matérias divulgando iniciativas comunitárias de alfabetização e ensino, tanto no Rio de Janeiro como também em outros estados. Todos os números do *Quilombo*, com a única exceção do nº 2, trazem notícias, reportagens ou comentários sobre a questão do ensino, da educação e/ou de iniciativas de educação comunitária. Faziam parte das atividades do Conselho Nacional da Mulher Negra cursos infantis de dança, canto, música e teatro de bonecos, jardim-de-infância, cursos de alfabetização até ginásio, curso de orientação às mães, corte e costura, tricô, natação, educação física e datilografia. Mais uma vez, entretanto, o projeto não se concretizou por falta de espaço físico, pois a sede que fora cedida ao TEN, situada na rua Mayrink Veiga, 13, 2º andar, pouco depois foi retomada pelo dono. O mesmo ocorreu com outras sedes provisórias, na avenida Presidente Vargas e rua São José.

O projeto pedagógico do TEN mereceu a seguinte apreciação em *O Jornal*, importante diário carioca:

> Poderia dizer que ele está promovendo "um 13 de Maio espiritual". [...] O TEN pretende não apenas melhorar o nível intelectual do negro, mas de todos nós. Sua intenção não é racista. Não quer o negro culto e bem falante para resguardá-lo do desprezo do branco [...]. O que eles pretendem é fazer com que o negro perca, para proveito próprio e de todos nós, a rudeza mental – herança obrigatória da es-

cravidão – e acerte o passo com os seus irmãos. Pensam que lapidando uma parcela da população – justamente a mais atrasada, por motivos histórico-sociais – concorrem para a melhoria do conjunto. Por outro lado, eles sabem que somente valorizando o negro poderão ferir de morte o reacionário preconceito de côr. E como todos os idealistas, creio que aspiram ver um dia todos os homens de braços dados.

No entanto, não dispondo de uma sede, o TEN, ainda não pode reorganizar os seus cursos, que visam a formação de uma grande escola de artes cênicas: a) Alfabetização – funcionando normal e permanentemente para crianças e adultos de ambos os sexos; b) Línguas; c) Dicção, Empostação de Voz e Declamação; d) Música e Canto Coral; e) Dança; f) Interpretação; g) Decoração, Vestuário e Cenografia; h) Direção de Cena; i) História do Teatro e Literatura Dramática; j) Conferências sobre assuntos dramáticos e de ordem geral.[10]

Esse comentário reflete outro lado, uma espécie de espelho desse trabalho que o complementava, conformando o projeto pedagógico mais amplo do TEN: a conscientização da sociedade em geral e da intelectualidade "branca", ou seja, dos potenciais aliados, a respeito da questão racial. Tratava-se em parte de um apelo para que as consciências esclarecidas ajudassem a mudar a situação degradante do povo afrodescendente. Além disso, porém, o TEN defendia a tese

[...] segundo a qual é preciso "reeducar o branco", no sentido de adestrá-lo para a convivência democrática com os homens de côr, de minar e desfazer os seus estereótipos e sua ideologia racial discriminativa, que se manifesta até em seu comportamento inconsciente, por exemplo, quando associa à côr preta significados pejorativos, elaborados em contextos históricos já ultrapassados. Reeducar o branco para perceber a beleza negra e estimá-la, como uma realidade intrínseca.[11]

Aqui estão caracterizadas a compreensão e a ação sobre a dinâmica relacional do racismo, focalizando-o do ponto de vista dos efeitos que exerce sobre o branco. A crítica do TEN aos termos dos tradicionais "estudos do negro" e "problema do negro" expressava a percepção do chamado "problema do negro" como um problema também *do branco brasileiro*. Assim, os intelectuais do TEN anteciparam, por assim dizer, o enfoque relacional das iniciativas atuais na psicologia aplicada às relações de trabalho ao estudar a branquitude e o enfoque da teoria crítica racial expresso nos estudos da brancura.[12] Guerreiro Ramos citava com certa freqüência o "chiste inteligente" de Fernando Góes no sentido de que "agora é preciso fazer um congresso de negros sobre os brancos, ao qual nós os mestiços compareçamos para medir os crânios, os narizes, as orelhas, os olhos dos brancos e estudar, entre outras coisas, a sua alimentação e sua religião".[13]

No Brasil de 1944, o despreparo dos brancos da sociedade dominante para uma convivência democrática com o movimento social organizado dos afrodescendentes está registrado em editoriais de poderosos jornais que acusavam o TEN e qualquer entidade negra da época de serem racistas. Dois exemplos, editoriais do jornal *O Globo* de 1944 e de 1950, estão reproduzidos no início deste capítulo. Esses textos expressam bem o clima e o compasso da sociedade mais ampla dentro da qual o TEN realizava os seus trabalhos: um ambiente hostil a qualquer iniciativa de identificação do negro como grupo social, em que o senso comum lhe acusava de racista às avessas. Entretanto, a qualidade do trabalho artístico e a competência na comunicação da mensagem inovadora do TEN conseguiram prevalecer a despeito desse clima e garantiram certo grau de sucesso a seus esforços de convencimento. Um dos resultados é o vultoso elenco de aliados oriundos da intelectualidade e dos meios artísticos que o TEN conseguiu atrair para a colaboração com o seu projeto. A lista dos renomados artistas e intelectuais que colaboraram concretamente com o TEN é muito extensa para ser registrada de forma exaustiva.[14]

Uma leitura superficial da imprensa escrita da época revela que o TEN, ao deflagrar essa estratégia de denúncia e esclarecimento dirigida à sociedade em geral, conseguiu, em medida considerável, romper a barreira da aparentemente impenetrável surdez da sociedade dominante diante da questão racial. Conquistou simpatia pela causa e certa visibilidade nos meios de comunicação. Antes do TEN, apesar da presença de movimentos negros importantes como a Frente Negra, o assunto não ganhara o espaço de debate e polêmica que essa instituição abriu nos meios intelectuais e culturais da sociedade brasileira.

Em alguns momentos, esses dois objetivos – educação para o negro, reeducação do branco – encontravam-se no mesmo projeto. Um deles foi na política eleitoral. Assim como alguns integrantes da Frente Negra Brasileira se candidataram a cargos políticos, com uma intenção didática no sentido de mostrar que o negro podia e devia também participar da direção política do país, houve candidaturas de vários negros às eleições de 1950. O TEN não deixou de posicionar-se nesse contexto. Abdias Nascimento inscreveu-se como candidato a vereador e amargou sua primeira decepção com os partidos políticos quando à última hora descobriu que o PSD lançara sua candidatura a deputado federal, contrariando o entendimento negociado e inviabilizando a candidatura. Mas o TEN oferecia espaço na sua publicação *Quilombo* a todos os candidatos negros, de forma suprapartidária, por meio de carta enviada a todos os partidos políticos. Na carta, a entidade solicitava aos partidos que enviassem à redação de *Quilombo* os dados sobre seus candidatos negros e mulatos. O jornal então entraria em contato "a fim de fazer em suas páginas, gratuitamente, a propaganda dos mesmos".[15] A matéria sobre a questão apontava que:

> Até ontem o negro brasileiro foi um joguete, um instrumento de cabos eleitorais, um inconsciente do seu próprio valor para atuar no

sentido de conseguir melhorias para a sua gente. Mas isso foi ontem. Hoje êle recusa a canga. Hoje êle sabe que seu voto póde decidir muitas coisas [...].[16]

O mesmo número de *Quilombo* traz um "Manifesto político dos negros fluminenses aos partidos políticos", em que a Comissão Democrata de Levantamento do Nível Moral e Material do Negro e de Combate aos Preconceitos contra os Homens de Côr no estado do Rio adverte que "os homens e mulheres de côr filiados a esta Comissão jamais votarão, no próximo pleito, em candidatos cujas legendas não incluam pelo menos três nomes de brasileiros de côr, de reconhecida competência". Há matérias em *Quilombo* sobre as seguintes candidaturas: José Bernardo (deputado estadual, PTB), Isaltino Veiga dos Santos (vereador, PDC), Geraldo Campos de Oliveira (deputado, partido não identificado, SP), José Alcides (vereador pelo PSD), José Correia Leite (partido não identificado, SP).

Outro caso em que os dois objetivos mencionados se reuniram em um único projeto foi o dos concursos de beleza do TEN, que visavam "valorizar a mulher de cor", enaltecendo o seu padrão estético próprio. Esses eventos sublinhavam o critério racista pelo qual os concursos de beleza só admitiam inscrever candidatas brancas e lhe davam uma resposta concreta. Em reportagem sobre o concurso Boneca de Pixe de 1948, por exemplo, o articulista aponta a preparação naquele momento do concurso Miss Brasil, patrocinado pelo jornal *O Globo*, que escolheria a candidata brasileira a Miss Universo. Lembrando os anteriores "Miss Brasil", diz o repórter:

> Nesses concursos jamais foi constatada a presença de uma candidata de côr. Todas elas eram brancas, dentro dos melhores e mais exigentes moldes clássicos, tomando-se a estátua de Vênus de Milo, guardada no museu do Louvre, como modelo, cujas medidas foram

rigorosamente observadas. Dentro desse critério os representantes da raça negra ou os da mestiçagem não poderiam concorrer, desde que, de conformação craniana braquicéfala, fugiriam completamente à harmonia das linhas helênicas, consubstanciada na famosa beleza grega.[17]

O TEN procurava ensejar espaços de conquista de auto-estima às mulheres afrodescendentes inferiorizadas por esse padrão exclusivista e eurocentrista de beleza. Naquele tempo, não se articularia o empreendimento na linguagem atual que focaliza conceitos como construção de identidade. Entretanto, o TEN engajava-se, sem dúvida, numa prática psicopedagógica que se antecipava à literatura sobre identidade e auto-estima, a qual apenas recentemente começou a proliferar.[18] Conforme demonstram muitos estudos nessa linha, desde a mais tenra idade a criança brasileira aprende que ser negro é sinônimo de ser feio, fato que interfere de maneira profunda na construção da auto-estima, no processo de aprendizagem e no desenvolvimento da personalidade do afrodescendente.

A imposição da brancura como padrão de beleza, com seus perversos efeitos psicológicos sobre a mulher negra e o homem negro, era o alvo da ação do TEN nesses concursos, cuja meta se inscrevia no contexto maior de suas iniciativas como a de "deflagrar um processo de desrecalcamento em massa", na expressão de Guerreiro Ramos. Não escapava aos organizadores, entretanto, que a questão da beleza física poderia ligar-se a outros fatores, como o estereótipo da mulher fácil, "quente" e sexualmente disponível.

No tempo do TEN, essa questão não seria abordada de forma explícita no cenário do debate público. Antes, resumia-se na linguagem dos padrões de moralidade. Assim, *Quilombo* rechaça esse estereótipo anunciando que nos concursos do TEN as candidatas não seriam julgadas apenas em função dos aspectos físicos de sua beleza, mas também com base em qualidades de sua personalidade e caráter:

[...] foram apresentadas as candidatas ao título de "Boneca de Pixe de 1950", lindas jovens e dignas representantes da beleza negra de nossa terra. O certame, tendo a finalidade de promover a valorização social da mulher de côr, não poderia se ater apenas à beleza física das candidatas, tendo sido exigido também qualidades morais, predicados de inteligência, requisitos de graça e elegância.[19]

Essa dimensão do pleito, o intuito de garantir que as mulheres afro-brasileiras fossem valorizadas na qualidade de seres humanos e não apenas como objetos eróticos, encontra-se refletida na seguinte crônica da revista *O Cruzeiro* sobre o concurso Boneca de Pixe. A linguagem da crônica soa hoje como curiosa relíquia do padrão cultural de classe média hollywoodiana que prevalecia nas décadas de 1940 e 1950 e ditava o tom da linguagem jornalística. Diz o colunista José Leal do concurso patrocinado pelo TEN:

> Nascido em berço humilde, não deixou de ser um empreendimento justo e oportuno. Mobilizaram-se as sedutoras belezas de azeviche, inscrevendo-se ao certame *tôdas elas desejando não sòmente a popularização, mas também um aparecimento condigno perante os olhos do povo expondo-lhe as suas virtudes físicas e cientificando-lhes dos seus dotes morais*. Nos dias que precederam o encerramento do pleito, os quartéis-generais das sinuosas pequenas da côr-de-carvão abriram-se inesperadamente, e as patroas suportaram com uma paciente resignação o temporário afastamento de suas cozinheiras, babás e arrumadeiras, entusiàsticamente obrigadas a fazer atos de presença nas reuniões de um café da Esplanada, onde, como candidatas, tomavam conhecimento das apurações parciais e prestavam contas da venda de ingressos para o baile da coroação.[20] (grifo meu)

Os concursos de beleza tiveram vida curta no TEN, em parte porque ficou patente, após algum tempo, a dificuldade de manter o padrão de seriedade que exigia a intenção pedagógica de sua realização. À medida que crescia o movimento em torno dos concursos, a mídia e o público tendiam a desvirtuar essa dimensão, distorcendo os objetivos originais. Ao perceberem que tais distorções eram inevitáveis, apesar de seus esforços em contrário, os organizadores suspenderam os certames.[21]

Martins (1995:79) afirma que o título dos concursos "reproduz a discriminação utilizada socialmente, na medida em que os termos *mulata* e *pixe* [sic] manifestam gradações de cor e fenótipo". O uso desses títulos, para ela, "manifesta certas ambigüidades e conflitos que marcaram algumas das atividades do TEN". Entretanto, como vimos anteriormente, essa mesma autora aponta o embasamento semiótico da estratégia do TEN: apropriar-se da palavra e infundir-lhe um sentido de denúncia tingida pela ironia e de transformação do estereótipo em padrão ou modelo positivo. No caso, o recurso não vingou devido à detenção da palavra em poder dos outros que a imbuíam do prevalecente sentido oposto, ligado ao estereótipo, motivo que levou os organizadores a suspender essa atividade. Antes de revelar a existência de ambigüidade ou conflito, esse fato reflete uma evolução de posições em virtude da experiência por parte de quem ousa inovar e muda o seu rumo de acordo com a dinâmica dos desdobramentos.

Em retrospectiva, Abdias Nascimento fez a seguinte avaliação da natureza desses concursos:

> O teatro rebolado sempre incluiu negras e mulatas rebolativas em seu elenco, mas, quando é hora de falar em "beleza brasileira", os juízes sempre assumem gostos helênicos. Importam da Europa e da Grécia Antiga os padrões do que é bonito. Pura alienação cultural. Houve críticos esquerdistas fazendo confusão dos concursos com exploração meramente sexual da mulher negra. Essas pessoas não compreendiam, não podiam compreender, a distância que nos separava,

qual uma linha eletrificada, de tais preocupações. Pois o alvo desses concursos era exatamente pôr um ponto final na tradição brasileira de só ver na mulher negra e mulata um objeto erótico, o que vem acontecendo desde os recuados tempos do Brasil-Colônia.

De qualquer maneira, mesmo suspensos os concursos de beleza, "discutir o que é beleza brasileira", ou seja, a questão da estética, continuava sendo uma das metas prioritárias do TEN. O sentido didático do seu trabalho dirigia-se à construção de alicerces de auto-estima para a população negra e também à "reeducação do branco" no desafio de repensar as implicações mais profundas, racistas e exclusivistas, dos padrões de estética então vigentes. Para Abdias Nascimento (1968:19), "uma arte brasileira, para a ser autêntica, precisa incorporar a ela o *canon* negro que permeou nossa formação desde os primeiros dias". Em 1955, o TEN organizou outro concurso, dessa vez de artes plásticas, sobre o tema do Cristo Negro, apontando de forma crítica a retratação de Jesus exclusivamente como louro de olhos azuis, o que no Brasil "reflete uma alienação estética, um autodesprezo, uma atitude de subserviência, na qual renunciamos a um critério comunitário e imediato do belo e do excelso em favor de um critério estranho à vida nacional".[22]

Tratava-se de um verdadeiro anátema para os setores tradicionais da sociedade católica, provocando irada manifestação de importante diário carioca.[23] O editorial, expressão clássica do discurso da época, prefacia o texto invocando a figura "de abnegação, de renúncia, de bondade, a Mãe-Negra, que nos embalou o sono, que nos deu seu leite, foi a grande formadora do nosso coração". Nesse discurso, a Mãe Negra constitui o exemplo do afrodescendente que "sabe o seu lugar" e contenta-se com a abnegação, a renúncia e a bondade, nada reivindicando da sociedade que se beneficia de sua exploração. Entretanto, sua figura não serve como referência de padrão de estética e muito menos de identidade para o filho de

Deus. A metáfora que identificava Jesus Cristo como filho de uma Mãe Negra ou (pasmem!) de um Pai Negro não era apenas subversiva; configurava uma verdadeira blasfêmia:

> Essa exposição que se anuncia deveria ser proibida como altamente subversiva. Tal acontecimento realizado às vésperas do Congresso Eucarístico foi preparado adrede para servir de pedra de escândalo e motivo de repulsa. O nosso descontrole moral, a nossa grande falta de respeito e de bom gosto, o nosso triste estado d'alma, não podem ser dados em espetáculos aos que nos visitam. Damos daqui nosso brado de alarma. As autoridades eclesiásticas devem, quanto antes, tomar providências para impedir a realização desse atentado feito à Religião e às Artes. O próprio povo brasileiro se sentirá chocado pela afronta feita.

Apesar dos protestos dos setores conservadores, contudo, a exposição foi realizada com grande sucesso, tendo o apoio da revista *Forma*, do então bispo dom Hélder Câmara. Mais importante, o evento suscitou uma ampla discussão dos padrões estéticos da arte brasileira em sua relação com a identidade nacional representada na feição do povo. De acordo com Quirino Campofiorito,[24]

> [...] encerrada a inscrição, e às vésperas do julgamento, verificamos que o sucesso ultrapassou mesmo a expectativa mais otimista daquêles que já nos garantiam uma concorrência apreciável. Bem oitenta trabalhos de pintura, em técnicas e sentidos estéticos os mais diversos, darão uma ótima impressão da arte interessada num tema palpitante, que é a concepção do Cristo de côr. Palpitante, audaciosa e mesmo temerária, dado que não será fácil vencer a convicção sôbre o Messias branco.

Nesse mesmo ano, o TEN ainda realizou a Semana do Negro de 1955, mais uma iniciativa político-pedagógica que teve lugar na

Associação Brasileira de Imprensa e cujo objetivo era "a sistematização das idéias diretivas do estudo da questão em tela". Os afrodescendentes, "hipostasiados da comunidade nacional por uma reiterada e impertinente literatura 'antropológica' e 'sociológica' e por mais de um certame da responsabilidade de intelectuais claros", iriam conduzir tal sistematização. Haveria uma exposição sobre o negro na literatura brasileira, em que "Em essência, o que importa sublinhar é que se formou entre nós uma literatura, principalmente de caráter poético, que explora os motivos negros em têrmos reacionários, embora seus autores sejam animados das melhores intenções".[25]

Nesse Seminário, a dra. Guiomar Ferreira de Mattos apresentou um trabalho sobre o tema "Educação e preconceito", mostrando a vigência, nas escolas brasileiras, de processos sutis de inculcar o preconceito na alma da criança brasileira. Assim, mais uma vez a questão racial no ensino se fez presente como tema central de reflexão do movimento negro.

Ainda dentro desse amplo projeto pedagógico, foi fundado o Museu de Arte Negra, com uma exposição inaugural realizada em 1968 no Museu da Imagem e do Som do Rio de Janeiro. Esse evento foi o resultado de um longo trabalho de organização marcado pelo Curso de Introdução ao Teatro e à Arte Negra, realizado no auditório do Museu Nacional de Belas-Artes, em 1964, cujo tema principal foi "O significado do despertar da África no mundo moderno".[26]

A exposição do Museu de Arte Negra contava com obras doadas por pintores renomados. Entretanto, não tendo o TEN uma sede, o acervo do Museu nunca foi instalado de forma permanente por falta de espaço físico. O clima de repressão política e a censura dificultavam qualquer iniciativa de inovação cultural e intelectual. Perseguido por vários IPMs (Inquérito Policial-Militar, instrumento de repressão do regime de exceção), o fundador do Museu e diretor do TEN, Abdias Nascimento, viajou para os EUA em outubro de 1968, poucas semanas antes do AI-5. O Museu de Arte Negra não teve condições de consolidar ou de manter o acervo.

A questão das empregadas domésticas

Em toda a sua trajetória, existem registros da importante atuação das mulheres negras no TEN. Entre as primeiras bandeiras que este abraçou, à época da Convenção Nacional do Negro em 1946, estava a causa das empregadas domésticas. A Associação das Empregadas Domésticas, nascida no seio do Teatro Experimental do Negro, tinha entre suas porta-vozes as então recém-lançadas atrizes Arinda Serafim, Marina Gonçalves e Ruth de Souza.[27] Em iniciativa paralela ao encaminhamento do Manifesto da Convenção Nacional do Negro Brasileiro, essa Associação entregou ao deputado Hermes Lima um memorial: "[...] queremos expôr aos senhores membros da Assembléia Nacional Constituinte a nossa situação que não é suficientemente conhecida em seu conjunto". Esse memorial foi entregue ao deputado durante a inauguração das escolas comunitárias José do Patrocínio e 13 de Maio.[28] O deputado "se comprometeu a levar ao conhecimento dos seus pares na Constituinte"[29] as reivindicações nele contidas. Estas começavam com o registro profissional, pois "veja a que ponto nosso trabalho é considerado: temos de apresentar não uma carteira do Ministério do Trabalho, mas uma carteira da polícia como prova de que não somos ladras".[30] O direito à sindicalização e à regulamentação da profissão vem em seguida:

> Só os preconceitos mais atrasados é que podem opôr-se à existência das Leis do Trabalho às empregadas domésticas.
> Exigimos o direito de sindicalização, que significará para nós o primeiro degrau no progresso social, pois nos dará tôdas as vantagens da Legislação do Trabalho.

> Para mostrar ainda mais o absurdo da proibição de sindicalizar-mo-nos, basta dizer que, se nós, cozinheiras, arrumadeiras, lavadeiras, copeiras, amas-secas, governantes etc., trabalharmos em hotéis, pensão e similares, podemos possuir a carteira profissional e pertencer ao Sindicato do Comércio Hoteleiro, Pensões e Similares; mas, se exercemos as mesmas profissões em casa de famílias, não temos êsse direito. [...]
> Queremos ser contribuintes da Previdência Social, para que possamos contar com auxílio-enfermidade e de maternidade, pensão e aposentadoria. [...]
> Achamos que temos o direito a oito (8) horas de trabalho, como todos outros trabalhadores, percebendo, como êles, as horas extraordinárias do nosso trabalho. Achamos que não pode perdurar a situação de sermos despedidas, sem que seja dado o aviso prévio e a indenização, quando não houver justa causa.[31]

Se o deputado Hermes Lima levou, de fato, essas reivindicações à Assembléia Nacional Constituinte, não obteve resultados. Na sua coluna "Fala a mulher" do jornal *Quilombo*, três anos depois, Maria Nascimento registra o fato de que o Congresso Nacional de Mulheres, realizado no Rio de Janeiro, "houve por bem incluir em suas resoluções a conquista de normas jurídicas que fixem as obrigações e vantagens dessa enorme classe":[32]

> É inacreditável que numa época em que tanto se fala em justiça social possa existir milhares de trabalhadoras como as empregadas domésticas, sem horário de entrar e sair no serviço, sem amparo na doença e na velhice, sem proteção no período de gestação e post-parto, sem maternidade, sem creche para abrigar seus filhos durante as horas de trabalho. Para as empregadas domésticas o regime é aquele mesmo regime servil de séculos atrás, pior do que nos tempos da escravidão.

Além dêsse aspecto puramente econômico, há outro mais doloroso ainda: são as violências morais de que as empregadas domésticas são vítimas freqüentes.

Em 1950, o jornal *Quilombo* publicou uma grande reportagem,[33] voltando ao assunto da regulamentação da profissão de empregada doméstica e denunciando os órgãos da grande imprensa, engajados naquele momento numa campanha em que publicavam matérias de donas-de-casa reclamando da falta de "dedicação ao serviço" das empregadas domésticas. Diz a articulista de *Quilombo*:

[...] ao contrário do que se era de prevêr, atentando para o passado mais ou menos dedicado às causas do povo de alguns órgãos cariocas, esses nossos companheiros da tiragem diária têm criminosamente apoiado (em parte ou totalmente) os pontos de vista escravocratas, fascistas e decrépitos das "patrôas".

Conforme constata a reportagem, não havia mudado a situação descrita no Memorial entregue ao deputado Hermes Lima em 1946: "[...] as empregadas domésticas, ao invés de serem registradas no Ministério do Trabalho ou qualquer outro órgão competente que regulamenta as profissões, são fichadas na polícia, como qualquer criminoso vulgar". A necessidade de sindicalização, regulamentação da profissão e benefícios sociais é apontada nos mesmos termos do Memorial de 1946. A diferença parece residir no fato de as "madames" estarem, em 1950, reclamando da falta de fidelidade das domésticas que nutrem aspirações mais altas e "abandonam a profissão (?) para procurarem as fábricas". Comenta a articulista de *Quilombo*: "Ora, êsse abandono é lógico e louvável. Numa profissão sem qualquer segurança, com as inconveniências já citadas acima, sem estabilidade, nela permanecer representa espírito de sacrifício ou conformismo com a situação".

Em 10 de agosto de 1950, com Arinda Serafim e Elza de Souza à frente, o Teatro Experimental do Negro empossou mais uma diretoria da Associação das Empregadas Domésticas.[34] Assessora e advogada permanente da Associação das Empregadas Domésticas e do Conselho Nacional das Mulheres Negras, a dra. Guiomar Ferreira de Mattos apresentou ao 1º Congresso do Negro Brasileiro uma tese sobre a necessidade de regulamentação do trabalho doméstico. Trata-se de um dos principais debates do evento.

A atuação das mulheres no TEN

As mulheres tiveram uma atuação destacada no TEN desde a sua fundação. Arinda Serafim, Marina Gonçalves, Elza de Souza e Ruth de Souza estavam entre os primeiros quadros da organização; Ilena Teixeira, Mercedes Batista, Léa Garcia, Guiomar Ferreira de Mattos, Marietta Campos Damas e muitas outras levaram adiante essa atividade.

O jornal *Quilombo* publicava uma coluna intitulada "Fala a mulher", em que Maria de Lourdes Valle do Nascimento procurava estabelecer um diálogo com as leitoras: "Desta coluna conversarei com minhas patrícias de côr. [...] Solicito a minhas amigas que me escrevam. Sem se importarem com erros de gramática, que isto aqui não é Academia de Letras e sim uma tribuna democrática para discussão de idéias e problemas nossos".[35] O teor dos problemas discutidos está exemplificado no seguinte trecho de uma das colunas "Fala a mulher":

> Voces sabem, minhas amigas, qual foi o coeficiente de mortalidade infantil no Distrito Federal entre 1939-1941? Pasmem: segundo estatísticas do Departamento Nacional da Criança, brancos – 123,30 e pretos e mestiços 227,60! Portanto morrem quase duas crianças de côr por cada uma branca. Na cidade de São Paulo, entre 1938-1940, a situação foi ainda mais grave: brancos – 120,59 e pretos e mestiços

– 275,39. Quer dizer que enquanto morria uma criança branca, morriam mais de duas crianças de côr! A todas nós, mulheres negras, compete modificar esse quadro sombrio. Como? Esperando que o governo venha em nosso auxílio, aguardando a comiseração de instituições de caridade? Não. Devemos freqüentar postos de puericultura, conseguir leitos em maternidades, aprender a preparar alimentação adequada ao bêbê e a manter um ambiente de higiene, mesmo com o pouco dinheiro que pudermos dispor. Nada de desanimo quando uma maternidade, por exemplo, negar o ingresso. Devemos procurar o diretor do estabelecimento, insistir, usar todos os meios e remover as dificuldades, ainda mesmo que sejam motivadas por descriminação de côr, conforme muitos casos que conheço. O que está em jogo é a saúde do filhinho, e ele merece de nós todos os sacrifícios. Os tratamentos pré-concepcional, pré-natal e post-natal são tambem de importancia decisiva. Ora, sei de muitas gestantes que não se preocupam em se tratar a tempo, às vezes por dificuldade de transporte, às vezes por acharem que seu filho nascerá forte ou raquítico conforme mandar o destino, e não pela interferencia de médicos. Isso é ignorancia, é atraso. Se quizermos ter filhos vigorosos, inteligentes, sadios, devemos procurar o auxílio da ciencia, da civilisação. Voces não acham que para progredirmos devemos ser diligentes, abandonar ideias e habitos do passado?[36]

Duas organizações de mulheres negras estabeleceram-se em 1950, no seio do Teatro Experimental do Negro. Além da Associação das Empregadas Domésticas, fundou-se em 18 de maio de 1950 o Conselho Nacional das Mulheres Negras. Maria Nascimento frisou no seu discurso de inauguração:

A mulher negra sofre várias desvantagens sociais. Por causa do seu despreparo cultural, por causa da pobreza da nossa gente de côr, pela ausência de adequada educação profissional. Não vamos desconsiderar ainda como fator da inferioridade social desfrutada pela mulher negra o preconceito de cor existente entre nós [...].[37]

Entre os objetivos dessa organização estava o de oferecer serviços sociais à comunidade negra, ajudando na solução de problemas com direitos básicos de cidadania, como a obtenção de certidões de nascimento, carteiras de trabalho e serviços jurídicos. Suas metas também incluíam cursos de alfabetização e de educação primária para crianças e adultos, em colaboração com o Centro de Recuperação e Habilitação do Rio de Janeiro. Havia, ainda, os projetos de teatro infantil e teatro de bonecos, curso de orientação às mães, assistência jurídica, orientação sociológica, cursos profissionalizantes (corte e costura, bordados, tricô, datilografia), de educação física e de natação.

O Conselho foi concebido como o setor do TEN "especializado em assuntos relativos a mulher e à infância". Em sua coluna, Maria Nascimento deixava evidente a preocupação do TEN com essa questão:

> Não é preciso diariamente subir e descer morros, entrar em porões e cortiços – como eu faço diariamente no desempenho de minha profissão de assistente social – para se conhecer a angustiosa situação da infancia brasileira. É fato sabido e notorio que nos porões de Botafogo ou Catete, nos barracões de São Carlos ou Salgueiro, nos cortiços da Saúde ou São Cristovão, o drama, em qualquer cidade do interior do país, o espetaculo é sempre o mesmo: subalimentação, sugeira, miseria e doença. [...]
> Essa infancia precocemente adulta pela promiscuidade em que vive, pela necessidade de trabalhar – ah, o suplicio dos feixes de lenha e das latas dagua na cabeça! – é em sua quase totalidade de côr. Negrinhos e negrinhas, russos de pó, esmulambados e enfermos, formam uma especie de procissão tragica de agonizantes. Urge salvar a nossa criança, os nossos filhos, recuperar essas vidinhas em flor que serão os homens e mulheres de amanhã.[38]

Parte da tentativa de atender às crianças, dentro dos limites das suas possibilidades, foi a criação do Ballet Infantil do TEN, que teve sua aula inaugural proferida, em 1950, pela coreógrafa afro-norte-americana Katherine Dunham.[39] Ao perder o TEN a sua sede, a continuidade dessas atividades foi prejudicada. A verdade é que, apesar de sua luta incessante, o TEN não conseguiu estabelecer-se num espaço físico próprio. A luta pela sede foi uma constante, e houve repetidos empréstimos de espaços físicos por artistas, industriais e outros colaboradores que, por uma razão ou outra, foram sendo retomados por seus donos. Um exemplo que provocou bastante polêmica na imprensa foi a revogação da autorização do uso do Teatro Fênix, ocupado pela atriz e diretora Bibi Ferreira, que cedia o sótão para os ensaios do TEN e, às segundas-feiras, concedia o teatro para os seus espetáculos. Quando Bibi Ferreira entregou o teatro, o dono revogou a autorização dos ensaios e espetáculos do TEN, apesar de a nova inquilina declarar publicamente que as atividades do TEN em nada prejudicavam a temporada dela. A atitude do proprietário foi denunciada em várias reportagens de jornais cariocas.[40] Entre essas matérias está uma[41] em que Abdias Nascimento anuncia "a cessão, por parte do Museu de Arte de São Paulo, de salas para funcionamento dos seus cursos e ensaios, e auditório para representações". Trata-se de mais uma iniciativa que não se concretizou. Houve outras tentativas infrutíferas de conseguir uma sede, inclusive tentando adquirir um terreno em Brasília na época da construção da nova capital (Nascimento, 1976).

Apesar da falta de uma sede e das tentativas de consegui-la, as iniciativas, atividades, publicações e preocupações do TEN que focalizam as questões da empregada doméstica, da mulher e da criança afrodescendentes marcam nitidamente o rumo que a entidade quis imprimir às suas realizações.

A Negritude polêmica

Ao se propor dar continuidade à tradição de protesto e organização político-social dos afrodescendentes, o TEN integrava a essa atividade a reivindicação da diferença: o negro não procurava integrar-se à sociedade "branca" dominante submetendo-se aos termos de seus padrões, mas exigia o reconhecimento do valor civilizatório da herança africana e da personalidade afrodescendente. Ou seja, para expressá-lo em termos próprios de uma linguagem atualizada, o TEN assumia e trabalhava a identidade específica, assinalando que diferença não deveria ser transformada em desigualdade.

À época, essa nova dimensão da luta expressava-se no lema da Negritude. Era o momento histórico da consolidação do movimento político e literário da Négritude, fundado por escritores do mundo africano de fala francesa. Nascido em 1932, com a publicação do *Manifesto da legítima defesa* dos estudantes africanos e antilhanos em Paris, esse movimento caracterizava-se essencialmente por sua postura anticolonialista. O nome Négritude deriva do poema *Cahiers d'un retour au pays natal*, de Aimé Césaire (1955), obra fundadora cujo impacto como libelo contra a dominação colonial mantém até hoje sua atualidade. Nele, Césaire dizia:[42]

> Minha Negritude não é nem torre nem catedral
> ela mergulha na carne rubra do solo
> ela mergulha na ardente carne do céu
> ela rompe a prostração opaca de sua justa
> paciência.

Além de Césaire, os principais líderes do movimento eram o poeta guianês Léon Damas e os escritores senegaleses Alioune Diop e Léopold Sédar Senghor, mais tarde presidente do seu país ao tornar-se independente. Nessa fase, o jornal *L'Etudiant Noir* era o seu veículo de comunicação. Acendendo uma chama forte, por tocar uma veia profunda no dilacerado ser do colonizado afrodescendente, o movimento alastrou-se, ganhando adesões de grande envergadura e proporcionando uma riquíssima produção literária.[43]

Em 1947, o escritor senegalês Alioune Diop fundou em Paris a revista *Présence Africaine*, um dos principais meios de comunicação do movimento. Por meio dela, o Teatro Experimental do Negro entrou logo em contato com o movimento da Négritude. O jornal *Quilombo* publicava notas e peças publicitárias da revista. Depois, por ocasião do 1º Festival Mundial de Artes Negras realizado em Dacar em 1966, o TEN haveria de publicar na *Présence Africaine* a sua nota de protesto contra os critérios utilizados pelo Itamaraty para constituir a delegação brasileira (Nascimento, 1966d).

A discussão sobre a Négritude no seio do TEN, sensível ao cenário internacional do mundo africano, partia da referência ao movimento poético dos africanos e antilhanos de língua francesa. Em seu terceiro número, o jornal *Quilombo* publicou o ensaio "Orfeu negro", de Jean-Paul Sartre, em tradução de Ironides Rodrigues. Mais tarde, publicou num mesmo número[44] um artigo de Roger Bastide sobre "O movimento negro francês" e a crítica "Prólogo à antologia negra de Blaise Cendrars", de Nestor R. Ortiz Oderigo, também traduzido por Ironides Rodrigues.

Entretanto, o conceito de Negritude elaborado no TEN e em outros setores do movimento negro da época não se resumia a uma transposição para o Brasil das propostas e idéias do movimento literário de língua francesa. Ao contrário, os debates sobre a Negritude quase sempre se davam com referência ao contexto brasileiro. Tratava-se, em primeiro lugar, de uma identificação com a origem africana e com a condição do negro no contexto brasileiro, articulada em termos próprios à realidade nacional. Para os teóricos brasileiros da Negritude, a essência do fenômeno era a mesma nos dois cenários, correspondendo à semelhança fundamental das situações vividas pelos povos afrodescendentes num mundo dominado pelo poder colonial ocidental e pelas teorias e práticas do supremacismo branco. Por isso, não havia muita discussão sobre distinções tópicas entre a Negritude brasileira e a Négritude dos afro-franceses. Partia-se de uma suposição inicial de sua semelhança básica. Essa postura parece sustentar-se diante de um exame crítico. Bernd (1984), por exemplo, alega a existência de uma diferença fundamental entre a expressão "*Négritude*" no contexto francês e "Negritude" no português. No francês, ela explica, a palavra é derivada do pejorativo *Nègre*, e não do outro termo, *Noir*, de conotação mais positiva. A estratégia dos poetas africanos e antilhanos foi a de reverter o sentido pejorativo, passando a brandir com orgulho o *Nègre*, anátema da brancura, como uma arma ideológica a favor de sua identidade própria. Essa qualidade agressiva do uso do termo, segundo Bernd, não se dá em português por falta da oposição entre duas expressões diferentes para "negro". Contudo, a carga negativa dessa palavra em português parece suficiente para dar à expressão uma qualidade bastante agressiva. No entendimento dos teóricos da Negritude brasileira, certamente era esse o caso quando se travava a discussão provocada pelas ações do TEN. Conforme observava Guerreiro Ramos,

> Na côr negra [...], está investida uma carga milenária de significados pejorativos. Em termos negros pensam-se tôdas as imperfeições. Se se reduzisse a axiologia do mundo ocidental a uma escala cromática, a côr negra representaria o pólo negativo. São infinitas as sugestões, nas mais sutis modalidades, que trabalham a consciência e a inconsciência do homem, desde a infância, no sentido de considerar, negativamente, a côr negra. (1966c:128-9)

A construção do "outro" negro, contraposto à identidade "latina" do *branco virtual* nas sociedades de colonização ibérica das

Américas, associa a identidade africana com o lado negativo das dualidades "universais". Basta consultar o dicionário para verificar que na própria definição léxica *negro* significa

[...] sujo, encardido; difícil, perigoso; muito triste, lúgubre ("Pensar que sua morte poderia ocorrer em Lisboa... o fazia mergulhar na mais negra infelicidade" – Casimiro de Abreu); melancólico, funesto, lutuoso ("Negro destino o esperava"); maldito, sinistro ("Em negra hora chegou ali aquele bandido"); perverso, nefando ("O negro crime abalou a cidade"); escravo.[45]

Aqui se reúnem os elementos do *subtexto de raça* que permeia a língua e as relações raciais no contexto da sociedade dominada pela vigência da brancura. Sem dúvida, a palavra apresenta em português um conteúdo capaz de consignar a agressividade.

Diante das ações do TEN em geral e da discussão em torno da Negritude em particular, a reação da sociedade dominante aos gritos de "racismo às avessas!", expressa em editoriais e matérias de jornais da época como aqueles reproduzidos no início do capítulo, parece confirmar a percepção dessa agressividade.[46] Ainda hoje, há uma conotação bem agressiva na afirmação do termo "negro" em resposta ao uso corrente do eufemismo em situações cotidianas. Um exemplo, relatado por Ferreira (2000:"Introdução"), é o estado geral de perplexidade e mal-estar causado, numa repartição de Universidade de São Paulo em 1997, quando uma pessoa se referiu "àquela moça morena" e outra a corrigiu: "Não! Ela é negra!".

Os defensores brasileiros da Negritude, resumidos basicamente ao grupo que compunha o TEN, ficavam bastante isolados, pois tanto a teoria da democracia racial quanto a ideologia da luta de classes tachavam de racista e divisionista qualquer movimento em prol dos direitos dos negros e contra a discriminação racial, quanto mais um movimento de afirmação da diferença e do valor da cultura e da identidade próprias dos negros. A construção de alianças girava sempre em torno da expectativa de desistência dessa posição defensora da Negritude, e setores do próprio movimento negro ligados à esquerda que, em virtude dessa ligação, tinham mais acesso à imprensa e à mídia falada, freqüentemente acusavam os partidários da Negritude de racistas e divisores da classe operária. Aliás, essa atitude ainda influencia a produção sociológica sobre o trabalho do TEN.

As análises sociológicas tendem a focalizar a mensuração estatística das desigualdades e diminuir a dimensão psicológica do racismo, centrada na negação da condição humana e da dignidade do afrodescendente. Era esse o alvo prioritário do trabalho do TEN como "campo de polarização psicológica", conforme observa Abdias Nascimento:

> [...] o primeiro passo é o negro assumir sua Negritude. Êle sofre, é discriminado, por causa da côr de sua pele que os outros vêem. Não adianta a reiteração teórica de que cientìficamente não existe raça inferior ou raça superior. O que vale é o conceito popular e social de raça, cuja pedra de toque, no Brasil, se fundamenta – pior do que na declarada luta de raças – num envergonhado preconceito ornamental, em camuflada perversão estética. E tão forte é tal perversão em nosso meio que instilou no próprio negro a má consciência de ser negro. (1968:52)

Para o TEN, a recuperação da auto-estima e da identidade própria capazes de fundamentar a capacitação do indivíduo de origem africana para uma vida dinâmica de realização pessoal dependeria da deflagração desse mesmo processo em nível coletivo, da cultura nacional. Enquanto a pessoa se inserisse em uma cultura que o menosprezasse e inferiorizasse os seus valores culturais, o condicionamento racista continuaria operando processos psicológicos danosos tanto para os indivíduos quanto para o grupo. Por isso, além de defender "a existência do negro e seus valôres como ser humano e cidadão brasileiro", o objetivo maior do trabalho cultural, pedagógico e teatral do TEN era "preservar e enriquecer a personalidade cultural do negro, diferenciada ao nível da universalidade. Isto não é retrocesso histórico, mas ao contrário, consciência histórica, presença histórica" (Nascimento, 1968:53). Nessa referência à Negritude, temos uma expressão nítida e exata da proposta que viria, a partir da década de 1990, a ser conhecida como multiculturalismo e cidadania. E assim como o multiculturalismo representa a reelaboração do significado da proposta da Negritude em outra etapa histórica, a Negritude por sua vez simbolizava uma rearticulação da afirmação dinâmica da identidade afrodescendente no processo de resistência ao holocausto escravista. No Brasil, a elaboração histórica dessa essência da Negritude expressava-se no processo de resistência dos quilombos. De acordo com Abdias Nascimento,

> Os quilombolas são os precursores de nossa luta de hoje, quando, arriscando a vida, recusavam a imposição do trabalho forçado, dos novos valôres culturais, novos deuses, nova língua, nôvo estilo de vida. São êles – os quilombolas – os primeiros elos dessa corrente de *revolta* que atravessa quatro séculos de história brasileira. (Nascimento, 1968:53)

Essa afirmação de identidade surge fundamentalmente ligada à questão da agência humana numa abordagem afrocentrada que, desde aquela época, o TEN desenvolvia de forma implícita:

> A Negritude, em sua fase moderna mais conhecida, é liderada por Aimé Césaire e Leopoldo Sedar Senghor, mas tem seus antecedentes seculares, como Chico-Rei, Toussaint L'Ouverture, Luís Gama, José do Patrocínio, Cruz e Souza, Lima Barreto, Yomo Kenia-

ta, Lumumba, Sekou Touré, Nkrumah e muitos outros. Trata-se da assunção do negro ao seu protagonismo histórico, uma ótica e uma sensibilidade conforme uma situação existencial, e cujas raízes mergulham no chão histórico-cultural. Raízes emergentes da própria condição de raça espoliada. Os valôres da Negritude serão assim eternos, perenes, ou permanentes, na medida em que fôr eterna, perene ou permanente a raça humana e seus sub-produtos histórico-culturais. (1968:50-1)

Ao constatar sua importância para o processo de recuperação da agência histórica do grupo afro-brasileiro, o TEN passou a dar prioridade à construção dessa valorização da matriz cultural africana "diferenciada ao nível da universalidade". Projetos como o concurso de artes plásticas sobre o tema "Cristo Negro" inserem-se nessa linha de ação, acompanhados da reflexão sobre a brancura e sobre a identidade afrodescendente no seu valor *sui generis*, acima da *revolta*. Nesse sentido, ela deixa de se limitar à mera reação contra a opressão para se afirmar de forma positiva, em pé de igualdade com qualquer outra matriz de realização humana:

A beleza negra não é, por ventura, uma criação cerebrina dos que as circunstâncias vestiram de pele escura, uma espécie de racionalização ou autojustificação, mas um valor eterno, que vale ainda que não se o descubra. Não é uma reivindicação racial o que confere positividade à negrura: é uma verificação objetiva. É, assim, objetivamente que pedimos para a beleza negra o seu lugar no plano egrégio. (Guerreiro Ramos, 1966c[1954]:130)

Nesse debate sobre a questão da estética resumia-se uma dimensão maior. Não se tratava apenas de dizer "*Black is beautiful*" ou limitar-se a denunciar a "perversão estética que instilou no próprio negro a má consciência de ser negro". Implícita à afirmação da estética de origem africana estava a questão da matriz de identidade como suporte de realização humana no plano individual e coletivo. A identidade elaborada de forma positiva permitiria a criação das condições necessárias ao exercício da agência humana e histórica por parte do povo afrodescendente. Por isso, a atuação do TEN em torno da questão estética, sob a rubrica da Negritude, trazia um conteúdo político essencial:

> Esta verdadeira revolução poética de nossos tempos se conjuga com todo um movimento universal de auto-afirmação dos povos de côr e tem, ela mesma, grande importância sociológica e política. [...] A rebelião estética de que se trata nestas páginas será um passo preliminar da rebelião total dos povos de côr para se tornarem sujeitos de seu próprio destino. (Guerreiro Ramos, 1966c[1954]:133-4)

Dessa forma, o afrodescendente brasileiro inseria-se no contexto da luta anticolonialista que deflagrava o processo da independência dos países africanos, processo inseparável da sua contrapartida nas comunidades afrodescendentes em países multiétnicos. Assim como a história do movimento pan-africanista, com seus inícios e suas articulações teóricas a partir da diáspora, a história da Negritude também exemplifica essa unidade essencial e supranacional. Sua mais importante inspiração foi o movimento literário e artístico da Renascença Negra do Harlem, nos EUA, de acordo com o poeta Aimé Césaire:

> [...] aquela hoste de escritores, ensaístas, romancistas e poetas que, após a primeira guerra européia, constituíram o que se chamou da "renascença negra". Homens como Langston Hughes, Claude McKay, Countee Cullen, Sterling Brown, Richard Wright, para mencionar apenas alguns. Deve-se lembrar que foi nos Estados Unidos que a Negritude nasceu, a primeira Negritude foi a Negritude norte-americana. Nós temos uma dívida de gratidão àqueles homens que devemos lembrar e proclamar.[47]

A longo prazo, o impacto da Negritude foi de fundamental importância no processo anticolonialista, como observa Kabengele Munanga:

> A partir de 1943, o movimento ganhou uma dimensão política, aproximando-se da proposta essencial do pan-africanismo. Ultrapassando os limites da literatura, a Negritude aspira ao poder, anima a ação política e a luta pela independência. A criação poética torna-se um ato político, uma revolta contra a ordem colonial, o imperialismo e o racismo. O movimento da Negritude deu um vigoroso impulso às organizações políticas e aos sindicatos africanos, esclarecendo-os na sua caminhada à independência nacional. (1986:47)

Césaire assim identifica o papel da Négritude no processo anticolonialista:

> Quando penso na independência africana na década de 1960, quando penso nesse surgir de fé e de esperança que levantou, naquele momento, um continente inteiro, é verdade, penso na Negritude. Penso que a Negritude teve algo a ver com isso; desempenhou o seu papel, talvez um papel principal, já que cumpriu o papel de catalisador.[48] (1995:16)

Articulando o princípio básico da abordagem afrocentrada, os poetas militantes da Negritude priorizavam a identidade como fundamento da agência histórica:

> Já que eu falei de uma precondição cultural que é indispensável a todo redespertar político e social, direi que essa precondição cultural em si (essa explosão cultural que gera todo o resto) tem a sua própria precondição, que nada menos é que a libertação de uma identidade de longa data frustrada, freqüentemente negada e finalmente liberada que, ao se libertar, se afirma para ser reconhecida.[49]

A meta do "redespertar político e social" não se restringe, segundo Césaire, apenas a uma luta de libertação do grupo, mas estende-se no princípio básico da solidariedade. Munanga identifica esse princípio como um dos principais da Négritude:

> Além da busca da *identidade cultural* e da *ação política*, o terceiro objetivo fundamental da *Negritude* é o repúdio ao ódio, procurando o diálogo com outros povos e culturas, visando a edificação daquilo que Senghor chamou de *civilização do universal*. Este aspecto parece-nos já atingido pelo terceiro componente da definição da Negritude de Césaire: a *solidariedade*. Primordialmente, os negros apóiam-se no mundo inteiro. Mas o negro não quer isolar-se do resto do mundo. A questão é contribuir para a construção de uma nova sociedade, onde todos os mortais poderão encontrar seu lugar. (1986:49)

O "passo preliminar" da conscientização da identidade possibilita a deflagração do processo de luta e a construção da solidariedade com outros povos oprimidos, assim como, em nível individual, a auto-estima integrada na identidade constitui um *sine qua non* para a sólida base da colaboração com o outro.

Pesquisa recente na psicologia brasileira vem constatando, em outro campo e de outro modo, esse fato aparentemente simples. Ferreira (1999) aponta a configuração de uma "identidade afrocentrada em articulação com outros grupos" como último estágio de construção da identidade afrodescendente no Brasil. Nesse processo, a pessoa supera os estágios de "submissão" e de "luta" ou "militância" para atingir uma identidade fundamentada na consciência e na elaboração positiva de sua origem africana, a partir da qual ela passa a se articular com o outro de forma positiva, produtiva e dinâmica.

Esse conceito parece ser o ponto mais difícil de ser assimilado pela consciência leiga e acadêmica no Brasil, certamente por força da ideologia da democracia racial. A idéia que permeia a reação de intelectuais brasileiros, até mesmo os mais sensíveis à questão racial, é que de modo quase inevitável essa auto-estima afrodescendente, possibilitadora de articulação com o outro, se transformará num exclusivismo fechado ou num separatismo ressentido. Tal raciocínio conduz, de forma tão comum que parece uma espécie de reflexo condicionado, à denúncia do "perigo do racismo às avessas".

Ao contrário, afirmam intelectuais negros desde os proponentes da Negritude até os afrocentristas, a conquista da agência histórica pode conduzir não ao ressentimento segregacionista, mas à fraternidade:

> Insistir na identidade é não virar as costas para o mundo nem nos separar do mundo nem amuar sobre o futuro nem afundar num solipsismo e num ressentimento comunitários. Nosso compromisso não terá nenhum sentido se não significar, além de um reenraizamento, também um desabrochar, um superar e a conquista de uma fraternidade nova e mais ampla.[50]

Paralela a esse ideal de fraternidade solidária no âmbito das inter-relações no plano social e político, outra dimensão da Négritude é a localização dos valores da cultura africana no plano da "civilização universal". Senghor[51] nota que em 1889, com o seu "Ensaio sobre as noções imediatas da consciência", o filósofo francês Henri Bergson "[...] devolve à sensibilidade, à razão intuitiva se o leitor quiser, o seu lugar de direito na humanidade, isto é, o primeiro lugar". No mesmo ano Paul Claudel produzia sua peça *Tête d'or*, exigindo "o acompanhamento de tambores ou tan-tans". Estava marcado, na filosofia e nas artes européias, o início da reação crítica ao racionalismo militante de Descartes, cuja imposição como paradigma da ciência acabara levando ao positivismo cientificista que ergueu o "século XIX da burrice", com suas teorias racistas e seu reducionismo racionalista. Essa expressão de Léon Daudet, citada por Senghor, nos lembra outra, precisa e genial, de um grande amigo e colaborador do TEN, Nelson Rodrigues. Referindo-se à crítica à lógica positivista de construção discursiva do objeto de conhecimento, Muniz Sodré (1999:169) relembra que "aos cultores incautos da pureza do objeto o dramaturgo e jornalista Nelson Rodrigues atribuiu uma alcunha pitoresca, mas epistemologicamente reveladora: 'idiotas da objetividade'".

A partir da publicação do ensaio de Bergson em 1889, inicia-se na Europa um processo em que a Negritude começa a emergir na expressão artística. Daí em diante, o cubismo, o surrealismo, o dadaísmo e outras tendências artísticas européias se construiriam a partir da influência de formas e atributos das culturas africanas,[52] presentes de forma concreta na articulação progressiva do pós-modernismo. Entretanto, parece que a atitude "perfeitamente natural" aos europeus de se apropriar da produção estética dos povos "primitivos" como se fosse um fato da natureza conseguiu tornar invisível essa influência, deixando o mundo da "civilização universal" por longo tempo ignorante dela. Senghor[53] lembra o impacto que teve a seguinte observação de um crítico a propósito da exposição de arte senegalesa patrocinada por seu governo em conjunto com o governo norte-americano e realizada em Washington, D.C., EUA, na década de 1970. O crítico afirmava: "Os franceses alegam que os artistas senegaleses imitaram os da Escola de Paris. Não devemos reverter os papéis, pois, como sabemos, foram os artistas franceses que imitaram a arte negra". Assim, a Négritude não só compareceu com os valores africanos ao processo de construção do pós-modernismo como também contribuiu para assegurar aos povos produtores desses valores o seu devido lugar no elenco histórico dos construtores.

Semelhante missão propôs-se cumprir o Teatro Experimental do Negro no cenário nacional, a começar pelo palco propriamente dito. No teatro brasileiro antes do TEN, a norma para se representar qualquer personagem negra de destaque era brochar de preto um ator branco ou uma atriz branca; "intérprete negro só se utilizava para imprimir certa cor local ao cenário, em papéis ridículos, brejeiros e de conotações pejorativas", diz Abdias Nascimento. O objetivo ao fundar o TEN era criar, então,

[...] um organismo teatral aberto ao protagonismo do negro, onde ele ascendesse da condição adjetiva e folclórica para a de sujeito e herói das histórias que representasse. Antes que uma reivindicação ou um protesto, compreendi a mudança pretendida na minha ação futura como a defesa da verdade cultural do Brasil e uma contribuição ao Humanismo que respeita todos os homens e as diversas culturas com suas respectivas essencialidades. Não seria outro o sentido de tentar desafiar, desmascarar e transformar os fundamentos daquela anormalidade objetiva dos idos de 1944, pois dizer Teatro genuíno — fruto da imaginação e do poder criador do homem – é dizer mergulho nas raízes da vida. E vida brasileira excluindo o negro de seu centro vital, só por cegueira ou deformação da realidade. (1997:71)

O primeiro objetivo do movimento seria "o resgate do legado cultural e humano do africano no Brasil", pois

O que então se valorizava e divulgava em termos de cultura afro-brasileira, batizado de "reminiscências", eram o mero folclore e os rituais do candomblé, servidos como alimento exótico pela indústria turística. (No mesmo sentido podemos inscrever hoje a exploração do samba, criação afro-brasileira, pela classe dominante branca, levada nos últimos anos ao exagero do espetáculo carnavalesco luxuoso e, pela carestia, cada vez mais longe do alcance do povo que o criou.) [...] O TEN não se contentaria com a reprodução de tais lugares-comuns, pois procurava dimensionar a verdade dramática, profunda e complexa, da vida e da personalidade do grupo afro-brasileiro. (Nascimento, 1997:73)

Entretanto, uma primeira barreira erguia-se diante desse empreendimento: a ausência de textos dramáticos adequados a esse fim:

Qual o repertório nacional existente? Escassíssimo. Uns poucos dramas superados, onde o negro fazia o cômico, o pitoresco, ou a figuração decorativa: *O demônio familiar* (1857) e *Mãe* (1859), ambas de José de Alencar; *Os cancros sociais* (1865), de Carlos Antonio Cordeiro; *O escravocrata* (1884) e *O dote* (1907), de Artur Azevedo, a primeira com a colaboração de Urbano Duarte; *Calabar* (1858), de Agrário de Menezes; as comédias de Martins Pena (1815-1848). E nada mais. Nem ao menos um único texto que refletisse nossa dramática situação existencial. (Nascimento, 1997:73)

Impunha-se como necessário, na primeira ordem de prioridade, estimular a produção de uma literatura dramática que focalizasse os temas da experiência e da cultura afro-brasileiras na sua profunda dramaticidade. Aliás, essa dimensão de densidade dramática da experiência e da cultura afrodescendentes foi apontada por Nelson Rodrigues,[54] entre outros, como fator essencial à afirmação e desenvolvimento da autenticidade do teatro brasileiro. O TEN então se lançava

À responsabilidade do segundo lance: a criação de peças dramáticas brasileiras para o artista negro, ultrapassando o primarismo repetitivo do folclore, dos autos e folguedos remanescentes do período escravocrata. Almejávamos uma literatura dramática focalizando as questões mais profundas da vida afro-brasileira. (Nascimento, 1997:75-6)

Ultrapassar o "primarismo repetitivo do folclore" e trabalhar a estética de origem africana numa arte de qualidade, criativa e original: assim definia o TEN a sua missão de romper o cerco do habitual confinamento da arte negra a contextos específicos do lúdico e do folclórico do Carnaval ou da festa local.

Contudo, tal missão não se restringia a uma discussão abstrata sobre o significado da estética. Era fundamentalmente um gesto de conscientização. Ao captar no palco a dimensão dramática e a especificidade sociocultural da experiência humana afro-brasileira, o TEN pretendia oferecê-la ao próprio negro como instrumento facilitador da construção da auto-estima e inspiração para a resistência. Seria uma centelha a deflagrar o processo de despertar da consciência capaz de levar os afro-brasileiros a se unirem em uma luta comum para melhorar o seu destino. Nesse ponto reside a mais profunda coerência da Negritude brasileira do TEN com a Négritude do movimento anticolonialista dos poetas de língua francesa.

A referência à linguagem poética e teórica e aos aspectos políticos do movimento da Négritude não apenas expressava a profunda coincidência entre os dois movimentos, preservados os seus contextos específicos, como inseria a experiência cultural, social e política afro-brasileira no cenário do mundo africano como um todo, imerso naquele momento na resistência anticolonialista e pan-africanista: a luta pela soberania dos países africanos.

Sortilégio: construindo em cena uma identidade afro-brasileira

Cumprindo a missão de ensejar a criação de uma literatura dramática que focalizasse o negro como protagonista e sua cultura como matriz significante no universo simbólico e na sociedade humana, o TEN encenou várias obras dramáticas, muitas escritas especialmente para ele. Publicou na antologia *Dramas para negros e prólogo para brancos* (Nascimento, 1961) um conjunto de sete peças.[55] Entre essas estava *Sortilégio (mistério negro)*, de Abdias Nascimento. Uma nova versão da peça, *Sortilégio II: mistério negro de Zumbi re-*

divivo (Nascimento, 1979) foi escrita após a estada do autor na Nigéria como professor visitante da Universidade de Ife, em 1977. Não nos cabe aqui uma análise das novas dimensões míticas e simbólicas introduzidas na peça, cuja estrutura dramática e formal, de acordo com o autor, foi mantida. Trata-se, nas suas palavras,

[...] apenas [de] uma versão atualizada. Quase 30 anos se passaram desde que escrevi o primeiro *Sortilégio*, e considerei necessário reformular alguns detalhes que intensificam o engajamento do mistério com suas raízes africanas, assim como resgata da história, atualizando-o, o exemplo de Zumbi na luta por libertação, dignidade humana e soberania dos povos negro-africanos. (Nascimento, 1979:14)

Entretanto, a referência à segunda versão pode ajudar a compreender melhor a dinâmica cultural e literária contida na trama comum às duas.

Escrita em 1951, *Sortilégio* ficou por seis anos banida do palco pela proibição da censura, fato significativo quando levamos em conta que o seu autor foi um dos membros da comissão criada, ainda em 1948, pela Associação de Críticos Teatrais, para organizar um protesto e iniciar a tomada de medidas judiciais contra a instituição da censura, poder exercido pela polícia.[56] A permanência dessa instituição no contexto de um regime supostamente democrático era considerada ilegal e inconstitucional. A criação da comissão foi uma resposta à interdição pela censura de duas peças de Nelson Rodrigues, *Senhora dos afogados* e *Anjo negro*; esta última foi escrita para o TEN e integra a sua antologia (Nascimento, 1961). Quase uma década depois, a censura ainda continuava em vigor. Finalmente liberada, *Sortilégio* teve sua estréia em 21 de agosto de 1957, no Teatro Municipal do Rio de Janeiro, encenada pelo TEN.[57]

No seu "Prólogo para brancos", introdução à antologia do TEN, Abdias Nascimento iria afirmar, num esboço de abordagem afrocentrada da história do drama, que "O teatro dos povos de cor precedeu o nascimento do teatro grego". Citando Gaston Baty e René Chavance,[58] o autor de *Sortilégio* relata o então recente descobrimento dos "primeiros textos de literatura dramática", fato que tornava possível "restituir ao Egito a honra de certos descobrimentos que se atribuíam, jatanciosamente, aos gregos". Continua afirmando que

> Antes de Ésquilo – cerca de mil anos – escreveu-se, no Egito, um libreto sobre a morte de Hórus, o qual se iguala à tragédia esquiliana. A própria forma dramática dos ritos, tornando-os mais sugestivos, assim como a prática do culto de Dionisos, foi imitação do Egito negro. Reproduziam os gregos a atmosfera teatral: canto, dança e poema reunidos no culto dionisíaco. (Nascimento, 1961:11)

Além de realçar a anterioridade da forma africana originária do Egito, a referência situa-nos também em relação à forma que assume o teatro africano. A origem do teatro, em seus vários contextos mundiais, localiza-se no rito: a representação dos princípios e das práticas que ligam o homem ao cosmo e à natureza no seu processo de vida social. A análise histórica do drama apresentado no "Prólogo" de Abdias Nascimento coincide plenamente com a de outros autores como Wole Soyinka (1976) e Leda Maria Martins (1995), que apontam como um fenômeno comum no drama ritual a "individuação da trama em torno de um herói-deus, ou herói deificado". Nas *paixões* do Egito, é Osíris que surge como o herói protagonista; na Síria é Tamuz; na Babilônia o amante/esposo da deusa-mãe Ischtar.

O drama ocidental sofre um seccionamento progressivo das formas e funções rituais. Nesse processo, o texto dramático torna-se algo independente da vida coletiva e da comunhão mítico-religiosa, tornando-se um ato secular, produção do autor-indivíduo para uma platéia espectadora, e assim inserindo-se no processo ocidental da "arte pela arte". Nas formas teatrais da África, entretanto, a despeito da dominação colonialista ocidental, prevalece o vínculo entre comunidade, teatro, rito e mito. Além disso, como observa Wole Soyinka, certos deuses africanos "favoritos dos poetas e dramaturgos, modernos e tradicionais, [...] parecem viajar bem. O mundo africano das Américas testemunha esse fato tanto na sua realidade sócio-religiosa como nas artes e literatura seculares". É o caso de Ogum, Obatala e Xangô,

[...] representados no drama pelos ritos de passagem de deuses-heróis, uma projeção do conflito do ser humano com as forças que desafiam os seus esforços no sentido de harmonizar-se com o seu ambiente físico, social e psíquico. "Drama do deus-herói" é uma expressão conveniente; deuses eles são sem dúvida, mas o seu papel simbólico é identificado pelo ser humano como o de um aventureiro intermediário seguidor de rasto, um explorador em territórios do "ideal-essência" em torno de cujas bordas o ser humano medrosamente costeia. (1976:1)

Soyinka identifica a origem do drama ritual africano no momento em que o espaço cósmico – "lar natural das deidades invisíveis, local de descanso para os que partiram e pousada de transição para os não nascidos" – solicita do ser humano a necessidade de "desafiar, confrontar e ao menos iniciar uma afinidade com o reino do infinito". No drama ritual, a arena da confrontação protagonizada pelo herói para esse fim, em benefício da comunidade, é o palco. Segundo esse autor, o "microcosmo mágico" do palco "é criado pela presença comunal, e nesse espaço carregado de energia são desafiados os habitantes ctônicos" (1976:2-3).

O teatro africano integra, assim, a vida social humana ao todo cósmico, numa trama que envolve os deuses, os seres humanos e a natureza. O cósmico e o humano, o mundo social e o universo natural, não se separam. O espaço desse universo, um todo integrado, pertence às divindades, aos ancestrais, aos seres humanos e às forças da natureza.

O drama como "microcosmo mágico" transpõe ao palco a concepção africana do *continuum* vital mantido pelos fluxos do axé, a força vital e energia cósmica cuja reposição possibilita a continuidade da vida, do mundo natural e espiritual, e do cosmos. Essa reposição realiza-se no ciclo vida-morte-vida, simbolicamente materializado nos fluxos dos líquidos vitais (sangue, sêmen, seiva, leite) e no intercâmbio de elementos cósmicos por meio do ebó (oferenda) (Elbein dos Santos, 1977).

É na qualidade de explorador desses territórios que Emanuel sofre como herói o *Sortilégio* de Abdias Nascimento, um "mistério" profundamente enraizado na concepção africana do todo cósmico e, ao mesmo tempo, na realidade social concreta do povo afrodescendente no Brasil. *Sortilégio* insere-se, assim, na transposição ou recriação da tradição teatral africana nas Américas, em que a dimensão mítico-ritual, cósmica, está ligada visceralmente a

> [...] outra dimensão, na qual surge a voz autêntica do negro, como raça e como homem de cor: a vida social. Ser e viver como negro não é uma peripécia comum na vida ocidental. Raça e cor diferenciam-nos e tornamos a sensibilidade específica, desenvolvida no século da consciência negra, uma nova dimensão criadora. (Nascimento, 1979:20)

A "peripécia de ser e viver como negro" é compartilhada entre os afrodescendentes do Brasil e outros países das Américas. Construir o teatro do afrodescendente é, em todas essas nações, uma conquista que envolve reconstituir a identidade de um grupo social dilacerado no cerne de sua dignidade humana ao longo de séculos de escravidão, bem como reapropriar-se da herança cultural africana negada, esmagada, ridicularizada e reduzida ao *status* de folclore no novo cenário social.

Martins (1995:70-88) mostra como esse processo do teatro negro evoluiu na década de 1920 no contexto norte-americano. Era o tempo da chamada Renascença do Harlem, uma profusão de criatividade artística afro-americana temperada com uma boa dose de intercâmbio e participação de antilhanos e africanos. Naquela ocasião, a National Association for the Advancement of Colored People (Naacp), maior organização de direitos civis dos EUA, posicionava-se sobre os fundamentos de um teatro negro. Para ela, o autor de teatro negro teria de ser "um destruidor das imagens negativas de negros". Naquele tempo, tal posição implicava a criação de imagens do negro moldadas pelo conceito vigente de estética e moral, ou seja, o modelo branco. Trata-se de um fenômeno parecido com o dos clubes sociais e recreativos de São Paulo na época.

Desse conceito da Naacp, a formulação do que seria o teatro negro se desenvolveu rumo a uma nova proposição teórica formulada por W. E. B. DuBois em artigo publicado na revista *Crisis*.[59] Esse autor advertia que o teatro negro precisava ser: 1) *sobre nós* (revelando a vida dos negros como realmente é); 2) *por nós* (escrito por autores negros que entendam o que significa ser um negro hoje); 3) *para nós* (dirigido primordialmente a platéias negras); 4) *perto de nós* (localizado nos subúrbios, próximo à massa de pessoas comuns). O objetivo era o de não afastar o teatro negro da comunidade de origem. Para ele, esse afastamento era uma possibilidade latente implícita na ênfase dada à "imagem positiva" propugnada na posição da Naacp.

Embora diferenciados, ambos os conceitos voltavam-se para os problemas de inserção do afrodescendente e sua comunidade na sociedade ocidental. Já na década de 1970, a literatura dramática e a produção teatral negras nos EUA expressam um novo estágio na evolução do pensamento e da prática do teatro negro ao ultrapassar essas concepções. O dramaturgo Errol Hill, por exemplo, dizia em 1979 que, além das propostas de Du Bois, o teatro negro deveria buscar "uma imersão espiritual e intelectual em formas autênticas de expressão negra".[60] Essa afirmação parece traduzir o legado da Négritude em terras de fala inglesa, onde a essência de seu conteúdo e espírito estava sendo discutida e elaborada, nas décadas de 1960 e 1970, sob as denominações de "consciência negra", "personalidade africana/personalidade negra" e "nacionalismo cultural negro/nacionalismo cultural afro-americano". A nova dimensão do teatro negro insere-se nesse contexto mais amplo.

No Brasil, antes de 1944 não existia teatro negro; havia apenas o teatro convencional com os seus estereótipos do negro, destituído de sua condição humana e dimensão dramática. Com o TEN, irrompe um teatro negro que já assume as duas dimensões, social e espiritual/intelectual, apontadas por Hill. Assim, é um teatro que "não se constrói pela simples afeição étnica e racial, mas, fundamentalmente, pela elaboração de uma enunciação e de um enunciado que o distinguem, em todos os seus matizes" (Martins, 1995:86).

Tal enunciado pode ser identificado como a reelaboração da tradição africana do drama ritual em sua dimensão mítica e cósmica. A esse reencontro com a forma africana, o afrodescendente brasileiro traz uma bagagem acumulada na vivência da opressão existencial dentro da sociedade ocidental, cujas denúncia, elaboração e resolução passam a constituir o objeto do desafio do herói desbravador de caminhos. Ao mesmo tempo, as forças cósmicas de origem, presentes nas religiões perseguidas das comunidades-terreiro, ganham papel de mediadoras, intervindo no processo de formular e operar uma solução dramática e vital para os conflitos postos.

Sortilégio começa a operar essa síntese desde a escolha do gênero literário. O termo "mistério", além de evocar o culto de divindades ancestrais, remete à modalidade teatral medieval da Europa, os Mistérios, "em cuja tessitura", como na de *Sortilégio*, "se evidenciava o uso híbrido de canções, coros, recursos sonoros e plásticos variados" (Martins, 1995:104). A crítica situava *Sortilégio* "no campo mais livre, mais poético, do mistério, que se permite oferecer a realidade numa estilização intensa, estilização essa exigindo a presença de valores invisíveis". Esse crítico comenta ainda:

> O gênero escolhido é um dos mais difíceis, exige uma vigilância extrema a fim de que a emoção permaneça, não caindo o espetáculo no timbre "artificial". [...] O autor caminhou sôbre um fio de navalha; em obras dêsse tipo acertar é bem difícil. Abdias do Nascimento acertou muitas vêzes, como escritor e como ator.[61]

A crítica também tratava de *Sortilégio* como

> [...] um drama lírico que, em sua beleza, não compromete a realidade de vida acionada à sombra da sensibilidade, da inteligência e da percepção de um negro. [...] Na verdade o que se mistura, em combinação literária de projeção admirável, é a questão racial à poesia da macumba carioca.[62]

Na sua linguagem cênica, a peça dramatiza "um trajeto de auto-afirmação individual e coletivo, um ritual de passagem, uma travessia moral e psicológica, por meio da qual o protagonista adquire uma dimensão metonímica, como um signo cultural alternativo" (Martins, 1995:104).

O mistério do herói Emanuel, advogado negro casado com uma mulher branca, é operado pelos deuses e pelas filhas-de-santo num ritual de reposição de axé. A cerimônia de macumba perpassa a peça, assumindo funções provocadoras e intervindo no desenrolar da ação. Os deuses controlam os movimentos de Emanuel e manipulam a cena, enquanto Exu, "o orixá da multiplicidade e do movimento, funciona como o eixo propulsor da desconstrução, recriação, recomposição e reconstituição da personagem" (Martins, 1995:107). Tal função corresponde intimamente aos atributos dessa divindade na teia filosófica da religião iorubá.

FILHA DE SANTO II: Será a côr um destino?
FILHA DE SANTO III (*convicta*): O destino está na côr. Ninguém foge do seu destino.
FILHA DE SANTO II: Prêto quando renega a Exu...
FILHA DE SANTO I: ... esquece os Orixás...
FILHA DE SANTO II: ... desonra a Obatalá...
FILHA DE SANTO III (*vigorosa*): Merece morrer. Desaparecer para sempre.
FILHA DE SANTO I (*lenta*): Palavras duras. Nossa missão não é de rancor.
FILHA DE SANTO III (*sádica, perversa*): Exu tremia de ódio, espumava de raiva, quando ordenou:
VOZ DE EXU (*disforme, irreal*): Eu quero êle aqui, de rastros, antes da hora grande.
FILHA DE SANTO I (*contemporizando*): Tremia. Não de ódio. Exu só tem amor no coração. Exu só faz o bem.
FILHA DE SANTO III: E o mal. Faz também o mal. A cólera de Exu vai desabar sôbre a cabeça dêle. Aqui, quando...
FILHA DE SANTO II (*completando*): ... soar doze badaladas, Exu sai pelas ruas... procurando encruzilhadas e caminhos perdidos...
FILHA DE SANTO III (*terrível*): É a hora de Exu. A hora grande da meia-noite. Hora de sucessos espantosos.
FILHA DE SANTO I: Tenho pena
FILHA DE SANTO III (*continua sem ouvir*): De arrepiar os cabelos. Exu vai parar, vai confundir o tempo: passado e presente, o que foi e o que estiver acontecendo. (Nascimento, 1959:14-6)[63]

No ritual de transformação de Emanuel, Exu "confunde o tempo" e submete o herói a uma série de *flashbacks*. Ele revê e revive cenas e diálogos que revelam os conflitos existenciais impostos à coletividade afrodescendente na sociedade brasileira. A maioria dos fatos representados na peça, como o incidente em que o advogado negro é agredido pelo delegado, que manda "Metam o doutor africano no xadrez", é experiência própria do autor ou de pessoas muito próximas. O episódio citado, por exemplo, envolveu o dr. Aguinaldo Camargo, comissário de polícia e ator de destaque do TEN.

Assim, o jogo de cenas vividas e revividas pelo herói põe em relevo a "peripécia" de ser negro na vida ocidental, que transparece desde a primeira fala de Emanuel. O advogado preto, perseguido pela polícia, surge subindo a ribanceira, "olhos esbugalhados, gravata frouxa no colarinho, respiração ofegante":

EMANUEL: Desta vez não me pegam. Não sou aquele estudante idiota que vocês meteram no carro forte. Aos bofetões. Prêso por que? O carro não pode regressar vazio à delegacia. Me racharam a cabeça com socos e cassetetes. Me obrigaram a cumprir sentença por crimes que jamais pensei cometer. Não matei. Não roubei. Agora nunca mais hão de me agarrar. (*Volta-se para continuar a fuga*) Deve haver um jeito de escapulir. (*O Orixá desce do segundo para o primeiro plano e desaparece màgicamente no tronco da gameleira*) Jesus! Que é isso? Assombração? (*Aproxima-se do tronco, vê o despacho; toca medrosamente com a ponta do pé*) Ah, é um despacho. Até galo prêto. Então é para Exu. Quanta porcaria (*observa o peji*). Aquilo é o peji... (*Volta-se para a grande árvore*)... a gameleira sagrada. O terreiro deve estar por aí (*preocupado*). Mas... como foi que vim para nêste lugar? Isto aqui é perigoso. Que imprudência. A polícia costuma dar batidas nos terreiros.. Prendem tambores sagrados, filhas e pais de santo...
FILHA DE SANTO I: Tão fácil prender um negro de madrugada!
EMANUEL (*profundamente magoado*): Um só, não. Muitos. Como

aquêles pobres diabos que me fizeram companhia.
FILHA DE SANTO II: Que crime cometeram?
FILHA DE SANTO III: Será crime a gente nascer prêto? (p. 18-9)

Católico, o advogado Emanuel é um homem que seguiu os padrões da vida ocidental, vivendo plenamente o que Ferreira identifica no processo de construção da identidade como "estágio da submissão". Observa Augusto Boal:[64]

> Emanuel é, acima de tudo, um negro alienado da sua condição mesma de negro. Foi educado numa sociedade "branca" e aprendeu que tinha os mesmos direitos e prerrogativas dos homens brancos. [...] Da discrepância que existe entre a verdade teórica e a verdade prática nas relações inter-raciais, nasceu o conflito permanente de Emanuel. [...] Procurou adaptar-se. Desenvolveu um mecanismo psicológico de auto-proteção [...] Colocou na face uma máscara que não tinha a forma do seu rosto. Assimilou atitudes da sociedade "branca". A sua adaptação significou a negação de si mesmo.

Implacável, a sociedade dominante não o deixa realizar essa identidade nem a sua ascensão social, negando-lhe a cidadania plena e a possibilidade de realização pessoal, seja no amor, na profissão, na vida social ou no plano espiritual. Nem a máscara nem o sacrifício da autonegação mostram-se suficientes para livrá-lo da condição de negro emparedado, tantas vezes humilhado pela polícia e frustrado de forma absoluta nas suas relações afetivas. Tanto sua relação com a namorada negra, Efigênia, como com a esposa branca, são impossibilitadas pelos ditames do ideal da brancura, que opera distorções insuperáveis nas emoções e nas ligações amorosas, como veremos em mais detalhe na próxima seção.

As cenas revividas e os diálogos travados por Emanuel com as personagens das diversas imagens projetadas sob a batuta de Exu desencadeiam uma representação fantasmagórica em três planos de realidade: o social, o psicológico e o mítico-religioso. Essa teia lançada desde o além recolhe Emanuel, que aos poucos

vai sendo possuído pelos deuses negros, que lhe entram pelos cinco sentidos: o gôsto da cachaça, o cheiro do incenso, o som dos tambores, a visão do Orixá e o contato do colar no seu pescoço. Vai-se integrando lentamente ao novo meio: o seu.[65]

Manipulado pelas forças cósmicas, Emanuel depara-se diante de si mesmo, e se dá conta da falsa identidade que o fazia, ele mesmo, sua própria vítima e seu próprio opressor. Trava-se um conflito psicológico na mente do herói, em que são desmascarados os vários disfarces que formavam sua personalidade.

Após essa longa jornada nas profundezas de seus conflitos de cunho psicológico, social e cultural, por obra de Exu a máscara branca de Emanuel entrega-se à nova identidade, a negritude, por assim dizer, como rumo da redenção. Literal e simbolicamente, Emanuel despe-se, tirando as roupas e os adereços, inclusive o anel de advogado, símbolos do ideal de brancura que o emparedava:

> EMANUEL: (*Enquanto fala tira a camisa, as calças, está de tanga. Atira tudo pela ribanceira abaixo.*) Tomem seus troços. Com estas tapeações vocês abaixam a cabeça dos negros. Arrancam o orgulho dêles. Lincham os coitados por dentro. E êles ficam domésticos... castrados... mansos... bonzinhos de alma branca. Comigo se enganaram. Nada de mordaça na minha bôca. Imitando vocês que nem macaco. Até hoje fingi que respeitava vocês... que acreditava em vocês... (p. 75-6)

Ao se livrar da injunção da brancura, Emanuel dá o passo capaz de inscrevê-lo num processo libertário. Entrando no peji, faz a invocação dos Exus, que vão surgindo "como sonhos fantásticos entre as árvores".

EMANUEL: Conjuro as falanges do Exu-Rei.
CORO INTERNO (*grave, devagar, em tom litúrgico*): Saravá...
EMANUEL: Exu pagão!
CORO INTERNO: Saravá...
EMANUEL: Exu dos Ventos!
CORO INTERNO: Saravá...
EMANUEL: Exu das Trevas!
CORO INTERNO: Saravá...
EMANUEL: Exu Tranca Rua!
CORO INTERNO: Saravá...
EMANUEL: Exu das Matas!
CORO INTERNO: Saravá...
EMANUEL: Exu da Lua!
CORO INTERNO: Saravá...
EMANUEL: Pombagira!
CORO INTERNO: Pomba Girô ôô... (p. 77-9)

Invocando os Exus, Emanuel nomeia-se e completa seu processo de libertação, reintegrando-se no universo da cultura afro-brasileira. Sabe que a polícia está chegando para prendê-lo; assume a sua própria identificação, responsabiliza-se por seus atos e, no gesto supremo de liberdade, entrega-se à lança de Exu, empunhada pelas filhas-de-santo. O herói desbrava a fronteira cósmica e reintegra-se ao reino do infinito. A obrigação está cumprida, o axé restituído.

O sortilégio de Emanuel é o reencontro com o seu ser legítimo, superando a violação do sistema dominante. A construção de sua identidade se dá por intermédio das forças cósmicas de sua matriz cultural originária.

Sortilégio e a questão de gênero

A peça *Sortilégio (mistério negro)* focaliza, em forma de rito africano, o drama íntimo do herói protagonista Emanuel. No que se refere à ação e ao texto da peça, as personagens femininas parecem ficar em segundo plano. Roger Bastide[66] lamenta que tanto Efigênia, namorada negra de Emanuel, como Margarida, sua esposa branca, sejam "prostitutas". Niyi Afolabi[67] opina que o papel secundário das personagens femininas reflete o hábito masculino de focalizar a vida afro-brasileira desde um ponto de vista patriarcal, subdimensionando a mulher afrodescendente e a especificidade de sua trajetória. Leda Maria Martins (1995) não comenta esse aspecto da peça.

É digno de nota que as avaliações citadas incidam sobre as duas personagens da área "secular", por assim dizer, da peça. Os analistas não parecem lançar seu olhar sobre as três filhas-de-santo nem sobre a Iyalorixá, personagem da segunda versão da peça. O autor estabelece que, a critério do diretor, esta pode ser substituída por uma personagem masculina, o Babalorixá. De qualquer maneira, ela e as filhas incorporam um aspecto singular das comunidades religiosas de origem africana no Brasil. Refiro-me à predominância do fenômeno que tanto encantou a antropóloga Ruth Landes e que Sueli Carneiro e Cristiane Curi (1984) denominaram "o poder feminino no culto aos orixás".[68] As filhas-de-santo, agentes do processo de transformação de Emanuel, desempenham função essencial e central na estrutura da peça, fato que remete à questão de gênero no contexto das culturas africanas. De acordo com a análise de Oyewumi (1997), a cultura tradicional iorubá não atribui à condição de gênero nenhuma conotação de diferença inata entre homens e mulheres no que diz respeito a papéis ou funções sociais nem a capacidades de ação, desempenho ou inteligência. Esse fato, evidentemente, remete-nos à questão mais ampla da continuidade de formas sociais africanas nas comunidades negras da diáspora.

No contexto da sociedade ocidental, a predominância de mulheres em cargos de liderança e funções rituais nas comunidades religiosas de origem africana é um fato diferenciador e incomum. A função e o prestígio social relevantes da mulher nas comunidades afrodescendentes insertas em sociedades ocidentais ex-escravagistas, e a influência da continuidade de tradições culturais e sociais africanas na configuração desse fenômeno, constituem dimensões vivas e instituidoras da trajetória da mulher negra na diáspora. Ambas estão presentes em *Sortilégio*, representadas simbolicamente na figura das filhas-de-santo.

As duas personagens femininas que constituem o referencial das relações afetivas de Emanuel são a namorada Efigênia e a esposa Margarida. Nenhuma das duas tem sua individuação, como personalidade própria, desenvolvida em profundidade. Sua função na peça é configurar e compor os embates psicológicos, sociais e emocionais de Emanuel, cujos conflitos elas partilham e também sofrem, cada uma de sua maneira. Entretanto, ao desempenharem essa função, elas simbolizam, atualizam, transformam e representam os conteúdos enunciados no decorrer da ação.

As personagens femininas, em sua interação com Emanuel e na sua atuação individual, formam a âncora da peça na realidade social do racismo, fato coerente, se não inevitável, quando consideramos que as relações de gênero são ao mesmo tempo *constituídas por* e *constitutivas das* relações raciais. As relações de gênero funcionam como fulcro da sociedade mestiçada e motor do simulacro da brancura, ambos frutos e motivos das formas de relações raciais e sexuais. A sexualidade, aliás, está no cerne do racismo em qualquer sistema social ex-escravagista, como observam Charles Hamilton (2000) e Cornel West com respeito aos EUA. As seguintes palavras de West poderiam ser pronunciadas como avaliação do processo histórico-social brasileiro:

A ideologia do supremacismo branco se baseia em primeiro e principal lugar na degradação do corpo negro com o intuito de controlá-lo [...] essa empresa branca de desumanização deixou sua marca nas cicatrizes psíquicas e nas feridas pessoais hoje inscritas na alma da gente negra. Essas cicatrizes e feridas estão nitidamente inscritas na tela da sexualidade negra. (1994:123)

A questão formulada por West, em conseqüência dessa constatação, expressa de forma precisa o dilema encenado por Emanuel, Efigênia e Margarida na trama de *Sortilégio*:

> Como pode uma pessoa chegar a aceitar e afirmar um corpo tão desprezado pelos concidadãos? Quais são as maneiras de regozijar os momentos íntimos de sexualidade dos afrodescendentes numa cultura que questiona a beleza estética do nosso corpo? Podem florescer para as pessoas negras relações humanas numa sociedade que agride e assalta a nossa inteligência, o nosso caráter moral e as nossas possibilidades? (1994:123)

Emanuel, em sua identidade como simulacro de branco, rejeita Efigênia, seu verdadeiro amor, em favor de Margarida, mulher branca que recorre ao casamento com Emanuel para "tapar um buraco", na expressão da Filha de Santo III: é que a virgindade perdida a deixa "acessível" ao casamento, até com um negro, para salvar a honra. Assim, todavia, Margarida tem a sua honra protegida. À mulher negra essa proteção é negada. Confiando na lei que "protege as menores de dezoito", Emanuel tenta defender Efigênia perante a polícia invocando sua condição de menor seduzida por um homem branco. "Acabe logo com êsses fricotes, vagabunda!" é a resposta da autoridade. Para Efigênia, "A eterna amargura da côr. Compreendi que a lei não está ao lado da virgindade negra". Emanuel, por sua vez, é agredido pelo delegado aos gritos de "Meta o doutor africano no xadrez!" (p. 65; 44-5).

Os embates com a polícia, que simbolizam a constante violência sofrida pelos afrodescendentes numa sociedade racista, giram quase sempre em torno de incidentes que envolvem a questão sexual:

> EMANUEL (*evocando*): Naquela noite já estava noivo de Margarida. Fomos a um baile. Na volta... de madrugada, resolvemos caminhar um pouco. Sùbitamente ao nosso lado encostou uma caminhonete da polícia:
> I VOZ AGRESSIVA: Um negro beijando uma branca.
> II VOZ AGRESSIVA: É um assalto.
> III VOZ AGRESSIVA: Está agredindo.
> EMANUEL: Os tiras me surraram. Sôcos... ponta-pés. Me atiraram no carro de presos.
> MARGARIDA (*protestando*): Não me assaltava. Não me agredia. Êle é meu noivo. Meu noivo, estão ouvindo?
> EMANUEL: Eu, noivo dela! Grades, outra vez grades... (p. 41-2)

A questão da virgindade, indispensável para a mulher na sociedade patriarcal da época, funciona de forma distinta para as duas mulheres:

> MARGARIDA: [...] Nunca imaginei que os homens fizessem questão de coisa tão sem importância...
> EFIGÊNIA: Sem importância para você. Eu, desde o instante em que perdi minha "importância" tive meu caminho traçado: o caminho da perdição. Não houve escolha. (p. 64)

A injunção do branqueamento, que cai quase como uma responsabilidade cívica sobre a mulher negra, traz a marca dessa arbitrariedade. A sua imagem na experiência afro-brasileira revela-se muito diferente do alegado "casamento inter-racial" que fundamenta o mito da harmonia e a ausência do conflito entre as raças:

EMANUEL: Afirmam que negra não tem pudor... Mas se entregarem aos brancos só por serem brancos, é estupidez.
FILHA DE SANTO III: Em que é que branco melhora a raça?
EMANUEL: Serem defloradas e atiradas para o lado que nem cadelas...
FILHA DE SANTO III: ... é limpar o sangue? (p. 39)

O estereótipo confirma-se, entretanto, como obra da própria discriminação. Efigênia, já sem "importância" e escolha, tenta com a ajuda de Emanuel criar uma carreira artística, mas cai logo nessa armadilha:

EFIGÊNIA: Eu tinha dezessete anos e te amava, gostava de ti como jamais gostei de nenhum outro homem. Mas precisava vencer. Do meu talento não queriam saber. Só do meu corpo. Fiz dêle minha arma. [...] Usei meu corpo como se usa uma chave. [...] Os brancos têm o privilégio: sem êles, nada feito. (p. 48-9, 62)

Margarida, por sua vez, satisfaz a curiosidade originada no estereótipo da virilidade do homem negro e logo se cansa de Emanuel, cuja solidão cresce ao descobrir que ela abortara o filho, com medo de este nascer negro. Provocado ainda pelas tramas de Efigênia, cujo ódio a Margarida é função não apenas do ciúme amoroso como também da injustiça racial, Emanuel acaba matando a esposa e por isso está fugindo da polícia. Sua última fala, ao aceitar o sacrifício ritual, é proferida com calma e decisão: "Eu matei Margarida. Sou um negro livre" (p. 79).

Margarida, a esposa branca, funciona como espelho dos estereótipos negativos do negro e símbolo do simulacro de identidade a ele imposto pelas injunções de sobrevivência na sociedade racista. A trajetória de Efigênia expõe e elabora o lado feminino desse conjunto de simulacro e estereótipos, vivido ao mesmo tempo como condição comum a ela e Emanuel e como intransponível barreira erguida entre os dois, impossibilitando a realização de seu amor. Está esboçado o impasse apontado por Cornel West e a sua questão:

341

Existe alguma saída desse impasse [...]? Há saídas, sim, porém as saídas possíveis para os homens negros diferem muito das disponíveis para as mulheres negras. No entanto, nem o homem negro nem a mulher negra conseguirão superar esse impasse se não o conseguirem os dois, já que as degradações que ambos sofrem são inseparáveis, ainda que não idênticas. (1994:127)

Se *Sortilégio* oferece uma solução simbólica e mítico-espiritual a Emanuel, para Efigênia o que se concretiza é o destino decretado pela sociedade dominante, porém com o aval das forças cósmicas. Ela é entregue a Pombagira, deusa do ato sexual:

EFIGÊNIA: Satisfazendo meus desejos, meus caprichos (*mordaz*) estou conquistando meu espaço, cavalgando a minha lua, como diz você. [...] Aos poucos minha carreira foi ficando de lado. Os vestidos elegantes, meu corpo, até meu nome, tudo perdeu o sentido. Só importava meu desejo de homens. [...] (*mística*) Eu cumpria uma ordem divina. Executava um ato litúrgico. (*vulgar*) Por isso deixei Copacabana. Mudei para a Lapa. (p. 47, 49-50)

Na macumba carioca, Pombagira representa a contrapartida feminina de Exu. Assim, ao invocar os Exus no final da peça, o último nome pronunciado é justo o dela. Implicitamente, Efigênia está convocada, junto com o herói, para o sacrifício ritual que configura a saída do impasse. Entretanto, na sua versão original a peça não concretiza essa solução em cena, pois Efigênia some, sem assumir a sua parcela de responsabilidade na morte de Margarida e, portanto sem se redimir, no instante anterior ao momento em que Emanuel realiza a sua transformação. Na última cena dos dois, Emanuel a esbofeteia e chama de assassina, prostituta de corpo e alma. Efigênia, "impassível", acena à polícia com o lírio ensangüentado e desaparece. Emanuel permanece só:

EMANUEL: São êles. Vêm subindo. Me levaram as duas. A espôsa e a mulher amada. Me roubaram tudo. Melhor. Muito melhor assim. (*Gritos, intercalados de forte riso de triunfo, que vai até o fim da peça*) Agora me libertei. Para sempre. Sou um negro liberto da bondade. Liberto do mêdo. Liberto da caridade, da compaixão de vocês. (p. 74)

Dessa forma, a amada funciona como agente da "salvação" de Emanuel, mas dela não participa. Assim, seguindo a fórmula de West, continuam os dois, homem e mulher afrodescendentes, sem superar o impasse criado pelo domínio da brancura.

Com essa solução, o autor parece assumir um valor clássico da literatura ocidental: a solidão do indivíduo diante de seu destino. Esse aspecto encantou alguns dos críticos que, além de se identificarem com tal recurso literário, ainda encontraram nele a fórmula para negar a trajetória de Emanuel como símbolo da coletividade afro-brasileira. Nesse discurso crítico, a personagem feminina não tem importância alguma; parece que Efigênia nem existe na estrutura dramática da peça:

> E como o poeta divino da Comédia, que encontra o Paraíso ao ver extinto o objeto de seus desejos, nu e limpo como o primeiro homem, é também depois da morte de seus desejos, que Emanuel poderá exclamar: "Eu matei Margarida. Sou um negro livre". [...] Agora se pode morrer, o homem chegou à meta de sua existência – a liberdade – não precisando ocupar-se mais senão de seu próprio mistério. Tal é a peça de Abdias do Nascimento, cuja alta qualidade poética reside ainda no fato de não se deixar arranhar pela sustentação de teses, da mesma forma como seu sentimento da verdadeira liberdade não se pode confundir com as superstições de liberdade do homem grego e do homem moderno.[69]

No contexto da ideologia da democracia racial, para elogiar a peça era fundamental negar-lhe a intenção de "sustentar teses". O drama de Emanuel poderia ser o drama íntimo de um indivíduo, mas nunca o da coletividade afrodescendente, pois tal hipótese constituiria a antítese da suposta harmonia entre as raças.

Não se entremostra, entre personagens tão humanas em sua transfiguração poética, qualquer tese em função de qualquer posição. Emanuel não é o negro, é um negro. Embora tenha tôdas as marcas da raça, embora permita a superação da cultura adquirida pela entrega à crença do seu povo, é tão sòmente um negro que tem sua personalidade configurada em sua tragédia pessoal.[70]

É evidente que não era essa a intenção do autor, pois Emanuel funciona precisamente como instrumento de denúncia e exemplo simbólico da coletividade no seu processo de construção de identidade afrodescendente no Brasil. Em parte, a dificuldade de compreender essa intenção parece estar ligada ao assassinato de Margarida, na medida em que, em geral, os críticos não conseguiam assimilar esse recurso simbólico, confundindo-o, fosse Emanuel um símbolo de sua raça, com uma perigosa convocação à prática do crime como protesto contra o racismo. Aliás, temos mais uma constatação do gênio de Nelson Rodrigues no fato de ele ter previsto isso:

[...] E que grande e quase intolerável poder de vida tem *Sortilégio*! Na sua firme e harmoniosa estrutura dramática, na sua poesia violenta, na sua dramaticidade ininterrupta, *Sortilégio* também constitui uma grande experiência estética e vital para o espectador. Não tenham dúvidas que a maioria da crítica não vai entendê-la. Sobretudo, dois ou três cretinos que se intitulam a si mesmos de "novos". Mas não são "novos" coisa nenhuma. São burros. [...] A burrice os isenta do tempo. Vão se atirar contra *Sortilégio*. Mas nada impedirá que o mistério negro entre para a escassa história do drama brasileiro.[71]

Roger Bastide[72] aponta a semelhança, nesse aspecto do assassinato da mulher branca, de *Sortilégio* com o clássico romance afro-americano *Filho nativo*, de Richard Wright. Entretanto, surpreendentemente, Bastide parece trilhar o caminho dos "novos" ao entender esse recurso simbólico como apologia do crime conformando a expressão de revolta.

Aí, porém, o defeito está na análise crítica, e não na peça. O fator determinante na estrutura da peça parece localizar-se, então, no aborto do potencial simbólico da personagem Efigênia e na opção pela imagem final do herói solitário.

Vinte anos após a primeira edição, a segunda versão da peça traz como mudança fundamental a revisão da solução dramática do destino de Efigênia. Na última cena, no momento do sacrifício de Emanuel, Efigênia "aparece e fica atrás de Emanuel; ela veste um traje ritual de Ogun". As filhas-de-santo anunciam: "Pronto: obrigação cumprida!", mas na nova versão a peça não acaba aí:

> Efigênia põe a coroa de Ogun na cabeça, e empunha a lança. O coro, as Filhas e a Iyalorixá saudam Ogunhiê! e se atiram de comprido ao chão, batendo a cabeça no solo em sinal de reverência e obediência. Seguem-se momentos de silêncio absoluto. Depois Efigênia levanta a espada num gesto enfático de comando gritando forte Ogunhiê! O ponto de Ogun se eleva e se transforma num ritmo triunfal e heróico.

> A Iyalorixá saúda: "Axé para todos: para os mortos... os vivos... e os não-nascidos! Axé à vitória de nossa luta!". O coro responde repetidamente: "Axé!...", e assim termina a peça: "Enquanto cantam e dançam o pano desce lentamente" (Nascimento, 1979:139-40).

Infundida pelo axé de Ogun, desafiador das fronteiras cósmicas (Soyinka, 1976), Efigênia passa de prostituta anônima a líder da comunidade, que se liberta em seu conjunto com o sacrifício de

Emanuel. A realização do destino simbólico do herói junta-se com o da heroína e reintegra-se à matriz primordial, comunal, do drama ritual, emergindo livre da convenção ocidental da solidão do indivíduo ante seu destino. O conteúdo enunciado nessa segunda versão da peça amplia radicalmente o seu alcance e explicita o seu simbolismo. É a abordagem da questão de gênero, fulcro da questão racial, que opera essa mudança. A mulher afrodescendente passa a agir não apenas como agente da salvação do herói, mas como protagonista e líder na emancipação da coletividade beneficiada por esse sacrifício e pelo próprio drama ritual.

A sociologia na práxis

As atividades extracênicas do TEN visavam incluir a constituição dele mesmo no que Abdias Nascimento chamava "campo de polarização psicológica".[73] Entre outros instrumentos e espaços desse campo, destacava-se o Instituto Nacional do Negro, por meio do qual o sociólogo Guerreiro Ramos organizava seminários de grupoterapia na forma de psicodrama, processo que ele mais tarde denominou "sociatria" (1957:165). Essa atividade tinha o objetivo de oferecer oportunidade terapêutica, de cunho psicológico, ao mesmo tempo discutindo criticamente aspectos da realidade social abordada no ato terapêutico.

> Esta é a primeira vêz que no Brasil se realizam estudos com essa técnica de base psicanalítica, e com esta iniciativa o TEN pretende formar uma turma de técnicos habeis para organizar grupos tendo em vista a eliminação das dificuldades emocionais que impedem a plena realização da personalidade da gente de côr. [...] A Grupoterapia visa o aperfeiçoamento da personalidade e a cura dos distúrbios emocionais através da organização de grupos, ou seja, da vida associada. O Teatro Experimental do Negro, com sua turma acima refe-

rida, irá atuar nos morros, terreiros, e nas associações de gente de côr, colaborando, como até agora tem feito, pela valorização do negro no Brasil.[74]

A base teórica do psicodrama parte do princípio de que a própria sociedade é drama e convenção, e propõe a encenação improvisada em grupo tanto como método de análise das relações humanas quanto como técnica de terapia psicológica. Em geral é difícil separar um objetivo do outro.[75]

Trabalha-se com a pessoa ou pessoas a ser(em) analisada(s) e com os "eus-auxiliares", outras pessoas que fazem os papéis das que estão ausentes mas fazem parte da situação a ser representada. O palco passa a funcionar como uma miniatura da sociedade, e ali se materializa a questão psicológica.

Na psicanálise o caso é exposto apenas de modo verbal. No psicodrama se concretiza efetivamente a constelação de relações de que o indivíduo é participante. A análise dêste tipo opera com elementos mais numerosos e fidedignos do que os colhidos na hipótese, na narco-síntese e na psicanálise. Por outro lado, enseja-se, aí, ao paciente, a possibilidade de lutar, não apenas na dimensão imaginária e verbal, mas em tôdas as dimensões, com seus temores e ansiedades. O paciente, no palco, póde ser treinado num novo papel ou numa nova conduta. Sua readaptação é obtida aí e a confiança que ele aí adquire [...] pode ser transportada para a vida real.[76]

Esse conceito do psicodrama inseria-se plenamente na então maior preocupação do fundador do TEN: consolidá-lo como instrumento de despertar o negro para a sua própria realidade, ofuscada por uma falsa imagem: "O *status* de raça, manipulado pelos brancos, impede que o negro tome consciência do lôgro que no Brasil chamam de democracia racial e de côr".[77] Para ele,

Nosso teatro seria um laboratório de experimentação cultural e artística, cujo trabalho, ação e produção explícita e claramente enfrentavam a supremacia cultural elitista-arianizante das classes dominantes. O TEN existiu como um desmascaramento sistemático da hipocrisia racial que permeia a nação. (1980:68)

Aspecto central desse fenômeno, o que Guerreiro Ramos designava a "patologia do 'branco' brasileiro" constituía para ele um dos aspectos de origem do estilo brasileiro de eurocentrismo. A adoção de critérios estéticos europeus levava, segundo ele, a um complexo de inferioridade da mesma natureza daquele criado pela dominação colonial:

> Ora, o Brasil, como sociedade europeizada, não escapa, quanto à estética social, à patologia coletiva acima descrita. O brasileiro, em geral, e especialmente o letrado, adere psicològicamente a um padrão estético europeu e vê os acidentes étnicos do país e a si próprio, do ponto de vista dêste. Isto é verdade, tanto com referência ao brasileiro de côr como ao claro. Êste fato de nossa psicologia coletiva é, do ponto de vista da ciência social, de caráter patológico [...]. Trata-se de um caso de alienação que consiste em renunciar à indução de critérios locais ou regionais de julgamento do belo, por subserviência inconsciente a um prestígio exterior. [...] O negro europeizado, via de regra, detesta mesmo referências à sua condição racial. Êle tende a negar-se como negro, e um psicanalista descobriu nos sonhos de negros brasileiros forte tendência para mudar de pele. [Este autor verificou] Quando realizava uma pesquisa, o vexame com que certas pessoas de côr respondiam a um questionário sôbre preconceitos raciais. (1957:153)

Questões como essas poderiam formar a matéria da prática do psicodrama no Instituto Nacional do Negro.

Essa experiência introduz-se de forma original e inusitada no contexto da sociologia "militante" da época,[78] que desembocaria na criação do Grupo de Itatiaia e do Instituto Superior de Estudos Brasileiros. Aliás, o Iseb foi fundado no mesmo ano em que saiu a *Introdução crítica à sociologia brasileira* de Guerreiro Ramos (1957). Trata-se de uma postura intelectual em que sociólogos, economistas e cientistas políticos se propunham participar com sua produção, na qualidade de motor e mentor intelectual, do processo de desenvolvimento do Brasil. Intelectuais de diferentes tendências teóricas, entre outros Roland Corbisier, Hélio Jaguaribe, Nelson Werneck Sodré, Rômulo de Almeida, Celso Furtado, Cândido Mendes e Roberto Campos, inseriam-se nessa tendência, que Joel Rufino dos Santos teve ocasião de descrever como uma "salada desenvolvimentista".[79] Integravam-se, assim, em âmbito regional da América Latina, ao pensamento promovido pelo Centro de Estudos Econômicos e Políticos da América Latina (Cepal), instituição que simbolizava e representava um momento histórico de afirmação do papel das ciências sociais no desenvolvimento econômico, político, social e cultural latino-americano. Joel Rufino afirma que, do grupo isebiano, Guerreiro Ramos foi o que mais aderiu às teses cepalinas, sobretudo às formulações de Raúl Prebisch.

A sociologia, no pensar daquele momento histórico, deveria constituir-se não apenas numa teoria científica, mas sobretudo num instrumento prático de intervenção social. A "sociatria" do psicodrama, em conjunto com as outras atividades militantes desenvolvidas no seio do TEN, era uma instância dessa práxis sociológica. Mais tarde, Guerreiro Ramos a assinalaria como o fator instituidor da metodologia indutiva que expõe e desenvolve na sua *A redução sociológica* (1998[1958]):

O Teatro Experimental do Negro me possibilitou a *práxis* do "problema" e depois dela é que cheguei à teoria. O mesmo aconteceu com os meus estudos sôbre a mortalidade infantil e sôbre problemas administrativos, econômicos e políticos do país. Quem não age, quem não participa do processo societário, não compreende a sociedade. (1957:210)

O que de mais inusitado caracterizava essa práxis sociológica do TEN era o seu caminhar na direção de uma ciência multidisciplinar ao lhe integrar, de forma incisiva, a dimensão psicológica num tempo em que a sociologia ainda buscava um olhar "objetivo" sobre dados concretos e comprovados. O aprofundamento desse aspecto multidisciplinar, a incursão em terrenos heideggerianos e o pensamento original que ousava partir do negro "como lugar" (Santos, 1998[1995]) – ou seja, como centro desde o qual caberia lançar um novo olhar sobre o Brasil – constituem inovações que a sociologia da sua época teria sérias dificuldades em assimilar. Entretanto, esses aspectos fizeram do pensamento e da ação do TEN e de seus mentores intelectuais atores inconfundíveis no palco da formação do pensamento crítico e neo- ou pós-moderno no Brasil.

O TEN e os sociólogos de praxe

As idéias de Guerreiro Ramos e sua prática sociológica no seio do TEN, em parceria com Abdias Nascimento, situavam-se muito à frente da sociologia de seu tempo. Sua crítica à sociologia brasileira, ousada e provocativa, constitui uma obra ainda bastante atual, cuja melhor síntese descritiva talvez se resuma, na expressão de Clóvis Brigagão, como a trajetória na expressão "da sociologia em mangas de camisa à túnica inconsútil do saber".[80] O 1º Congresso do Negro Brasileiro e a pesquisa patrocinada pela Unesco geraram ocasiões em que essa crítica se expressou como afirmação da agência intelectual do afrodescendente.

O TEN propunha-se ensejar "a reposição do negro de *objeto enunciado* a *sujeito enunciador*" (Martins, 1995:81), não só no teatro como também nas ciências sociais. O *leitmotiv* desse empenho do TEN era a denúncia da antropologia e da sociologia brasileiras como alienadas na medida em que estudavam a população negra de forma estática, como fenômeno pitoresco. Assim, a marca fundamental dos Congressos Afro-Brasileiros "assentava-se na fruição estético-epicurista do estudo descritivo, postura quietista e alienada" (Nascimento, 1968:44). Por isso, segundo Guerreiro Ramos, os antropólogos e sociólogos "oficiais" "não estavam, como ainda não estão, preparados mentalmente para alcançar o significado da iniciativa" do TEN (1957:163).

Essa afirmação remete-nos à questão abordada ao final do último capítulo: os procedimentos mediante os quais se constrói e mantém a invisibilidade do protagonismo histórico do afrodescendente brasileiro. A pesquisa "oficial" patrocinada pela Unesco no Rio de Janeiro oferece um exemplo revelador nesse sentido ao contribuir para a fixação de uma imagem distorcida que ainda hoje persegue o Teatro Experimental do Negro.

O trabalho de Costa Pinto (1953)[81] omite ou distorce aspectos da atuação do TEN registrados nas fontes por ele citadas, sobretudo o jornal *Quilombo*, e realizados ou articulados à época em que acompanhava o movimento. Tudo indica serem fatos por ele testemunhados. Não há dúvida, por exemplo, de que a convivência do sociólogo com o movimento estudado deu ampla oportunidade para que ele conhecesse ao menos um pouco de sua história. Entretanto, a julgar pelo texto de Costa Pinto, o TEN parece só ter passado a existir a partir de 1949-50, quando o sociólogo dele se aproximou, pois nenhuma de suas realizações anteriores merece menção. De forma notável, o autor faz sua "história" do TEN sem mencionar a Convenção Nacional do Negro de 1945-6, nem o seu *Manifesto* e nem o encaminhamento das reivindicações à Assembléia Constituinte. A única menção à Convenção é feita em transcrição de uma fala de Guerreiro Ramos (p. 278), o que basta para confirmar que o pesquisador tomara conhecimento daquele evento de fundamental importância ao movimento.

A caracterização da origem do TEN tipifica o discurso tendencioso do autor, que não só omite como também distorce os fatos, quando alega que:

> O fato de, quando uma peça exigia um negro em papel de destaque, pintar-se um branco de preto e dar-lhe o desempenho – feria a sensibilidade dos negros de vocação artística e levou alguns dêles, dirigidos por Abdias Nascimento, a criar um grupo teatral só de negros [...]. (p. 277)

Parece que, para Costa Pinto, a exclusão do negro no teatro brasileiro não constituía discriminação racial, mas apenas "feria a sensibilidade" de alguns artistas negros. E caracterizar o TEN como um grupo "só de negros" envolve falsificação deliberada, pois esse autor estava em situação privilegiada para testemunhar o fato amplamente conhecido e documentado da participação de brancos no TEN, cujas portas estavam abertas a todos. Tal caracterização ajuda, entretanto, a configurar a imagem da entidade como agremiação de negros racistas, objetivo ideológico do autor.

A omissão mais acintosa, porém, é a do TEN como realizador do 1º Congresso do Negro Brasileiro. Em seis ocasiões (p. 37, 39, 221, 225, 299, 227), Costa Pinto refere-se a esse Congresso, em algumas delas de forma extensa, sem nunca identificar os seus organizadores nem a entidade responsável pela sua realização. O evento parece ter brotado, pronto, da cabeça do pesquisador. De modo semelhante, reiteradas vezes (p. 37, 39, 337) o autor destaca a importância para o seu estudo desse evento e dos documentos dele emanados, sem reconhecer que foram as lideranças do TEN, Abdias Nascimento e Guerreiro Ramos, que lhe emprestaram tais documentos para utilizar na sua pesquisa. A motivação desse procedimento é evidente. O sociólogo baseia grande parte de sua análise nos "dados" recolhidos no curso de sua "observação participante" desse Congresso, cuja importância ele realça em várias oportunidades (p. 37, 39, 225). Portanto, evita identificá-lo como iniciativa e realização dos mesmos líderes do TEN, que seriam alvo de sua campanha de desmoralização sociológica. Quando aborda as atividades não-teatrais do TEN, Costa Pinto omite as iniciativas das mulheres, os cursos de alfabetização e de dança para crianças, a Associação das Empregadas Domésticas e as atividades de defesa de seus direitos. Focaliza apenas os "concursos de beleza de ébano" (que ele conclui terem procurado atingir "acima de tudo o homem de côr", para quem a mulher branca é relativamente inacessível, p. 286); a grupoterapia, que caracteriza como "mecanismo dramático de *faz de conta que somos brancos*" (p. 291, grifos no original); e a candidatura política, cuja etapa pré-eleitoral, segundo ele, permitiu ao TEN "aumentar sua envergadura, seus propósitos, sua influência aos olhos dos negros, dos brancos e, principalmente, aos seus próprios olhos" (p. 283). Passado o pleito de 1950, Costa Pinto decreta-lhe o túmulo: "a *troupe* que se tornou um *grupo de pressão* e sonhou o sonho cândido da Negritude – declinou, murchou, morreu" (p. 284).

Como pudemos ver, o esforço do sociólogo para enterrar o TEN foi em vão. Ficou registrado, porém, o tom de deboche bem pouco científico com que Costa Pinto tratou o TEN. Aliás, esse tom não deixou de ser dispensado também a outra organização, a União dos Homens de Côr, a que Costa Pinto se refere como "Uagacê". Comentando a proposta dessa entidade no sentido de "providenciar sobre a criação de um órgão econômico capaz de financiar devidamente os empreendimentos indicados [do movimento dos homens de côr]", Costa Pinto, assinalando seus comentários com as próprias iniciais, afirma que a proposição

[...] não avança detalhes sôbre o *modus faciendi* da criação dêsse órgão econômico financiador das iniciativas. No corpo da tese as únicas indicações a respeito que podem ser encontradas sôbre o assunto referem-se à necessidade, para reunir os meios, de "tocar os corações bondosos e os espíritos construtivo e humanitário (e, òbviamente, a bôlsa recheada – CP) de alguns homens ricos e poderosos (e, provàvelmente, brancos – CP)".

Quanto à Negritude, Costa Pinto exibe a mais pura ignorância de sua significação em nível internacional. Trama uma cena fictícia e espalhafatosa de sua "anunciação" no Rio de Janeiro em festa com brindes e vivas (p. 295-6). Para atribuir-lhe uma fonte, o autor alega que tal cena imaginária teria sido relatada por Ironides Rodrigues na sessão do Congresso em que foi debatida a sua tese da Negritude. Guerreiro Ramos,[82] Abdias Nascimento,[83] Ironides Rodrigues e Rodrigues Alves, todos presentes àquela sessão, desmentem com veemência essa alegação.[84] O testemunho deles é reforçado quando observamos que o espetáculo de Costa Pinto revela-se gratuito na medida em que a origem da referência à Négritude está documentada nas páginas do jornal *Quilombo*. De qualquer maneira, o sociólogo faz-lhe a seguinte avaliação, cujas objetividade e isenção científicas saltam ao olho do leitor criterioso:

> [...] a idéia da Negritude, subproduto ideológico da situação social de uma pequena elite de negros, representa, ainda, por excelência, a formulação particular que essa clique vanguardista dá à racionalização de seu problema e ainda guarda, portanto, nessa fase larvária de sua gestação como ideologia – da qual é possível que nunca passe – a marca muito nítida dos temperamentos, das preferências, dos estilos, das variantes pessoais de posição social e de mentalidade dos intelectuais negros de cuja cabeça brotou a idéia [...] antes de mais nada, é o florescimento na cabeça de uma elite negra de uma semente que lá foi plantada pelas atitudes dos brancos. É o reflexo invertido, na cabeça de negros, da idéia que os brancos fazem sôbre êle, é o resultado da tomada de consciência (também em têrmos falsos, diga-se de passagem) da resistência que o branco faz à ascenção social do negro. É, em suma, um racismo às avessas. (p. 292, 333)

No início de seu trabalho, contudo, ecoando a denúncia do TEN, o sociólogo criticara nos tradicionais "estudiosos do negro"

[...] um arraigado estereótipo [que] os convencera de que nada havia a estudar em relação ao negro *igual a nós*, ao negro não-africano, não-analfabeto, não-escravo, não-trabalhador rural, não separado do branco pela distância imensa que separa o vértice da base de uma pirâmide social rigidamente estratificada. (p. 26)

Nosso pesquisador e intelectual pequeno-burguês não parece livrar-se do "arraigado estereótipo", pois para ele o negro *igual a nós* transforma-se em "elite", um ser egoísta, distanciado e explorador de seu povo, psicologicamente desequilibrado, retratado ora como uma espécie de palhaço, ora como um tirano reinando no ilusório domínio de sua própria representação racista.

Fixando a imagem de desequilíbrio, Costa Pinto (p. 268, 337) ironiza o complexo psicológico que atribui exclusivamente à "elite" negra, pois o "negro-massa", como o autor denomina o operário afro-brasileiro, dele estaria isento. Em repetidas ocasiões, o sociólogo liga esse complexo psicológico elitista à mulatice de Guerreiro Ramos (p. 268, 337). Para isso, Costa Pinto cita a primeira obra publicada de Guerreiro, *O drama de ser dois* (1937), como se esta focalizasse a sua condição de mestiço. Entretanto, ao que parece a obra não aborda essa questão. Trata-se, segundo o autor, de "um livro de poesia de inspiração católica, sobre a luta do bem e do mal no homem, que, absolutamente, em nada se refere a questões étnicas".[85] Dele ainda disse o autor que é um livro "religioso [...] em que eu confesso o meu desconforto permanente com o mundo secular".[86] Não obstante, Costa Pinto desfralda a referência ao "drama de ser dois" como estandarte do "dilema" de identidade supostamente sofrido por Guerreiro como mulato. Assim, o sociólogo lança mão de estereótipos criados pela psicologia de Nina Rodrigues, que situava o mulato como um ser inerentemente instável do ponto de vista emocional.

Dessa forma, fica patente que, se rejeita o "negro como espetáculo" da antropologia, ao abordar o TEN Costa Pinto resolve embarcar na criação de seu próprio espetáculo sociológico, inventando a história de suas "elites negras" e discorrendo sobre os atributos que lhes aplica. Para isso, escamoteia a origem e a condição de classe dos integrantes do TEN, que freqüentemente careciam de dinheiro para comer entre um ensaio e outro, ficando com o cafezinho (Nascimento, 1976). A "posição de classe" dos integrantes do TEN está registrada na primeira parte deste capítulo: empregados domésticos, desempregados sem profissão definida, pequenos funcionários públicos, e assim por diante. Abdias Nascimento é neto de escravos, filho de mãe doceira e pai sapateiro; Guerreiro Ramos era filho de uma lavadeira baiana. O artifício pelo qual alguns sociólogos (como Mauês, 1997) evadem esses fatos no intuito de sustentar a caracterização ideológica do movimento como de "elite" é recorrer ao fato de sua liderança social, na realidade algo indiferente à posição de classe. A caracterização de Costa Pinto, no entanto, é de um segmento diferenciado de classe, destacada e distanciada do "negro-massa" e portanto desfrutando elevada condição econômico-financeira.

Existe uma crítica em semelhantes termos à imprensa negra. Segundo essa crítica, "Os jornais de pretos representam muito mais a opinião da classe média dos negros que a da massa", como se isso os invalidasse como imprensa negra. Roger Bastide avalia assim essa linha de crítica:

> [...] o argumento não nos convence, porque essa pequena classe média, formada por professores, advogados, jornalistas, revisores de provas tipográficas, há pouco saiu da classe baixa, conhece os desejos

e as misérias dela na realidade, tomou consciência do que não é ainda muito claro ou muito sentido pelos seus irmãos de nível baixo, tornou-se o eco de toda uma classe de cor. (1973:130)

Por sua vez, Solano Trindade, poeta que compartilhava a posição ideológica marxista de Costa Pinto, expressou uma perspectiva semelhante à de Bastide ao caracterizar o Teatro Experimental do Negro como:

> Único movimento teatral que levará as massas ao teatro social, pois os seus elementos vêm de fato dos grupos proletários, dos morros, dos subúrbios, das cozinhas e das fábricas. Uma das condições primordiais para o teatro social é que êle seja realizado pelo proletariado, e o negro, por mais pequeno burguês que deseje ser, é sempre um elemento com tôdas as características do trabalhador.[87]

Para melhor caracterizar suas "elites" negras, o pesquisador da Unesco no Rio de Janeiro faz questão de retratar o suposto desprezo nutrido por elas a respeito de seu povo. O melhor instrumento de que dispõe para tanto é a citação, fora do contexto, de trechos em que as lideranças se referiam ao estado de analfabetismo e miséria a que foi relegada a população afrodescendente por meio de uma falsa abolição da escravatura. Essas referências visam enfatizar a necessidade de acesso ao ensino para capacitar essa população a fazer frente às exigências cotidianas da vida urbana moderna. No intuito de desmoralizar esse ponto essencial de sua argumentação, repete nosso sociólogo *ad nauseum* uma frase, francamente infeliz porém perfeitamente passível de compreensão quando lida no cenário da literatura e das atividades do TEN. A seguir, num exemplo típico da técnica discursiva de Costa Pinto, vemos tal frase hipertrofiada pela linguagem com que o sociólogo a introduz:

As proporções verdadeiras dêste "*vasto movimento social*", a camada que pode ser realmente atingida pelo seu apêlo e em cuja posição e perspectiva êle pode ter ressonância, o objetivo supremo e expresso de sua idéia-força, seu movimento, sua ideologia, Abdias assim o define textualmente: "*Adestrar gradativamente a gente negra nos estilos de comportamento da classe média e superior da sociedade brasileira*". (p. 281)

Quem se familiariza com a linguagem da época vê que o emprego da palavra "adestrar" era mais comum do que hoje e não trazia as mesmas conotações pejorativas. Já o vimos em outro contexto quando Guerreiro Ramos dizia que "é preciso 'reeducar o branco', no sentido de *adestrá-lo* para a convivência democrática com os homens de côr".[88]

Formulada numa linguagem hoje carregada de conotações negativas, essa expressão remete ao despreparo do afrodescendente para o exercício da cidadania na sociedade urbana moderna. Vários textos de Abdias e Guerreiro elaboram essa questão, concluindo pela necessidade de capacitar a população afrodescendente "de modo que possa tirar vantagem das franquias democráticas em funcionamento no país" (Guerreiro Ramos, 1957:163). Tais franquias incluem em primeiro lugar o direito ao voto, que, é bom lembrar, até 1988 era concedido apenas aos alfabetizados. Basta uma leitura do seguinte trecho do mesmo autor para situar a incômoda frase do "adestramento" na perspectiva mais ampla de seus autores, observando as referências à vida civil e à cidadania:

> Mal egressa da escravidão, a população negra em nosso país entrou para a vida republicana econômica, cultural e psicològicamente despreparada. Econômicamente, tôda esta população constituía o grosso das classes de baixo poder aquisitivo. Culturalmente, ela se apresentava afetada quase totalmente de analfabetismo e psicològica-

mente tal população carecia dos *estilos mentais adequados à vida civil superior.* É êste todo um complexo psicológico-social elaborado em cêrca de quatro séculos. Complexo que se exprime em atitudes que têm um longo passado e fundamente arraigadas na alma nacional e numa estrutura de classes rìgidamente tecida, trabalho de cêrca de quatro séculos de dominação do branco e do brancóide. O negro livre tem a idade formal de 61 anos. Mas na verdade 61 anos é muito pouco tempo para se mudar o estilo espiritual de u'a massa. 61 anos é muito pouco tempo para se transformar o estilo espiritual da população brancóide que cêrca de quatro séculos se iniciara no hábito de servir-se dos homens de côr como instrumento. [...]

Sócio-culturalmente, aquela condição [de liberdade] não se configurou; de um lado porque a estrutura de dominação da sociedade brasileira não se alterou; de outro lado, porque a massa jurìdicamente liberta estava *psicològicamente despreparada para assumir as funções da cidadania.*

Assim para que o processo de libertação desta massa se positive é necessário reeducá-la e criar as condições sociais e econômicas para que esta reeducação se efetive. A simples reeducação desta massa desacompanhada de correlata transformação da realidade sócio-cultural representa a criação de situações marginais dentro da sociedade.[89] (grifos meus)

Aliás, Costa Pinto concorda plenamente com essa avaliação quando observa o seguinte, sem imaginar, é óbvio, que seu comentário fosse passível de ser entendido como atitude de uma elite exploradora. A semelhança do raciocínio é evidente. Atribui Costa Pinto ao "negro-massa"

um tal estado de desamparo material, de desestímulo moral, de inércia mental, de embrutecimento intelectual, de falta de treino para uma vida associativa de nível menos puramente vegetativo – que dificulta ao extremo, quando não elimina por completo, a perspectiva imediata das mais largas camadas da população de côr ouvirem o apelo dessas associações e terem uma participação intensa nessas ações organizadas "de elites agressivas". (p. 234)

Para Costa Pinto, esse "negro-massa", ao contrário das "elites", não sofre nenhum efeito psicológico em decorrência do "preconceito", mas "[...] encara-o sempre face a face, em cada forma ou circunstância em que se manifesta, e destrói-o e vence-o em mil batalhas quotidianas, pensando, sentindo e agindo menos como *raça*, mais como *massa*, cada vez mais como *classe*" (p. 337-8). Parece tratar-se de uma constatação cientificamente comprovada pelo sociólogo. Porém, passados cinqüenta anos, os indicadores sociais atuais – em especial os dados do *Mapa da população negra no mercado de trabalho* (Inspir/Dieese, 1999) –, o crescimento progressivo do movimento negro e a paulatina legitimação da proposta de políticas públicas antidiscriminatórias não parecem sustentar a tese segundo a qual esse enfrentamento silencioso do "negro-massa" tenha operado qualquer efeito no sentido de efetuar a destruição da discriminação.

De qualquer maneira, vencendo-se ou não o preconceito, a conclusão de Costa Pinto quanto ao legítimo papel do negro apresenta-se de forma inequívoca:

> Ele é um só, e é o que sempre foi na sociedade brasileira: negro e proletário. [...] É, aliás, nesse enquadramento sociológico de classe [...] em que o negro se encontra na sociedade brasileira, que ele encontra também seu apoio subjetivo e seu meio objetivo, seu chão, sua raíz, sua força de Anteu, em suma, *o seu lugar*, que lhe permite viver e enfrentar a vida com a dignidade do homem do povo e com a segurança de que a evolução social está a seu favor. (p. 338, grifos no original)

Não seria exagero observar, ao estilo do autor que tanto gosta de fazer suas costuras com trechos tirados do contexto, o "lugar" que Costa Pinto reserva ao negro, pelo menos até a vitória inexorável da revolução do proletariado: "[...] a fome, o salário de fome, o baixo padrão de vida, a herança da escravidão, a 'casa de cachorro', o analfabetismo, a doença" (p. 291). Dizer que a atribuição de elevada dignidade ao homem proletário imbuído da "segurança de que a evolução social está a seu favor" constitui uma exaltação romântica à classe operária, nos moldes da ideologia marxista, não menos fantasiosa que a referência dos adeptos da Negritude à figura da pessoa afrodescendente "desrecalcada".

Trata-se, enfim, de um discurso eminentemente ideológico travestido de pesquisa científica. Entretanto, ele passou para os anais da sociologia brasileira como versão isenta, objetiva e científica sobre o movimento negro no Rio de Janeiro e continua sendo reproduzido por analistas que embarcam, talvez com outras intenções, nas veredas abertas por Costa Pinto em sua missão de desacreditar os protagonistas afrodescendentes do movimento social (Mauês, 1997; Müller, 1988, 1999). Alguns endossam de forma mais velada as suas posições, exaltando-lhe qualidades de seriedade científica e ética na conduta intelectual, que não demonstrou possuir, pelo menos no que diz respeito a seu relacionamento com o movimento social afro-brasileiro (Maio, 1997, 1998a).

Um exemplo desse procedimento está na obra mais ambiciosa sobre o TEN, o volume especial da revista *Dionysos* (1988). O conjunto da obra estrutura-se da seguinte forma: a primeira parte do volume consiste em cinco textos analíticos, a maioria dos quais se ocupa das contradições, limitações, concessões, enfim, dos equívocos do TEN que teriam prejudicado o seu projeto (as exceções são os ensaios de Edélsio Mostaço e de Júlio César Tavares[90]). Numa segunda parte, ocupando a metade do espaço dedicado aos ensaios acadêmicos, são apresentados depoimentos de alguns dos integrantes do TEN. Na terceira e última parte, transcrevem-se textos críticos e noticiosos dos jornais da época sobre o TEN, seus espetáculos e outras atividades teatrais, e sobre as suas iniciativas sociopolíticas e artísticas. Há nessa parte uma lista cronológica das apresentações teatrais do TEN, uma seção de fichas técnicas e outra de documentação fotográfica.

Revela-se logo no prefácio do volume o seu tom predominante, quando o organizador conclui que "a história do TEN evoca a miséria da servidão: roda em círculos, cativa – mesmo na revolta – daquilo que a oprime" (p. 7). Outro ensaio, que cuida "de acompanhar as ambigüidades e ambivalências" que marcam o discurso do TEN, afirma que as elites negras "[...] caíam na armadilha da visão preconceituosa sobre o negro e por aí acabavam querendo, afinal, 'embranquecê-lo'" (p. 92).

Os textos analíticos utilizam uma abordagem baseada na análise do discurso da entidade, procedimento altamente subjetivo. Essa metodologia de focalizar o discurso deixa de levar em conta as pressões do meio intelectual e da mídia da época, que de forma incessante atacavam o movimento, lançando-lhe a acusação de racista e segregacionista. Exemplos disso são os editoriais do mais poderoso jornal do país, bradando sua linha correta contra o racismo às avessas do TEN, reproduzidos no início deste capítulo. É evidente e natural que a linguagem do discurso escrito do TEN procurasse demonstrar o equívoco dessa caracterização de racista, que buscava atingir a legitimidade e a credibilidade da organização perante o público negro e branco. O resultado, uma linguagem cautelosa e tímida em comparação com a que prevaleceria décadas mais tarde, é visto pelos analistas do discurso como ambíguo e ambivalente. No seu afã de retratar o suposto egoísmo elitista da liderança do TEN, Mauês (1997) vai mais longe e atribui a uma atitude de interesse puramente individualista, de promoção pessoal, a carta aberta em que Abdias Nascimento denuncia a polícia por ter barrado o grupo de artistas do TEN no baile do Hotel Glória.

Em várias ocasiões, o discurso que esses analistas interpretam como subserviente aos valores dominantes utiliza, na verdade, uma técnica de ironizar esses mesmos valores. Numa dinâmica parecida com a desenvolvida pelos poetas da Négritude, os intelectuais afro-brasileiros devolviam com ironia os termos desses valores aos enunciadores originais. Um exemplo disso está na invocação do "valor eugênico" da mulher negra no contexto dos concursos de beleza, pois a implicação, ironizando a ideologia do branqueamento, é que a ancestralidade africana dessa mulher irá "melhorar a raça". Outra técnica era invocar a democracia racial como implícito desafio à coerência dos seus proponentes. O sentido era o seguinte: "Se vocês realmente são democratas raciais, venham prová-lo colaborando conosco em vez de nos tachar de racistas". Despercebidas essas e outras táticas, o que resta na "análise do discurso" dos sociólogos é uma interpretação literal das palavras, o que deixa bastante a desejar no que se refere à compreensão do seu sentido no cenário cultural da época.

Não há muita alternativa diante desse tipo de argumento, a não ser lembrar, em relação aos obstáculos intelectuais que impedem os cientistas sociais de compreender tais sutilezas, o que já disse o poeta: "contra a burrice, nem os deuses...".

O coro quase uníssono dos sociólogos ao interrogar as supostas contradições discursivas do TEN acaba levando a uma visão truncada do movimento, colocando em segundo plano a trajetória da formação e do lançamento de atores e atrizes afrodescendentes de qualidade, oriundos das mais humildes camadas da população, inúmeros analfabetos e a grande maioria não pertencente a nenhuma elite. O papel do movimento na gênese da lei antidiscriminatória e na denúncia da discriminação racial fica ignorado. Permanece o discurso de "elite" como legado mais importante que o fato de o TEN romper a hegemonia da instituição racista do teatro brasileiro e organizar alguns dos eventos mais destacados do movimento social afro-brasileiro da época. Há pouco espaço para considerar a produção, apesar de todos os impedimentos, de espetáculos teatrais que colocavam a questão racial em cena e mereceram elogios quase unânimes de uma crítica extremamente cética, aliás incrédula, diante da audácia desses negros ao se meter numa área antes reservada à *soçaite* europóide.

A insistência em buscar no discurso contraditório e nas "ambigüidades" do movimento as razões de sua não-continuidade no tempo configura, malgrado os protestos ao contrário, uma espécie de cobrança de onipotência cívica aos seus líderes, de quem se espera não apenas um discurso "politicamente correto" de acordo com parâmetros atuais aplicados em retrospectiva, como também o milagre da multiplicação dos pães. Num país em que qualquer empreendimento teatral tem dificuldades de bilheteria e vida precária, mesmo sem se desdobrar em movimento social de difícil aceitação pela sociedade como um todo, culpa-se o "contraditório" TEN por não se sustentar materialmente, embora se reconhecesse que o público-alvo não tinha condições financeiras de freqüentar teatro. Exige-se ainda, implicitamente, a viabilização de extensa atividade gratuita junto da população favelada e suburbana, bem como a continuação dos eventos políticos em nível nacional. Não tendo realizado tudo isso, sem apoio financeiro, cai sobre as "elites negras" a acusação de trair as massas em função de seu egoísmo.

Novamente superior às divergências ideológicas, é o poeta Solano Trindade que oferece uma avaliação mais realista:

> Os govêrnos dos países democráticos ajudam tôdas iniciativas que vêm das massas populares, porque estes governos dependem destas massas.
> Nos Estados Unidos da América, onde a democracia é parcial, onde há leis contra os homens de côr, o govêrno protege os movimentos culturais da sociedade negra.

O movimento cultural do povo no Brasil não recebe nenhum auxílio e ainda é vítima das maiores injustiças como esta da negação do Teatro Fênix ao Teatro Experimental do Negro.[91]

Numa atitude representativa das análises acadêmicas, o organizador de *Dionysos 28* expressa sua ansiedade em não revestir o volume de "intenção apologética" ou se engajar na "recuperação mítica de uma epopéia da resistência do negro brasileiro" (p. 7). Acaba enveredando, a meu ver, para o lado oposto. Um dos fatores que levam a esse resultado é a precária formulação, quando não a ignorância gritante, sobre a Négritude. Esta é apresentada, numa repetição simplória das posturas fantasiosas de Costa Pinto, como a ideologia do neocolonialismo e do racismo às avessas.

A julgar por essa postura fácil de uma nova geração de sociólogos, os intelectuais brasileiros parecem ter chegado tarde ao debate sobre a Négritude. O mundo africano viveu e superou há tempos a fase do *mea culpa* em referência a seu propalado elitismo e sua assunção de valores atribuídos ao africano pelo colonialista europeu. Houve uma resposta indignada da geração de intelectuais africanos e afro-americanos que denunciou a Négritude nas décadas de 1960 e 1970 com argumentos idênticos àqueles ainda utilizados pelos nossos ensaístas no limiar do século XXI. Depois disso, entretanto, o mundo africano, em geral, fez as pazes com a Négritude. Reconheceu o seu valor na recuperação de uma dignidade humana esmagada pelo colonialismo e pelo racismo. Valorizou o seu papel histórico no processo das lutas libertárias africanas e afro-americanas.[92]

Contrasta-se nitidamente a situação em terras brasileiras, onde o temor do racismo às avessas continua sendo nutrido, de forma bastante peculiar, pelos nossos sociólogos. Estes revelam-se os legítimos herdeiros intelectuais da teoria da "democracia racial" na sua acepção esquerdista, cuja máxima expressão está no tratado ideológico travestido de trabalho científico com que nos brindou Costa Pinto.

Esgotados os raciocínios cartesianos que levam à conclusão da artificialidade da Negritude no contexto brasileiro, resta um fato concreto. Da discussão da tese da Negritude nos tempos do TEN progrediu-se para a deflagração cada vez mais intensa da consciência negra no seio da população afro-brasileira. Essa consciência traduz-se numa ampla atuação dos afrodescendentes brasileiros, em que estes cultivam o orgulho de seus valores culturais de origem e afirmam como gesto político a sua identidade própria. Ou seja, o "movimento de vastas proporções" anunciado por Abdias Nascimento hoje se configura no Brasil e faz parte do conjunto daquelas identidades de resistência ou de projeto apontados por Castells (1999) como fenômenos do mundo globalizado.

Aqueles setores do mundo africano, antes contrários, assimilaram essa lição histórica e fizeram sua reconciliação com a Negritude na qualidade de precursora do movimento social contemporâneo. Não é o caso, contudo, da elite pensante "latina" da democracia racial, para quem a Negritude continua a ser uma espécie de ameaça ao convívio harmônico das raças.

Complementa esse quadro a vigência, até hoje, do legado da postura francamente desonesta de Costa Pinto ao eliminar de sua versão sociológica sobre os movimentos negros um fato histórico por ele testemunhado: a persistente crítica do TEN à abordagem antropológica e folclorista do "problema do negro". Essa reação ao "negro como espetáculo" articulava-se na crítica do TEN aos Congressos Afro-Brasileiros, na sua tentativa de intervir na evolução dos "estudos do negro", e nas suas iniciativas no sentido de inaugurar uma nova prática científica em que o negro surgisse como agente de uma pesquisa engajada na solução de problemas sociais.

Costa Pinto simplesmente suprime o papel do TEN como organizador do 1º Congresso do Negro Brasileiro. Utiliza como se fosse invenção sua a linguagem que o TEN vinha desenvolvendo desde 1945 na sua crítica à visão folclórico-descritiva da etnografia. Assim, ao tentar desmoralizar os protagonistas do movimento social, Costa

Pinto apropria-se do seu discurso, ostenta-o como seu e, por meio dele, procura erguer-se a si mesmo em arauto da "nova abordagem" que critica o "negro como espetáculo" (p. 32). Entretanto, o sociólogo reduz a produção intelectual dos negros à condição de "curiosíssimos depoimentos" (p. 269). Certos autores contemporâneos reproduzem esse discurso como se retratasse uma versão honesta (Maio, 1998a). Assim, perpetua-se o processo de escamotear a produção e a agência histórica do movimento social afro-brasileiro, tornando o conteúdo de sua produção, de forma fictícia, criação alheia.

Não deixou de ser registrado, na época, o inconformismo dos intelectuais negros diante de tal processo. Abdias Nascimento escreveu:

> Os "estudiosos" do negro brasileiro transformaram-nos, em seus livros, em espetáculo, e enquanto se divertiam à nossa custa, – ah! o pitoresco da culinária negra, o esquisito das macumbas e candomblés, a dança pitoresca e a música exótica! – nem suspeitavam que nós, os negros, tratávamos com a vida, atuávamos sôbre ela e ela sôbre nós, enfim, discutíamos e lutávamos pela nossa sobrevivência. Jornalistas como Raquel de Queiróz, Osório Borba, R. Magalhães Jr., Henrique Pongetti, Edmar Morel, colaboraram na formação de uma nova consciência a respeito do problema. E assim, paralela e simultaneamente aos estudos "oficiais", ao lado do academicismo inóquo que se desenvolvia à sombra do apoio material e moral das camadas dominantes – e opressoras – um outro caminho foi sendo aberto, uma pista nova e ignorada construía-se mercê do esforço e da clarividência dos próprios negros. Não encontrando substância, nenhum lastro de objetividade e senso prático nos livros, nas obras impressas, fizeram da ação êsse capítulo vivo e prático da nossa sociologia, numa instituição que os coloca no justo papel de vanguardeiros e precursores da nova atitude frente à questão. [...]
> Esta nova visão, realística e criadora, teve seu centro catalizador no Teatro Experimental do Negro, que realiz[ou] [...] conclaves de

pesquisas, de debates e de orientação inter-racial, entre êles [...] o 1º Congresso do Negro Brasileiro, Rio, 1950, o qual marcou a "reviravolta completa neste tipo de abordagem do problema", reviravolta de que o sr. L. A. Costa Pinto apropria-se indevidamente como iniciativa sua.[93]

É o procedimento de uma academia de elite que dá continuidade à melhor tradição do patrimonialismo feudal, negando ao ator social afrodescendente a sua agência histórica e os valores por ele produzidos.

Conclusões

Neste capítulo, espero ter documentado dimensões da atuação do TEN hoje pouco conhecidas. Ao concluir, convém observar alguns fatores que julgo imprescindíveis à leitura da trajetória do TEN.

Em primeiro lugar, o TEN não se batia pela abertura de oportunidades apenas para uma pequena elite em espaços freqüentados pela burguesia. "Não estamos reivindicando para todos os negros um diploma de deputado ou título de Barão. Espero que minhas palavras não sejam distorcidas e interpretadas com malícia. A discriminação atinge principalmente as ocupações humildes", dizia Abdias Nascimento (1968:24). Em seguida, cita o anúncio de uma vaga para telefonista com "ótima aparência, branca... favor não se apresentar sem os requisitos acima", como exemplo da discriminação que atinge a classe dos trabalhadores. Em outra ocasião, afirma o mesmo autor que "[...] quando se modificar o *status* social e econômico do povo brasileiro, está-se modificando, implicitamente, o *status* racial e econômico do negro brasileiro" (*Cadernos Brasileiros*, 1968:22). Ainda em outra oportunidade:

> Entendo que o negro e o mulato – os homens de côr – devem ter uma contra-ideologia racial e uma contra-posição em matéria econô-

mico-social. O brasileiro de côr tem de se bater simultâneamente por uma dupla mudança: a) a mudança econômico-social no país; b) mudança nas relações de raça e de côr. (*Cadernos Brasileiros*, 1968:22)

Seria difícil encontrar uma expressão mais nítida do fato de não se tratar de um objetivo limitado apenas a permitir ao negro alcançar degraus mais altos na hierarquia de classe, sem reconhecer a necessidade de mudar essa hierarquia. Contudo, um autor como Guimarães, que demonstra amplo conhecimento dos estudos da questão racial, afirma em recente estudo que "só após 1970" abre-se no movimento negro

> uma outra frente de luta, agora contra as desigualdades raciais. Ou seja, para além das discriminações raciais cometidas individualmente, passa-se a combater também a estrutura injusta de distribuição de riquezas, de prestígio e de poder entre brancos e negros. (1999:212)

Creio tratar-se de um equívoco bastante evidente para quem conhece os escritos e as realizações do TEN. Talvez resulte do esforço acadêmico de identificar na evolução histórica dos movimentos negros um esquema linear de etapas, procedimento que agrada a metodologia científica. Os registros indicam, entretanto, que o teor da atuação do TEN era precisamente esse. Se a terminologia da época era distinta, o sentido essencial não apresentava diferença.

A preocupação com uma sociedade mais igualitária e com o "combate à estrutura injusta de distribuição de riqueza, prestígio e poder" conduzia a liderança do TEN a uma postura nacionalista e desenvolvimentista que a inseria no contexto da intelectualidade brasileira comprometida com as teses cepalinas e o processo isebiano: Abdias Nascimento foi o primeiro diplomado do Instituto Superior de Estudos Brasileiros (Iseb). Essas teses caracterizavam o trabalho de intelectuais engajados na busca de uma sociedade mais justa e de maiores oportunidades para o povo brasileiro sair de sua situação de miséria e analfabetismo. Há uma tendência entre os intelectuais de esquerda hoje de tachá-los de "populistas", retratando-os como partidários de um autoritarismo endêmico, o que configura um posicionamento antes ideológico que científico. Definido de acordo com parâmetros socioeconômicos tidos à época como universais, o desenvolvimento implicava vencer etapas de organização social, política e econômica no intuito de atingir o "progresso", isto é, a industrialização e o crescimento da produção de bens materiais. Não deixa de caracterizar-se um viés evolucionista nessa concepção do desenvolvimento, o que, entretanto, não desmerece o fato de que seja visto como meio de construir justiça social e superar desigualdades. Atingir o "progresso" significava superar a miséria e o analfabetismo, e eram essas as metas essenciais.

Confundir "culturas arcaicas" com atraso e ignorância era uma armadilha perfeitamente coerente com essa lógica evolucionista do desenvolvimento. Por um lado, excluir do "progresso" as populações pobres seria condená-las ao atraso e à ignorância, constituindo uma forma de discriminação e marginalização. Incluí-las no "progresso", por outro lado, significava integrá-las à cultura moderna da industrialização e da economia em crescimento.

Aí estão os fundamentos da aparente ambivalência da liderança do TEN ao propugnar pelos valores da cultura negra, insertos de forma dinâmica na cultura moderna do "progresso", e ao mesmo tempo caracterizar "mentalidades pré-lógicas" e "pré-letradas" como fatores de atraso. Condenar as políticas de governo que tivessem o efeito de "fazer retornar as minorias e os povos de côr às formas arcáicas de sociabilidade e de cultura, ou conservá-las marginais nas condições ecumênicas contemporâneas" (Guerreiro Ramos, 1957:200-2) significava combater a exclusão do afrodescendente, livrando-o de sua situação de extrema pobreza e capacitando-o para exercer a cidadania plena na sociedade moderna. Significava situar a população negra "em nossa sociedade como uma comunidade capaz de situar e resolver os seus próprios problemas, sem a necessidade de apelar para ideologias políticas".[94]

O estudo etnológico que esmiuçava os detalhes de tradições africanas sem se preocupar com as condições de vida de seus criadores, ou seja, "o negro como espetáculo", era alvo do repúdio externado pelo TEN e por outros setores do movimento negro. O seguinte texto do escritor e jornalista Fernando Góes não deixa dúvidas quanto à urgência da questão das desigualdades raciais e sociais e da estrutura injusta de distribuição de riqueza, prestígio e poder para os intelectuais negros:

> Penso que é tempo de todos olharem o negro como um ser humano, e não como simples curiosidade ou assunto para eruditas divagações científicas. Que se cuide da ciência, não é só louvável, como imprescindível. Mas que se assista ao desmoronamento e à degradação de uma raça, de braços cruzados, me parece um crime, e um crime tanto maior quando se sabe o que representou para a formação e desenvolvimento econômico do nosso país.[95]

No entender desses intelectuais, a folclorização dos valores africanos fazia parte do processo de degradação do povo afrodescendente, reduzindo-os a gestos congelados e repetidos, alijando-os do processo criativo. Abdias Nascimento resume essa idéia dizendo que "no Brasil degradaram sua cultura original africana, substituindo-a pela culturologia da miséria e do analfabetismo" (1968:53). Ou seja, a miséria e o analfabetismo, impostos ao afrodescendente pela discriminação racial e pelo racismo, impediam o desenvolvimento dinâmico de seus valores culturais num contexto moderno.

Parece existir certa diferença de tom entre o pensamento desenvolvimentista de Abdias Nascimento e o de Guerreiro Ramos.

Este tende mais a se identificar com as implicações evolucionistas de conceitos como o das "formas arcaicas". Também desenvolvimentista, Abdias voltava-se mais para a valorização das "matrizes culturais africanas" e das "instituições negras de grande vitalidade e de raízes profundas" (1966c:79). A Negritude de Guerreiro registra-se, em geral, como uma criação estética que envolve a transposição de valores originais para um plano subjetivo e abstrato, enquanto a de Abdias seria fundada na vivência dinâmica desses valores, tanto em seu contexto original quanto na arena da cultura artística "oficial" ou "erudita".

No entanto, a "estética" parece funcionar no discurso do TEN como mote para o que hoje chamamos identidade. Guerreiro Ramos[96] enfoca a Negritude, em contraposição à ideologia da brancura, de um ponto de vista estético que prioriza a identidade negra como beleza física de um tipo étnico, ou seja, do corpo diferenciado e rejeitado pela ideologia colonialista, cujo valor estético é resgatado pela Negritude. Atribui a extraordinária sensibilidade artística e expressiva do afrodescendente às "reminiscências" das culturas "pré-lógicas" e "arcaicas" em seu espírito e sua personalidade.

Na concepção de Guerreiro Ramos, os valores de origem africana vão sendo relegados à memória coletiva, lá ficando disponíveis para ser elaborados de maneira adequada aos "estilos mentais" da vida urbana, do "progresso" e do desenvolvimento econômico. Esses valores parecem fazer parte de uma identidade subjacente, uma espécie de substrato da beleza física e espiritual a ser valorizada, que surgiria na expressão artística criativa.

Abdias Nascimento, por sua vez, procura nos valores da cultura africana e afro-brasileira a sua essência vivida de forma dinâmica. Rejeitando o viés folclorista da descrição etnográfica, ele investe contra a "mumificação" desses valores, o processo de confiná-los à rigidez estática e estancada da repetição mecânica, como "um ser quase morto, ou já mesmo empalhado como peça de museu".[97] A idéia é que esses valores continuam vivos e atuais, em contraste com a noção de atraso e ignorância. Essa posição é realçada e reforçada ao optar, Abdias Nascimento, pela religião de origem africana, ao contrário de Guerreiro Ramos, para quem o humanismo de inspiração católica constituía importante matriz filosófica.

Observando essas linhas diferenciadas de ênfase, não pretendo erguer uma dicotomia ou postular um debate ideológico travado no seio do TEN. A análise do discurso escrito não basta para sustentar esse tipo de conclusão. Envolvidos na agitação cotidiana de *fazer* o teatro, ocupados com suas realizações e sua produção intelectual, imersos enfim na ação necessária para concretizar o projeto, essas duas lideranças articulavam na dinâmica de sua atuação as idéias inovadoras que os moviam. A existência de tensões, e mesmo de contradições, parece fazer parte do processo de forjar caminhos.

Nesse *fazer* do teatro, emerge a melhor expressão de seu conteúdo teórico, calcado nos valores culturais, espirituais e epistemológicos africanos. Como tivemos oportunidade de expor, esses valores estruturam a peça *Sortilégio*, integrando-a à tradição do drama ritual africano. Ao elaborar a vitalidade contemporânea dos valores culturais e estéticos africanos, ligados à trajetória existencial do afrodescendente, creio que a peça expresse, para além do discurso escrito dos seus dirigentes, o sentido do projeto e da produção do TEN.

Notas

1. Para um panorama geral desse cenário cultural, ver Motta, Carlos Guilherme, *Ideologia da cultura brasileira. Pontos de partida para uma revisão histórica* (São Paulo: Ática, 1977).
2. Sobre a produção teatral do TEN, ver Nascimento, 1959, 1961, 1966, 1978, 1979, 1997; *Dionysos*, 1988; Martins, 1995. Cf. também Edwards, F. M., *The theater of the black diaspora, a comparative study of black drama in Brazil, Cuba and the United States*, Tese de doutorado, Departamento de Literatura Comparada, New York University (Nova York, 1975).

3. Martins, 1995; Edwards (ibid.); Lapido, Duro et. al., *Teatro africano* (Havana: Instituto Cubano del Libro/Editorial Arte e Literatura, 1975).
4. Ver, a respeito, Harrison, Paul Carter (org.), *Kuntu drama: plays of the African continuum* (Nova York: Grove Press, 1974); *The drama of Nommo* (Nova York: Grove Press, 1972); Kennedy, Scott, *In search of African theatre* (Nova York: Scribner's, 1973); Branch, William B. *Crosswinds, an anthology of Black dramatists in the diaspora* (Bloomington: Indiana University Press, 1993).
5. Costa Pinto, 1953; Müller, 1988, 1999; Maués, 1997.
6. *Sortilege (black mystery)*, trad. Peter Lownds (Chicago: Third World Press, 1978).
7. Lima, I. C.; Romão, J. & Silveira, S. M. (orgs.), *Educação popular afro-brasileira* (Florianópolis: Núcleo de Estudos Negros, 1999). Série Pensamento Negro em Educação, n. 5.
8. Caetano, Daniel, "Teatro Experimental do Negro. Origem – Nenhum auxílio do Governo – O'Neill para os negros". *Diário de Notícias*, Rio de Janeiro, 11 dez. 1946. Entrevista com Abdias Nascimento.
9. "O povo reage contra o analfabetismo", *Diário Trabalhista*, Rio de Janeiro, 28 jun. 1946, p. 4.
10. Júlio, Roberio, "Instrui e valoriza o negro numa compreensiva campanha cultural". *O Jornal*, Rio de Janeiro, 30 mar. 1949, 2ª seção.
11. Guerreiro Ramos, "Um herói da negritude", in: Nascimento, 1966 [*Diário de Notícias*, Rio de Janeiro, 6 abr. 1952.]
12. Cf. Capítulos 2 e 4.
13. Guerreiro Ramos, "Notícia sôbre o 1º Congresso do Negro Brasileiro", *A Manhã*, Rio de Janeiro, 1º out. 1950. Mais tarde, essa proposta seria retomada por Abdias Nascimento no contexto do Seminário do Corpo Docente da Universidade de Ifé, na Nigéria, e no Colóquio do 2º Festival Mundial de Artes e Culturas Negras e Africanas realizado em Lagos. Cf. Nascimento, A., "The Function of Art in the Development of Afro-Brazilian Culture: the Contemporary Situation", in: Oyelaran, O. (org.), *Faculty Seminar Series*, v. 2. (Ifé: Universidade de Ilé-Ifé, Departamento de Línguas e Literaturas Africanas, 1977), p. 121-2.
14. Entre os exemplos estão Ana Amélia Carneiro de Mendonça, Nelson Rodrigues, Cacilda Becker, Bibi Ferreira, Olga Navarro, Maria Della Costa, Ziembinski, Jaime Costa, Leo Jusi, Willy Keller, Santa Rosa, Má-

rio de Murtas, Péricles Leal, Carlos Drummond de Andrade, Marques Rebelo, Henrique Pongetti, Adonias Filho, Fernando Góes, Dante Laytano, Austregésilo de Athayde, dom Hélder Câmara, Hamilton Nogueira, Thiers Martins Moreira, Gerardo Mello Mourão, Efraín Tomás Bó, Raul Nass, José Francisco Coelho, Napoleão Lopes Filho, Ricardo Werneck de Aguiar, Luiza Barreto Leite, Rosário Fusco, Enrico Bianco, Bruno Giorgi, José Medeiros; Iberê Camargo, Volpi, Manabu Mabe, Portinari, Djanira, Inimá, Ana Letícia, Lóio Pérsio, Nelson Nóbrega, Clóvis Graciano, Quirino Campofiorito, Arthur Ramos, Florestan Fernandes, Roger Bastide, Alberto Latorre de Faria, Roland Corbisier, Maria Yedda Leite Castro, R. Magalhães Júnior. Abdias Nascimento, entrevista com a autora, em 14 de junho de 1996.

15. *Quilombo*, v. II, n. 7-8, mar.-abr. 1950, p. 5.
16. Manifesto político dos negros fluminenses, *Quilombo*, v. II, n. 7-8, mar.-abr. 1950, p. 5.
17. "'... Mas a cor não pega'... Poderíamos ter uma jovem negra no concurso da Miss Universo?", *O Radical*, v. XVIII, n. 5, Rio de Janeiro, 27 jul. 1948, p. 1.
18. Souza, 1983; Silva, C. D., 1995; Gomes, N. L., 1995; Chagas, 1996.
19. "Catty, a 'Boneca de Pixe' de 1950". *Quilombo*, v. II, n. 9, maio 1948, p. 6.
20. Leal, José, "Boneca de Pixe". *O Cruzeiro*, Rio de Janeiro, 5 jun. 1948.
21. Nascimento, Abdias, entrevista com a autora, em 14 de junho de 1996.
22. Guerreiro Ramos, apud Nascimento, "Cristo negro", in: Nascimento, 1966, p. 148.
23. *Jornal do Brasil*, 26 jun. 1955, apud Nascimento, 1968, p. 18-19.
24. Campofiorito, Quirino, "Cristo de côr", in: Nascimento, 1966 [*O Jornal*, 26 jun. 1955].
25. Guerreiro Ramos, "Semana do Negro de 1955", in: Nascimento, 1966 [*Diário de Notícias*, 30 jan. 1955.]
26. Entre os conferencistas estavam Flexa Ribeiro, então secretário de Educação do Estado da Guanabara e mais tarde diretor de Educação da Unesco, o embaixador do Senegal Henri Senghor, Edison Carneiro, Grande Otelo, Nelson Pereira dos Santos, Adonias Filho, Thiers Martins Moreira, Florestan Fernandes, Alceu Amoroso Lima (Tristão de Athayde), Raymundo Souza Dantas, José Pelegrini, Álvaro Dias e R. Teixeira Leite (Nascimento, 1968, 1976).

27. "É preciso regulamentar o trabalho doméstico", *A Manhã*, Rio de Janeiro, 20 jan. 1946; Nascimento, Abdias, entrevista com a autora, em 14 de junho de 1996.
28. "O povo reage contra o analfabetismo", *Diário Trabalhista*, Rio de Janeiro, 28 jun. 1946, p. 4.
29. "Absurda a exclusão das domésticas de todas as leis trabalhistas!", *Diário Trabalhista*, Rio de Janeiro, 5 jul. 1946.
30. "É preciso...", *A Manhã*, Rio de Janeiro, 20 jan. 1946.
31. "Absurda...", *Diário Trabalhista*, Rio de Janeiro, 5 jul. 1946.
32. Nascimento, Maria, "Fala a mulher. O Congresso Nacional das Mulheres e a regulamentação do trabalho doméstico", *Quilombo*, v. I, n. 4, jul. 1949.
33. "Precisam-se de Escravas", *Quilombo*, v. I, n. 6, fev. 1950, p. 9.
34. Mattos, Guiomar Ferreira de, "A regulamentação da profissão de doméstica", in: Nascimento, 1968, p. 262.
35. *Quilombo*, v. I, n. 1, 9 dez. 1948, p. 8.
36. *Quilombo*, v. I, n. 2, 9 maio 1949, p. 8.
37. "Instalado o Conselho Nacional das Mulheres Negras", *Quilombo*, v. II, n. 9, maio 1950, p. 4.
38. "Infancia agonizante", Coluna "Fala a mulher", *Quilombo*, v. I, n. 2, 9 maio 1949, p. 8.
39. "Fundado o Ballet Infantil do TEN", *Quilombo*, v. II, n. 10, jun.-jul. 1950, p. 2.
40. "Expulsaram os negros", *Revista da Semana*, n. 36, 7 set. 1946; Artistas do Teatro Experimental do Negro realizarão seus ensaios nas ruas da cidade, despejados do Teatro Fênix..., *Diretrizes*, 21 ago. 1946; "Expulsos do Fênix, os artistas negros ensaiarão ao ar livre!", *Vanguarda*, 26 ago. 1946; "Teatro no meio da rua", *Folha Carioca*, 20 ago. 1946.
41. *Habitat*, n. 1, São Paulo, jun. 1953, in: Nascimento, 1966.
42. Versão em português de Zilá Bernd (1984:18). Sobre a Négritude, ver Munanga, 1986.
43. Entre os autores cujos nomes se associavam ao movimento da Négritude estavam, por exemplo, David Diop e Birago Diop do Senegal; Edouard Glissant da Martinica; Berárd Dadier, da Costa do Marfim; Jacques Roumain, René Depestre, Léon Laleau e Jean-F. Biére do Haiti; Gilbert Gratiant e Etienne Loro da Martinica; Guy Tirolien e Paul Niger de

Guadalupe; Jacques Roumain do Haiti; Jean-Joseph Rabéarivelo, Jean Rabémananjara e Flavien Ranaivo de Madagascar.
44. *Quilombo*, v. II, n. 9, maio 1950, p. 3, 8.
45. Definição das palavras "preto" e "negro", no *Novo Dicionário da Língua Portuguesa*.
46. Ver também Fernando Sabino, "Semente de ódio", *Diário Carioca*, Rio de Janeiro, 16 jul. 1949.
47. Césaire, Aimé, "What is Negritude to me", in: Moore, Sanders e Moore, 1995, p. 17.
48. Id., ibid., p. 16.
49. Id., ibid., p. 17.
50. Id., ibid., p. 17-9.
51. Senghor, Léopold Sédar, "Negritude and the Civilization of the Universal", in: Moore, Sanders e Moore, 1995, p. 29-30.
52. Baldassari, Anne (org.), *Le miroir noir, Picasso, sources photographiques, 1900-1928* (Paris: Musée Picasso, 1997).
53. Senghor, Léopold Sédar, "Negritude and the Civilization of the Universal", in: Moore, Sanders e Moore, 1995, p. 31.
54. "Entrevista: Há preconceito de côr no teatro?", *Quilombo*, v. I, n. 1, 9 dez. 1948.
55. *O filho pródigo*, de Lúcio Cardoso; *O castigo de Oxalá*, de Romeu Crusoé; *Auto da noiva*, de Rosário Fusco; *Sortilégio (mistério negro)*, de Abdias Nascimento; *Além do rio (Medea)*, de Agostinho Olavo; *Filhos de santo*, de José de Morais Pinho; *Aruanda*, de Joaquim Ribeiro; *Anjo nego*, de Nelson Rodrigues; *O emparedado*, de Tasso da Silveira. Além dessas, Abdias Nascimento refere-se no seu prólogo (1961:25) a outras peças também escritas para o TEN ou seguindo a trilha de seu caminho: *Orfeu da Conceição*, de Vinícius de Morais; *Um caso de kelê*, de Fernando Campos; *O cavalo e o santo*, de Augusto Boal; *Yansã, mulher de Xangô*, de Zora Seljan; *Os irmãos negros*, de Klaynér P. Velloso; *O processo do Cristo Negro*, de Ariano Suassuna; *Caim e Abel*, de Eva Ban; *Plantas rasteiras*, de José Renato; *Orfeu negro*, de Ironides Rodrigues; *Pedro Mico*, de Antônio Callado; *Gimba*, de Gianfrancesco Guarnieri; *Chico-Rei*, de Walmir Ayala.
56. "Ilegal a proibição de peças teatrais pela censura policial", *Diário Carioca*, Rio de Janeiro, 6 fev. 1948.

57. "[...] sob a direção de Leo Jusi, com cenário de Enrico Bianco, música litúrgica de Abigail Moura, figurinos e máscaras de Omolu de Júlia Van Rogger, danças rituais de Ítalo de Oliveira, ídolos africanos (Exus) de Cláudio Moura, e com o seguinte elenco (por ordem de entrada): Filha de Santo I, Heloísa Hertã; Filha de Santo II, Stela Delphino; Filha de Santo III, Matilde Gomes; Orixá, Ítalo de Oliveira; dr. Emanuel, Abdias Nascimento; Efigênia, Léa Garcia; Margarida, Helba Nogueira; Teoria das Iaôs e Teoria dos Omolus, Amôa, Ana Peluci, Edi dos Santos, Marlene Barbosa e Conceição do Nascimento; Canto litúrgico (coro interno), Coral da Orquestra Afro-Brasileira, regido pelo maestro Abigail Moura" (Nascimento, 1961:162).

58. Baty, Gaston e Chavance, René, *El arte teatral* (México: Fondo de Cultura Económica, 1951), p. 18.

59. "Krigwa Players Little Negro Theater", *Crisis*, jul. 1926.

60. Hill, Errol, "Black black theatre in form and style", *The Black Scholar*, v. 10, n. 10, 1979, apud Martins, 1995:84.

61. Fonseca, J. P. M. da, "Nota sôbre *Sortilégio* e alguns dos problemas que envolveu", in: Nascimento, A. (org.), *Teatro Experimental do Negro: Testemunhos* (Rio de Janeiro: GRD, 1966), p. 159-60.

62. Adonias Filho, "A peça *Sortilégio*", in: Nascimento, Abdias (org.), *Teatro Experimental do Negro: Testemunhos,* Rio de Janeiro: GRD, 1966, p. 163. [*Diário de Notícias*, Rio de Janeiro, 10 out. 1958.]

63. Daqui em diante, citaremos apenas as páginas desta obra.

64. Boal, Augusto, "Notas de um diretor de *Sortilégio*", in: Nascimento, Abdias (org.), *Teatro Experimental do Negro: Testemunhos* (Rio de Janeiro: GRD, 1966), 150-1. Texto escrito em 1956.

65. Id., p. 152.

66. Bastide, Roger, "Introduction", escrita para a antologia do TEN a ser publicada em inglês, 1972. Cf. trechos transcritos em: Nascimento, 1979, p. 13-4.

67. Afolabi, Niyi, "A visão mítico-trágica na dramaturgia abdiasiana", *Hispania*, n. 81, set. 1998.

68. Landes, Ruth, *Cidade das mulheres* (Rio de Janeiro: Civilização Brasileira, 1967). Ver também Theodoro (1996) e o filme *Iyá Mi Agbá*, da Sociedade de Estudos da Cultura Negra do Brasil (1976).

69. Mello Mourão, Gerardo, "Sortilégio", in: Nascimento, Abdias (org.), *Teatro Experimental do Negro: Testemunhos,* Rio de Janeiro: GRD, 1966, p. 155-6. [Escrito em 1958.]
70. Adonias Filho, "A peça *Sortilégio*", in: Nascimento, Abdias (org.), *Teatro Experimental do Negro: Testemunhos,* Rio de Janeiro: GRD, 1966, p. 164. [*Diário de Notícias,* Rio de Janeiro, 10 out. 1958.]
71. Rodrigues, Nelson, "Abdias: o negro autêntico", in: Nascimento, Abdias, 1966, p. 157-8. [*Última Hora,* Rio de Janeiro, 26 ago. 1957.]
72. Bastide, Roger, supra. n. 61.
73. 1966c[1949]:79.
74. "Instituto Nacional do Negro", *Quilombo,* v. I, n. 3, jun. 1949, p. 11.
75. Guerreiro Ramos, "Teoria e prática do psicodrama", *Quilombo,* v. II, n. 6, fev. 1950, p. 6-7.
76. Id., ibid.
77. *Cadernos Brasileiros,* 1968:21.
78. Santos, 1998; Oliveira, 1995; Maio, 1997*a*, 1998*a, b*.
79. Santos, Joel Rufino dos, "O negro como lugar", in: Guerreiro Ramos, 1995, p. 21.
80. Brigagão, Clóvis, "Da sociologia em mangas de camisa à túnica inconsútil do saber", in: Guerreiro Ramos, *Introdução crítica à sociologia brasileira,* 2. ed. (Rio de Janeiro: UFRJ, 1995).
81. Daqui em diante, neste capítulo, as citações deste texto serão feitas apenas pelo número de página.
82. "Interpelação à Unesco", *O Jornal,* Rio de Janeiro, 3 jan. 1954.
83. 1968, 1976; "Nós, os negros, e a Unesco", *Panfleto,* n. 5, Rio de Janeiro, set. 1953, p. 23; "A Unesco e as relações de raça", *Panfleto,* n. 14, Rio de Janeiro, dez. 1953, p. 8. Entrevista com a autora em 14 de junho de 1996.
84. Rodrigues, Ironides, entrevistas com esta autora, 1977; Rodrigues Alves, entrevista com esta autora, 1983.
85. Guerreiro Ramos, "Interpelação à Unesco", *O Jornal,* Rio de Janeiro, 3 jan. 1954.
86. Oliveira, 1995, p. 134.
87. *Diário Trabalhista,* v. 1, n. 188, Rio de Janeiro, 25 ago. 1946.
88. "Um herói da negritude", In: Nascimento, 1966. [*Diário de Notícias,* Rio de Janeiro, 6 abr. 1952.]

89. Guerreiro Ramos, "O negro no Brasil e um exame de consciência", in: Nascimento, 1966, 83-4, grifos meus. [Discurso pronunciado na ABI no ato de instalação do Instituto Nacional do Negro, 1949.]
90. Mostaço, Edélcio, "O legado de Set"; Tavares, Júlio César, "Teatro Experimental do Negro: contexto, estrutura e ação"; *Dionysos* – Revista da Fundacen/MinC, n. 28, 1988. Número especial sobre o Teatro Experimental do Negro.
91. "Problemas e aspirações do negro brasileiro", *Diário Trabalhista*, v. 1, n. 188, Rio de Janeiro, 25 ago. 1946. Sobre o apoio do governo ao teatro negro dos EUA, ver Martins, 1995.
92. Moore, Sanders e Moore, 1995; Munanga, 1986, 1999*b*. Cf. Capítulo 1.
93. Nascimento, Abdias, "Nós, os negros, e a Unesco", *Panfleto*, n. 5, Rio de Janeiro, set. 1953, p. 23.
94. Guerreiro Ramos, "Mulatos, negros e brancos reunidos", entrevista, *Vanguarda*, v. 28, n. 13.213, Rio de Janeiro, 13 set. 1949, p. 3.
95. Góes, Fernando, "*Fôlha de Noite*", São Paulo, 6 jun. 1949, apud Nascimento, 1968:45.
96. "O negro no Brasil e um exame de consciência", in: Nascimento, *TEN: Testemunhos* (1966).
97. Abdias Nascimento, "O 1º Congresso do Negro Brasileiro", *Quilombo*, v. II, n. 5, janeiro de 1950.

Considerações finais

A tônica do nosso esforço ao longo destas páginas tem sido a busca de referências e parâmetros úteis para a melhor compreensão do que significa identidade afrodescendente no Brasil. Verificamos que se torna imprescindível o enfoque paralelo e interligado da questão de gênero. Além de considerações puramente teóricas, o intuito é o de ajudar a subsidiar o pensamento e a elaboração de medidas concretas no sentido de apoiar e estimular a auto-estima e a construção de identificações positivas afro-brasileiras. Estas são fator crucial da agência histórica afrodescendente, individual e coletiva. Favorecer o desenvolvimento dessa agência histórica contribui para ampliar os espaços de efetivo exercício da cidadania.

A idéia da identidade como "dinâmica de identificações com um *sentido de autoria*" (Ferreira, 2000) revela-se útil por sua ênfase na agência do sujeito ante opções de identificação. Não me parece casual a semelhança à noção de identidade como *projeto*, tanto no sentido sartriano empregado por Beauvoir quanto na acepção oferecida por Castells (1999).

No mundo globalizado, o indivíduo situa-se diante de signos e símbolos efêmeros, porém poderosos, a movimentar-se nos fluxos globais que caracterizam a sociedade em rede da era da informática. A busca de valores e referenciais de subsídio está implícita à noção de identidade como projeto. Os movimentos sociais incumbem-se dessa busca, articulando críticas à cultura hegemônica do poder e contrapondo aos seus signos e símbolos outros próprios, muitas vezes enraizados em matrizes, tradições e processos de luta não-ocidentais, reprimidos desde o século das luzes no processo de imposição da hegemonia ocidental.

O processo dessa busca produz significados, conhecimento e reflexões que contribuíram de forma singular para a construção do pensamento pós-moderno, fato ignorado ou minimizado na maioria das análises acadêmicas. Castells (1999, 2000) traça a configuração dessa busca como fato sociológico que caracteriza o mundo contemporâneo da *sociedade em rede* e indica como a identidade se torna um fator de poder. Entretanto, sua análise tende a distinguir esse fenômeno como algo novo e inédito, quando os fatos apontam para uma continuidade e coerência no exercício de militância dos movimentos sociais cuja ação cria, lentamente e em processo de evolução constante, os novos parâmetros de identidade. Exemplos como o pensamento dos intelectuais afro-brasileiros do Teatro Experimental do Negro, o diálogo entre Huey P. Newton e Erik Erikson, e o pensamento feminista das décadas de 1950 e 1960 ajudam a ilustrar esse *continuum* histórico que constrói os alicerces do pensamento pós-moderno no bojo da ação dos movimentos sociais.

Para o indivíduo engajado nessa busca de valores, os percalços podem ser dramáticos. Caso quisermos deixar aberto o leque de opções para a construção de identidades, é necessário manter uma vigilância alerta no sentido de não sucumbir aos meandros sutis de padrões hegemônicos do etnocentrismo universalista ocidental. Um exemplo reside no receio de "essencialismos" que ronda a proposta de uma identidade afrodescendente. Creio ser esse receio o eco do antigo medo do "outro" que, nele projetado, engendrou o próprio racismo. A preocupação com o possível racismo às avessas do movimento social pode resultar da projeção no "outro" dos próprios temores e tendências.

Oyewumi e os autores por ela citados trazem ampla base de sustentação para a tese de que o essencialismo, o critério biológico ou fisiológico do racismo e do sexismo, tem suas origens numa preocupação com o corpo peculiar ao Ocidente, que ela chama somatocentricidade. A cisão maniqueísta da filosofia ocidental alienou o corpo do espírito e da alma, e então o corpo passou a ser objeto e depositário de neuroses e obsessões que nele "se inscrevem" qual epitáfio em pedra de granito. Assim, o essencialismo revela-se um traço mais característico do Ocidente que dos povos não-ocidentais e do sexo feminino, cujas identidades culturais e históricas o Ocidente procurou reduzir a uma "essência" racial ou sexual. Exemplo clássico desse processo é a transplantação da palavra *negro* para a língua inglesa, em que ela não possui nenhuma significação relativa à cor, passando a identificar a "raça" por sua suposta "essência" biológica.

Todas essas considerações tornam-se mais complexas no contexto brasileiro, caracterizado pelo processo que denominei de *sortilégio da cor*, que constrói a figura do *branco virtual*, o mestiço desafricanizado identificado com os valores da sociedade ocidental. Este apresenta uma espécie de duplo escotoma. Nega seu próprio racismo, projetando-o em um "outro" racista que não raro vem a ser o próprio negro e o movimento social organizado. Ao mesmo tempo, apropria-se dos logros históricos e culturais em que poderia fundamentar-se a construção de uma identidade afro-brasileira, inclusive os valores ancestrais africanos, e define-os de acordo com os seus interesses e critérios. Diante do esforço do afrodescendente no sentido de se reapropriar desses valores e desse legado histórico, para redefini-los a partir de sua própria agência intelectual e social, reage com a advertência do perigo do essencialismo e do racismo às avessas.

O *branco virtual* é o que assume e engaja-se, mesmo de forma inconsciente, nos processos do racismo calcado no *sortilégio da cor*. Trata-se da hegemonia de uma identidade étnica invisível, silenciosa, que reina implícita como universal e imune ao questionamento. Contudo, ao deparar-se com o desafio insistente do movimento social, lança sobre este a acusação do racismo.

A psicologia não se isenta desse processo. Na qualidade de ciência, participou visceralmente na elaboração de estereótipos e atitudes baseados no racismo e no etnocentrismo ocidental. À medida que deixa de caracterizar o legado racista, em cuja criação participou, como matriz de uma patologia que aflige a sociedade e os indivíduos brasileiros de todas as cores, a psicologia tende a contribuir para a sua manutenção.

A partir da entrada em cena de psicólogos afrodescendentes engajados na questão e capacitados pela sua vivência direta do problema a situá-lo teoricamente e na prática clínica, inicia-se uma caminhada na direção de uma "escuta afro-brasileira". Tal conceito não se define por critério epidérmico, mas pelo *lugar desde o qual* se elaboram os seus parâmetros. Esse perspectivismo ensejou um avanço expresso na tendência de deslocar o enfoque de suas considerações. Em vez de concentrar-se no sujeito dominado, atenta para o aspecto relacional do racismo, que envolve e afeta não só o discriminado como os que, mesmo não discriminando, são depositários dos privilégios por ele conferidos. A abordagem do racismo como relação sublinha a necessidade de *nomear a brancura* como identidade e de *desvelar privilégios e déficits* gerados pelo racismo para os diferentes atores.

Essa tendência significa um ganho no sentido de ampliar as possibilidades de identificar fatores subjetivos que determinam a exclusão do afrodescendente. Podem-se questionar processos de avaliação, como entrevistas e testes psicológicos, em que esses fatores pesam, no sentido de chamar a atenção para o funcionamento não-reflexivo de preferências orientadas por critérios raciais não reconhecidos nem explicitados dos entrevistadores.

Dois aspectos fundamentais do racismo e do *sortilégio da cor* têm sido a negação da agência histórica afro-brasileira e a invisibilização ou distorção ideológica de sua ação e realizações. Nos capítulos sobre os movimentos negros de São Paulo e do Rio de Janeiro no século XX até 1960, tentei desvelar alguns de seus aspectos pouco conhecidos, velados ou distorcidos. Realcei o papel, nesse processo de velamento e distorção, de atitudes metodológicas endossadas pela academia em nome da "objetividade científica". Sugeri que o discurso integracionista desses movimentos negros, largamente interpretado como submissão ingênua ao racismo e introjeção de valores da sociedade dominante, pode ser visto no contexto histórico como uma recusa à identidade negativa e estereotipada que o racismo lhes impõe.

A adoção de estilos de comportamento convencionais à sociedade dominante também pode caracterizar menos a introjeção de seus valores que o esforço de capacitação profissional e preparo para o exercício da cidadania de uma população excluída do mercado de trabalho. Observei a predominância de teses sobre a alegada deferência desses movimentos à hierarquia de classes, às ideologias retrógradas e aos padrões e às injunções dos poderosos, e sugeri que esse tipo de análise reflete a imposição de expectativas do pesquisador, baseadas em critérios aplicados em retrospectiva, que conduzem a conclusões apressadas. No caso do TEN, a sociologia fixou-lhe uma versão confeccionada a partir de procedimentos francamente desonestos, como a omissão de fatos constatados pelo pesquisador em convivência próxima com o movimento. Tivemos a oportunidade de conhecer como exemplos o apagamento da agência histórica do TEN como organizador do 1º Congresso do Negro Brasileiro e contestador da tradição acadêmica que via "no negro um espetáculo". A tônica principal dessa tendência, válida de forma geral para os movimentos desse período, é dizer que procuravam beneficiar uma pequena elite, que não vislumbravam as desigualdades estruturais, nem se batiam por uma sociedade mais justa e igualitária, contentando-se com a ascensão social de alguns negros privilegiados dentro das normas socioeconômicas vigentes da brancura e da desigualdade.

A influência dessas versões, investidas do aval da academia, incide sobre setores do movimento negro atual e sobre analistas cujas lucidez e integridade lhes permitem uma inusitada independência de posicionamento sobre questões como ação afirmativa e políticas públicas anti-racistas. Assim, deparamo-nos com freqüência com afirmações de que somente a partir dos anos de 1970 surgiria uma atuação política inédita, em que o movimento negro se empenhava na edificação de uma sociedade mais justa e menos marcada por desigualdades. Caracterizam-se estas como uma nova frente de luta, como se os movimentos anteriores não as enxergassem. Apenas nessa nova etapa os negros teriam ultrapassado a preocupação com discriminação contra indivíduos.

Sustento que, antes de representar ultrapassadas etapas "primitivas" da consciência coletiva de luta, cuja superação implicou rupturas protagonizadas por novas gerações e aberturas de novas frentes de luta, as iniciativas negras das décadas de 1930 a 1960 expressam um processo contínuo e coerente que vem construindo as bases da luta contemporânea e das conquistas atuais dos movimentos negros.

Na discussão atual sobre políticas públicas de combate ao racismo, os antecedentes históricos dessa demanda quase não são mencionados; existe até uma linha de pensamento no interior de setores do movimento negro que atribui essa demanda, em particular a da ação afirmativa, ao Estado neoliberal (Gilliam, 2000[1998]). Entretanto, exemplos desses antecedentes estão nos eventos que culminaram na apresentação à Assembléia Nacional Constituinte de 1946 do Manifesto da Convenção Nacional do Negro de 1945. Esse Manifesto contém a proposta de um conjunto de políticas públicas que, se não teve êxito político naquele momento, permanece como registro da atuação dos afrodescendentes nessa direção. Outra proposta está na seção "Nosso Programa" do jornal *Quilombo* do TEN.

Essas propostas expressam de forma explícita a preocupação com a injustiça social e as desigualdades raciais, reivindicando políticas públicas para diminuir a pobreza e combater os efeitos da discriminação. Os fatos, enfim, não sustentam a tese da insensibilidade ou incompreensão desses movimentos diante da questão social mais ampla ou da natureza coletiva das desigualdades raciais. Tampouco se baseia nos fatos a tendência de considerar as etapas anteriores da luta anti-racista dos negros brasileiros como radicalmente distintas. A meu ver, o estudo dos movimentos negros do século XX antes da década de 1970 revela o contrário: uma continuidade no desenvolvimento de seus propósitos e na essência de sua postura, que desemboca de forma coerente nas posições e expressões contemporâneas do movimento anti-racista.

Um bom exemplo desse fenômeno está na caracterização do negro como "povo" brasileiro, que implica não uma renúncia da especificidade de sua condição racial e identidade étnica, mas, antes, a necessidade de a sociedade brasileira incorporar, *na sua integridade*, essa identidade específica como nacional e não estrangeira. Trata-se de uma reivindicação do reconhecimento da identidade como direito de cidadania. Era essa a tônica da análise do ideal da brancura como "patologia social": constituía uma *alienação* por impor critérios exógenos à realidade nacional. Assim, a oposição entre a postura do "negro como povo" nos anos de 1950 e do "negro como raça" a partir de 1970[1] me parece uma pista falsa. Ao contrário, essas posições convergem de maneira exemplar na reivindicação simultânea de uma identidade própria afro-brasileira e do reconhecimento da questão racial, não como um "problema do negro", mas como uma questão nacional.

Além da identidade em sua íntima relação com a questão da cidadania, os movimentos negros realçavam de forma unânime uma prioridade singular: a educação. Para eles, tratava-se de uma necessidade urgente: a inclusão e a permanência dos afrodescendentes no sistema de ensino, alvo de propostas de políticas públicas apresentadas no Manifesto e no Programa do *Quilombo*. A educação era vislumbrada como meio de possibilitar a redefinição da identidade estigmatizada, além de capacitar o afrodescendente para o mercado de trabalho e para o exercício da cidadania, inclusive o direito ao voto, então reservado aos alfabetizados.

Trata-se de uma prioridade ainda muito atual, e contemplada hoje com o mesmo sentido de urgência pelo movimento social afro-brasileiro. Essa proposta insere-se, como antes, no âmbito mais amplo da recuperação dos valores de sua cultura e história de origem como elementos de formação e valorização de sua identidade específica. Ressaltam-se as reivindicações de integração dos assuntos afro-brasileiros ao currículo escolar; a revisão da literatura didática, corrigindo as distorções relativas à cultura e à história africanas e afro-brasileiras; e a preparação de quadros no magistério aptos a lidar com a questão racial.

Nesse contexto, cumpre assinalar a interligação da questão racial com a de gênero. Moema Toscano aponta "O peso da educação formal (leia-se, aqui, da escola) na manutenção dos padrões discriminatórios, herdados da sociedade patriarcal" (2000:21-2). O comentário caberia perfeitamente para descrever a situação no ensino com respeito à questão racial, substituindo-se os respectivos termos:

> No Brasil, os primeiros estudos voltados para a questão dos preconceitos contra a mulher na educação, no sistema escolar e, mais particularmente, na escola de primeiro grau, datam do final dos anos 70 e início dos 80. O alvo principal desta reflexão era a denúncia quanto à existência de práticas abertamente sexistas nas escolas, com

a tolerância, quando não com a cumplicidade, de pais e professores. Estes, em geral, não se apercebiam do peso de seu papel na reprodução dos padrões tradicionais, conservadores, que persistiam na educação, apesar de seu aparente compromisso com a democracia e a modernidade.

Creio poder-se afirmar sem exagero que a questão racial tem sido mais problemática quando se trata de abordagens e intervenções no sentido prático perante educadores e a instituição escolar. Os avanços, a meu ver, são muito mais lentos e as resistências maiores no caso da questão racial, em virtude da operação singular do *sortilégio da cor*. O caráter racista das noções embutidas no *subtexto de raça e gênero* que permeia o tecido social e lingüístico é negado com insistência por educadores e por pais, mesmo ao serem confrontados diretamente com esses conteúdos.

A questão da discriminação racial na escola tem sido estudada com vários enfoques, e o movimento afro-brasileiro vem produzindo ação e literatura elaboradas sob diversas perspectivas.

Um enfoque principal é a abordagem crítica do conteúdo explícito e subjacente à literatura didática.[2] Essa discussão tem resultado na publicação de obras que apresentam novas versões, mais atualizadas e menos deturpadas, de aspectos isolados da história e da cultura de origem africana.[3]

A crítica aponta várias distorções na literatura didática e infanto-juvenil, a começar pela quase exclusão da figura afro-brasileira do conjunto do povo brasileiro. Tanto nas ilustrações quanto nos textos, a população e a sociedade brasileiras são retratadas como majoritariamente brancas, em nítido contraste com a realidade social em que vivem as crianças pobres, sobretudo as que freqüentam escolas públicas. Em geral, o negro surge no livro didático apenas em dois momentos: na discussão da formação do povo brasileiro e no estudo da abolição da escravatura. No primeiro caso, há ricas e detalhadas referências às diversas origens culturais européias, enquanto do negro diz-se apenas que veio da África, como escravo.

Não há referência às altamente desenvolvidas civilizações antigas africanas; transmite-se a idéia de que a civilização "universal" constitui monopólio do Ocidente, nada tendo contribuído o africano para o processo de sua construção. As referências ao negro, bem como ao índio, costumam se articular no tempo passado, como se já não existissem esses grupos humanos ou não fizessem parte da realidade atual do país. No caso da abolição da escravatura, o protagonismo histórico do próprio africano escravizado dá lugar à suposta generosidade paternalista do branco que teria zelado por sua libertação, dádiva da bondosa classe dominante representada pela princesa Isabel. Dá-se a impressão de que o africano nunca lutou pela própria liberdade, e quase sempre se reforça esse estereótipo com a alegação de que o africano veio para suprir a necessidade de mão-de-obra provocada pelo amor à liberdade e pela conseqüente inadaptabilidade do índio ao regime escravista. Quando aparece de outra forma, o negro é apresentado individualmente, não no contexto familiar (é como se não tivesse família); em situação social inferior à do branco; animalizado ou estereotipado em seus traços físicos; e protagonizando episódios de transgressão das regras sociais (a criança desobediente, o adulto criminoso). Finalmente, em geral os textos levam os alunos a crer que ser branco é ser melhor, mais bonito e inteligente.

Outro enfoque é sobre a representação cotidiana na escola de gestos, falas e representações que perpetuam o legado do determinismo racial.[4] No imaginário social brasileiro, a identidade de origem africana é intimamente ligada às idéias de escravidão; trabalho braçal; inferioridade intelectual; atraso tecnológico; falta de desenvolvimento cultural, moral, ético e estético; e até mesmo à ausência de desenvolvimento lingüístico, já que as línguas africanas são tidas como "dialetos".

Uma terceira dimensão da questão racial na escola refere-se às relações sociais: entre alunos; entre professores, pais e alunos; entre professores; e entre estes, pais e direção.[5] Consuelo Dores Silva (1995) percorre os efeitos do racismo entre as crianças, apontando como a criança negra é estimulada por pais e professores a "não ligar" e não reagir à agressão contida nos apelidos e xingamentos de cunho racial. No entanto, a criança branca não é punida; ao contrário, tem sua atitude agressiva legitimada quando qualificada como "brincadeira". Cavalleiro (2000) mostra de que forma a cumplicidade de pais e professores com as idéias racistas reforça o sentimento de inferioridade e baixa auto-estima da criança afro-brasileira. Gomes (1995) investiga como os conceitos negativos sobre o negro fazem com que a professora, muitas vezes ela mesma negra, tende a incentivar menos a criança negra e ter expectativas mais baixas em relação a ela. Maria José Lopes da Silva (1988) focaliza a linguagem do código escrito ensinado no processo de alfabetização, distinta da linguagem cotidiana da criança de origem africana e pobre, o que dificulta o processo de aprendizagem. A literatura mostra que os professores não estão preparados para lidar com incidentes de discriminação e manifestações de racismo entre alunos. A direção da escola em geral não incentiva iniciativas dos professores no sentido de lidar com essa problemática, alegando que o problema reside num suposto "complexo psicológico" do professor que as propõe. Enfim, as relações sociais dentro da escola tendem a reforçar a imagem negativa atribuída à identidade negra no imaginário social, dificultando o processo de construção da identidade com sentido de autoria.

A discriminação racial tem sido identificada como fator de estímulo à evasão escolar e indutora de baixa auto-estima entre alunos afro-brasileiros, prejudicando seu rendimento escolar, aumentando o índice de repetência e reduzindo a freqüência às salas de aula.

Essas conclusões reforçam o já tradicional entendimento da educação como setor de ação prioritário para a transformação social. Têm-se realizado iniciativas de intervenção no currículo escolar e no sistema de ensino por meio de órgãos governamentais e da sociedade civil organizada, na forma de projetos desenvolvidos por ONGs e entidades do movimento negro, comunidades religiosas afro-brasileiras e grupos culturais como o Grupo Cultural Afro-Reggae no Rio de Janeiro[6] e os blocos Olodum e Ilê-Aiyê em Salvador.[7] Duas dimensões importantes desse trabalho são as iniciativas de educação nas comunidades-terreiro (Luz, 1989; Machado, 1999) e nas comunidades quilombolas.[8]

Um dos mais destacados eventos recentes na política pública de educação no Brasil foi a elaboração, publicação e distribuição, pelo Ministério da Educação, dos *Parâmetros Curriculares Nacionais*,[9] os PCNs. Nesse processo, definiu-se a pluralidade cultural como tema transversal e a ele foi dedicado parte do décimo volume do conjunto dos PCNs. Esse fato deve-se, sem dúvida, às intervenções do movimento negro, seu empenho em trazer o tema à mesa de discussão da educação no país e suas incansáveis iniciativas no sentido de pesquisar e divulgar o assunto.

Ressalvando sua importância como avanço em relação ao que antes existia na literatura sobre educação distribuída com a chancela do Ministério e do Conselho Federal de Educação, uma avaliação crítica do tema transversal da pluralidade cultural nos PCNs revela que sua perspectiva multiculturalista se insere na tradição liberal. Os temas transversais são propostas de trabalho que envolvem todas as disciplinas e matérias, perpassando os conteúdos dos currículos como um todo. O tema da diversidade é colocado e a matriz de origem africana mencionada, inclusive com referência implícita ao movimento social negro, pois o livro traz fotos de atos públicos por ele realizados. A inserção dessa questão em associação ao tema transversal da ética ressalta o intuito de situar o aspecto da pluralidade cultural num quadro de respeito a valores culturais diferenciados, referência para o convívio de grupos sociais e culturais dentro da sociedade. Como tivemos oportunidade de testemunhar ao longo do presente trabalho, não basta a afirmação da diversidade e do respeito aos valores alheios. Para combater o racismo de forma efetiva, é preciso criticar os seus alicerces na hegemonia do etnocentrismo ocidental e na história da dominação patriarcal e colonial. No caso do Brasil, isso significa desvelar as significações racistas da linguagem e dos conteúdos didáticos, bem como nomear as atitudes agressivas contidas em piadinhas, apelidos e incidentes aparentemente "sem importância". O impacto desses fatos sobre a formação de uma personalidade infantil pode ser devastador. Somente a intervenção do educador seria capaz de neutralizar a carga de sentidos pejorativos investidos na psique da criança. O tradicional silêncio apenas a confirma, ao passo que reforça não só a posição relacional agressiva da criança branca, mas também o conteúdo pejorativo, com toda a carga de significações históricas: "seu nome é nome de escravo".[10] Como afirma a educadora Jeruse Romão,

> Assim, para reinstalar uma outra identidade se faz necessário desinstalar os mecanismos de racismo. O Afro-Brasileiro depara-se, então, com o conceito de "raça inferior" destinado a ele pelo colonizador, pelo opressor, pelo racista. Para contrapor a este conceito é preciso, então, falar da origem dos negros. É preciso falar da África, situá-la como nação, evidenciar seus valores civilizatórios, sua cosmovisão. É preciso, como diz Frantz Fanon, ser positivos e derrubar a culpabilidade de ser negro. (Romão, 1999*b*:41)

Sustento que a imagem distorcida da África, ou sua omissão, nos currículos escolares brasileiros legitima e ergue como verdades noções elaboradas para reforçar o supremacismo branco e a dominação racial. Essa distorção, a meu ver, tem impacto tão devastador sobre a identidade afrodescendente quanto a supressão da resistência do negro à escravidão e a representação da matriz religiosa como "cultura arcaica" ou "culto animista", quando não "obra do diabo". A negação da ancestralidade na sua plena dimensão humana é um elemento essencial à desumanização dessa população. Ademais, o sistema de significações criado pelo racismo baseia-se em grande parte no alicerce ainda pouco abalado da crença na incapacidade do africano de criar civilizações.

Um exemplo da dificuldade de abordagem deste tema em comparação com o de gênero está no discurso de uma educadora feminista que, ao dar um seminário para professoras sobre discriminação na escola, quis sublinhar a universalidade da opressão da mulher. O exemplo que escolheu foi o de certa etnia africana em que as mulheres servem os homens e só comem os restos depois de vê-los satisfeitos. No contexto da crescente pobreza do continente africano, as mulheres estão morrendo de fome em conseqüência desse costume patriarcal.

Sem contestar o dramático impacto do exemplo como denúncia do patriarcalismo, questionei sua utilização diante de um público cuja ignorância sobre a África é quase absoluta, a maioria imaginando o continente como equivalente a um país. A carga negativa com que esse "país" é investido no imaginário social subsidia e fundamenta as noções de inferioridade biológica e os estereótipos racistas diariamente veiculados no *subtexto de raça e gênero* que prejudica mulheres e afrodescendentes no Brasil. Ponderei que, considerando esses fatores, havia a possibilidade de a utilização desse exemplo contribuir para a manutenção de tais noções e estereótipos. A professora respondeu que ela nomeou a etnia, portanto não se engajou em generalizações sobre a África, e disse que o movimento negro gosta de romantizar a África, quando não é nada disso: é uma miséria mesmo.

Trata-se de uma educadora progressista solidária à luta contra a discriminação na escola. Entretanto, a medida de sua sensibilidade para a questão racial parece circunscrever-se na recusa à África da civilização brasileira ocidental que a identifica como o "outro" absoluto. Se a África é mesmo uma miséria, cumpre identificar essa miséria como resultado, em grande parte, do legado do jugo colonialista que levou e continua levando sua riqueza para o Ocidente. A postura anti-racista da professora pretende instaurar um divórcio entre a população negra no Brasil e a sua terra de origem, como se a imagem de uma não se refletisse na constituição do imaginário sobre o outro. Esse processo remete à desafricanização do povo brasileiro, uma das características da dominação racial operada pelo sortilégio da cor. Quando Guerreiro Ramos identifica esse povo como negro ("o negro no Brasil é *povo*"), ele procura operar um "sortilégio" na direção contrária à ideologia racial brasileira.

Acompanhando o movimento negro, situo a educação como prioridade de intervenção sobre o racismo e espero que este trabalho possa colaborar para o processo de construir uma ação pedagógica eficaz e positiva para todos os grupos sociais e crianças brasileiras. Corrigindo-se as distorções existentes em relação ao grupo de origem africana, majoritário da população, estaremos intervindo sobre seu impacto na dinâmica relacional do racismo. Esse processo inclui, acredito, dispor de referências à agência histórica dos afro-brasileiros e seus ancestrais. Somente a partir dos referenciais capazes de sustentar identificações será possível construir identidade. Ofereço as informações aqui reunidas na esperança de serem úteis ao conjunto de profissionais e leigos engajados no projeto de construção dessa identidade com sentido de autoria.

No presente momento histórico, a questão das desigualdades raciais vem sendo cada vez mais divulgada e debatida com a sociedade brasileira. O governo brasileiro e a sociedade civil organizada nas entidades do movimento negro mobilizaram-se de forma inédita numa caminhada conjunta, por ocasião da 3ª Conferência Mundial contra o Racismo realizada em Durban, em setembro de 2001. Num contexto em que a ação afirmativa surge na pauta dos atos governamentais, a compreensão de novas dimensões da questão racial transforma-se num aspecto importante do exercício de cidadania no Brasil. Espero que as considerações e as informações reunidas neste volume contribuam para essa compreensão e para a discussão cada vez mais franca e aberta entre os atores do cenário eminentemente multicultural e pluriétnico do país.

Notas

1. Guimarães, "Apresentação", in: Guimarães e Huntley, 2000:24.
2. Por ex., Nosella, 1981; Rosemberg, 1984; Negrão, 1987; Silva, M. J. L., 1988; Silva, A. C., 1995; Silva, P. B. G. S., 1997.
3. Por ex., Andrade, 1989; Barbosa, 1995; Boulos, 1992; Braz, 1993; Guimarães, 1989; Santos, Joel Rufino, *História/Histórias*, 5ª a 8ª Séries (São Paulo: FTD, 1992); *Zumbi* (São Paulo: Moderna, 1986); Galdino, Luiz, *Palmares* (São Paulo: Ática, 1993).
4. Por ex., Azevedo, 1987; NEN, 1997-1999; Gomes, 1995; Silva, C. D., 1995; Silva, P. B. G. S., 1997; Munanga, 1999*b*; Cavalleiro, 2000.
5. Por ex., Cruz, 1989; Silva, M. J., 1988; NEN, 1997-1999; Munanga, 1999*b*; Santos, Joel Rufino dos, *A questão do negro na sala de aula* (São Paulo: Ática, 1990).
6. Zanetti, Lorenzo, *A prática educativa do Grupo Cultural Afro-Reggae* (Rio de Janeiro: GCAR, 2001).
7. Por ex., Cruz, 1989; Luz, N., 1996; Oliveira, 1992; Ilê-Aiyê, 1995-1998. Cf. Rodrigues, 1996; Lima, I. C.; Romão, J. e Silveira, S. M. (orgs.), *Educação popular afro-brasileira* (Florianópolis: Núcleo de Estudos Negros, 1999), Série Pensamento Negro em Educação, n. 5.
8. Moura, Maria da Glória da Veiga, *Ritmo e ancestralidade na força dos tambores negros* (São Paulo, Tese de doutorado, Faculdade de Educação, Universidade de São Paulo, 1997).
9. *Parâmetros Curriculares Nacionais* (Brasília: Ministério da Educação e dos Desportos, 1997).
10. Silva, C. D., 1995.

Referências bibliográficas

ADOTEVI, Stanislas. "Negritude is dead: the burial". In: OKPAKU, J. (org.), *New African literature and the arts*, 3 vs. Nova York: Third Press, 1973.

AMMA – Psique e Negritude & QUILOMBHOJE (orgs.). *Gostando mais de nós mesmos. Perguntas e respostas sobre auto-estima e a questão racial*. 2. ed. ampliada. São Paulo: Gente, 1999. [Primeira edição QUILOMBHOJE, 1996].

ANDRADE, Inaldete Pinheiro. *Pai Adão era nagô*. Recife: Centro de Cultura Luiz Freire, 1989.

ANDREWS, George Reid. *Black political protest in São Paulo, 1888-1988*. Cambridge: Cambridge University Press, 1992.

APPIAH, Anthony Kwame. *In my father's house: Africa in the philosophy of culture*. Nova York: Oxford University Press, 1992. [Versão em português: *Na casa do meu pai. A África na filosofia da cultura*. Rio de Janeiro: Contraponto, 1997.]

ASANTE, Molefi Kete. *The Afrocentric idea*. 2. ed. Philadelphia: Temple University Press, 1998.

_____. *Kemet, afrocentricity and knowledge*. Trenton: Africa World Press, 1990.

_____. *Afrocentricity*, 2. ed. rev. Trenton: Africa World Press, 1989. [Primeira edição Buffalo: Amulefi Press, 1980.]

ÁVILA, Maria Betânia. "Feminismo e sujeito político". *Proposta*, v. 29, n. 84/85, mar.-ago. 2000. Rio de Janeiro: revista trimestral de debate da Fase.

AZEVEDO, Célia Maria Marinho. *Onda negra medo branco: o negro do imaginário das elites, século XIX*. Rio de Janeiro: Paz e Terra, 1987.

AZEVEDO, Thales. *As elites de cor*. São Paulo: Companhia Editora Nacional, 1955.
BAIRROS, Luiza. "Lembrando Lélia González". In: WERNECK, J.; MENDONÇA, M. & WHITE, E. (orgs.), *O livro da saúde das mulheres negras. Nossos passos vêm de longe*. Rio de Janeiro: Pallas/Criola, 2000.
_____. "Nossos feminismos revisitados". *Estudos feministas*, v. 3, n. 2, 1995. Rio de Janeiro: IFCS/UFRJ; PPCIS/Uerj. Dossiê Mulheres Negras.
BARBOSA, Rogério. *Sundjata: o Príncipe Leão*. Rio de Janeiro: Agir, 1995.
BASTIDE, Roger. *O candomblé da Bahia (rito nagô)*. 3. ed. São Paulo: Companhia Editora Nacional, 1978. [Primeira edição em francês, 1958.]
_____. *Sociologia e psicanálise*. 2. ed. São Paulo: Melhoramentos/USP, 1974. [Primeira edição em francês, 1950.]
_____. *Estudos afro-brasileiros*. São Paulo: Perspectiva, 1973.
BASTIDE, R. & FERNANDES, F. *Brancos e negros em São Paulo*. 2. ed. São Paulo: Companhia Editora Nacional, 1959.
_____. *Relações raciais entre negros e brancos em São Paulo*. São Paulo: Anhembi, 1955.
BELOTTI, Elena Gianini. *Educar para a submissão. O descondicionamento da mulher*. 6. ed., trad. Ephraim Ferreira Alves. Petrópolis: Vozes, 1987.
BENHABIB, Seyla & CORNELL, Drucilla (orgs.). *Feminismo como crítica da modernidade*, trad. Nathanael da Costa Caixeiro. Rio de Janeiro: Rosa dos Tempos, 1987.
BEN-JOCHANNAN, Yusef & SIMMONS, George F. *Cultural genocide in the Black and African studies curriculum*. Nova York: Alkebu-lan, 1972.
BENTES, Raimunda Nilma de Melo. *Negritando*. Belém: Graphitte, 1993.
BENTO, Maria Aparecida Silva. "O legado subjetivo dos 500 anos: narcisismo e alteridade racial: Ceert". São Paulo, 2000, (mímeo).
_____. *Cidadania em preto e branco. Discutindo as relações raciais*. São Paulo: Ática, 1998.
_____. "Branqueamento: um dilema a ser resolvido". São Paulo, 1995 (mimeo.).
_____. *Resgatando a minha bisavó: discriminação racial e resistência nas vozes de trabalhadores negros*. São Paulo, 1992. Dissertação (mestrado), Departamento de Psicologia Social, PUC-SP.
BERGER, Peter I. & LUCKMANN, Thomas. *A construção social da realidade*. Petrópolis: Vozes, 1985.
BERNAL, Martin. *Black Athena: the Afroasiatic roots of classical civilization*, 3 vs. New Brunswick: Rutgers University Press, 1987.

BERND, Zilá. *A questão da negritude*. São Paulo: Brasiliense, 1984.
BOCAYUVA, Helena. *Erotismo à brasileira. O tema do excesso sexual em Gilberto Freyre*. Rio de Janeiro: Garamond, 2001.
BOULOS JR., Alfredo. *20 de Novembro: a consciência nasceu na luta*. São Paulo: FTD, 1992.
BRAGA, Júlio. *Na gamela do feitiço. Repressão e resistência nos candomblés da Bahia*. Salvador: Ceao/Edufba, 1995.
BRANCH, William B. *Crosswinds. An anthology of Black dramatists in the diaspora*. Bloomington: Indiana University Press, 1993.
BRAZ, Júlio Emílio. *Liberteiros: a luta abolicionista no Ceará*. São Paulo: FTD, 1993.
CADERNOS BRASILEIROS. *80 anos de abolição*. Rio de Janeiro: *Cadernos Brasileiros*, 1968.
CALLALOO. *Journal of African and African-American arts and letters*. African-Brazilian literature, a special issue. Charlottesville, v. 18, n. 4, 3. trim. 1995.
CARNEIRO, Edison. Depoimento. In: *80 anos de abolição*. Rio de Janeiro: *Cadernos Brasileiros*, 1968.
CARNEIRO, Sueli. "Raça, Classe e Identidade Nacional". *Thoth: Pensamento dos Povos Afro-descendentes* 2, maio/ago. de 1997, p. 221-33. (Revista de distribuição restrita do gabinete do senador Abdias Nascimento, Senado Federal, Brasília).
CARNEIRO, Sueli & CURI, Cristiane. "O poder feminino no culto aos orixás". *Afrodiáspora*, v. 1, n. 3, 1984.
CAROSO, Carlos & BACELAR, Jeferson (orgs.). *Brasil: um país de negros?*.Rio de Janeiro: Pallas; Salvador: Centro de Estudos Afro-Orientais /UFBA, 1999*a*.
_____. *Faces da tradição afro-brasileira*. Rio de Janeiro: Pallas; Salvador: Centro de Estudos Afro-Orientais/UFBA, 1999*b*.
CASTELLS, Manuel. *A sociedade em rede. (A era da informação: economia, sociedade e cultura)*. V. I, 3. ed., trad. Roneide Venancio Majer e Klauss Brandini Gerhardt. Rio de Janeiro: Paz e Terra, 2000.
_____. *O poder da identidade (A era da informação: economia, sociedade e cultura)*. V. II, trad. Klauss Brandini Gerhardt. Rio de Janeiro: Paz e Terra, 1999.
CAVALLEIRO, Eliane dos Santos. *Do silêncio do lar ao silêncio escolar. Racismo, preconceito e discriminação na educação infantil*. São Paulo: Contexto/USP, 2000.

CEERT. *Formação sobre relações raciais no movimento sindical*. São Paulo: CUT, 1999.

CÉSAIRE, Aimé. *Discours sur le colonialisme*. Paris: Présence Africaine, 1955.

CHAGAS, Conceição Corrêa das. *Negro: uma identidade em construção*. Petrópolis: Vozes, 1996.

CHRI (Comparative Human Relations Initiative). *Beyond racism: embracing an interdependent future*. 4 vs. Atlanta: Southern Education Foundation, 2000.

CIAMPA, Antônio da Costa. *A estória do Severino e a história da Severina*. São Paulo: Brasiliense, 1987.

COLLINS, Patricia Hill. *Black feminist thought. Knowledge, consciousness, and the politics of empowerment*. Nova York: Routledge, 1991.

COSTA, Jurandir Freire. "Da cor ao corpo: a violência do racismo". Prefácio. In: SOUZA, N. S. *Tornar-se negro*. Rio de Janeiro: Graal, 1983. [Reproduzido em J. F. Costa, *Psicanálise e violência* (Rio de Janeiro: Graal, 1984).]

COSTA PINTO, L. A. da. *O negro no Rio de Janeiro*. 2. ed. Rio de Janeiro: Editora UFRJ, 1998. [Primeira edição da Companhia Editora Nacional, 1953.]

COUTINHO, José Maria. "Por uma educação multicultural: uma alternativa de cidadania para o século XXI". *Revista Ensaio: Avaliação e Políticas Públicas em Educação* 4:13, (out./dez. 1996, p. 381-92). Rio de Janeiro: Fundação Cesgranrio.

CRUZ, Manoel de Almeida. *Alternativas para combater o racismo segundo a pedagogia interétnica*. Salvador: Núcleo Cultural Afro-Brasileiro, 1989.

CUNHA, Manuela Carneiro da. *Negros, estrangeiros*. São Paulo: Brasiliense, 1985.

CUNHA, Maria Clementina Pereira. *O espelho do mundo. Juquery, a história de um asilo*. 2. ed. Rio de Janeiro: Paz e Terra, 1988.

CUTI; LEITE, José Correia. *... E disse o velho militante*. São Paulo: Secretaria Municipal de Cultura, 1992.

D'ADESKY, Jacques. *Pluralismo étnico e multiculturalismo. Racismos e anti-racismos no Brasil*. Rio de Janeiro: Pallas, 2001.

DEGLER, Carl. *Neither black nor white*. Nova York: McMillan, 1971.

DELGADO, Richard (org.). *Critical race theory*. Philadelphia: Temple University Press, 1997.

DELGADO, Richard & STEFANCIC, Jean (orgs.). *Critical white studies: looking behind the mirror*. Philadelphia: Temple University Press, 1997.

DÉVEREUX, Georges. *Essais d'ethnopsychiatrie générale*. Paris: Gallimard, 1970.

DIÉGUES JÚNIOR, Manuel. "A África na vida e na cultura do Brasil". *Revista do Patrimônio Histórico e Artístico Nacional*, n. 25, Brasília, 1997, p. 71-81.

DIONYSOS. Brasília, Revista da Fundacen/MinC, n. 28, 1988. Número especial. Teatro Experimental do Negro. MÜLLER, R. G. (org.).

DIOP, Cheikh Anta. *The cultural unity of black Africa*. 2. ed. Chicago: Third World Press, 1978. [*L'unité culturelle de l'Afrique noire*. Paris: Présence Africaine, 1963.]

_____. *The African origin of civilization: myth or reality*, trad. Mercer Cook. Westport: Lawrence Hill, 1974.

_____. *Anteriorité des civilisations negres: mythe ou verité historique?*. Paris: Présence Africaine, 1959.

_____. *Nations negres et culture*. Paris: Présence Africaine, 1955.

DU BOIS, W. E. B. *As almas da gente negra*, trad. Heloísa Toller Gomes. Rio de Janeiro: Nova Aguilar, 1999.

_____. *Writings: the suppression of the african slave-trade, the souls of black folk, dusk of dawn, essays and articles*. Nathan Huggins (org.). Nova York: Literary Classics/Viking Press, 1986.

DZIDZIENYO, Anani. *The position of blacks in Brazilian society*. Londres: Minority Rights Group, 1971.

ELBEIN DOS SANTOS, Juana. *Os nagô e a morte*. Petrópolis: Vozes, 1977.

ERIKSON, Erik H. *Identidade, juventude e crise*, trad. Álvaro Cabral. Rio de Janeiro: Zahar, 1972.

_____. *Childhood and society*, 2. ed. Nova York: W. W. Norton, 1963.

ERIKSON, Kai T. (org.). *In search of common ground: conversations with Erik H. Erikson and Huey P. Newton*. Nova York: W. W. Norton/Laurel Books/Dell Publishing, 1973.

FANON, Frantz. *Pele negra, máscara branca*. Salvador: Fator, 1983 [Primeira edição em francês, Paris: Seuil, 1952.]

_____. *Os condenados da terra*. 2. ed. Rio de Janeiro: Civilização Brasileira, 1979 [Primeira edição em francês de 1961.]

FERNANDES, Florestan. *O negro no mundo dos brancos*. São Paulo: Difusão Européia do Livro, 1972.

_____. *A integração do negro à sociedade de classes*. São Paulo: FFCL/USP, 1964.

FERREIRA, Ricardo Franklin. *Afro-descendente: identidade em construção*. Rio de Janeiro/São Paulo: Pallas/Educ/Fapesp, 2000.

_____. *Uma história de lutas e vitórias: a construção da identidade de um afro-descendente brasileiro*. São Paulo, 1999, 275 p. Instituto de Psicologia – Universidade de São Paulo.

FIGUEIREDO, Luiz Cláudio M. *Revisitando as psicologias*. Petrópolis: Vozes, 1995.

_____. *A invenção do psicológico. Quatro séculos de subjetivação (1500-1900)*. São Paulo: Escuta/Educ, 1992.

_____. *Matrizes do pensamento psicológico*. Petrópolis: Vozes, 1991.

FRANKENBERG, Ruth. *White women, race matters. The social construction of whiteness*. Minneapolis: University of Minnesota Press, 1993.

FREYRE, Gilberto. "Aspectos da influência africana no Brasil". *Revista Cultura*, v. VI, n. 23, out.-dez. 1976. Brasília: Ministério da Educação e Cultura.

_____. *Casa grande e senzala*. 13. ed., 2 Vs. Rio de Janeiro: José Olympio, 1966 [1933].

_____. *New world in the tropics: the culture of modern Brazil*. Nova York: Alfred A. Knopf, 1959.

FUNDAÇÃO CARLOS CHAGAS. *Diagnóstico sobre a situação de negros (pretos e pardos) no Estado de São Paulo*. Cadernos de Pesquisa, n. 63. São Paulo, nov. 1986.

GILLIAM, Angela. "A black feminist perspective on the sexual commodification of women in the new global culture". In: MCCLAURIN, I. (org.), *Black feminist anthropology. Theory, proxis, politics and poetics*. New Brunswick: Rutgers University Press, 2001.

_____. "Globalização, identidade e os ataques à igualdade nos Estados Unidos: esboço de uma perspectiva para o Brasil". In: FELDMAN-BIANCO, Bela & CAPINHA, Graça (orgs.). *Identidades. Estudos de cultura e poder*. São Paulo: Hucitec, 2000. ["Globalização, identidade e os ataques à igualdade nos Estados Unidos: esboço de uma perspectiva para o Brasil". *Revista Crítica de Ciências Sociais*, n. 48, jun. 1998.]

_____. "Reclaiming honor, resurrecting struggle: black women, patronage, and the global heritage of Afrophobia". Contribuição apresentada ao 4º Congresso Mundial de Arqueologia. Universidade da Cidade do Cabo, jan. 1999.

_____. "O ataque contra a ação afirmativa nos Estados Unidos: um ensaio para o Brasil". In: SOUZA, Jessé et. alii (orgs.), *Multiculturalismo e racismo: uma comparação Brasil–Estados Unidos*. Brasília: Ministério da Justiça, Secretaria Nacional de Direitos Humanos, 1997.

_____. "Women's equality and national liberation". In: STEADY, F. C. (org.). *The Black woman cross-culturally*. Cambridge, Mass.: Schenkman, 1991.

GOMES, Nilma Lino. *A mulher negra que vi de perto*. Belo Horizonte: Mazza, 1995.

GONZALEZ, Lélia. "A importância da organização da mulher negra no processo de transformação social". *Raça e Classe*, v. 5, n. 2, nov.-dez. 1988.

_____. "Mulher negra". *Afrodiáspora: Revista do Mundo Negro*, Rio de Janeiro, Ipeafro, v. 3, n. 6-7, 1986.

_____. "Racismo e sexismo na cultura brasileira". In: SILVA, Luiz Antonio et alii. *Movimentos sociais urbanos, minorias étnicas e outros estudos*. Brasília: Anpocs, 1983.

GONZALEZ, L. & HASENBALG, C. *Lugar de negro*. São Paulo: Marco Zero, 1982.

GUERREIRO RAMOS, Alberto. *A redução sociológica*. 3. ed. Rio de Janeiro: Editora UFRJ, 1998. [Rio de Janeiro: Iseb, 1958.]

_____. *Introdução crítica à sociologia brasileira*. 2. ed. Rio de Janeiro: Editora UFRJ, 1995. [Rio de Janeiro: Editorial Andes, 1957.]

_____. "Um herói da negritude". In: NASCIMENTO, A. (org.). *Teatro Experimental do Negro: Testemunhos*. Rio de Janeiro: GRD, 1966a. [*Diário de Notícias*, Rio de Janeiro, 6 abr. 1952.]

_____. "O negro desde dentro". In: NASCIMENTO, A. (org.). *Teatro Experimental do Negro: Testemunhos*. Rio de Janeiro: GRD, 1966c. *Forma – arquitetura, artes plásticas, dança, teatro*, n. 3, Rio de Janeiro, out. 1954.]

GUIMARÃES, Antonio Sérgio Alfredo. "The Misadventures of Nonracialism in Brazil". In: HUNTLEY, L.; HAMILTON, D. V.; ALEXANDER, N.; GUIMARÃES, A. S. A. & JAMES, W. (orgs.). *Beyond Racism: Race and Inequality in Brazil, South Africa, and the United States*. Boulder/Londres: Lynne Reinner, 2001.

_____. *Racismo e anti-racismo no Brasil*. São Paulo: Fusp/Editora 34, 1999.

_____. "Raça e os estudos de relações raciais no Brasil". *Novos Estudos Cebrap*, n. 54, jul. 1999a.

GUIMARÃES, Antonio Sérgio Alfredo & HUNTLEY, Lynn (orgs.). *Tirando a máscara. Ensaios sobre o racismo no Brasil.* Rio de Janeiro: Paz e Terra/Southern Education Foundation, 2000.

GUIMARÃES, Geni. *A cor da ternura.* São Paulo: FTD, 1989.

GUIMARÃES, Marco Antonio C. *Rede de sustentação. Um modelo winnicottiano de intervenção em saúde coletiva.* Rio de Janeiro, 2001. Tese (doutorado), Departamento de Psicologia, PUC-RJ.

_____. "O mistério do nascer: significados na tradição religiosa afro-brasileira". In: *Sinais de vida, reflexões sobre parto e nascimento.* Rio de Janeiro: Redeh, 1995.

_____. *É um umbigo, não é? A mãe criadeira: Um estudo sobre o processo de construção de identidade em comunidades de terreiro.* Rio de Janeiro, 1990. Tese (mestrado), Departamento de Psicologia, PUC-RJ.

HABERMAS, Jurgen. "Struggles for recognition in the democratic constitutional state". In: TAYLOR, C. et alii. *Multiculturalism* (org. e introd. de Amy Gutman). Princeton: Princeton University Press, 1994.

HAMILTON, Charles. "Not yet 'e pluribus unum': racism, America's Achilles' heel". In: CHRI (Comparative Human Relations Initiative). *Beyond racism: embracing an interdependent future, v. 2: Three nations at the crossroads.* Atlanta: Southern Education Foundation, 2000.

HARRISON, Faye V. (org.). *Decolonizing anthropology. Moving further toward an anthropology for liberation.* 2. ed. Washington, D.C.: Association of Black Anthropologists, 1997.

HASENBALG, Carlos. *Discriminação e desigualdades raciais no Brasil.* Rio de Janeiro: Graal, 1979.

_____. *Raça, classe e mobilidade.* São Paulo: Marco Zero, 1982.

HELLER, Agnes. "From hermeneutics in social science toward a hermeneutics of social science". *Theory and society*, v. 18, n. 3, maio 1989.

_____. *Para mudar a vida. Felicidade, liberdade e democracia.* Entrevista a Ferdinando Adornato. São Paulo: Brasiliense, 1982.

IBGE. "Minimum National Social Indicators Set". Site do IBGE na internet, 1999.

_____. *Pesquisa Nacional por Amostra de Domicílios, 1996: Síntese de indicadores.* Rio de Janeiro: IBGE, 1997.

_____. *Mapa do mercado de trabalho.* Rio de Janeiro: IBGE, 1994.

ILÊ-AIYÊ. *Cadernos de educação,* 6 vs. Salvador: Bloco Carnavalesco Ilê-Aiyê, 1995-1998.

INSPIR (Instituto Sindical Intramericano Pela Igualdade Racial); DIEESE (Departamento Intersindical de Estatística e Estudos Socioeconômicos). *Mapa da população negra no mercado de trabalho. Regiões metropolitanas de São Paulo, Salvador, Recife, Belo Horizonte, Porto Alegre e Distrito Federal – outubro de 1999*. São Paulo: Inspir/ Dieese, 1999.

ITM (Instituto Del Tercer Mundo). *Observatório da cidadania 2*. Montevidéu: ITM, 1998.

JAMES, C. L. R. "Towards the Seventh. The Pan-African Congress: past, present and future". *Ch'Indaba*, v. 1, n. 2, Accra, jul.-dez. 1976.

_____. *A history of Pan-African revolt*. Washington, D.C.: Drum and Spear, 1969.

JAMES, George G. M. *Stolen Legacy*. 2. ed. São Francisco: Julian Richardson Associates, 1976. [Nova York: Philosophical Library, 1954.]

LARKIN NASCIMENTO, Elisa (org.). *Sankofa: matrizes africanas da cultura brasileira*, v. 1. Rio de Janeiro: Eduerj, 1996.

_____. (org.). *Sankofa: resgate da cultura afro-brasileira*, 2 vs. Rio de Janeiro: Seafro, 1994.

_____. *Pan-Africanismo na América do Sul*. Petrópolis/Rio de Janeiro: Vozes/Ipeafro, 1981.

_____. *Pan-Africanism and South America: emergence of a black rebellion*. Buffalo: Afrodiaspora, 1980.

LIMA, Ivan Costa & ROMÃO, Jeruse (orgs.). *Negros e currículo*. Florianópolis: Núcleo de Estudos Negros, 1997. Série Pensamento Negro em Educação, n. 2.

LIMA, Nísia Trindade & HOCHMAN, Gilberto. "Condenado pela raça, absolvido pela medicina: o Brasil descoberto pelo movimento sanitarista da primeira república". In: MAIO, M. C. & SANTOS, R. V. (orgs.). *Raça, ciência e sociedade*. Rio de Janeiro: Editora Fiocruz/Centro Cultural Banco do Brasil, 1996.

LOPES, Nei. *Dicionário banto do Brasil*. Rio de Janeiro: Centro Cultural José Bonifácio, 1996.

LOVELL, Peggy (org.). *Desigualdade racial no Brasil contemporâneo*. Belo Horizonte: Cedeplar/UFMG, 1991.

LUZ, Marco Aurélio. *Agadá: dinâmica da civilização africano-brasileira*. Salvador: Secneb e UFBA, 1995.

_____. *Cultura negra e ideologia do recalque*. Petrópolis: Vozes, 1979.

LUZ, Marco Aurélio (org.). *Identidade negra e educação*. Salvador: Ianamá, 1989.

LUZ, Narcimária Corrêa do Patrocínio (org.). *Pluralidade cultural e educação*. Salvador: Governo da Bahia, Secretaria de Educação/Secneb, 1996.

MACHADO, Vanda. *Ilê Axé. Vivências e invenção pedagógica: as crianças do Opô Afonjá*. Salvador: Prefeitura Municipal de Salvador/UFBA, 1999.

MAIO, Marcos Chor. "Costa Pinto e a crítica ao 'negro como espetáculo'". Apresentação à segunda edição. In: COSTA PINTO, L. A. da. *O negro no Rio de Janeiro*. 2. ed. Rio de Janeiro: Editora UFRJ, 1998a.

_____. "A questão racial no pensamento de Guerreiro Ramos". In: MAIO, M. C. & SANTOS, R. V. (orgs.). *Raça, ciência e sociedade*, 1998b.

_____. *A história do Projeto Unesco: estudos raciais e ciências sociais no Brasil*. Rio de Janeiro, 1997. Tese (doutorado), Iuperj, Universidade Cândido Mendes.

MAIO, Marcos Chor & SANTOS, Ricardo Ventura (orgs.). *Raça, ciência e sociedade*. Rio de Janeiro: Fiocruz/CCBB, 1998.

MARTIN, Tony. *Race first. The ideological and organizational struggles of Marcus Garvey and the Universal Negro Improvement Association*. Dover: The Majority Press, 1976.

MARTÍNEZ-ECHAZÁBAL, Lourdes. "O culturalismo dos anos 30 no Brasil e na América Latina: deslocamento retórico ou mudança conceitual?" In: MAIO, Marcos Chor & SANTOS, Ricardo Ventura (orgs.). *Raça, ciência e sociedade*. Rio de Janeiro: Fiocruz/CCBB, 1998.

MARTINS, Cléo & LODY, Raul (orgs.). *Faraimará – o caçador traz alegria. Mãe Stella, 60 anos de iniciação*. Rio de Janeiro: Pallas, 1999.

MARTINS, Leda Maria. *A cena em sombras*. São Paulo: Perspectiva, 1995.

MAUÊS, Maria Angelica Motta. *Negro sobre negro: a questão racial no pensamento das elites negras brasileiras*. Rio de Janeiro, 1997, 330 p. Tese (doutorado), Iuperj, Conjunto Universitário Cândido Mendes.

MCLAREN, Peter. *Multiculturalismo crítico*. São Paulo: Cortez/Instituto Paulo Freire, 1997b.

MINISTÉRIO DA SAÚDE. *Mesa-Redonda sobre a Saúde da População Negra, Relatório Final*. Brasília: Ministério da Saúde, 1996.

MITCHELL, Michael. *Racial consciousness and the political attitudes and behavior of blacks in São Paulo, Brazil*. Princeton, 1977. Tese (doutorado), Departamento de Ciência Política, Universidade Princeton.

MOORE, Carlos; SANDERS, Tanya R. & MOORE, Shawna (orgs.). *African presence in the Americas*. Trenton: Africa World Press/The African Heritage Foundation, 1995.

MRG (Minority Rights Group) (org.). *No longer invisible: Afro-Latin Americans today*. Londres: Minority Rights Group, 1995.

MÜLLER, Ricardo Gaspar. "Teatro, política e educação: a experiência histórica do Teatro Experimental do Negro (TEN) – (1945/1968)". In: LIMA, I. C.; ROMÃO, J. R. & SILVEIRA, S. M. (orgs.). *Educação popular afro-brasileira*. Florianópolis, n. 5. Núcleo de Estudos Negros/NEN, 1999. Série Pensamento Negro em Educação.

_____. "Identidade e cidadania: o Teatro Experimental do Negro". In: DIONYSOS. Teatro Experimental do Negro. Brasília, *Revista da Fundacen*/MinC, n. 28, 1988. Número especial. MÜLLER, R. G. (org.).

MUNANGA, Kabengele. *Rediscutindo a mestiçagem no Brasil. Identidade nacional versus identidade negra*. Petrópolis: Vozes, 1999.

_____. "A resistência histórica dos povos negros". *Revista da Cultura Vozes*, v. 93, n. 4, p. 42-73, 1999a.

_____ (org.). *Superando o racismo na escola*. Brasília: Ministério de Estado da Educação, 1999b.

_____ (org.). *Estratégias e políticas de combate à discriminação racial*. São Paulo: Edusp/Estação Ciência, 1996.

_____. *Negritude: usos e sentidos*. São Paulo: Ática, 1986.

NASCIMENTO, Abdias. *O Brasil na mira do pan-africanismo*. Salvador: Ceao/Edufba, 2002.

_____. "Teatro Experimental do Negro: trajetória e reflexões". *Revista do Patrimônio Histórico e Artístico Nacional*, n. 25, Brasília, 1997, p. 71-81. Número especial: Negro Brasileiro Negro.

_____ (org.). *O negro revoltado*. 2. ed. Rio de Janeiro: Nova Fronteira, 1982.

_____. *O quilombismo*. Petrópolis: Vozes, 1980. [Segunda edição Brasília/Rio de Janeiro: Fundação Cultural Palmares/OR, 2002.]

_____. *Sortilégio II: mistério negro de Zumbi redivivo*. Rio de Janeiro: Paz e Terra, 1979.

_____. *O genocídio do negro brasileiro*. Rio de Janeiro: Paz e Terra, 1978. [Segunda edição in: *O Brasil na mira do pan-africanismo*. Salvador: Ceao/Edufba, 2002.]

_____. Depoimento. In: CAVALCANTI, Pedro Celso Uchoa & RAMOS, Jovelino (orgs.). *Memórias do exílio*. Lisboa: Arcádia, 1976.

_____ (org.). *O negro revoltado*. Rio de Janeiro: GRD, 1968.

_____ (org.). *Teatro Experimental do Negro: Testemunhos*. Rio de Janeiro: GRD, 1966.

_____. "Uma experiência social e estética". In: NASCIMENTO, A. (org.). *Teatro Experimental do Negro: Testemunhos*. Rio de Janeiro: GRD, 1966*a*. [*Habitat*, São Paulo, n. 11, jun. 1953.]

_____. "Cristo negro". In: NASCIMENTO, A. (org.). *Teatro Experimental do Negro: Testemunhos*. Rio de Janeiro: GRD, 1966*b*.

_____. "Espírito e fisionomia do Teatro Experimental do Negro". In: NASCIMENTO, A. (org.). *Teatro Experimental do Negro: Testemunhos*. Rio de Janeiro: GRD, 1966*c*. [Discurso pronunciado na ABI no ato de instalação da Conferência Nacional do Negro, maio 1949; *Quilombo*, v. 1, n. 3, jun. 1949, p. 11.]

_____. "Carta aberta a Dacar", *Tempo brasileiro*, v. 4, n. 9/10, 2. trim., 1966*d*. [*Diário do Congresso Nacional*, suplemento, 20 abr., p. 15-7, lida na Câmara dos Deputados pelo então deputado Hamilton Nogueira.]

_____ (org.). *Dramas para negros e prólogo para brancos*. Rio de Janeiro: Teatro Experimental do Negro, 1961.

_____. *Sortilégio (mistério negro)*. Rio de Janeiro: Teatro Experimental do Negro, 1959.

NEGRÃO, Esmeralda V. "Preconceitos e discriminações raciais em livros didáticos infanto-juvenis". In: *Diagnóstico sobre a situação de negros (pretos e pardos) no Estado de São Paulo*. Fundação Carlos Chagas, 1987.

NEN (Núcleo de Estudos do Negro). Série Pensamento Negro em Educação, 6 vs. Florianópolis: Núcleo de Estudos do Negro, 1997-99.

NINA RODRIGUES, Raymundo. *Os africanos no Brasil*. 5. ed. São Paulo: Companhia Editora Nacional, 1977.

_____. *As raças humanas e a responsabilidade penal no Brasil*. Salvador: Aguiar e Souza/Progresso, 1957. [Rio de Janeiro: Guanabara, 1894.]

_____. *Os africanos no Brasil*. 3. ed. São Paulo: Companhia Editora Nacional, 1945.

NOGUEIRA, Isildinha Baptista. *Significações do corpo negro*. São Paulo, 1998. Tese (doutorado), Instituto de Psicologia, USP.

NOSELLA, Maria de Lourdes Chagas Deiró. *As belas mentiras: as ideologias subjacentes aos textos didáticos*. São Paulo: Moraes, 1981.

OBENGA, Theophile. *A lost tradition: African philosophy in world history*. Philadelphia: Source Editions, 1995.

_____. *Pour une nouvelle histoire*. Paris: Présence Africaine, 1980.

OLIVEIRA, Ivone Martins de. *Preconceito e autoconceito. Identidade e interação na sala de aula*. São Paulo: Papirus, s.d.

OLIVEIRA, Lúcia Lippi. *A sociologia do Guerreiro*. Rio de Janeiro: Editora UFRJ, 1995.

OLIVEIRA, Raquel de. *Relações raciais na escola: uma experiência de intervenção*. São Paulo, 1992. Dissertação (mestrado), Faculdade de Educação, Departamento de Supervisão e Currículo, PUC-SP.

OLIVEIRA, David Dijaci de; GERALDES, Elen Cristina, LIMA, Ricardo Barbosa de & SANTOS, Sales Augusto dos. (orgs.). *A cor do medo*. Brasília: UnB, Editora UFG, MNDH, 1998.

OLIVEIRA, Lúcia; PORCARO, Rosa Maria & COSTA, Teresa Cristina. *O lugar do negro na força de trabalho*. Rio de Janeiro: IBGE, 1981.

OYEWUMI, Oyeronke. *The invention of women. Making an African sense of Western gender discourses*. Minneapolis: University of Minnesota Press, 1997.

PADMORE, George. *Pan-Africanism or communism?*. 3. ed. Nova York: Doubleday, 1972.

PAIXÃO, Marcelo. "Os Indicadores de Desenvolvimento Humano (IDH) como Instrumento de Mensuração de Desigualdades Étnicas: o caso Brasil". *Proposta, revista trimestral da Fase*, v. 29, n. 85, mar.-maio 2000.

PATTO, Maria Helena Souza. *A produção do fracasso escolar*. São Paulo: T. A. Queiroz, 1993.

PIZA, Edith. "Porta de vidro: entrada para a branquitude". In: CARONE, Iray & BENTO, Maria Aparecida da S. (orgs.). *Psicologia social do racismo: estudos sobre branquitude e branqueamento, no Brasil*. Petrópolis: Vozes, 2002, p. 59-90.

_____. "Brancos no Brasil? Ningúem sabe, ninguém viu". In: GUIMARÃES, A. S. A. & HUNTLEY, L. (orgs.). *Tirando a máscara. Ensaios sobre o racismo no Brasil*. Rio de Janeiro: Paz e Terra/Southern Education Foundation, 2000.

POLIAKOV, Léon. *O mito ariano: ensaio sobre as fontes do racismo e dos nacionalismos*, trad. Luiz João Gaio. São Paulo: Perspectiva/Edusp, 1974.

QUILOMBHOJE (org.). *Frente Negra Brasileira: depoimentos*. Entrevistas e textos de Márcio Barbosa. São Paulo: Quilombhoje/Fundo Nacional da Cultura, 1998.

RAMOS, Arthur. *As culturas negras no novo mundo*. 2. ed. São Paulo: Companhia Editora Nacional, 1946.

REIS, João José & GOMES, Flávio dos Santos. *Liberdade por um fio. História dos quilombos no Brasil*. São Paulo: Companhia das Letras, 1996.

RIBEIRO, Darcy. *O povo brasileiro. A formação e o sentido do Brasil*. 2. ed. São Paulo: Companhia das Letras, 1995.

_____. *A América Latina existe?*. *Cadernos Trabalhistas*, n. 1, São Paulo, 1979.

RIBEIRO,.Darcy et. alii. *Mestiço é que é bom!*. Rio de Janeiro: Revan, 1996.

RIBEIRO, René. *Religião e relações raciais no Brasil*. Rio de Janeiro: Ministério da Educação e Cultura/Serviço de Documentação, 1956.

RIBEIRO, Ronilda Iyakemi. *Alma africana no Brasil: os iorubás*. São Paulo: Oduduwa, 1996.

RODRIGUES, João Jorge. *Olodum, estrada da paixão*. Salvador: Grupo Cultural Olodum/Fundação Casa de Jorge Amado, 1996.

ROSEMBERG, Fúlvia. *Literatura infantil e ideologia*. São Paulo: Global, 1984.

SANTOS, Joel Rufino dos. "O negro como lugar". In: MAIO, M. C. & SANTOS, R. V. (orgs.). *Raça, ciência e sociedade*, 1998. [In: GUERREIRO RAMOS, *Introdução crítica à sociologia brasileira*. 2. ed. Rio de Janeiro: Editora UFRJ, 1995.]

SÃO PAULO (Estado). Grupo de Trabalho para Assuntos Afro-Brasileiros (GTAAB), Secretaria de Educação. *Escola: Espaço de Luta contra a Discriminação*. São Paulo: Secretaria de Educação do Estado, 1988.

SÃO PAULO (Estado). Secretaria da Cultura, Ciência e Tecnologia. Pinacoteca do Estado de São Paulo. *A Imprensa Negra em São Paulo*. Catálogo de exposição. São Paulo, 1977.

SCHWARCZ, Lília Moritz. *O espetáculo das raças. Cientistas, instituições e questão racial no Brasil, 1870-1930*. São Paulo: Companhia das Letras, 1993.

SCHWARCZ, Lília Moritz & REIS, Letícia Vidor de Sousa (orgs.). *Negras imagens*. São Paulo: Estação Ciência/Edusp, 1996.

SERRA, Ordep. "A etnopsiquiatria dos ritos afrobrasileiros". Salvador, 2000. Contribuição ao 1º Simpósio de Etnopsiquiatria. Conferência pronunciada na antiga sede da Faculdade de Medicina da Universidade Federal da Bahia.

SILVA, Ana Célia. *A discriminação do negro no livro didático*. Salvador: CED, 1995.

SILVA, Consuelo Dores. *Negro, qual é o seu nome?*. Belo Horizonte: Mazza, 1995.

SILVA, Eduardo. *Dom Obá II D'África, o príncipe do povo. Vida, tempo e pensamento de um homem livre de cor*. São Paulo: Companhia das Letras, 1997.

SILVA, Jorge da. *Violência e racismo no Rio de Janeiro*. Niterói: Eduff, 1998.

SILVA, Maria José Lopes da. "Fundamentos Teóricos da Pedagogia Multirracial". Rio de Janeiro, 1988 (mimeo.).

SILVA, Maria Lúcia da. "Espelho, espelho meu diga-me: quem sou eu?". *Catharsis Revista de Saúde Mental*, v. 3, n. 11, jan.-fev. 1997.

SILVA, Marta de Oliveira da. "Algumas Reflexões sobre População Negra e Saúde Mental". Trabalho apresentado à Mesa-Redonda sobre a Saúde e a População Negra. Brasília, Ministério da Saúde, 16-17 abr. 1996.

SILVA, Nelson do Valle. "Extensão e natureza das desigualdades raciais no Brasil". In: GUIMARÃES, A. & HUNTLEY, L. (orgs.), *Tirando a máscara – Ensaios sobre o racismo no Brasil*. Rio de Janeiro: Paz e Terra/SEF, 2000.

_____. *White-nonwhite income differentials: Brazil, 1940-1960*. Ann Arbor, 1978. Tese (Doutorado), Universidade de Michigan.

SILVA, Nelson do Valle & HASENBALG, Carlos. "Notas sobre a desigualdade racial e política no Brasil". *Estudos Afro-Asiáticos*, 25, dez. 1993.

_____. *Relações raciais no Brasil contemporâneo*. Rio de Janeiro: Rio Fundo/Ceaa/Iuperj/Fundação Ford, 1992.

_____. "O preço da cor: Diferenças raciais na distribuição da renda no Brasil". *Pesquisa e Planejamento*, 10:21-44, abr. 1990.

SILVA, Petronilha. B. G. S. (org.). *O pensamento negro em educação no Brasil: Expressões do movimento negro*. São Carlos: Editora da UFSCar, 1997.

_____. "Diversidade étnico-cultural e currículos escolares – dilemas e possibilidades". *Cadernos Cedes*, 32. Campinas: Papirus, 1993.

SILVA JR., Hédio. "Direito Penal em Preto e Branco". *Revista Brasileira de Ciências Criminais*, n. 27, jul.-set. 1999, São Paulo. (Páginas citadas correspondem ao original.)

_____. "Crônica da culpa anunciada". In: OLIVEIRA, D. D. et alii (orgs.). *A cor do medo: homicídios e relações raciais no Brasil*. Brasília: Editora UnB/Editora UFG/MNDH, 1998.

_____ (org.). *Anti-racismo. Coletânea de leis brasileiras (federais, estaduais, municipais)*. São Paulo: Oliveira Mendes, 1998.

SKIDMORE, Thomas E. *Preto no branco: raça e nacionalidade no pensamento brasileiro*. Rio de Janeiro: Paz e Terra, 1976.

_____. *Black into white. Race and Nationality in Brazilian Thought*. Nova York: Oxford University Press, 1974.

SODRÉ, Muniz. *Claros e escuros. Identidade, povo e mídia no Brasil*. Petrópolis: Vozes, 1999.

SOUZA, Neusa dos Santos. *Tornar-se negro*. Rio de Janeiro: Graal, 1983.

SOYINKA, Wole. *Myth, Literature and the African world*. Londres: Cambridge University Press, 1976.
TAVARES, Júlio César. "Teatro Experimental do Negro: contexto, estrutura e ação". In: *DIONYSOS*. Brasília, Revista da Fundacen/MinC, n. 28, 1988. Número especial. Teatro Experimental do Negro. MÜLLER, R. G. (org).
TAYLOR, Charles et alii. *Multiculturalism*, org. e introd. de Amy Gutman. Princeton: Princeton University Press, 1994.
THEODORO, Helena. *Mito e espiritualidade – mulheres negras*. Rio de Janeiro: Pallas, 1996.
TOSCANO, Moema. *Estereótipos sexuais na educação. Um manual para o educador*. Petrópolis: Vozes, 2000.
VAN SERTIMA, Ivan. (org.). *African presence in early Europe*. New Brunswick/Oxford: Transaction Books, 1985.
_____. *Black women in antiquity*. New Brunswick/Londres: Transaction Books, 1984.
_____. *They came before Columbus. African presence in ancient America*. Nova York: Random House, 1976.
VIANNA, Oliveira. *Raça e assimilação*. 2. ed. São Paulo: Companhia Editora Nacional, 1934.
WERNECK, J.; MENDONÇA, M. & WHITE, E. (orgs.). *O livro da saúde das mulheres negras. Nossos passos vêm de longe*. Rio de Janeiro: Pallas/Criola, 2000.
WEST, Cornel. *Race matters*. Nova York: Random House/Vintage Books, 1994. [Edição brasileira: *Questão de raça*, trad. Laura Teixeira Motta. São Paulo: Companhia das Letras, 1994.]
ZANETTI, Lorenzo. *A prática educativa do Grupo Cultural Afro-Reggae*. Rio de Janeiro: GCAR, 2001.
ZIEGLER, Jean. *Os vivos e a morte*. Rio de Janeiro: Zahar Editores, 1977.

Mestre em direito (Cum Laude) e em ciências sociais (Summa Cum Laude) pela Universidade do Estado de Nova York (EUA), e doutora em psicologia pela USP, a autora é pesquisadora associada do Instituto Carioca de Criminologia e do Centro de Estudos das Américas, Universidade Cândido Mendes. Consultora da Iniciativa Comparativa de Relações Humanas da Southern Education Foundation (Atlanta, EUA) e do International Human Rights Law Group (Washington, DC, EUA), participou da 3ª Conferência Mundial Contra o Racismo (Durban, agosto-setembro de 2001), e das respectivas Conferência Regional Preparatória das Américas (Santiago, dezembro de 2000) e Conferência Preparatória (Genebra, maio-junho de 2001).

Co-fundadora do Instituto de Pesquisas e Estudos Afro-Brasileiros (Ipeafro), ajudou a coordenar o 3º Congresso de Cultura Negra das Américas (PUC-SP, 1982). Coordenou o 1º Seminário Nacional sobre a Luta de Independência da Namíbia (Rio de Janeiro, 1984). Organizou, coordenou e atuou como docente do curso de extensão universitária e capacitação de professores Sankofa: Conscientização da Cultura Afro-Brasileira, na PUC-SP em 1984, e na Universidade do Estado do Rio de Janeiro (Uerj), de 1984 a 1995. Foi coordenadora fundadora do Setor de Ensino do Programa de Estudos e Debates dos Povos Africanos e Afro-Americanos (Proafro) da Universidade do Estado do Rio de Janeiro (1993-95). Apresentou trabalhos na XX Reunião da Associação Brasileira de Antropologia (Bahia, 1996), no 5º Congresso Afro-Brasileiro (Bahia, 1997), no 1º Congresso Nacional de Pesquisadores Negros (Recife, 2000), e no Fórum Iniciativas Negras – Trocando Experiências (Rio de Janeiro, 2000 e 2001), Seminário da Casa de Cultura da Mulher Negra (Santos, 2002), entre muitos outros.

LIVROS PUBLICADOS
Sankofa: Matrizes africanas da cultura brasileira, v. 1. Editora da Universidade do Estado do Rio de Janeiro – EdUerj, 1996.
Sankofa: Resgate da cultura afro-brasileira, 2 vs., Seafro/RJ, 1994.
Dunia Ossaim: os afro-americanos e o meio-ambiente. Seafro/RJ, 1994.
A África na Escola Brasileira, 2. ed. Seafro/RJ, 1993.
A África na Escola Brasileira. Brasília: Senado Federal, 1991.
Dois Negros Libertários. Rio de Janeiro: Ipeafro, 1985.
Pan-africanismo na América do Sul. Vozes, 1981.
Pan-Africanism in South America. Afrodiaspora, 1980.

LIVROS PUBLICADOS EM CO-AUTORIA COM ABDIAS DO NASCIMENTO
Orixás: os Deuses Vivos da África/ Orishas: the Living Gods of Africa in Brazil. Ipeafro/ Afrodiaspora/ Temple University Press, 1995.
Africans in Brazil: A Pan-African Perspective. Trenton: Africa World Press, 1991.

------------------------------ dobre aqui ------------------------------

Carta-resposta
9912200760/DR/SPM
Summus Editorial Ltda.
CORREIOS

CARTA-RESPOSTA
NÃO É NECESSÁRIO SELAR

O SELO SERÁ PAGO POR

AC AVENIDA DUQUE DE CAXIAS
01214-999 São Paulo/SP

------------------------------ dobre aqui ------------------------------

O SORTILÉGIO DA COR

CADASTRO PARA MALA DIRETA

Recorte ou reproduza esta ficha de cadastro, envie completamente preenchida por correio ou fax, e receba informações atualizadas sobre nossos livros.

Nome: _____ Empresa: _____
Endereço: ☐ Res. ☐ Coml. _____ Bairro: _____
CEP: _____ - _____ Cidade: _____ Estado: _____ Tel.: ( ) _____
Fax: ( ) _____ E-mail: _____
Profissão: _____ Professor? ☐ Sim ☐ Não Disciplina: _____
Grupo étnico principal: _____ Data de nascimento: _____

1. Você compra livros:
☐ Livrarias ☐ Feiras
☐ Telefone ☐ Correios
☐ Internet ☐ Outros. Especificar: _____

2. Onde você comprou este livro? _____

3. Você busca informações para adquirir livros:
☐ Jornais ☐ Amigos
☐ Revistas ☐ Internet
☐ Professores ☐ Outros. Especificar: _____

4. Áreas de interesse:
☐ Auto-ajuda ☐ Espiritualidade
☐ Ciências Sociais ☐ Literatura
☐ Comportamento ☐ Obras de referência
☐ Educação ☐ Temas africanos

5. Nestas áreas, alguma sugestão para novos títulos? _____

6. Gostaria de receber o catálogo da editora? ☐ Sim ☐ Não

Indique um amigo que gostaria de receber a nossa mala direta

Nome: _____ Empresa: _____
Endereço: ☐ Res. ☐ Coml. _____ Bairro: _____
CEP: _____ - _____ Cidade: _____ Estado: _____ Tel.: ( ) _____
Fax: ( ) _____ E-mail: _____
Profissão: _____ Professor? ☐ Sim ☐ Não Disciplina: _____ Data de nascimento: _____

Selo Negro Edições
Rua Itapicuru, 613 7º andar 05006-000 São Paulo - SP Brasil Tel.: (11) 3862-3530 Fax: (11) 3872-7476
Internet: http://www.selonegro.com.br e-mail: selonegro@selonegro.com.br